资 产 评 估 （第二版）

ZICHAN PINGGU

主　编 ● 杨　芳　　何　琳　　刘鑫春

副主编 ● 宁明媚　　王东霞　　潘世磊　　陈　琸

西南财经大学出版社
Southwestern University of Finance & Economics Press

中国·成都

图书在版编目(CIP)数据

资产评估/杨芳,何琳,刘鑫春主编;宁明媚等副主编.—2版.—成都:
西南财经大学出版社,2023.1
ISBN 978-7-5504-5663-1

Ⅰ.①资… Ⅱ.①杨…②何…③刘…④宁… Ⅲ.①资产评估
Ⅳ.①F20

中国版本图书馆 CIP 数据核字(2022)第 224898 号

资产评估(第二版)

主 编 杨 芳 何 琳 刘鑫春
副主编 宁明媚 王东霞 潘世磊 陈 琼

责任编辑:王 琳
责任校对:冯 雪
封面设计:张姗姗
责任印制:朱曼丽

出版发行	西南财经大学出版社(四川省成都市光华村街 55 号)
网 址	http://cbs.swufe.edu.cn
电子邮件	bookcj@swufe.edu.cn
邮政编码	610074
电 话	028-87353785
照 排	四川胜翔数码印务设计有限公司
印 刷	郫县犀浦印刷厂
成品尺寸	185mm×260mm
印 张	19.5
字 数	452 千字
版 次	2023 年 1 月第 2 版
印 次	2023 年 1 月第 1 次印刷
印 数	1— 2000 册
书 号	ISBN 978-7-5504-5663-1
定 价	49.80 元

前　言

　　资产评估学是高等院校会计学、财务管理、金融学和审计学的一门专业主干课程，也是经管类专业开设的一门专业核心课。

　　资产评估行业作为一个独立的社会中介行业，在国外有着上百年的历史。我国资产评估行业虽然起步较晚，时间不长，但发展很快。随着我国经济发展水平的飞速提高，资产评估行业已成为我国市场经济建设中一个不可或缺的社会中介行业。资产评估行业在维护多元化主体利益、促进经济全球化、维护市场公共利益、保证证券和金融等资本市场稳定、维持税源和财政收入稳定、服务于公共财政等领域发挥了至关重要的作用。

　　资产评估学是为适应我国社会主义市场经济发展的要求，维护产权交易各方权益，保证资产运营机制有效运行而建立的一门新兴的应用性学科。该学科以我国社会主义市场经济中的产权活动所涉及的资产评估行为的基本原理及其变化规律为基本研究对象，是把资产评估思想和方法与会计、审计融为一体的一门新兴的综合性学科，是现代企业管理和决策研究的新方向。资产评估以技术经济分析为基础，针对特定的评估目的，结合财务管理理论对资产在某一时点的价值进行评定估算。

　　资产评估课程的教学目的是使学生掌握资产评估的基本理论、基本知识和基本评估技能，掌握资产评估自身的特点、规律和方法，使学生树立资产评估概念，明确资产评估任务、目的和意义，掌握参与实际资产评估工作的技能，以便充分发挥其在市场经济中的作用，为社会主义现代化建设做出贡献，为学生进一步学习其他课程及毕业后从事资产评估和经济管理类相关工作打下坚实的理论基础。

　　本书共 12 章，内容包括总论、资产评估价值类型、资产评估途径与方法、资产评估程序、房地产评估、机器设备评估、流动资产评估、无形资产评估、长期投资性资产评估、企业价值评估、资产评估报告、资产评估主体与行业管理。

　　为了适应现代经济发展及学生就业的需求，本教材有以下几个特色：

　　（1）每一章的开始设置案例导入。让学生带着问题去学习，可激发学生的求知欲，学习更有针对性。

　　（2）每一章结束后布置练习题强化记忆，布置实训项目提高学生解决实际问题的能力。

　　（3）创新实用：

　　①内容更有吸引力。教材中有较多贴近现代生活的经典案例，知识来源于生活并服务于生活。

②内容更易被吸收。每个知识点设置一个情景，学生记住的不只是知识点本身，更有知识的用途。

③内容更实用。每章结束后都有实训项目，可提升学生的实践能力，实现"干中学"。

④符合应用型本科学生人才培养目标要求，充分结合就业市场需求，提高学生动手能力，真正地让学生学以致用。

⑤本教材属于校企合作编写，有企业的资产评估师参与编写与审稿，实践性很强。

本书主编为杨芳、何琳、刘鑫春，副主编为宁明媚、王东霞、潘世磊、陈琸。其中，杨芳负责框架设施和统稿工作，何琳负责第一章、第二章的编写，刘鑫春负责第三章、第四章的编写，宁明媚负责第五章、第六章的编写，王东霞负责第七章、第八章的编写，潘世磊负责第九章、第十章的编写，陈琸负责第十一章、第十二章的编写。

由于编写时间仓促，加之编者水平有限，书中不足之处在所难免，敬请广大读者不吝指正，以便编者再版时进行修改和完善。

编者

2022 年 11 月

目 录

1 总论

案例导入

红光实业事件引发的评估问题

"红光实业"是成都红光实业股份有限公司的简称，1992年，经成都市体改委批准，由原国营红光电子管厂和其他三家机构共同组建而成。1997年6月，经中国证监会批准，在上海证券交易所上市，并以每股6.05元的价格向社会公众发行7 000万股社会公众股，实际筹得4.1亿元资金。招股说明书中披露了红光实业公司经会计师事务所审核的盈利预测数字：1997年全年净利润为7 055万元，每股税后利润为0.306元。1997年年度报告披露亏损1.98亿元，每股收益为−0.86元。红光实业公司于1997年上市，当年亏损，开中国股票市场之先例。为此，中国证监会进行了深入调查。

调查结果：

（1）编造虚假利润，骗取上市资格。

红光实业公司在股票发行上市申报材料中称1996年度盈利5 000万元。经查实，红光实业公司通过虚构产品销售、虚增产品库存和违规账务处理等手段，虚报利润15 700万元，1996年实际亏损10 300万元。

（2）少报亏损，欺骗投资者。

红光实业公司上市后，在1997年8月公布的中期报告中，将亏损6 500万元虚报为净盈利1 674万元，虚构利润8 174万元；在2008年4月公布的1997年年度报告中，将实际亏损22 952万元（相当于募集资金的55.9%）披露为亏损19 800万元，少报亏损金额3 152万元。

（3）隐瞒重大事项。

红光实业公司在股票发行上市申报材料中，对其关键生产设备彩玻池炉废品率上升，不能维持正常生产的重大事实未做任何披露（黑白玻壳生产线池炉大修，停产8个月，已属淘汰设备；彩色玻壳生产线池炉也无法正常运转）。

（4）未履行重大事件的披露义务。

红光实业公司在招股说明书中称"募集资金将全部用于扩建彩色显像管生产线项目"。经查实，红光实业公司仅将41 020万元募集资金中的6 770万元（占募集资金的16.5%）投入招股说明书中所承诺的项目，其余大部分资金被改变用途，用于偿还境内外银行贷款，填补公司的亏损。红光实业公司改变募集资金用途属于重大事件，但该公司对此未做披露。

处理结果：

2008 年 10 月，中国证监会对红光实业公司、承销商、上市推荐人、会计师事务所、资产评估事务所、财务顾问公司、律师事务所及直接责任人员均做出了处罚。其中对红光实业股份有限公司的具体处罚是：没收红光实业公司非法所得 450 万元并罚款 100 万元；认定主要责任人为证券市场禁入者，永久性不得担任任何上市公司和证券业务机构的高级管理人员职务；对其他责任人分别处以警告处罚。对成都资产评估事务所的处罚是：没收非法所得 10 万元并罚款 20 万元，暂停证券类业务资格。

处罚依据：

（1）红光实业公司在招股说明书中存在财务欺诈行为。

（2）对最终引发企业经营和财务危机的彩玻池炉超期服役、带病运转问题进行了刻意隐瞒。

申诉重点：

第一，红光实业公司的刻意隐瞒使得一些中介机构出具了包含虚假内容的文件。

第二，一些法律文件是在专业机构鉴定结果的基础上出具的，责任应由该专业机构来承担。

申诉理由：

（1）1997 年 3 月，在规范红光实业公司 1992 年资产评估报告时，补入了部分土地价值，依据的是国有资产管理局〔1993〕60 号文件和中国证监会〔1997〕2 号文件的规定。两个规定要求上市公司必须将土地价值纳入资产评估报告书中，否则有损国家权益。

（2）与 1992 年的资产评估报告书相比，规范后的报告书中的总资产增加了 16% 的土地价值，但所列明的资产是真实的、实在的，价值总额反映了 1992 年资产的本来面貌，不存在虚假，不会对投资者产生误导。

（3）规范后的报告书中没有对这一情况予以披露，是由于疏忽。事务所认为，规范修正后的资产评估报告书已经国资主管部门确认并公告使用，原报告书应自然作废。

（4）规范修改后的资产评估报告书仍用原报告书的文号和时间，是根据中国证监会〔1996〕12 号文件"股份有限公司在筹建时，已依法进行过资产评估的，在公开发行股票时，一般不再需要进行资产评估"的规定和《资产评估操作规范意见》中"一个评估项目只能有一个评估基准日"的规定。这种做法既遵守了"不再进行评估"的规定，又遵守了"一个项目只能有一个基准日"的规定。

问题 1：评估基准日的不同对资产价值有何影响？

问题 2：鉴定资料的真实性是否评估师的责任？

资料来源：李江，洪青. 金融学案例教程［M］. 杭州：浙江大学出版社，2010：177.

1.1 资产评估的基本概念

1.1.1 会计学中的资产概念

会计学中的资产定义是：资产是指从企业过去的交易或者事项形成的、由企业拥有或者控制的、预期会给企业带来经济利益的资源。

这个定义具有以下几个特点：

（1）资产是由过去的交易或者事项形成的。

（2）资产是由企业拥有或者控制的资源。

（3）资产预期会给企业带来经济利益。

1.1.2 评估学中的资产概念

（1）与资产相关的概念。

①财产。财产一般是指金钱、财物及民事权利义务的总和。财产既是一个经济概念，又是一个法律概念。

②财富。财富一般是指具有价值的东西，与财产相比，财富的含义更抽象一些，可指有形的实物，也可指无形的权利；可指物质的领域，也可指精神的领域。

③资源。资源有多种解释，一般来讲，可以从广义和狭义两个方面去理解。广义的资源包括自然资源、经济资源和人文社会资源等；狭义的资源，仅指自然资源。一般来说，资源都会给人类带来预期的经济利益，从这点来看，资源与资产的含义相同。但如果有的资源的使用价值尚未被发现，或发现后尚不能被当时的科学技术所开发利用，那么，这些资源便不能被称为资产，因为它们还不能被确定为可以在较短的未来时期内给人类带来经济利益。

（2）评估学中的资产概念。

①评估学中广义的资产定义。资产是具有一定稀释性、目前能够被开发利用的资源以及相关的权利。该定义具有以下几个特点：

第一，具有一定的稀缺性。

第二，目前能够被开发和利用。

第三，相关的权利。

②评估学中狭义的资产定义。资产是实体或个人所拥有或控制的、能以货币计量的、能够带来预期经济利益的资源。该定义具有以下几个特点：

第一，采用了实体的概念。

第二，采用了个人的概念。

第三，能以货币计量。

从以上可见，评估学中资产概念的含义比会计学中资产概念的含义要广得多，会计学中的资产概念目前仅限于经济实体中企业组织所拥有的资源。

1.2　资产评估及其特点

1.2.1　资产评估及其相关概念

1.2.1.1　资产评估的概念

资产评估是指通过对资产某一时点价值的估算,从而确定其价值的经济活动。资产评估是专业机构和人员按照国家法律、法规和资产评估准则,根据特定目的,遵循评估原则,依照相关程序,选择适当的价值类型,运用科学的方法对资产价值进行分析、估算并发表专业意见的行为和过程。

1.2.1.2　资产评估的构成

资产评估主要由六大要素组成,即资产评估的主体、客体、特定目的、程序、价值类型和方法。资产评估的各要素是整体的有机组成部分,它们之间相互依托,相辅相成,缺一不可,而且它们也是保证资产评估价值的合理性和科学性的重要条件。

1.2.2　资产评估的种类和特点

1.2.2.1　资产评估的种类

(1)从资产评估服务的对象、评估的内容和评估者承担的责任等角度看,目前国际上的资产评估主要分为三类:

①评估。评估类似我国目前广泛进行的有关产权变动和交易服务的资产评估。它一般服务于产权变动主体。

②评估复核。评估复核是指评估机构对其他评估机构出具的评估报告进行的评判分析和再评估。

③评估咨询。评估咨询是一个较为宽泛的术语。它既可以是评估人员对特定资产的价值提出的咨询意见,也可以是评估人员对评估标的物的利用价值、利用方式、利用效果的分析和研究以及与此相关的市场的分析、可行性研究等。

(2)从评估面临的条件、评估执业过程中遵循资产评估准则的程度及其对评估报告披露要求的角度,资产评估又可分为:

①完全资产评估。严格遵守资产评估准则的规定进行的资产评估。

②限制性资产评估。没有完全按照资产评估准则的规定进行的资产评估,需要做更为详尽的说明和披露。

(3)从资产评估对象的构成和获利能力的角度看,资产评估还可分为单项资产评估和整体资产评估。

①单项资产评估:对单项可确指资产的评估。

②整体资产评估:若干单项资产综合体所具有的整体生产能力或获利能力的评估。如企业价值评估。

1.2.2.2　资产评估的特点

（1）市场性。

①根据资产业务的不同性质，通过模拟市场条件对资产价值做出评定估算和报告。

②评估结果经得起市场检验。

（2）公正性。

①公正性是指资产评估行为服务于资产业务的需要，而不是服务于资产业务当事人的任何一方的需要。

②公正性的表现有两点：一是资产评估是按照公允、法定的准则和规程进行的，具有公允的行为规范和业务规范，这是公正性的技术基础；二是评估人员通常是与资产业务没有利害关系的第三者，这是公正性的组织基础。

（3）专业性。

①从事资产评估业务的机构应由一定数量和不同类型的专家及专业人士组成。

②评估机构及其评估人员对资产价值的估计判断是建立在专业技术知识和经验的基础之上的。

（4）咨询性。

①资产评估结论为资产业务提供专业化估价意见，这个意见本身并无强制执行的效力。

②评估者只对结论本身合乎职业规范要求负责，而不对资产业务定价决策负责。

1.2.3　资产评估的功能和作用

1.2.3.1　资产评估的功能

资产评估最基本的内在功效和能力是评价和估值。

1.2.3.2　资产评估的基本作用

（1）咨询的作用。

咨询的作用是指资产评估结论为资产业务提供专业化估价意见，该意见本身并无强制执行的效力。

（2）管理的作用。

管理的作用是特定历史时期的特定作用，不是与生俱有的。它是我国特定历史时期的产物，此作用现在已经消失。

（3）鉴证的作用。

鉴证包含鉴别和举证两个部分，资产评估从事的是价值鉴证，而不是权属鉴证。

1.3　资产评估的目的

1.3.1　资产评估的一般目的和特殊目的

资产评估的一般目的是为资产交易当事人双方提供拟交易资产的市场公允价值。

资产评估的特定目的是通过评估活动满足不同经济业务的要求。由于经济业务不同，对评估结果的要求也不同。

1.3.2　引起资产评估的经济事项

引起资产评估特定目的的经济行为主要有：

（1）资产转让，即特定主体有偿转让其拥有的资产的经济行为。

（2）企业兼并，即一个企业被另一个企业接办，并使被接办的企业丧失法人资格或改变法人主体的经济行为。

（3）企业出售，即企业整体产权被出售的经济行为。

（4）企业联营，即企业与企业之间相互投入成立联合经营实体的经济行为。

（5）股份经营，即出资人投资入股企业自主经营并按股分红的经济行为。

（6）中外合资合作。

（7）企业清算。

（8）抵押。

（9）担保。

（10）企业租赁。

1.3.3　资产评估的特定目的在资产评估中的地位和作用

（1）资产评估特定目的是由引起资产评估的特定经济行为所决定的，它对评估结果的性质、价值类型都有重要的影响。

资产评估特定目的不仅是资产评估活动的起点，而且还是资产评估活动所要达到的目标。它是评估时必须首先明确的基本事项。

（2）资产评估特定目的是界定评估对象的基础。

（3）资产评估特定目的对于资产评估的价值类型选择具有约束作用。

资产评估结果的价值类型要与资产评估的特定目的相适应，但是评估的时间、地点、评估时的市场条件、资产业务各当事人的状况以及资产的自身状态等都可能对资产评估结果的价值类型产生影响。

1.4 资产评估的假设与原则

1.4.1 资产评估的假设

1.4.1.1 交易假设

交易假设是指假定被估资产处在交易过程中，评估人员根据交易条件对被估资产进行作价评估。

1.4.1.2 公开市场假设

公开市场假设是指一个自由竞争的市场，在这个市场中，交易双方进行交易的目的都是最大限度地追求经济利益，并掌握必要的市场信息，有较充分的时间进行考虑，具有必要的有关交易对象的专业知识，交易双方的交易行为都是自愿的，交易条件公开并不受限制。

1.4.1.3 持续使用假设

持续使用假设是指假定被估资产将按现有的用途继续使用或能转换用途继续使用。

1.4.1.4 清算假设

清算假设是资产评估中的一种特殊假设。由于被评估资产需要强制出售或快速变现，因此，在评估时不能再采用持续使用假设。又由于在这种状态下交易双方的地位不平等，因此又不能再采用公开市场假设。由此可见，清算假设是一种特殊情况下的特殊假设。

1.4.2 资产评估的原则

资产评估的原则是规范评估行为与调整相关各方面关系的准则，它包括两个层次的内容，即资产评估的工作原则和资产评估的经济原则。

1.4.2.1 资产评估的工作原则

资产评估的工作原则是针对资产评估机构开展评估工作而言的。

（1）科学性原则。科学性原则是指在资产评估过程中，必须根据评估的特定目的，选择适用的价值类型和方法，制定科学的评估实施方案，使资产评估结果科学、合理。资产评估工作的科学性不仅在于方法本身，更重要的是必须严格与价值类型相匹配，价值类型的选择要以评估的特定目的为依据。

科学性原则还要求资产评估程序科学、合理。资产评估业务不同，其评估程序也有繁简的差异。在评估工作中，应根据评估本身的规律性和国家的有关规定，结合资产评估的实际情况，确定科学的评估程序。这样做既节约人力、物力和财力，降低评估成本，又提高了评估效果，保证了评估工作的顺利进行。

（2）客观性原则。客观性原则是指评估结果应以充分的事实为依据。包括三层含义：①评估对象客观存在；②评估中采用的数据和指标等是客观的，即有一定的依据和来源；③评估结论经得起检验。

（3）专业性原则。专业性原则要求资产评估机构必须是提供资产评估服务的专业技术机构。资产评估机构必须拥有一支由懂资产评估业务和精通工程、技术、营销、财务会计、法律、经济管理等多学科知识的专家队伍组成。这支专业队伍的成员必须具有良好的教育背景、扎实的专业知识和丰富的经验，这是确保资产评估方法正确、评估结果公正的技术基础。此外，专业性原则还要求资产评估行业内部存在专业技术竞争，以便为委托方提供广阔的选择余地。这是确保资产评估公平的市场条件。

（4）可行性原则。资产评估的可行性是指在不违背执业标准的前提下，结合考虑资产评估的技术和经济等因素，采用适当的、可行的评估方法进行评估。

1.4.2.2 资产评估的经济原则

资产评估经济原则是针对资产评估作价而言的。

（1）预期收益原则。预期收益原则是指资产价值的高低主要取决于该项资产为其主体带来预期收益的大小。

预期收益原则是以技术原则的形式概括出资产及其价值的最基本的决定因素。资产价值的高低主要取决于给他的所有者预期的收入的高低，收入越多价值越高。

（2）供求原则。供求原则是指资产价值的高低受供求关系的影响。

（3）贡献原则。贡献原则是指某一资产或某一资产的组成部分，其价值高低取决于它对整体资产的价值贡献。

贡献原则是预期收益原则的一种具体化。贡献原则主要适用于构成某整体资产的各组成要素资产的贡献，或者是当整体资产缺少该项要素资产将蒙受的损失。

（4）替代原则。替代原则是指被估资产的价值不能高于在市场上可以找到的同类替代品的价值。

（5）评估时点原则。评估基准日为资产评估提供了一个时间基准。该原则要求资产评估必须要有评估基准日，评估值就是评估基准日的资产价值。

课后练习

一、单项选择题

1. 从资产交易各方利用资产评估结论的角度看，资产评估结果具有（　　　）。

    A. 现实性　　　　　　　　　　　　B. 咨询性

    C. 公正性　　　　　　　　　　　　D. 市场性

2. （　　　）是资产评估业务的基础，决定了资产价值类型的选择，并在一定程度上制约着评估途径的选择。

    A. 评估目的　　　　　　　　　　　B. 评估方法

    C. 评估规程　　　　　　　　　　　D. 评估对象

3. 以下属于法定评估的资产业务是（　　　）。

    A. 企业租赁　　　　　　　　　　B. 抵押贷款

    C. 国家征用不动产　　　　　　　D. 资产清算

4. 资产评估是判断资产价值的经济活动，评估价值是资产的（　　　）。

    A. 时期价值　　　　　　　　　　B. 时点价值

    C. 阶段价值　　　　　　　　　　D. 时区价值

5. 根据财政部 2002 年 1 月 1 日公布的《国有资产评估管理若干问题的规定》，占有单位有（　　　）行为的，可以不进行资产评估。

    A. 以非货币资产对外投资

    B. 整体或部分改建为有限责任公司或者股份有限公司

    C. 行政事业单位下属的独资企业之间的资产转让

    D. 确定涉讼资产价值

6. 按存在形态可以将资产分为（　　　）。

    A. 可确指资产和不可确指资产　　B. 固定资产和流动资产

    C. 有形资产和无形资产　　　　　D. 单项资产和整体资产

7. 资产评估的主体是指（　　　）。

    A. 被评估资产占有人　　　　　　B. 被评估资产

    C. 资产评估委托人　　　　　　　D. 从事资产评估的机构和人员

8. 以下表述不符合资产评估科学性原则的是（　　　）。

    A. 必须根据评估的特定目的选择适用的价值类型和方法

    B. 评估的特定目的必须与价值类型相匹配

    C. 特定的资产业务可采用多种评估方法

    D. 特定的资产业务可采用多种价值类型

9. 资产评估的（　　　）是指资产评估的行为服务于资产业务的需要，而不是服务于资产业务当事人的任何一方的需要。

    A. 公正性　　　　　　　　　　　B. 市场性

    C. 咨询性　　　　　　　　　　　D. 专业性

10. 下列选项中不符合资产评估中确认资产标准的是（　　　）。

    A. 控制性　　　　　　　　　　　B. 有效性

    C. 稀缺性　　　　　　　　　　　D. 市场性

二、多项选择题

1. 资产评估中的资产具有的基本特征是（　　　）。

    A. 由过去的交易和事项形成的　　B. 能够以货币衡量

    C. 由特定权利主体拥有或控制的　D. 能给其特定主体带来未来经济利益

    E. 有形的

2. 资产评估中确认资产的标准有（　　　）。

    A. 现实性　　　　　　　　　　　B. 有效性

C. 稀缺性   D. 合法性

E. 市场性

3. 根据被评估资产能否独立存在进行分类，资产可分为（　　）。

  A. 整体资产   B. 可确指资产

  C. 单项资产   D. 不可确指资产

  E. 有形资产

4. 根据财务会计制度规定与被评估资产的工程技术特点进行分类，资产可以分为（　　）。

  A. 在建工程   B. 无形资产

  C. 流动资产   D. 不动产

  E. 长期投资

5. 下列原则中，属于资产评估工作原则的是（　　）。

  A. 科学性原则   B. 独立性原则

  C. 客观性原则   D. 贡献性原则

  E. 替代原则

6. 资产评估的现实性表现在（　　）。

  A. 资产评估是在当前条件下进行的

  B. 资产评估以现实存在的资产作为估价的依据

  C. 资产评估强调客观存在

  D. 资产评估以现实状况为基础反映未来

  E. 资产评估是客观的

7. 资产评估的科学性原则要求（　　）。

  A. 评估程序要结合具体业务的实际情况，尽量降低评估成本，提高评估效率

  B. 评估结果应以充分的事实为依据

  C. 评估标准的选择应以特定评估目的为依据

  D. 评估方法的选择要受到可利用的条件、数据以及被评估资产的理化状态的制约

  E. 以科学的态度制定评估方案

8. 在资产评估价值类型确定的情况下，资产评估方法选择具有（　　）。

  A. 多样性   B. 替代性

  C. 唯一性   D. 随意性

  E. 科学性

9. 涉及国有资产属于必须进行资产评估的资产业务有（　　）。

  A. 企业经营，产成品出售   B. 资产转让，企业清算

  C. 企业所有权与经营权分离   D. 企业兼并，企业出售

  E. 中外合资、合作

10. 资产评估的公正性表明资产评估具有（　　）。

  A. 技术基础   B. 程序基础

C. 思想基础   D. 组织基础

E. 道德基础

三、判断题

1. 咨询性使资产评估结论常用于财产诉讼和政府对财产的征用和管理。（ ）
2. 企业的借入资产不可纳入被评估资产的范围，因为企业不拥有其所有权。

（ ）

3. 政府发布的经济信息也是一种经济资源，具有为企业带来经济利益的潜力，因而也是资产评估的对象。（ ）
4. 根据权益的性质，整体资产评估对象可以分为：控制权益、投资权益、所有者权益。其中，投资权益包括所有者投资和负债投资，能较好地反映企业稳定的生产能力，是控制权益扣除流动负债的余额。（ ）
5. 根据国际评估准则中的定义，固定资产包括有形和无形两类。其中，无形固定资产又包括长期投资、长期应收账款、结转的费用、商誉、商标、专利以及类似资产。

（ ）

6. 为了保证资产评估的独立性，资产评估机构收取的劳务费只与工作量相关，不与被评估资产的价值挂钩，并应受到公众监督。（ ）
7. 根据资产的法律意义分类，全部资产要素可以分为财产与合法权利。（ ）
8. 若评估对象是市中心的一块土地，按照有关规定，该块土地可以用于建造商务办公楼，也可以建造一般居民住宅，评估人员应依据最佳利用原则，按照前一个用途进行估价。（ ）
9. 资产评估通过对资产的现时价值进行评定和估算，为各项资产业务提供公正的价值尺度。这是资产评估最基本的功能。（ ）
10. 科学性原则是指资产评估机构必须是提供评估服务的专业技术机构。（ ）

四、简答题

1. 什么是资产评估？它由哪些基本要素组成？
2. 市场经济中，资产评估的功能有哪些？
3. 简述资产评估的原则有哪些？
4. 资产评估对象可以依据哪些标准进行分类？

2　资产评估价值类型

案例导入

麦科特案引发的评估问题

公司简介：

1993 年 2 月麦科特集团机电开发总公司成立，这是一家联营公司，四家出资者为麦科特集团公司、中国对外贸易开发总公司、香港新标志有限公司和甘肃光学仪器工业公司。1994 年更名为"麦科特集团光学工业总公司"；1996 年，中国对外贸易开发总公司将其持有的 30% 股权转让给麦科特集团。麦科特集团光学工业总公司占有麦科特（惠州）光学机电有限公司 75% 的股份。

案件概况：

2010 年 7 月该公司在深圳证券交易所上市，11 月证监会立案调查。2011 年 5 月移交公安部，广东省公安厅于 7 月 15 日立案并展开侦查，7 月 16 日广东大正联合资产评估有限责任公司的法定代表人、副总经理因涉嫌提供虚假证明文件罪被监视居住，同年 11 月 6 日被逮捕。2012 年 1 月 28 日，广东省惠州市人民检察院指控其中介组织人员犯有提供虚假证明文件罪，并向该市中级人民法院提起公诉。2012 年 4 月 30 日，检察院以事实证据有变化为由撤回起诉。2012 年 6 月 3 日，检察院再次指控其中介组织人员犯有提供虚假证明文件罪，向法院提起公诉。2012 年 7 月 16 日，法院开庭审理。2012 年 10 月 17 日法院做出一审判决，认定有关当事人犯有欺诈发行股票罪。当事人不服判决，提出上诉。

调查结果：

1. 虚增净资产 1.18 亿元

（1）提高进口设备报关价格 9 463 万元：将麦科特（惠州）光学机电有限公司在 1993 年 11 月 8 日至 2008 年 12 月 18 日期间已进口的机器设备由原进口报关价格 1 345 万元提高到 10 808 万元，价格虚增 9 463 万元。

（2）虚构固定资产 9 074 万元。

（3）签订虚假融资租赁合同：由惠州市海关出具了内容虚假的"中华人民共和国海关对外商投资企业减免税进口货物解除监管证明"，从而确定上述进口设备产权归属麦科特（惠州）光学机电有限公司所有。

2. 虚构利润 9 320 万元

（1）虚开进出口发票、虚构利润。

（2）伪造成本经营合同，增加中方利润。

（3）签订虚假购销合同，虚构销售收入和成本。

虚构收入 30 118 万元，虚构成本 20 798 万元，虚构利润 9 320 万元。其中 1997 年虚构利润 4 164 万元，2008 年虚构利润 3 825 万元，2009 年虚构利润 1 331 万元。为达到上市规模，将虚构利润转为实收资本。

3. 虚构股东

虚构股权转让，将 3 家股东变为 5 家。同时还查明，在麦科特发行上市过程中，广东大正联合资产评估有限责任公司为其出具了严重失实的资产评估报告。

法院审理（对中介机构）：

检察院公诉中介机构犯有提供虚假证明文件罪。

理由：

1. 1999 年 1 月中下旬在麦科特酒店会议室举行两次中介机构协调会，事务所参与了虚假变更、虚增资产和虚增利润指标的预谋。

2. 被告法定代表人直接授意评估人员作假。

（1）被告法定代表人在明知企业无法提供近 10.8 亿元的进口设备报关单时，只按企业补充的一份内容虚假的"中华人民共和国海关对外商投资企业减免进口货物解除监管证明"界定产权。

（2）涉案的机器设备是以往评估工作中没有遇到过的对融资租赁的资产的产权界定的情况，也没有评估过相似的设备。但评估人员在明知麦科特股份有限公司资料不全面的情况下确认其产权。尤其是没有对该公司据以确认产权的重要依据解除监管证明进行调查核实，没有规范评估导致评估报告虚假。

一审法院亦认同公诉机关的指控。2012 年 10 月 17 日判决其犯有欺诈发行股票罪。

问题 1：谁应对评估对象的权属界定负责？

问题 2：询价是否评估的必经程序？

问题 3：调整成新率就是虚增评估值吗？

问题 4：资产评估报告应由谁承担法律责任？

问题 5：谁应对委托单位提供的虚假资料承担法律责任？

资料来源：张念群. ST-PT 与退市案例，解读富有中国特色的股市现象 [M]. 北京：经济日报出版社，2003：93-107.

2.1　价值类型理论与资产评估目的

2.1.1　资产评估目的对价值类型的约束

资产评估目的就是资产评估所要达到的目标。资产评估的目的有资产评估的一般目的和特定目的之分。资产评估的一般目的泛指所有资产评估活动共同的目的或目标，即评估结论必须公允。资产评估的特定目的是由引起资产评估的特定经济行为（资产业务）对资产评估的条件约定和目标约定。资产评估目的不仅会对资产评估所要实现的具体目标具有限定作用，而且也会对具体评估项目的评估结论具有某种约定。从本质上讲，评估目的对评估结论的价值定义及其类型的约束，是由引起资产评估的具体经济事项所要形成的评估条件对评估结果具体价值表现形式的直接约束或间接约束。

2.1.1.1　资产评估的一般目的对价值类型的约束

资产评估的一般目的或资产评估的基本目标是由资产评估的性质及其基本功能决定的。资产评估作为一种专业人士对特定时点及特定条件下资产价值的估计和判断的社会中介活动，一经产生就具有了为委托人以及资产交易当事人提供合理的资产价值咨询意见的功能。不论是资产评估的委托人，还是与资产交易有关的当事人，所需要的都是评估师对资产在一定时间及一定条件下资产公允价值的判断。也就是说，不论由何原因引起，不论是什么样的评估对象，就资产评估的一般目的而言，资产评估结果及其价值类型或价值表现形式必须是公允的。从资产评估的角度来说，公允价值是一种相对合理的评估价值，是一种相对于当事人各方的地位、资产的状况及资产面临的市场条件的合理的评估价值，是评估人员根据被评估资产本身的条件及其面临的市场条件，对被评估资产客观交换价值的合理估计值。公允价值的一个显著特点是，它与相关当事人的地位、资产的状况及资产所面临的市场条件相吻合，且并没有损害各当事人的合法权益，也没有损害他人的利益。资产评估中的公允价值既包含了资产评估中正常市场条件下的合理评估结果，同时也包括了资产评估中非正常市场条件下的合理评估结果。因此，资产评估的一般目的对价值类型的约束是一种原则性的约束。简言之，就是所有的评估结果（价值类型）都要公允。

2.1.1.2　资产评估的特定目的对价值类型的约束

资产评估作为资产评估活动，总是为满足引起资产评估的特定资产业务的需要而进行的。人们通常把引起资产评估的资产业务对评估结果用途的具体要求称为资产评估的特定目的。由于对资产评估的资产业务各种各样，各种资产业务对资产评估都可能存在着条件约定和目标约定。这些约束条件对评估结果的具体用途和价值定义也不尽统一。下面列举10种能引起资产评估的资产业务，其对评估结果价值类型的要求不完全相同，如资产转让、企业兼并、企业出售、企业联营、股份经营、中外合资、合作、企业清算、企业担保、企业租赁以及债务重组。

（1）资产转让。资产转让是指资产拥有单位有偿转让其拥有的资产，通常是指转让非整体性资产的经济行为。如果没有特殊说明，资产转让对评估结果的价值类型并无特别要求，评估人员可根据项目具体情况选择评估结果的价值类型。

（2）企业兼并。企业兼并是指一个企业以承担债务、购买、股份化和控股等形式有偿接收其他产业的产权，使被兼并方丧失法人资格或改变法人实体的经济行为。企业兼并的种类比较多，情况比较复杂。有些企业兼并活动带有战略性，需要从兼并方的角度或被评估资产的角度考虑评估结果的价值类型。有些企业兼并活动具有被动性，需要从被兼并方的角度考虑评估结果的价值类型。有些企业兼并活动具有整合效应，评估时需要将整合因素考虑进去，来把握评估结果的价值类型。

（3）企业出售。企业出售是指独立核算的企业或企业内部的分厂、车间及其他整体资产产权出售的行为。如果没有特殊说明，企业出售对评估结果的价值类型并无特别要求，评估人员可根据项目具体情况选择评估结果的价值类型。

（4）企业联营。企业联营是指国内企业、单位之间以固定资产、流动资产、无形资产及其他资产投入组成各种形式的联合经营实体的行为。企业联营的种类比较多，情况也比较复杂。有些企业联营活动带有战略性，需要从联营双方的角度考虑被评估资产的价值类型。有些联营活动具有整合效应，评估时需要将整合因素考虑进去，来把握评估结果的价值类型。

（5）股份经营。股份经营是指资产占有单位实行股份制经营方式的行为，包括法人持股、内部职工持股、向社会发行不上市股票和上市股票。如果没有特殊说明，股份经营对评估结果的价值类型并无特别要求，评估人员可根据项目具体情况选择评估结果的价值类型。

（6）中外合资、合作。中外合资、合作是指我国的企业、其他经济组织与外国企业、其他经济组织或个人在我国境内举办合资或合作经营企业的行为。如果没有特殊说明，中外合资、合作对评估结果的价值类型并无特别要求，评估人员可根据项目具体情况选择评估结果的价值类型。

（7）企业清算。企业清算包括破产清算、终止清算和结业清算等引起的资产评估，必须考虑市场条件不正常的因素对评估结果价值类型的影响。

（8）企业担保。企业担保是指资产占有单位以本企业的资产为其他单位的经济行为担保，并承担连带责任的行为。担保通常包括抵押、质押、保证等。担保引起的资产评估对评估时的市场条件的约束可以分为两种情况——正常市场条件和非正常市场条件。评估人员可根据项目的具体情况和有关要求选择一种市场条件，并据此选择评估结果的价值类型。

（9）企业租赁。企业租赁是指资产占有单位在一定期限内，以收取租金的形式，将企业全部或部分资产的经营使用权转让给其他经营使用者的行为。如果没有特殊说明，企业租赁对评估结果的价值类型并无特别要求，评估人员可根据项目具体情况选择评估结果的价值类型。

（10）债务重组。债务重组是指债权人按照其与债务人达成的协议或法院的裁决，同意债务人修改债务条件的事项。债务重组的类型比较多，情况也比较复杂，评估人员可根据项目具体情况选择评估结果的价值类型。

2.1.2　价值类型理论与资产评估目的的实现

价值类型理论引入到资产评估中至少应满足或实现两个目标：①为资产评估确定公允价值提供坐标或标志。②资产评估是专业人员向非专业人士提供的专业服务，因此应当保证资产评估报告和评估结论能被评估报告使用人正确理解和使用。

资产评估的一般目的或基本目标就是要给出资产在各种条件下的合理价值或公允

价值。资产的公允价值始终是一个相对的概念，即相对于评估时评估对象自身的条件和市场条件而言是合理和公平的。对于一个相对的概念和指标应如何把握呢？寻找一个坐标或标志是非常重要的。国际上通行或认可的市场价值，从其定义和满足定义的条件来看，市场价值是一个理想条件或正常市场条件下资产得到最佳使用或处于最有可能使用状态下的价值。毫无疑问，这是一种理想条件下的资产的公允价值，或者说是典型的公允价值。肯定了市场价值是理想条件下的公允价值或典型的公允价值，市场价值就可以作为公允价值的坐标或指标，人们就可以根据评估时的具体条件与市场价值成立的条件的比较来判断该种条件下的公允价值。如果没有市场价值作为公允价值的坐标或指标，各种具体条件下的资产的合理价值或资产评估的特定目的也就无从把握和实现。资产评估力图判断资产的公允价值的基本目标或一般目的也就无从实现。资产评估价值类型理论就是要通过合理划分评估结果的价值类型来帮助评估人员合理把握资产评估中的公允价值。

资产评估是专业人士向非专业人士提供的专业服务，保证资产评估报告和评估结论被正确理解和使用是资产评估的最终目的。资产评估价值类型理论要告诫评估人员，什么样的价值表现形式是作为资产公允价值的典型标志或正常条件下的资产公允价值，在资产评估所依据的市场范围内会得到整体市场的认同，而其他的价值表现形式则是一定特殊条件下的资产公允价值，在资产评估所依据的市场范围内，其合理性只能得到局部市场认同。明确资产在不同条件下的公允价值表现形式以及其公允性得到市场的认同程度是有差别的事实，这一点是至关重要的。

2.2 资产评估的价值类型及其分类

2.2.1 价值类型的分类

资产评估中的价值类型是指资产评估结果的价值属性及其表现形式的归类。不同的价值类型，从不同的角度反映资产的评估价值及其特征。不同属性的价值类型所代表的资产评估价值，不仅在性质上存在差别，在数量上往往也存在差异。资产评估的价值类型的形成，不仅与引起资产评估的特定经济行为（评估的特定目的）有关，而且与被评估对象的功能、状态、评估时的市场条件等因素具有密切的联系。根据资产评估的特定目的、被评估资产的功能状态以及评估时的各种条件，合理地选择和确定资产评估的价值类型是每一位资产评估人员必须做好的工作。

由于所处的角度不同以及对资产评估价值类型理解方面的差异，人们对资产评估的价值类型进行了以下几种分类：

（1）以资产评估的估价标准形式表示的价值类型具体包括重置成本、收益现值、现行市价（或变现价值）和清算价格四种。

（2）从资产评估假设的角度来表述资产评估的价值类型具体包括继续使用价值、公开市场价值和清算价值三种。

（3）从资产业务的性质，即资产评估的特定目的来划分资产评估的价值类型，具体包括抵押价值、保险价值、课税价值、投资价值、清算价值、转让价格、保险价值、交易价值、兼并价值、拍卖价值、租赁价格、补偿价值等。

（4）以资产评估时所依据的市场条件以及被评估资产的使用状态来划分资产评估结果的价值类型，具体包括市场价值和市场价格以外的价值。

2.2.2　不同价值类型划分标准的特点与选择

上述四种分类各有其自身的特色：

第一种划分标准基本上是承袭了现代会计理论中关于资产计价标准的划分方法和标准，将资产评估与会计的资产计价紧密地联系在一起。

第二种划分方法有利于人们了解资产评估结果的假设前提条件，同时也强化了评估人员对评估假设前提条件的运用。

第三种划分方法强调资产业务的重要性，认为有什么样的资产业务就应有什么样的资产价值类型。

第四种划分方法不仅注重资产评估结果适用范围与评估所依据的市场条件及资产使用状态的匹配，而且通过资产的市场价值概念的提出，建立了一个资产公允价值的坐标。资产的市场价格是资产公允价值的基本表现形式，而市场价值以外的价值，则是资产公允价值的突出表现。

从纯学术的角度来看，不同的价值类型划分并无优劣之分，只是划分标准和角度的差异。但是，从资产评估角度以及对资产评估实践具有理论指导意义和作用的角度来看，确实存在着是否适当以及最佳选择的问题。对资产价值进行合理分类，主要基于两个目的：第一，为评估人员科学合理地进行资产评估提供指引；第二，使资产评估报告使用者能正确理解并恰当使用资产评估结果。从这个意义上讲，将资产评估价值划分为市场价值和市场价值以外的价值更有利于实现划分资产评估价值类型的目的。

2.2.3　关于资产评估中的市场价值与市场价值以外的价值

2.2.3.1　市场价值（market value）

市场价值是一个使用频率很高的概念，也是一个极易引起误解的概念，造成这一情况的主要原因是，市场价值是一个多含义的概念，既有习惯性的概念也有专业上的概念。如果对这些概念加以归类，也可以划分为广义的市场价值和狭义的市场价值。广义的市场价值泛指经过市场（条件下）形成的价值的统称，或者是指利用市场价值衡量各种货物或服务的价值的总称。狭义的市场价值可能并无严格的定义，只是相对于广义的市场价值而言，是针对特定条件或在特定领域使用的有限制条件中的价值概念。本节讨论的市场价值，即资产评估中的市场价值，属于狭义市场价值的范畴，是一个专业术语，而不是广义的市场价值或泛指的市场价值。明确资产评估中的市场价值是一个狭义的市场价值，而且是一个专业术语是非常重要的。资产评估人员以及资产评估相关当事人，在从事资产评估工作以及使用资产评估报告的过程中，应把市场价值作为一个专业术语或专有名词来加以理解。

市场价值作为评估结果的价值类型，应该满足以下基本要求：

（1）评估对象是明确的，包括资产承载的权益。

（2）评估师在整个评估过程中是以公开市场（假设）来设定资产评估所依据的市场条件的。

（3）评估师是以评估对象被正常使用、最佳使用或最有可能使用，并达到正常使用水平和效益水平作为评估对象在评估时的使用状态的。

（4）评估师在资产评估过程中所使用的数据均来自于市场。

2.2.3.2　市场价值以外的价值（the value other than market value）

市场价值以外的价值也称非市场价值、其他价值，它并无独立的定义，而是泛指所有不符合市场价值定义条件的其他价值的统称。市场价值以外的价值或非市场价值中的市场价值以外或"非"字并不是否定评估结论与市场的联系，而是强调非市场价值是那些不满足、不具备资产评估中市场价值定义条件的价值。因此，市场价值以外的价值或非市场价值是一个相对于市场价格的专业名词和专业术语。包括国际评估在内，也并没有直接定义市场价值以外的价值，而是指出凡不符合市场价值定义条件的资产价值，都属于市场价值以外的价值。从市场价值以外的价值的表述来看，市场价值以外的价值不是一种具体的资产评估价值存在形式，而是一系列不符合资产市场价值定义条件的价值信息的总称或组合，包括在用价值、投资价值、持续经营价值、保险价值、清算价值、课税价值等一系列具体价值表现形式。对市场价值以外的价值的理解和把握，不应仅仅局限在它与市场价值的区别上，而是要理解和把握市场价值以外的价值中的具体价值表现形式的确切定义。

在用价值是指作为企业组成部分的特定资产对其所属企业能够带来的价值估计值，而并不考虑该资产的最佳用途或资产变现的情况。

投资价值是指资产对于具有明确投资目标的特定投资者或某一类投资者所具有的价值估计值。市场的投资价值与投资性资产价值是两个不同的概念。投资性资产价值是指特定主体以投资获利为目的而持有的资产，在公共市场上按其最佳用途实现的市场价值。

持续经营价值是指企业作为一个整体按照目前正在使用的用途、方式继续经营下去所能表现出来的价值估计值。由于企业的各个组成部分对该企业整体价值都有相应的贡献，可以将企业总的持续经营价值分配给企业的各个组成部分，即组成企业持续经营的各局部资产的在用价值。

保险价值是指根据保险合同或协议中规定的价值（理赔）标准所确定的资产价值估计值。

清算价值是指资产处于清算、被迫出售或快速变现等非正常市场条件下所能实现的价值估计值。

课税价值是指根据税法中规定的与财产征税相关的价值（税基）标准所确定的资产价值估计值。

市场价值以外的价值是一个开放式的专业术语。除了上面提到的市场价值以外的价值的具体价值表现形式以外，肯定还有不符合或不满足市场价值定义条件的其他价值，如残余价值、特殊价值等。

2.2.3.3 市场价值与非市场价值

市场价值是各国资产评估行业中普遍使用的概念，各国资产评估理论和评估准则中关于市场价值的定义不尽相同，但大多数只是措辞上的区别，其基本组成要件大致相同。《国际评估准则》将所有的评估业务分为两大类：市场价值评估和非市场价值评估。市场价值概念是《国际评估准则》中最重要的概念。《国际评估准则》给出了市场价值的严格定义，在此基础上形成了评估准则、应用指南和评估指南。

（1）市场价值。

《国际评估准则》中市场价值的定义如下：

市场价值是指自愿买方与自愿卖方在评估基准日进行正常的市场营销之后或达成的公平交易中，某项资产应当进行交易的价值估计数额，当事人双方应各自理性、谨慎行事，不受任何强迫和压制。

根据市场价值的定义，市场价值具有以下要件：

第一，自愿买方，即具有购买动机，但并没有被强迫进行购买的一方当事人。该购买者会根据现行市场的真实状况和现行市场的期望值进行购买，不会特别急于购买，也不会在任何价格条件下都决定购买，即不会付出比市场价格更高的价格。

第二，自愿卖方，即既不准备以任何价格急于出售或被强迫出售，也不会因期望获得被现行市场视为不合理的价格而继续持有资产的一方当事人。自愿卖方期望在进行必要的市场营销之后，根据市场条件以公开市场所能达到的最高价格出售资产。

第三，评估基准日，即市场价只是某一特定日期的时点价值，仅反映了评估基准日的真实市场情况和条件，而不是评估基准日以前或以后的市场情况和条件。

第四，以货币单位表示，即市场价值是在公开市场交易中，以货币形式表示的为资产所支付的价格，通常表示为当地货币。

第五，公平交易，即在没有特定或特殊关系的当事人之间的交易，或假设在互无关系且独立行事的当事人之间的交易。

第六，资产在市场上有足够的展示时间，即资产应当以最恰当的方式，在市场上予以展示。不同资产的具体展示时间应根据资产特点和市场条件而有所不同，但该资产的展示时间应当使该资产能够引起足够数量的潜在购买者的注意。

第七，当事人双方各自精明，谨慎行事，即自愿买方与自愿卖方都合理地知道资产的性质和特点、实际用途、潜在用途以及评估基准日的市场状况，并假定当事人都根据上述知识为自身利益而决策，谨慎行事以争取在交易中为自己获得最好的价格。

第八，估计数额，即资产的价值是一个估计值，不是预定的价值或真实的出售价格。它是在评估基准日，满足对市场价值的其他因素的条件进行交易的情况下，资产最有可能实现的价格。

财产的市场价值反映了市场作为一个整体对其效用的认可，并不仅仅反映物理实体状况。某项资产对于某特定市场主体所具有的价值，可能不同于市场或特定行业对该资产价值的认同。市场价值反映了各市场主体组成的市场整体对被评估资产效用和价值的综合判断，不同于特定市场主体的判断。

（2）非市场价值。

《国际评估准则》中并没有给出非市场价值的定义。非市场价值又称市场价值以外的价值或其他价值，是指所有不满足市场价值定义的价值类型。因此非市场价值不是个体概念，而是一个集合概念，指不满足市场价值定义的一系列价值类型的集合，主要包括在用价值、持续经营价值、投资价值、保险价值、纳税价值、剩余价值、清算价值、特殊价值等。

在用价值是指作为企业组成部分的特定财产对其所属企业能够带来的价值，而并不考虑该资产的最佳用途或资产变现速度实现的价值量。在用价值是特定资产在特定用途下对特定使用者的价值，因而是非市场性的。

投资价值是指资产对于具有明确投资目标的特定投资者或某一类投资者所具有的价值。这一主观概念将特定的资产与具有明确投资目标、标准的特定投资者或某一类投资者结合起来。

持续经营价值是指企业作为一个整体的价值。这一概念涉及对一个持续经营企业进行的评估。由于企业的各个组成部分对该企业的整体价值都有相应的贡献，可以将企业总的持续经营价值分配给企业的各个组成部分，但所有的这些组成部分本身的价值并不构成市场价值。

保险价值是指根据保险合同或协议中规定的定义所确定的价值。计税、课税或征税价值是指根据有关资产计税、课税和征税法律中规定的定义所确定的价值。有的司法管辖当局可能会引用市场价值作为征税的基础，但所要求的评估方法可能会产生不同于市场价值定义的结果。

剩余价值是指假设在未进行特别修理或改进的情况下，将资产中所包含的各组成部分进行变卖处置的价值。剩余价值不是继续使用时的价值，且不包括使用价值在内。该价值中，可能还需考虑总的处置成本或净处置成本。在后一种情况下，它可能等同于可变现净值。

清算价值或强制变卖价值是指在销售时间过短，达不到市场价值定义所要求的市场营销时间要求的情况下，变卖资产所能收到的价值数额。在某些国家，强制变卖价值还可能涉及非自愿买方和非自愿卖方，或买方在购买时知晓卖方不利处境的情况。

特殊价值是指资产价值量超出和高于其市场价值的部分。特殊价值是由该资产与其他资产存在物理性、功能性或经济性组合而产生的，如相邻资产。特殊价值是针对特定的资产所有者或使用者、未来特定所有者或使用者的资产价值升值，而不是针对整个市场，即这种价值升值是针对具有特殊兴趣的购买者。

2.3 价值类型选择与资产评估目的等相关条件的关系

价值类型不仅是一个理论问题，而且是一个实践问题。它不仅是对评估结果价值属性与评估条件相互关系规律的总结和归纳，同时它也指明了按评估条件正确选择价值类型的要求。正确处理好家庭类型与资产评估目的及其相关条件的关系，对于正确选择价值类型以及实现评估目的和目标是至关重要的。

关于价值类型的选择与资产评估目的等相关条件的关系，应该从两个方面来认识和把握：其一，要从正确选择价值类型的角度，关注资产评估目的等相关条件对所选择价值类型的影响；其二，要从价值类型的选择对实现资产评估目的以及满足其他相关条件的角度，关注价值类型的正确选择。

2.3.1 影响价值类型选择的资产评估条件

从纵向关系上看，资产评估中的价值类型是资产评估结果的属性及其表现形式。价值类型的选择本来就应该受到评估目的等相关条件的制约，或者说价值类型是在评估目的等相关条件的基础上形成的。有什么样的评估条件基础就应该有与之相适应的评估结果属性及其表现形式。可以说，资产评估目的等相关条件构成了资产评估的价值基础。除了资产评估的特定目的外，构成资产评估价值基础的相关条件主要有两个方面：一个是资产自身的功能、利用方式和使用状态，另一个是评估时的市场条件。

2.3.1.1 资产评估的特定目的

资产评估的特定目的作为资产评估价值基础的条件之一，不但决定着资产评估结果的具体用途，而且会直接或间接地在宏观层面上影响资产评估的过程及其运作条件，包括对评估对象的利用方式和使用状态的宏观约束以及对资产评估市场条件的宏观限定，相同的资产在不同的评估特定目的下可能会有不同的评估结果。资产评估目的对评估结果价值类型的影响，会通过评估目的对评估对象的使用方式、使用空间及使用状态表现出来。

2.3.1.2 评估对象的条件

评估对象自身的功能、使用方式和使用状态是资产自身的条件。这是影响资产评估价值的内因。从某种意义上讲，资产本身的条件对其评估价值具有决定性的影响。不同功能的资产会有不同的评估结果，使用方式和利用状态不同的相同资产也会有不同的评估结果。

中国资产评估协会编译的《国际资产评估标准》中有这样一段说明："从根本上说，资产的评估由资产的使用方式或（及）资产如何在市场上正常交易所决定。对于一些资产，如果它们单个使用的话，可以得到最佳的效用。其他资产如果作为一组资产的一部分使用则可以有更大的效用。因此，必须明确资产的独立使用和作为资产整体中的一部分使用的区别。"

    早期的国际资产评估准则已明确说明了资产的使用方式对资产效用的影响。对于一些资产而言，如果作为独立的资产单独使用可能或可以得到最佳的使用效果，而另一些资产只有当它们作为整体资产中的局部资产使用时，才能发挥出其最佳效用。这就是说，对于不同类型的资产，其单独使用或作为局部资产使用将直接影响到其效用的发挥，当然也就直接影响其评估值和价值类型。因此，估价师必须熟悉各种类型使用方式对其效用的影响以及不同使用方式对其效用水平发挥的影响程度。例如，当生产线上的配套装备被作为生产线的组成部分使用时，其效用会得到充分的发挥；如果把这些配套设备从生产线上撤下来而单独使用的话，这些设备几乎没有什么效用。相反，一个年产50万吨钢的钢铁企业购置一台年轧钢能力为100万吨的轧钢机，并把该轧钢机作为本企业整体资产的一部分，尽管该轧钢机最多只能发挥出其效用的50%。

    资产的作用空间简单的解释就是资产发挥作用的场所或作用的范围。资产在一个什么样的范围内发挥作用，对其效用发挥的影响也是不容忽视的。例如，一台通用设备可以是某家企业的资产，也可以是公开市场上待售的资产。作为前者，该设备的作用空间就局限于那家企业，而它能否充分发挥其效用完全取决于那家企业的生产规模、资产匹配是否合理等由企业决定的各种因素上。作为后者，待售资产的作用空间可以理解为社会。作为待售资产，它的具体作用空间与作用方式都还属于未知数。对于未知因素只能依靠合理的假设加以限定，在通常情况下，对于在公开市场上的待售资产来说，一般假定其作用空间是不受限制的。换句话说，其效用的发挥是不受限制的，即可以理解为其效用可以达到最佳状态。

    资产的作用空间对资产发挥的影响并不是绝对的，有些资产作用空间的大小与其效用发挥的水平是成正比的。例如，有些有形资产的作用空间与其效用水平发挥的正相关关系就不是绝对的，即资产的效用并不随其作用空间的不断扩大而无限增加。熟悉各种资产的功能和属性以及它们的作用空间对其效用发挥的影响，是一名合格的评估师必须掌握的基础知识。

    对于资产或评估对象作用方式和作用空间的分析判断，并不可以凭主观想象抽象地设定。作为评估对象，它的作用方式与作用空间首先是由资产评估的特定目的和评估范围规范的。单项资产、整体资产或整体资产中的局部资产就基本限定了资产的作用方式，而被评估资产用于合资、合作，还是用于抵押担保，或用于公开出售，其本身就限定了被评估资产的作用空间。从这个意义上讲，资产评估的特定目的不仅是资产评估的起点，还规定着资产评估结果的具体用途，同时也在宏观上规范了被评估资产的作用空间。资产评估的特定目的对被评估资产的作用方式，尤其是作用空间的范畴，具体是通过资产评估的基本前提假设体现出来的。公开市场假设可以把以公开出售为目的的评估对象的作用空间明确到公开市场上，而续用假设则可以把以联营、合资合作等目的的评估对象的作用空间限定在联营企业及合资合作企业之中。

    从上述分析中可以发现，被评估资产的作用方式和作用空间并不可以由评估人员随意设定。它是由资产评估的特定目的和评估范围限定的。当然，被评估资产自身的功能、属性等也会对其作用方式和作用空间产生影响。有些资产只能作为组合资产中的局部资产发挥作用而不能独立运作，而另一些资产既可以作为独立资产发挥作用，也可以成为组合资产中的一部分独立运作。有些资产的作用空间可以是全社会，包括国内和国际，就其自身的功能而言，其作用空间是没有界限的，如技术等无形资产；有些资产的作用空间受其自身功能及属性的限制具有明显的区域特征和企业特征，如砖头和专用设备等。被评估资产的作用方式和作用空间直接关系到其效用水平的发挥以及评估值的高低。当评估人员明确了资产评估的特定目的、评估范围以及评估假设与被评估资产作用方式和作用空间之间的关系后，可通过对资产评估的特定目的及评估范围的认真分析，并借助于评估假设恰当地反映被评估资产的作用方式和作用空间，以便给出一个相对科学合理的评估结果和价值类型。用来反映被评估资产的作用方式和作用空间的资产评估假设是持续使用假设，具体包括在用续用、转换续用和移地使用3种。

2.3.1.3 评估依据的市场条件

评估时所面临的市场条件及交易条件是资产评估的外部环境，是影响评估结果及其价值类型的外部因素。在不同的市场条件下或交易环境中，即使相同的资产也会有不同的评估结果和价值类型。

在资产评估实践中，资产评估依据的市场条件主要通过资产评估市场条件假设表现出来，其中最基本的市场条件假设有两个，它们是公开市场假设和清算假设。

（1）公开市场假设。

公开市场假设是假设有一个自愿的买者和卖者的竞争性市场。在这个市场上，买者和卖者的地位是平等的，彼此都有获取足够市场信息的机会和时间，买卖双方的交易行为都是在自愿的、理智的而并非强制的条件下进行的。

由于公开市场假设假定市场是一个充分竞争的市场，资产在公开市场上实现的交换价值隐含着市场对该资产在当时条件下有效使用的社会认同。当然，在资产评估中要注意市场是有范围的，它可以是地区性市场，也可以是国内市场，还可以是国际市场。关于资产在公开市场上实现的交换价值所隐含的对资产效用有效发挥的社会认同也是有范围界定的。它可以是区域性的、全国性的或国际性的。

公开市场假设旨在说明一种充分竞争的市场条件。在这种条件下，资产的交换价值受市场机制的制约并由市场行情决定，而不是由个别交易所决定。

公开市场假设也是资产评估中使用频率较高的一种假设。凡是能在公开市场上交易、用途较为广泛或通用性较强的资产，可以考虑按公开市场假设前提进行评估。公开市场假设是构成资产评估市场价值的基础。

（2）清算假设。

清算假设是对资产在非公开市场条件下被迫出售或快速变现条件的假定说明。清算假设首先是基于被评估资产面临清算或具有潜在的被清算的事实或可能性，再根据相应数据资料推定被评估资产被迫出售或快速变现的状态。由于清算假设假定被评估资产处于被迫出售或快速变现的条件之下，被评估资产的评估值通常要低于在公开市场假设前提下同样资产的评估值。因此，在清算假设前提下的资产评估结果的适用范围是非常有限的，当然清算假设本身的使用也是较为特殊的。

笼统地讲，资产评估中的市场价值与公开市场假设和持续使用假设中的资产正常使用或最佳使用相联系，市场价值以外的价值的各种价值表现形式更是难以同时满足公开市场假设和持续使用假设中资产正常使用或最佳使用两个条件。

资产评估目的作为资产评估结果的具体用途以及对资产评估运作条件起宏观约束作用的因素，与决定资产评估价值的内因和外因的评估对象自身条件以及评估时的市场条件共同构成了资产评估的价值基础。这三大因素的不同排列组合便构成了不同价值类型的形成基础。

2.3.2　价值类型的合理选择是实现资产评估目的的重要手段

从逆向来看，资产评估价值类型的合理选择也应该成为实现资产评估目的以及满足资产评估相关条件的重要途径和手段。

资产评估目的有一般目的和特殊目的之分。资产评估的一般目的是要对各种条件下交易中的资产的公允价值做出判断，并给出这些资产在各种条件下的公允价值，而资产评估的特定目的是一般目的的具体化，其实质是判断特定条件下或具体条件下资产的公允价值。

公允价值的相对性质主要是指其对于某一资产而言不是一个确定不变的值，而是一个相对值。当该资产处于正常使用及正常市场条件下时，有一个与此条件相对应的合理价值；当该资产处于非正常使用及非正常市场条件下时，也有一个与之相对应的合理价值。当然，这样的排列组合会很多，相应的合理价值也会很多。尽管就具体资产而言，不同条件下的合理价格各不相同，但是它们有一个共同的特点，即相对于它们各自面对的条件又都是合理和公允的。公允价值与评估条件的相对性和相关性决定了公允价值的相对性质，公允价值的相对性质又决定了公允价值具有抽象性质和高度概括性质，在资产评估实践过程中还需要将其具体化。

正是由于资产评估的特定目的以及特定条件下资产公允价值的多样性、复杂性和难以把握性的存在，设计、选择并利用科学合理的资产评估价值类型就显得十分重要。市场价值和市场价值以外的价值的分类以及该价值类型分类所包含的具体价值表现形式，不仅仅是根据资产评估目的等相关条件被动选择。它们对于实现评估目的，特别是把握资产评估中的公允价值具有极其重要的作用。这种作用突出表现在资产评估的市场价值上。由于市场价值与市场价值以外的价值之间的关系，市场价值及其成立条件是这种价值类型分类的基准。确立了市场价值及其成立的条件，就等于明确了市场价值以外的价值及其成立条件。明确了市场价值在资产评估中的作用，也就很容易把握市场价值以外的价值及其具体价值形式在资产评估中的作用，市场价值在资产评估中主要发挥着公允价值坐标的作用。

既然公允价值是资产评估的基本目标，那么市场价值在资产评估中还起了什么作用呢？资产评估中的公允价值与市场价值是两个不同层次的概念。资产评估中的公允价值是一个一般层次的概念，包括了正常市场条件和非正常市场条件两种情况下的合理评价结果。而资产评估中的市场价值只是在正常市场条件下资产处在最佳使用状态下的合理评价结果（而非是不满足市场价值成立条件的其他合理评估结果都是另外一种价值类型——非市场价值)。相对于公允价值而言,市场价值更为具体,条件更为明确,评估人员在实践中更容易把握。由于市场价值概念的明晰性和可把握性,资产评估中的市场价值更能够成为资产评估公允价值的坐标和基本衡量尺度。由于市场价值自身优越的条件也确实能够起到这种作用。①市场价值是正常市场条件下的公允价值。正常市场条件容易理解,也容易把握。②市场价值是资产正常使用(最佳使用)状态下的价值。正常使用(最佳使用)也容易理解和把握。③资产评估结果只有两种价值类型——市场价值和市场价值以外的价值。明确了市场价值也就容易把握市场价值以外的价值,并根据评估对象自身的状况、使用方式、状态偏离资产正常使用(最佳使用)的程度以及评估时市场条件偏离正常市场条件的程度,去把握市场价值以外的价值的量及其具体价值形式。④市场价值是资产评估中最为典型的公允价值。市场价值的准确定位是准确把握市场价值的基础,也是准确把握公允价值的基础。换一个角度来看,也正是定义了资产评估中的市场价值,才使得较为抽象的资产评估公允价值得以把握和衡量,公允价值也才能够成为可操作的资产评估的基本目标。我们之所以反复强调理解和把握资产评估市场价值的重要性,不仅仅因为它是一种重要的价值类型,更重要的是,它是我们认识、把握和衡量资产评估结果公允性的基本尺度和坐标。从理论研究的角度来看,人们可以根据不同的标准将资产评估结果划分为若干种价值类型。但是,从有助于评估人员理解和把握资产评估基本目标并很好地实现资产评估的目标的角度来看,将资产评估结果划分为市场价值和市场价值以外的价值是最具有实际意义的。在资产评估基本准则中选择市场价值和市场价值以外的价值作为资产评估的基本价值类型正是对资产评估运作规律的一种抽象和概括。

资产评估的特定目的从本质上讲,就是要求评估人员评估特定条件下的资产公允价值,对市场价值和市场价值以外的价值两大类型的划分进行正确选择。这就很好地为实现评估目的提供了技术平台,即有了市场价值这个公允价值的坐标以及能够涵盖各种特殊条件下的市场价值以外的价值的具体价值表现形式,这就为实现评估目的提供了目标载体。

2.3.3　明确资产评估中的市场价值与市场价值以外价值的意义和作用

在众多价值类型中,选择资产的市场价值与市场价值以外的价值作为资产评估中最基本的资产价值类型具有重要意义。

资产评估作为一种专业中介性服务活动,它对客户和社会提供的服务是一种专家意见以及专业咨询。无论是专家意见还是专业咨询,最重要的是这种意见或咨询能对客户的某些行为起到指导作用,应防止和杜绝提交可能造成客户误解、误用或误导的资产评估报告。就一般情况而言,资产评估机构和评估人员主观上并不愿意提交可能会对客户及社会造成误解、误用或误导的资产评估报告,但在资产评估实践中,经常出现评估人员并不十分清楚所做的资产评估结果的性质、适用范围等,以致在资产评估报告中未给予充分的说明以及使用限定的问题。由于客户或评估报告适用者绝大部分都是非专业人员,所以他们对评估结果的理解和认识基本上只来源于评估报告的内容。资产评估报告中任何概念的模糊或不合理,都会造成客户及社会对评估结果的误解。因此，资产评估结果价值类型的科学分类和解释具有重要的作用。关于资产的市场价值和市场价值以外的价值的概念及分类，正是从资产评估结果的使用范围和使用范围限定方面对资产评估结果进行分类的。因此，这种分类方法符合资产评估服务于客户和服务于社会的内在要求。其意义和作用具体体现在以下几个方面：

（1）这种分类方法和概念界定有利于评估人员对其评估结果性质的认识，便于评估人员在撰写评估报告时更清晰明了地说明其评估结果的确切含义。只有评估人员自己充分认清自己的评估结果的性质，才可能在评估报告中充分说明这个评估结果。当然，一份结果阐述明确的评估报告才能使客户收益。

（2）这种分类方法及概念界定便于评估人员划定其评估结果的使用范围和评估目的。资产评估结果的使用范围与评估目的所要求的评估结果用途的匹配和适应，是资产评估科学性和合理性的首要问题。把评估结果按资产的市场价值和市场价值以外的价值分类，可以从大的方面决定评估的适应范围，便于评估人员将其与评估的特定目的相对照。资产评估结果的使用范围关系到资产评估结果能否被正确使用或被误用的问题。对于大多数评估报告使用者来说，他们都未必十分了解不同价值类型的评估结果都有其使用范围的限定。限定评估结果的使用范围的责任应由评估人员承担，评估人员应在评估报告中将评估结果的使用范围给予明确限定。

（3）市场价值和市场价值以外的价值是以资产评估面临的市场条件和评估对象自身的条件为标准设定的。这种价值类型的划分实际上是以资产评估价值决定的基本要素为依据的。市场价值和非市场价值的划分既考虑了资产自身的条件、利用方式和使用状态，也考虑了资产评估时的市场条件。也就是说，这种价值类型的划分既考虑了影响资产评估价值的内部因素，同时也考虑了影响资产评估价值的外部因素。这至少能在理论上和宏观层面上为评估人员客观合理地评估资产价值以及清晰地披露评估结果提供帮助和依据。

（4）一般而言，属于市场价值性质的资产评估结果主要适用于产权变动类资产业务，但并不排斥运用于非产权变动类资产业务。在特定时点的公开市场上，资产的市场价值对于市场整体而言都是相对公允合理的或整体市场对它认同，即对整个市场上潜在的买者或卖者来说都是相对公平合理的。属于市场价值以外的价值（或非市场价值）性质的评估结果，既适用于产权变动类资产业务，同时也适用于非产权变动类资产业务。在评估时点，资产的市场价值以外的价值只是一种局部市场或只在局部市场范围内是公允合理的，即只是对特定市场主体来说是公平合理的。从大的方面讲，资产评估的市场价值和市场价值以外的价值都是资产公允价值的表现形式，但是两者公允的市场范围是有明显差异的。如果评估人员及其评估报告使用人明确了资产评估中公平合理的市场价值和市场价值以外的价值的市场范围，那么，他们也就能很容易地把握评估结果的适用范围和使用范围。

总之，按市场价值和市场价值以外的价值将评估结果划分为两大类，旨在合理和有效限定评估结果的适用范围和使用范围。因此，把评估结果划分为市场价值和市场价值以外的价值两大类是相对合理的，同时也便于操作。

课后练习

一、单项选择题

1. 资产评估中的市场价值类型所适用的基本假设前提是（　　）。
   A. 在用续用假设
   B. 公开市场假设
   C. 清算假设
   D. 会计主体假设

2. 下列经济行为中，属于以产权变动为评估目的的经济行为是（　　）。
   A. 资产抵债
   B. 财产纳税
   C. 企业兼并
   D. 财产担保

3. 在下列事项中，影响资产评估结果价值类型的直接因素是（　　）。
   A. 评估的特定目的
   B. 评估方法
   C. 评估程序
   D. 评估基准日

4. 进行资产评估时判断资产价值的经济活动，评估结果应该是被评估资产的（　　）。
   A. 时期价值
   B. 时点价值
   C. 时区价值
   D. 阶段价值

5. 机器设备、房屋建筑或其他有形资产等的拆零变现价值估计数额通常被称作（　　）。
   A. 市场价值
   B. 清算价值
   C. 投资价值
   D. 残余价值

二、多项选择题

1. 以资产评估时所依据的市场条件、被评估资产的使用状态以及评估结论的适应范围来划分资产评估结果的价值类型，具体包括（　　）。
   A. 继续使用价值
   B. 市场变现价值
   C. 市场价值
   D. 市场价值以外的价值
   E. 清算价值

2. 资产评估中的市场价值成立的基础条件是（　　）。
   A. 被评估资产处于最佳使用状态
   B. 被评估资产能按照评估时正在使用的用途和方式继续使用
   C. 市场条件是公开市场
   D. 评估对象是特殊空间位置的资产
   E. 假设清算

3. 资产评估中的市场价值以外的价值包括（　　）。
   A. 投资价值
   B. 最佳使用价值

C. 在用价值   D. 保险价值

E. 市场价值

4. 按资产业务的性质来划分资产评估的价值类型，可以划分为（　　）。

A. 持续使用价值   B. 拍卖价值

C. 投资价值   D. 非市场价值

E. 租赁价值

5. 从理论上讲，决定资产评估价值的基础条件是（　　）。

A. 资产自身的功能、利用方式和使用状态

B. 资产的归属

C. 评估师的种类

D. 评估时的市场条件

E. 委托方的要求

三、判断题

1. 对于同一资产而言，不同的价值类型的选择不会影响其评估价值。（　　）

2. 资产评估中的在用价值是市场价值以外的价值中的一种具体价值形式。（　　）

3. 资产评估结果中，对于特定投资者具有的价值通常被称为投资价值。（　　）

4. 评估中的市场价值以外的价值，也是公允价值中的某些表现形式的集合。

（　　）

5. 资产评估价值类型完全是由资产评估目的决定的。（　　）

四、简答题

1. 资产评估价值合理性有什么意义？

2. 价值类型在资产评估中起什么作用？

3. 市场价值有哪些基本特征？

4. 价值类型与评估目的及其相关条件的关系如何？

5. 为什么说市场价值以外的价值也具有合理性？

6. 资产的投资价值与投资性资产价值有什么区别？

3 资产评估途径与方法

案例导入

某待估资产为某机器设备，年生产能力为150吨。评估基准日为2018年2月1日。评估人员收集到的信息：

（1）从市场上收集到一个该类型设备近期交易的案例，该设备的年生产能力为210吨，市场成交价格为160万元。

（2）将待估设备与收集的参照设备进行对比并寻找差异。

（3）发现两者除生产能力指标存在差异外，从参照设备成交到评估基准日之间，该类型设备的市场价格比较平稳，其他条件也基本相同。

问题1：选择何种评估方法更合适？

问题2：根据所选的评估方法评估该机器设备的价值。

3.1 市场途径

3.1.1 市场途径的基本含义

市场途径是指以市场近期出售的相同或类似的资产交易价格为基础，通过比较被估资产与近期售出相同或类似资产的异同，将类似资产的市场交易价格进行调整，进而确定被估资产价值的一种资产评估方法。

3.1.2 市场途径的基本前提

（1）要有一个活跃的公开市场。

（2）公开市场上要有可比的资产及其交易活动。

①参照物与评估对象在功能上具有可比性，包括用途、性能上的相似或相同。

②参照物与评估对象面临的市场条件具有可比性，包括市场供求关系、竞争状况和交易条件等。

③参照物成交时间与评估基准日时间间隔不能够过长，同时时间对资产价值的影响是可以调整的。

3.1.3　市场途径中涉及的相关因素

（1）资产的功能。
（2）资产的实体特征和质量。
（3）市场交易条件。
（4）交易时间。

3.1.4　市场途径中的具体方法

3.1.4.1　直接比较法

（1）基本原理。

利用参照物的交易价格，以评估对象的某一或者若干基本特征与参照物的某一及若干基本特征进行比较，得到两者的基本特征修正系数或基本特征差额，在参照物交易价格的基础上进行修正从而得到评估对象价值的方法。

（2）优点。

该方法直观简洁，便于操作。

（3）适用条件。

对可比性要求比较高，参照物与评估对象之间达到相同或者基本相同的程度，或者两者的差异主要体现在某一或多个明显的因素上。

（4）基本计算公式。

①如果参照物与被评估对象可比因素完全一致。

$$评估对象价值=参照物合理成交价格$$

②参照物与被评估对象只有一个可比因素不一致。

公式原理：本思路事实上认可，参照物和评估对象的价值之间受某一特征（或者因素）的影响，而且成正比关系。

③参照物与被评估对象有 n 个可比因素不一致。

方法一（见图 3.1）：

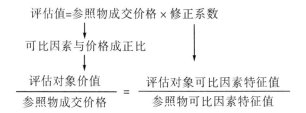

图 3.1　参照物与被评估对象有 n 个可比因素不一致时的计算公式

方法二：

$$评估对象价值=参照物成交价格\pm基本特征差额1\pm基本特征差额2\pm\cdots\pm基本特征差额n$$

原理：分析各个可比因素不同导致参照物价格相对于被评估资产的价格差额，然后以参照物成交价格为基础，调整各个差额的影响，得到被评估资产的评估价值。

（5）直接比较法的基本方法——仅仅一个可比因素不一致或者完全一致。

直接比较法主要包括但不限于以下评估方法：

①现行市价法（参照物与评估对象完全一致）。

当评估对象本身具有现行市场价格或与评估对象基本相同的参照物具有现行市场价格的时候，可以直接利用评估对象或参照物在评估基准日的现行市场价格作为评估对象的评估价值。

②市价折扣法。

③功能价值类比法。

功能价值类比类，即以参照物的成交价格为基础，考虑参照物与评估对象之间的功能差异并进行调整，从而估算评估对象价值的方法。

换句话说，功能指的是生产能力，生产能力越大，则价值就越大。

④价格指数法（物价指数法）。

价格指数法是以参照物价格为基础，考虑参照物的成交时间与评估对象的评估基准日之间的时间间隔对资产价值的影响，利用价格指数调整估算评估对象价值的方法。

物价（价格）指数的各种表述方法：

A. 定基物价指数。

定基物价指数即以固定时期为基期的指数，通常用百分比来表示。以 100% 为基础，当物价指数大于 100%，表明物价上涨；物价指数小于 100%，表明物价下跌。

例如，某类设备的定基物价指数计算过程如下，经过统计得到了第二列的该类设备的市场平均价格，实际运用中往往省略百分号（见表 3.1）。

表 3.1　2012—2018 年某类设备的定基物价指数计算过程

年份	该类设备实际均价/万元	定基物价指数=当年实际物价÷基年物价	定基价格变动指数=（当年实际物价-基年物价）÷基年物价
2012	50	100%=50÷50×100%	0=（50-50）÷50×100%
2013	51.5	103%=51.5÷50×100%	3%=（51.5-50）÷50×100%
2014	53	106%=53÷50×100%	6%=（53-50）÷50×100%
2015	54	108%=54÷50×100%	8%=（54-50）÷50×100%
2016	55	110%=55÷50×100%	10%=（55-50）÷50×100%
2017	56	112%=56÷50×100%	12%=（56-50）÷50×100%
2018	57.5	115%=57.5÷50×100%	15%=（57.5-50）÷50×100%

B. 定基价格变动指数与定基价格指数的关系（见表3.2和图3.2）。

表 3.2　2012—2018 年某类设备的定基价格变动指数与定基价格指数的关系

年份	该类设备 实际均价 /万元	定基 物价 指数	定基价格变动指数 =（当年实际物价-基年 物价）÷基年物价
2012	50	100% = 50÷50×100%	0 =（50-50）÷50×100%
2013	51.5	103% = 51.5÷50×100%	3% =（51.5-50）÷50×100%
2014	53	106% = 53÷50×100%	6% =（53-50）÷50×100%
2015	54	108% = 54÷50×100%	8% =（54-50）÷50×100%
2016	55	110% = 55÷50×100%	10% =（55-50）÷50×100%
2017	56	112% = 56÷50×100%	12% =（56-50）÷50×100%
2018	57.5	115% = 57.5÷50×100%	15% =（57.5-50）÷50×100%

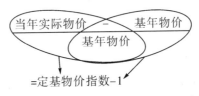

定基价格变动指数=

当年实际物价 - 基年物价
            基年物价

=定基物价指数-1

定基价格指数=1+定基价格变动指数

图 3.2　定基价格变动与定基价格指数的关系

C. 物价指数与定基价格指数的关系（见表3.3）。

表 3.3　2012—2018 年物价指数与定基价格指数的关系

年份	该类设备 实际均价 /万元	定基物价指数/%	定基物价指数 =当年实际物价÷基年物价
2012 （基年）	50	100	100% = 50÷50×100%
2013	51.5	103	103% = 51.5÷50×100%
2014	53	106	106% = 53÷50×100%
2015	54	108	108% = 54÷50×100%
2016	55	110	110% = 55÷50×100%
2017	56	112	112% = 56÷50×100%
2018	57.5	115	115% = 57.5÷50×100%

$$物价指数 = \frac{评估基准日的定基物价指数}{参照物交易的定期物价指数}$$

2017 年相对于 2014 年的物价指数 $= \dfrac{2015 \text{ 年定期价格指数}}{2012 \text{ 年定基价格指数}} = \dfrac{112}{106} = 105.66\%$

D. 物价变动指数与物价指数的关系。

$$\text{物价指数} = 1 + \text{物价变动指数}$$

例如，在表 3.3 中，2017 年相对于 2014 年的价格变动指数 $= 112 \div 106 - 1 = 5.66\%$

E. 环比物价指数（见图 3.3）。

环比物价指数为本年的定基物价指数与上年定基物价指数的商。

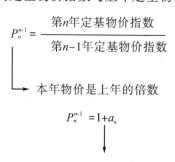

$$P_n^{n-1} = \frac{\text{第} n \text{年定基物价指数}}{\text{第} n-1 \text{年定基物价指数}}$$

⌐→ 本年物价是上年的倍数

$$P_n^{n-1} = 1 + a_n$$

↓

本年相对于上年的物价变动指数

图 3.3　环比物价指数

F. 环比物价变动指数（见表 3.4）。

环比物价变动指数为本年的定基物价指数比上年定基物价高出的部分与上年定基物价指数的商。

$$\text{环比物价指数} = 1 + \text{环比物价变动指数}$$

表 3.4　2012—2018 年环比物价变动指数的计算

年份	定基物价指数（%）	环比物价指数	环比变动物价指数
2012	100	100% = 100%÷100%	0 =（100%−100%）÷100%
2013	103	103% = 103%÷100%	3% =（103%−100%）÷100%
2014	106	102.9% = 106%÷103%	2.91% =（106%−103%）÷103%
2015	108	101.9% = 108%÷106%	1.89% =（108%−106%）÷106%
2016	110	101.9% = 110%÷108%	1.85% =（110%−108%）÷108%
2017	112	101.8% = 112%÷110%	1.82% =（112%−110%）÷110%
2018	115	102.7% = 115%÷112%	2.68% =（115%−112%）÷112%

⑤价格指数法在评估中运用的计算公式。

$$\frac{\text{评估值}}{\text{参照物成交价}} = \frac{\text{评估基准日物价指数}}{\text{成交时物价指数}}$$

$$= \frac{1 + \text{评估基准日定基物价变动指数}}{1 + \text{参照物成交日定基物价变动指数}}$$

$$=物价指数$$

$$=1+物价变动指数$$

$$=P_1^0 \times P_2^1 \times \cdots \times P_1^{n-1}$$

$$=\frac{1\ 年}{0\ 年} \times \frac{2\ 年}{1\ 年} \times \cdots \times \frac{n\ 年}{n-1\ 年}$$

$$=\frac{n\ 年定基物价指数}{0\ 年定基物价指数}$$

$$=(1+a_1)(1+a_2) \times \cdots \times (1+a_n)$$

⑥适用条件。

评估对象与参照物之间仅仅有时间因素存在差异的情况，且时间差异不能过长。

【例题3-1】与评估对象完全相同的参照资产6个月前的成交价格为10万元，半年间该类资产的价格上升了5%，运用价格指数法在评估中运用的计算公式进行计算：

资产评估价值 $=10 \times (1+5\%) = 10.5$（万元）

【例题3-2】被评估房地产于2018年6月30日进行评估，该类房地产2018年上半年各月末的价格同2017年年底相比，分别上涨了2.5%、5.7%、6.8%、7.3%、9.6%和10.5%。其中参照房地产在2018年3月底的价格为3 800元/平方米，运用价格指数法在评估中运用的计算公式进行计算，则评估对象于2018年6月30日的价值接近于：

$$3\ 800 \times \frac{(1+10.5\%)}{(1+6.8\%)} = 3\ 932（元/平方米）$$

【例题3-3】已知某资产在2016年1月的交易价格为300万元，该种资产已不再生产，但该类资产的价格变化情况如下：2016年2~5月的环比价格指数分别为103.6%、98.3%、103.5%和104.7%。运用价格指数法在评估中运用的计算公式进行计算，评估对象于2016年5月的评估价值最接近于：

$$300 \times 100\% \times 103.6\% \times 98.3\% \times 103.5\% \times 104.7\% = 331.1（万元）$$

3.1.4.2 成新率价格调整法

（1）原理。

成新率价格调整法以参照物的成交价格为基础，考虑参照物与评估对象新旧程度上的差异，通过成新率调整估算出评估对象的价值。

（2）计算公式。

$$被评估资产评估价值 = 参照物成交价格 \times \frac{被评估资产成新率}{参照物成新率}$$

$$\frac{资产的}{成新率} = \frac{资产的尚可}{使用年限} \div \left(\frac{资产的}{已使用年限} + \frac{资产的尚可}{使用年限}\right) \times 100\%$$

3.2　收益途径

3.2.1　收益途径的基本含义

收益法是指通过估算资产未来预期收益的现值进而确定被估资产价值的评估方法（见图3.4）。收益法以预期收益为基础，采用以利求本的思维方式，通过对被估资产预期收益进行折现或资本化的方式确定评估值。

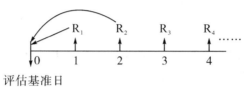

图3.4　收益法示意图

收益法的计算公式如下：

$$P = \sum_{i=1}^{n} \frac{R_i}{(1+r)^i}$$

3.2.2　收益途径的基本前提

3.2.2.1　被估资产未来预期收益能够预测并以货币形式计量

影响预期收益的主要因素包含主观因素和客观因素，评估人员可以据此分析和测算出被评估资产的预期收益。

3.2.2.2　所有者为获取预期收益所承担的风险可以测算并量化

不同的收益可能有着不同的风险，两个被评估资产即使在未来的收益基本相当，但是由于风险不一样，大家肯定会选择购买风险低的资产，或者说大家会认为风险低的资产的价值更高。

从货币时间价值和资产股价的角度看，不同风险的收益需要使用不同的折现率来计算现值。

3. 被估资产获取预期收益的时间可以预测

3.2.3　收益途径的基本程序

采用收益法进行评估，其基本程序如下：

（1）收集验证与评估对象未来预期收益有关的数据资料，包括经营前景、财务状况、市场形势以及经营风险等。

（2）分析测算被评估对象未来的预期收益。

（3）确定折现率或资本化率。

（4）分析测算被评估资产未来预期收益持续的时间。

（5）用折现率或资本化率评估对象未来预期收益并折算成现值。

（6）分析确定评估结果。

从评估实务的角度看，前 4 个步骤比较关键，涉及收益法计算的 3 个关键因素：收益额、收益年限、折现率。

但是我们主要是根据已知条件按照第 5 个步骤来计算被评估资产的价值，因此第 5 个步骤也比较重要，应特别重视。

3.2.4 收益途径的基本参数

3.2.4.1 收益额

（1）收益额是未来预期收益，不是历史收益和现实收益。

（2）收益额是由被估资产带来的。

（3）收益额是资产未来的客观收益。

3.2.4.2 折现率或资本化率

折现率或资本化率是一种预期的投资收益率。

折现率或资本化率在本质上是相同的，都表现为一种投资收益率，只是适用场合不同。折现率是将未来有期限的预期收益折算为现值的比率。资本化率则是指将未来无期限且年金的永续性收益折算为现值的比率。

3.2.4.3 收益期限

收益期限是指资产收益的期间，通常指收益年期。收益期限由评估人员根据未来获利情况、损耗情况等确定，也可根据法律、契约和合同规定确定。

3.2.5 收益途径中的具体方法

3.2.5.1 收益法的基本方法

（1）未来收益有期限且不等值：

$$P = \sum_{t=1}^{n} \frac{R_t}{(1+r)^t}$$

（2）未来收益无期限且年金：

$$P = \frac{A}{r}$$

（3）未来收益无期限且不等额（分段法）：

$$P = \sum_{t=1}^{n} \frac{R_t}{(1+r)^t} + \frac{A}{r(1+r)^n}$$

3.2.5.2 收益法的其他方法

（1）未来收益法有期限且年金：

$$P = \frac{A}{r}\Big[1 - \frac{1}{(1+r)^n}\Big]$$

（2）预期收益按等差级数递增且收益无期限：

$$P = \frac{A}{r-s}$$

（3）预期收益按等比级数递增且无期限：

$$P = \frac{A}{r} + \frac{B}{r^2}$$

3.2.5.3　其他方法

【例题3-4】某收益性资产效益一直良好，经专业评估人员预测，评估基准日后第一年预期收益为100万元，以后每年递增10万元，假设折现率为10%，收益期为20年，该资产的评估价值最接近于（　　）万元。

A. 1 400　　　　　　　　　　　　　　B. 1 700

C. 1 800　　　　　　　　　　　　　　D. 1 970

$$P = \Big[\frac{A}{r} + \frac{B}{r^2}\Big]\Big[1 + \frac{1}{(1+r)^n}\Big] - \frac{B}{r} \times \frac{n}{(1+r)^n}$$

『正确答案』A

『答案解析』本题应该使用收益法中，纯收益按等差级数递增，收益年期有限条件下的计算公式：

$$P = \Big(\frac{A}{r} + \frac{B}{r^2}\Big)\Big[1 - \frac{1}{(1+r)^n}\Big] - \frac{B}{r} \times \frac{n}{(1-r)^n}$$

本题中 $A = 100$ 万元，$B = 10$ 万元，$r = 10\%$，$n = 20$。

【例题3-5】经专业评估人员预测，某收益性资产评估基准日后第一年预期收益为100万元，以后每年递减10万元，假设折现率为5%，该资产的评估价值最接近于（　　）万元。

A. 710　　　　　　　　　　　　　　B. 386

C. 517　　　　　　　　　　　　　　D. 446

『正确答案』D

『答案解析』本题应该使用收益法中，纯收益按等差级数递减，收益年期有限条件下的计算公式，收益年期应该是10年（特别注意这种题目，收益年限需要自己计算。即使题目提供了收益年限，也要通过计算，检查题目给出的收益年限是否超过了真正的收益年限。例如，本题中收益年限最大只能是10年，如果题目提供的收益年限是8年，则计算时收益年限应该使用8年；如果题目提供的收益年限超过10年，则计算时收益年限应该使用10年），使用的计算公式如下：

$$P = \left[\frac{A}{r} - \frac{B}{r^2} \right] \left[1 - \frac{1}{(1+r)^n} \right] + \frac{B}{r} \times \frac{n}{(1+r)^n}$$

在本题中，公式中的 A 应该是评估基准日后的第一期收益 100 万元，B 应该是等差级数递增额 10 万元，$r = 5\%$，$n = 10$。

所以 $P = (100 \div 0.05 - 100 \div 0.05^2) \times [1 - (1 + 5\%)^{-10}] + 10 \div 0.05 \times [10 \div (1 + 5\%)^{10}]$

$= (2\,000 - 4\,000) \times 0.385\,1 + 1\,227.82 = 455.65\,(万元)$

【例题 3-6】（2011 年考题）已知被评估资产评估基准日后第一年的预期收益为 100 万元，其后各年的收益将以 2% 的比例递减，收益期为 20 年，期满后无残余价值，折现率为 10%。据此，该资产的评估价值为（　　）万元。

A. 649　　　　　　　　　　　　B. 751

C. 974　　　　　　　　　　　　D. 1 126

3.3　成本途径

3.3.1　成本途径的基本含义

成本法是指首先估算被估资产的重置成本和各种贬值，然后将各种贬值从重置成本中扣除，以取得被估资产评估值的方法。

3.3.2　成本途径的基本前提

（1）成本法以持续使用为假设，要求被估资产处在继续使用过程中。

（2）成本法要求必须掌握可以利用的历史资料。

（3）成本法要求必须能够测定形成资产价值的必要耗费。

3.3.3　成本途径的基本要素

$$\frac{被估资产}{评估值} = \frac{被估资产}{重置成本} - \frac{被估资产}{实体贬值} - \frac{被估资产}{功能贬值} - \frac{被估资产}{经济贬值}$$

3.3.3.1　重置成本

重置成本是指在现行市场条件下，按功能重置某项资产并使其处于在用状态所需耗费的成本。

（1）复原重置成本：原消耗按现价格计算的重置成本。

（2）更新重置成本：新消耗按现价格计算的重置成本。

复原重置成本与更新重置成本内容示意图如图 3.5 所示。

（3）两种重置成本在运用中的注意事项。

①在实践工作中，选择重置成本时，在同时可获得复原重置成本和更新重置成本的情况下，应选择更新重置成本。在无法获得更新重置成本时也可采用复原重置成本。

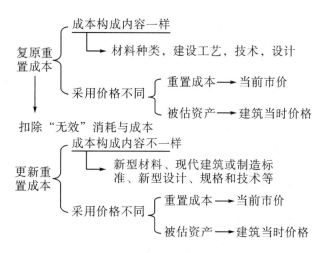

图 3.5　复原重置成本与更新重置成本内容示意图

选择更新重置成本的原因是：一方面随着科学技术的进步，劳动生产率的提高，新工艺、新设计被社会所普遍接受；另一方面，新型设计、工艺制造的资产无论从其使用性能，还是成本耗用方面都会优于旧的资产。

②无论哪种重置成本，资产本身的功能始终是相同的，采用的都是资产的现时价格，不同的在于技术、设计、标准方面的差异。

③一般而言，复原重置成本大于更新重置成本。

④如果选用了复原重置成本，那么复原重置成本和更新重置成本的差额则被视作是功能性贬值的一部分。

3.3.3.2　实体贬值

（1）实体贬值是指使用资产及自然力的作用导致的资产的物理性能的损耗或下降而引起的资产的价值损失。

（2）资产的实体性贬值通常用相对数计量，即实体性贬值率，用公式表示如下：

$$实体性贬值率 = \frac{资产实体性贬值}{资产重置成本}$$

3.3.3.3　功能贬值

（1）功能贬值的定义。功能贬值是指由技术进步引起的资产功能相对落后而造成的资产价值损失。

（2）功能性贬值一般包括两个方面：①新工艺、新材料和新技术的采用使得原有资产的建造成本超过现行建造成本的超支额（复原重置成本和更新重置成本的差额，即超额投资成本）。②原有资产超过体现技术进步的同类资产的运营成本的超支额。

3.3.3.4　经济贬值

（1）经济贬值的含义。经济贬值是指由外部条件的变化引起的资产闲置、收益下降等资产价值损失。

经济贬值从概念上讲，是企业外部的影响导致企业资产本身价值的损失，与企业资产本身无关。

经济贬值主要体现为运营中的资产使用率下降，甚至闲置，并引起资产的运营收益下降。

（2）经济贬值的影响因素。经济贬值的影响因素包括政治因素、宏观政策因素等。

例如，在评估一家化肥厂或化学制品厂时，就要考虑该企业的生产是否达到环保规定，是否使得这一厂家的生产经营受到限制，因而其资产的价值会下降。这种损耗一般称为资产的经济性损耗，也称为经济贬值。

3.3.4 成本途径中的具体方法

3.3.4.1 重置成本的估算

重置成本的估算一般可以采用重置核算法、物价指数法、功能价值法、规模经济效益指数法等。

（1）重置核算法。

重置核算法利用成本核算的原理，根据重新取得资产所需的成本费用项目逐项计算，然后累加得到资产的重置成本，包括直接成本与间接成本。

直接成本是指直接可以构成资产成本支出的部分，如房屋建筑物的基础、墙体、屋面、内装修等项目支出，机器设备类资产的购价、安装调试费、运杂费、人工费等。直接成本应按现时价格逐项加总。

间接成本是指为建造或购买资产而发生的管理费、设计制图费等支出。

【例题3-7】重置购置设备一台，现行市场价格为每台60 000元，运杂费2 000元，直接安装成本1 000元（原材料400元，人工成本600元）。根据统计分析，计算求得安装成本中的间接成本为每人工成本为0.8元。该机器设备重置成本如下：

直接成本＝60 000+2 000+1 000＝63 000（元）

其中，买价为60 000元，运杂费为2 000元，安装费用为1 000元（原材料400元，人工成本600元）。

间接成本（安装成本）＝600×0.8＝480（元）

重置成本合计＝63 000+480＝63 480（元）

（2）物价指数法。

物价指数法即利用与资产有关的价格变动指数将资产历史成本（账面成本）调整为重置成本。

被估资产重置成本＝被估资产历史成本×（1+物价变动指数）

或者

$$被估资产重置成本 = 被估资产历史成本 \times \left(\frac{被估资产评估时的物价指数}{被估资产购置时的物价指数} \right)$$

物价指数法与重置核算法的区别在于：

①物价指数法估算的重置成本仅考虑了价格变动因素，确定的是复原重置成本；而重置核算法既考虑了价格因素，也考虑了生产技术进步和劳动生产率的变化因素，

因而可以估算复原重置成本和更新重置成本。

②物价指数法建立在不同时期的某一种或某类甚至全部资产的物价变动水平上，而重置核算法建立在现行价格水平与购置成本费用核算的基础上。

【例题 3-8】某处资产于 2008 年购置，账面原值为 200 万元，2018 年进行评估，已知 2008 年和 2018 年的该类资产定基物价指数分别为 100% 和 150%，计算被估资产重置成本。

（3）功能价值法。

功能价值法又称生产能力比较法，是指寻找一个与被评估资产相同或相似的资产为参照物，计算其每一单位生产能力价格或参照物与被评估资产生产能力的比例，据以估算被评估资产的重置成本的方法，其计算公式如下：

$$被估资产重置成本 = \frac{被估资产生产能力}{参照物资产生产能力} \times 参照物资产重置成本$$

【例题 3-9】某企业重置全新的一台机器设备价格为 10 万元，年产量为 8 000 件。已知被估资产年产量为 6 000 件，计算其重置成本。

这种方法运用的前提和假设是资产的成本与其生产能力为线性关系，生产能力越大，成本越高，而且是正比例关系；否则，不可以采用这种方法估算。

（4）规模经济效益指数法。

功能价值法是规范经济效益指数法在 x 取 1 时的特例。

假设资产的成本与生产能力为非线性关系。在这种情况下其计算公式如下：

$$被估资产重置成本 = \left(\frac{被估资产生产能力}{参照物资产生产能力}\right)^x \times 参照物资产重置成本$$

式中，x 是一个经验数据，称为规模经济效益指数。在美国，这个经验数据一般为 0.4~1，加工业的一般为 0.7，房地产业的一般为 0.9。我国目前还未有统一的经验数据，评估过程中要慎用这个方法。公式中的参照物一般可选择同类资产中的标准资产。

3.3.4.2　实体贬值的测算

资产的实体贬值是资产的使用和自然力的作用形成的贬值。实体贬值的估算，一般可以采用以下几种方法。

（1）观测法。

观测法又称成新率法，是以被评估资产为对象，由具有专业知识和丰富经验的工程技术人员对资产的实体各部位进行技术鉴定，并综合分析资产的设计、制造、使用、磨损、维护、修理、改造情况和物理寿命等综合因素，将被评估对象与其全新状态相比较，考察使用磨损和自然损耗对资产的功能、使用效率带来的影响，判断被评估资产的成新率，从而估算实体贬值。计算公式如下：

$$成新率 = \frac{尚可使用年限}{实际已使用年限 - 尚可使用年限}$$

$$资产的实体贬值 = 重置成本 \times (1 - 成新率)$$

（2）使用年限法。

使用年限法是指通过确定被评估资产的已使用年限与总使用年限来估算其实体贬值程度的一种具体评估方法。其计算公式如下：

实体贬值额=重置成本×（已使用年限÷总使用年限）

式中，如果被评估资产在清理报废时可收回部分金额，那么重置成本还需减去预计残值，如果预计残值较小则可忽略不计。

总使用年限=实际已使用年限+尚可使用年限

实际已使用年限=名义已使用年限×资产利用率

资产在使用过程中受负荷程度的影响，必须将资产的名义已使用年限调整为实际已使用年限，名义已使用年限是指资产从购进使用到评估时的年限。名义已使用年限可通过会计记录、资产登记记录查询确定。实际已使用年限是指资产在使用中实际损耗的年限。实际已使用年限与名义已使用年限的差异可以通过资产利用率来调整。资产利用率公式如下：

$$资产利用率=\frac{被估资产累计实际利用时间}{被估资产累计法定利用时间}×100\%$$

当资产利用率大于 1 时，表示资产超负荷运转，资产实际已使用年限要比名义已使用年限要长；当资产利用率为 1 时，表示资产满负荷运转，资产实际已使用年限等于名义已使用年限；当资产利用率小于 1 时，表示资产开工不足，闲置时间较多，资产实际已使用年限要比名义已使用年限短。

【例题 3-10】某资产于 2008 年 5 月购入，2018 年 5 月评估时，名义已使用年限是 10 年，根据该资产的技术指标，在正常使用情况下每天应工作 8 小时，但实际每天工作 6 小时，计算该资产利用率及实际使用年限。

3.3.4.3 功能贬值的测算

功能贬值是指新型资产的出现导致原有资产的功能相对过时而产生的价值损失。它是由技术进步引起的原有资产的价值损耗，是一种无形损耗。在科学技术不断发展的今天，资产的功能贬值日益突出。

功能贬值可以用功能贬值额和功能贬值率两个指标来衡量。

（1）功能贬值额的计算。资产的功能贬值额可以通过测算超额运营成本和超额投资成本等几种形式来加以测算。

①超额营运成本的测算。

第一，将被估资产与技术先进的资产相比较，确定年超额营运成本。

第二，扣除所得税计算年净超额营运成本。

第三，确定被估资产尚可使用年限。

第四，被估资产尚可使用年限内每年净超额营运成本折现值之和即为被估资产功能贬值。其公式如下：

被估资产功能贬值=∑被估资产年净超额营运成本×折现系数

②超额投资成本的测算。

超额投资成本是指由于技术进步和采用新型材料等，具有同等功能的新资产的制造成本低于原有资产的制造成本而形成的原有资产的价值贬值额。

由此可见，超额投资成本实质上是复原重置成本与更新重置成本之间的差额。

$$超额投资成本=复原重置成本-更新重置成本$$

（2）功能贬值率的计算。

$$功能贬值率=功能贬值额÷重置成本$$

3.3.4.4 经济贬值的测算

经济贬值是指外部环境变化造成的资产贬值。计算经济贬值时，主要是根据产品销售困难而开工不足或停止生产从而形成资产的闲置、价值得不到实现等因素确定其贬值额。

评估人员应根据资产的具体情况加以分析确定。当资产使用基本正常时，不计算经济贬值。

资产即将贬值时一般表现为资产利用率下降，资产年收益额减少。

（1）由资产利用率下降造成的经济性贬值额的具体计算公式如下：

$$经济贬值率=\left[1-\left(\frac{预计可利用生产能力}{原设计生产能力}\right)^x\right]×100\%$$

式中，x 为功能价值指数，实践中多为经验数据，取值为 0.6~0.7。

$$经济贬值额=（重置成本-实体性贬值-功能性贬值）×经济性贬值率$$

（2）由资产年收益额减少导致的经济性贬值的具体计算公式如下：

$$经济贬值额=被估资产年收益损失额×（1-所得税税率）×（P/A,r,n）$$

式中，$（P/A,r,n）$ 为年金现值系数。

【例题 3-11】某被评估资产的设计生产能力为年产 1 000 台产品，因市场需求结构发生变化，在未来可使用年限内每年产量要减少 400 台左右。该类设备功能价值系数为 0.6，假设每年减少 400 台，每台 100 元，该设备尚可使用 3 年，企业投资回报率为 10%，所得税税率为 25%。根据上述条件，计算该生产设备的经济性贬值率及经济性贬值额。

3.4 评估途径及方法的选择

3.4.1 评估途径之间的关系

3.4.1.1 资产评估方法之间的联系

（1）评估方法是实现评估目的的手段，评估基本目的决定了评估方法之间的内在联系。

对于特定经济行为，在相同的市场条件下，对处在相同状态下的同一资产进行评估，其评估值应该是客观的。这个客观的评估值不会因为评估人员所选用的评估方法的不同而出现截然不同的结果。

（2）多种评估方法得到的评估结果出现较大差异的原因：

①某些方法不具备应用前提。

②某些支撑评估结果的信息依据出现失真。

③评估师的职业判断有误。

④分析过程有缺陷。

⑤结构分析有问题。

3.4.1.2　资产评估方法之间的区别

（1）各种评估方法都是从不同的角度去表现资产的价值的。

（2）各种评估方法自成一体，评估结论也是从某一角度反映资产的价值的。

（3）评估条件和各个方法的自身特点决定了各种方法的评估效率不同。

3.4.2　资产评估途径和方法的选择

3.4.2.1　评估方法的选择

评估方法的选择实际上包含了不同层面的资产评估方法的选择过程，即三个层面的选择：

（1）评估的技术思路层面。

（2）选择实现评估技术的具体技术方法。

（3）对运用各种技术评估方法所涉及的技术参数的选择。

3.4.2.2　注意因素和建议

在评估方法选择中，我们应注意以下因素并提出以下的建议：

（1）评估方法的选择要与评估目的、评估时的市场条件、被评对象在评估过程中所处的状态以及由此所决定的资产评估价值类型相适应。

（2）评估方法的选择受评估对象的类型、理化状态等因素制约。

（3）评估方法的选择受各种评估方法运用所需的数据资料及主要经济技术参数能否搜集的制约。

（4）资产评估人员在选择和运用评估方法时，如果条件允许，应当考虑三种基本评估方法在具体评估项目中的适用性；如果可以采用多种评估方法，不仅要确保满足各种方法使用的条件要求和程序要求，还应当对各种评估方法取得的各种价值结论进行比较，分析可能存在的问题并做出相应的调整，确定最终评估结果。

实训　收益法评估实训

【实训目标】

掌握收益法在企业资产评估中应用的技术与方法。

【实训项目与要求】

一、实训项目

（1）进行收益法适应性判断。

（2）进行被评估对象企业背景分析。

（3）进行企业经营状况分析。

（4）进行企业未来盈利能力预测分析。

（5）确定被评估企业所需的主要参数。

（6）测算被评估对象企业评估值。

二、实训要求

（1）编写收益法评估说明。

（2）编制收益法评估工作底稿。

【成果检测】

（1）每个团队分别撰写实训总结报告，在班级内进行交流。

（2）教师与同学们共同总结流动资产评估实训中存在的问题，明确今后教学过程中应当改进的方面。

（3）由各团队负责人组织小组成员进行评价打分。

（4）教师根据各团队的实训情况、总结报告及各位同学的表现予以评分。

课后练习

一、单项选择题

1. 资产功能贬值的计算公式为：被评估资产功能贬值额 $= \sum$（被评估资产年净超额运营成本×折现系数）。其中，净超额运营成本为（　　）。

A. 超额运营成本乘折现系数所得的数额

B. 超额运营成本扣除其抵减的所得税以后的余额

C. 超额运营成本扣除其抵减的所得税以后的余额乘折现系数的所得额

D. 超额运营成本加上其应抵减的所得税额

2. 对被评估的机器设备进行模拟重置，按现行技术条件下的设计、工艺、材料、标准、价格和费用水平进行核算，这样求得的成本称为（　　）。

    A. 更新重置成本　　　　　　　　　　B. 复原重置成本

    C. 完全重置成本　　　　　　　　　　D. 实际重置成本

3. 某评估机构采用收益法对一项长期股权投资进行评估，假定该投资每年纯收益为 30 万元且固定不变，资本化率为 10%，则该项长期股权投资的评估值为（　　）。

    A. 200 万元　　　　　　　　　　　　B. 280.5 万元

    C. 300 万元　　　　　　　　　　　　D. 350 万元

4. 已知某类设备的价值与功能之间存在线性关系，重置全新机器设备一台，其价值为 4 万元，年产量为 4 000 件，现知被评估资产年产量为 3 000 件，则其重置成本为（　　）。

    A. 3 万元　　　　　　　　　　　　　B. 4 万元

    C. 3 万至 4 万元　　　　　　　　　　D. 无法确定

5. 评估机器设备一台，三年前购置，据了解该设备尚无替代产品。该设备账面原值 10 万元，其中购买价值为 8 万元，运输费为 0.4 万元，安装费用（包括材料）为 1 万元，调试费用为 0.6 万元。经调查，该设备现行价格 9.5 万元，运输费、安装费、调试费分别比 3 年前上涨 40%、30%、20%。该设备的重置成本为（　　）。（保留两位小数）

    A. 12.08 万元　　　　　　　　　　　B. 10.58 万元

    C. 12.58 万元　　　　　　　　　　　D. 9.5 万元

6. 2015 年 1 月评估设备一台，该设备于 2011 年 12 月购置，账面原值为 20 万元，2013 年进行一次技术改造，改造费用（包括增加设备）为 2 万元。若 2011 年定基物价指数为 1.05，2013 年为 1.20，2015 年为 1.32。则该设备的重置成本的（　　）。

    A. 22 万元　　　　　　　　　　　　B. 27.34 万元

    C. 27.43 万元　　　　　　　　　　　D. 29.04 万元

7. 评估资产为一台年产量为 8 万件甲产品的生产线。经调查，市场现有类似生产线成本为 25 万元，年产量为 15 万件。如果规模经济指数为 0.7 时，该设备的重置全价为（　　）。

    A. 19.2 万元　　　　　　　　　　　B. 17.35 万元

    C. 24 万元　　　　　　　　　　　　D. 16.10 万元

8. 某待估设备重置成本为 27 万元，经查阅，已使用 4 年，评估人员经分析后确定该设备尚可使用 5 年，那么它的实体贬值额为（　　）。

    A. 10 万元　　　　　　　　　　　　B. 12 万元

    C. 15 万元　　　　　　　　　　　　D. 18 万元

9. 某项专用技术预计可用 5 年，预测未来 5 年的收益分别为 40 万元、42 万元、44 万元、45 万元、46 万元，假定折现率为 10%，则该技术的评估价值为（　　）。

    A. 217 万元　　　　　　　　　　　　B. 155.22 万元

    C. 150.22 万元　　　　　　　　　　　D. 163.43 万元

10. 假定某企业长期负债占全部投入资本的比重为20%，自有资金的比重为80%，长期负债的平均利息率为9%，社会无风险报酬率为4%，该企业风险报酬率为12%，则利用加权平均资本成本模型求得其资本化率为（　　）。（不考虑企业所得税的影响）

    A. 15%　　　　　　　　　　　　B. 13.2%

    C. 14.6%　　　　　　　　　　　D. 12.6%

二、多项选择题

1. 价格指数调整法通常是用于（　　）的机器设备的重置成本估测。

    A. 技术进步速度不快

    B. 技术进步因素对设备价格影响不大

    C. 技术进步因素对设备价格影响很大

    D. 单位价值较小

    E. 价值量较大

2. 资产评估中不能采用会计学中的折旧年限来估算成新率是因为（　　）。

    A. 会计计价是由企业会计进行，而资产评估是由企业以外的评估人员进行的。

    B. 会计学中的折旧年限是对某一类资产做出的会计处理的统一标准，对同一类资产具有普遍性和同一性，而资产评估中的成新率则具有特殊性和个别性。

    C. 会计学中修理费的增加不影响折旧年限，而资产评估中修理费的增加要影响资产的成新率。

    D. 会计学中的折旧年限未考虑同一类资产中个别资产之间在使用频率、保养和维护等方面的差异。

    E. 会计学中的折旧年限是按照折旧政策确定的，而成新率反映了资产实际的新旧程度

3. 应用市场法必须具备的前提条件是（　　）。

    A. 需要有一个充分活跃的资产市场

    B. 必须具有与被评估资产相同或相类似的全新资产价格

    C. 可收集到参照物及其与被评估资产可比较的指标、技术参数

    D. 被评估资产未来收益能以货币衡量

    E. 被评估资产所面临的风险也能够衡量

4. 物价指数法中的物价指数可以是（　　）。

    A. 被评估资产的类别物价指数　　　　B. 被评估资产的个别物价指数

    C. 固定资产投资价格指数　　　　　　D. 商品零售价格指数

    E. 综合物价指数

5. 应用市场法估测被评估机组的重置成本时，参照物与被评估机组之间需调整的主要参数有（　　）。

    A. 交易时间的差异　　　　　　　　　B. 生产效率的差异

    C. 付款方式的差异　　　　　　　　　D. 新旧程度的差异

E. 交易情况的差异

6. 市场法中交易情况的调整是指（　　）。

　　A. 由于参照物的成交价高于或低于市场正常交易价格所需进行的调整

　　B. 因融资条件差异所需进行的调整

　　C. 因投资环境差异所需进行的调整

　　D. 因销售情况不同所需进行的调整

　　E. 因交易时间差异所需进行的调整

7. 以下对市场法的理解正确的有（　　）。

　　A. 市场法是资产评估的基本方法之一

　　B. 市场法的优点是能够反映资产目前的市场情况

　　C. 市场法的优点是评估值能较直观地反映市场现实价格

　　D. 市场法的缺点是有时缺少可比较的数据

　　E. 市场法是最具说服力的评估方法之一

8. 造成资产经济性贬值的主要原因有（　　）。

　　A. 该项资产技术落后

　　B. 该项资产生产的产品需求减少

　　C. 社会劳动生产率提高

　　D. 政府公布淘汰该类资产的时间表

　　E. 市场对该项资产的需求下降

9. 收益法应用中预期收益额的界定应注意（　　）。

　　A. 收益额指的是被评估资产在未来正常使用中能产生的收益额

　　B. 收益额是由被评估资产直接形成的

　　C. 收益额必须是税后利润

　　D. 收益额是一个确定的数据

　　E. 对于不同的评估对象应该具有不同内涵的收益额

10. 下列有关收益法参数的说法中，正确的是（　　）。

　　A. 运用收益法涉及的参数主要有3个：收益额、折现率和收益期限

　　B. 收益额是资产的现实收益额

　　C. 折现率是一种风险报酬率

　　D. 收益期限是指资产具有获利能力持续的时间，通常以年为时间单位

　　E. 收益额是资产未来的实际收益额

三、判断题

1. 应用市场法评估资产需要满足3个前提条件。　　　　　　　　　　（　　）

2. 收益法中的收益是指评估基准日后若干年的平均收益。　　　　　（　　）

3. 采用市场法评估资产价值时，需要以类似或相同的资产为参照物，选择的参照物应该是与被评估资产的成新率相同的资产。　　　　　　　　　　（　　）

4. 市场比较法中的个别因素修正的目的在于将可比交易实例价格转化为待估对象

自身状况下的价格。 （　　）

5. 政府实施新的经济政策或发布新的法规限制了某些资产的使用，造成资产价值的降低，这是一种非评估考虑因素。 （　　）

6. 对被评估的机器设备进行模拟重置，按现行技术条件下的设计、工艺、材料、标准、价格和费用水平进行核算，这样求得的成本称为复原重置成本。 （　　）

7. 对于一项科学技术进步较快的资产，采用物价指数法往往会比采用重置核算法估算的重置成本高。 （　　）

8. 收益法涉及的参数主要有 3 个：收益额、折现率和收益期限。 （　　）

9. 收益年限是指资产从购置开始到报废所经历的全部时间，通常以年为时间单位。 （　　）

10. 复原重置成本与更新重置成本相比较，设计差异、功能差异、技术差异和标准差异均是两者之间的主要差异。 （　　）

四、计算题

1. 被评估机组为 5 年前购置，账面价值为 20 万元人民币，评估时该类型机组已不再生产了，已经被新型机组所取代。经调查和咨询，在评估时点，其他企业购置新型机组的价格为 30 万元人民币，专家认定被评估机组与新型机组的功能比为 0.8，被评估机组尚可使用 8 年，预计每年超额运营成本为 1 万元。假定其他费用可以忽略不计。

试根据所给条件计算：

（1）估测该机组的现时全新价格；

（2）估算该机组的成新率；

（3）估算该机组的评估值。

2. 某台机床需评估。企业提供的购置成本资料如下：该设备采购价为 5 万元，运输费为 0.1 万元，安装费为 0.3 万元，调试费为 0.1 万元，已服役 2 年。经市场调查得知，该机床在市场上仍很流行，且价格上升了 20%；铁路运价近两年提高了 1 倍，安装的材料和工费上涨幅度加权计算为 40%，调试费用上涨了 15%。试评估该机床原地续用的重置全价。

3. 现有一台与评估资产 X 设备生产能力相同的新设备 Y，使用 Y 设备比 X 设备每年可节约材料、能源消耗和劳动力等约 60 万元。X 设备的尚可使用年限为 6 年，假定年折现率为 10%，该企业的所得税税率为 40%，求 X 设备的超额运营成本。

4. 某上市公司欲收购一家企业，需对该企业的整体价值进行评估。已知该企业在今后持续经营，预计前 5 年的税前净收益分别为 40 万元、45 万元、50 万元、53 万元和 55 万元；从第 6 年开始，企业进入稳定期，预计每年的税前净收益保持在 55 万元。折现率与资本化率均为 10%，企业所得税税率为 40%，试计算该企业的评估值是多少？

5. 有一待估宗地 A，另有与待估宗地 A 条件类似的宗地 B，有关对比资料如表 3.28 所示：

表 3.28　待估宗地 A 和 B 的对比资料

宗地	成交价	交易时间	交易情况	容积率	区域因素	个别因素	交易时间地价值数
A		2018 年 10 月	0	1.1	0	0	108
B	780	2017 年 2 月	+1%	1.2	−2%	0	102

表 3.28 中百分比指标为参照物待估宗地 B 与待估宗地 A 相比增减变动幅度。据调查，该市此类用地容积率每增加 0.1，宗地单位地价比容积率为 1 时的地价增加 5%。

要求：（1）计算参照物与待估宗地的容积率与地价的相关系数。

（2）计算参照物修正系数：交易情况修正系数、交易时间修正系数、区域因素修正系数、个别因素修正系数、容积率修正系数。

（3）计算参照物修正后的地价。

4 资产评估程序

案例导入

某食品公司为中外合资企业，经营 10 年来，质量稳定，货真价实，在市场上其××食品已树立了信誉，销量日增，有的产品还进入了国际市场，深受国外用户的信赖。为了进一步扩大业务，占领国际市场，提高企业竞争能力与应变能力，该食品公司于2014 年年末进行股权结构重组。该食品公司在进行股权结构重组过程中，需要对其所拥有的××商标进行评估。

问题 1：在进行评估之前，评估人员需要收集哪些方面的信息？

问题 2：评估人员可以通过哪些渠道或途径收集所需要的信息？对于收集到的方方面面的信息，如何进行分析？如何利用这些经过分析处理的信息？

问题 3：对该食品公司的××商标的评估程序是什么？

4.1 资产评估程序及其重要性

4.1.1 资产评估程序的定义

资产评估程序是指资产评估师执行资产评估业务所履行的系统性工作步骤。资产评估程序由具体的工作步骤组成，不同的资产评估业务由于评估对象、评估目的、资产评估资料收集情况等相关条件的差异，评估人员可能需要执行不同的资产评估具体程序或工作步骤，但由于资产评估业务的共性，不同资产类型、不同评估目的的资产评估业务的基本程序是相同或相通的。对资产评估基本程序进行总结和规范，可以有效地指导评估人员开展各种类型的资产评估业务。

我国评估实务界从不同角度对评估程序有着不同的理解，总的来说可以从狭义和广义的角度来了解资产评估程序。资产评估是一种基于委托合同基础之上的专业服务，因此从狭义的角度看，很多人认为资产评估程序开始于资产机构和人员接受委托，终止于向委托人或相关当事人提交资产评估报告书。然而作为一种专业性、风险性很强的中介服务，为保证资产评估业务质量、控制资产评估风险、提高资产评估服务水平，以便更好地服务于委托人，维护资产评估行为各方当事人合法利益和社会公共利益，有必要从广义角度认识资产评估程序。广义的资产评估程序开始于承接资产评估业务前的明确资产评估基本事项环节，终止于资产评估报告书提交后的资产评估文件归档管理。

4.1.2　资产评估的基本程序

资产评估具体程序或工作步骤的划分取决于资产评估机构和人员对资产评估工作步骤共性的归纳，资产评估业务的性质、复杂程度也是影响资产评估具体程序划分的重要因素。在 2008 年 7 月 1 日起施行的《资产评估准则——评估程序》中，规定了注册资产评估师通常执行的资产评估的基本程序，基本程序如下：

（1）明确资产评估业务基本事项。
（2）签订资产评估业务约定书。
（3）编制资产评估计划。
（4）现场调查。
（5）收集资产评估资料。
（6）评定估算。
（7）编制和提交资产评估报告。
（8）资产评估工作底稿归档。

注册资产评估师不得随意删减基本评估程序。注册资产评估师应当根据准则，结合评估业务具体情况，制定并实施适当的具体评估步骤。注册资产评估师在执行评估业务的过程中，由于受到客观条件限制，无法或者不能完全履行评估程序的，可以根据能否采取必要措施弥补程序缺失或是否对评估结论产生重大影响，决定继续执行评估业务或者终止执行评估业务。注册资产评估师应当记录评估程序履行情况，形成工作底稿。

4.1.3　资产评估程序的重要性

4.1.3.1　资产评估程序是规范资产评估行为、提高资产评估业务质量和维护资产评估服务公信力的重要保证

资产评估机构和人员接受委托，不论执行何种资产类型、何种评估目的的资产评估业务，都应当履行必要的资产评估程序，按照工作步骤有计划地进行资产评估。一方面，这样做不仅有利于规范资产评估机构和人员的执业行为，而且能够有效地避免由机构和人员水平不同而导致的在执行具体资产评估业务中可能出现的程序上的重大疏漏，切实保证资产评估业务质量。恰当履行资产评估程序对于提高资产评估机构的业务水平乃至资产评估行业整体业务水平具有重要意义；另一方面，资产评估是一项专业性很强的中介服务工作，评估机构和人员履行严格的评估程序也是赢得客户和社会公众信任、提高评估行业社会公信力的重要保证。

4.1.3.2　资产评估程序是相关当事方评价资产评估服务的重要依据

由于资产评估结论是相关当事方进行决策的重要参考依据之一，因此资产评估服务必然引起许多相关当事方的关注，包括委托人、资产占有方、资产评估报告使用人、

相关利益当事人、司法部门、证券监督及其他行政监督部门、资产评估行业主管协会以及社会公众、新闻媒体等。资产评估程序不仅为资产评估机构和人员执行资产评估业务提供了必要的指导和规范，也为上述相关当事方提供了评价资产评估服务的重要依据，也是委托人、司法和行政监管部门及资产评估行业协会监督资产评估机构和人员、评价资产评估服务质量的主要依据。

4.1.3.3　资产评估程序是资产评估机构和人员防范执业风险、保护自身合法权益、合理抗辩的重要手段

随着资产评估行业的发展，资产评估机构和人员与其他当事人之间就资产评估服务引起的纠纷和法律诉讼越来越多。从各国的实践来看，由于资产评估工作的专业性，无论是当事人还是司法部门，在举证、鉴定方面均存在较大难度，都倾向于追究资产评估机构和人员在履行必要资产评估程序方面的疏漏和责任，而避免在专业判断方面下结论。由于我国资产评估实践尚处于初步发展阶段，各方对资产评估的专业性还存在认识上的差距，我国资产评估委托人和相关当事方、政府和行业监管部门及司法部门在相当长的一段时间里倾向于对资产评估结论做出"高低""对错"的简单二元判断，并以此作为对资产评估服务和评估机构、注册资产评估师的评判依据。随着我国资产评估行业的发展，有关各方对资产评估的认识逐步提高，目前已经开始逐步转向重点关注资产评估机构和人员在执行业务过程中是否恰当地履行了必要的资产评估程序。因此，恰当地履行资产评估程序是资产评估机构和人员防范执业风险的主要手段，也是在产生纠纷或法律诉讼后，合法保护自身权益、合理抗辩的重要手段。

【思考】如何理解资产评估程序的重要性？

4.2　资产评估的具体程序

4.2.1　明确资产评估业务基本事项

明确资产评估业务基本事项是资产评估程序的第一个环节，包括在签订资产评估业务约定书以前所进行的一系列基础性工作，其对资产评估项目风险评价、项目承接与否以及资产评估项目的顺利实施等都具有重要意义。由于资产评估专业服务的特殊性，资产评估程序其至在资产评估机构接受业务委托前就已开始。资产评估机构和注册资产评估师在接受资产评估业务委托之前，应当采取与委托人等相关当事人讨论、阅读基础资料、进行必要初步调查等方式，与委托人等相关当事人共同明确资产评估业务的基本事项。

4.2.1.1　需要明确资产评估业务基本事项的具体内容

（1）委托方、产权持有者和委托方外的其他报告使用者的基本情况。

资产评估机构和人员应当了解委托方和产权持有者的基本状况。在不同的资产评估项目中，相关当事方的人员组成有所不同，主要包括资产占有方、资产评估报告使

用方、其他利益关联方等。委托人与相关当事人之间的关系也应当作为重要基础资料予以充分了解，这对于理解评估目的、相关经济行为以及防范恶意委托等十分重要。在可能的情况下，评估机构和评估人员还应要求委托人明确资产评估报告的使用人或使用人范围以及资产评估报告的使用方式。明确评估报告使用人范围一方面有利于评估机构和评估人员更好地根据使用者的需求提供良好的服务，同时也有利于降低评估风险。

（2）评估目的。

资产评估机构和评估人员应当与委托方就资产评估目的达成明确、清晰的共识，并尽可能细化资产评估目的，说明资产评估业务的具体目的和用途，避免笼统列出通用资产评估目的的简单做法。

（3）评估对象和评估范围。

注册资产评估师应当了解评估对象及其权益的基本状况，包括法律、经济和物理状况，如资产类型、规格型号、结构、数量、购置（生产）年代、生产（工艺）流程、地理位置、使用状况以及企业名称、住所、注册资本、所属行业、在行业中的地位和影响、经营范围、财务和经营状况等。注册资产评估师应当特别了解有关评估对象的权利受限状况。

（4）价值类型及定义。

注册资产评估师应当在明确资产评估目的的基础上恰当确定价值类型，确保所选择的价值类型适用于资产评估目的，并就所选择价值类型的定义与委托方进行沟通，避免出现歧义、误导。

（5）资产评估基准日。

资产评估机构和评估人员应当通过与委托方沟通，了解并明确资产评估基准日。资产评估基准日是评估业务中极为重要的基础，也是评估基本原则之一的时点原则在评估实务中的具体实现。评估基准日的选择应当有利于资产评估结论有效地服务于资产评估目的，减少和避免不必要的资产评估基准日期后事项的发生。评估机构和人员应当凭借自己的专业知识和经验，建议委托方根据评估目的、资产和市场变化情况等因素合理选择评估基准日。

（6）资产评估报告的使用限制和重要假设。

资产评估机构和注册资产评估师在承接评估业务前，应该充分地了解所有对资产评估业务可能造成影响的限制条件和重要假设，以便进行必要的风险评价，并更好地为客户服务。

（7）评估报告的提交时间及方式。

按委托方要求，结合受托方的实际条件和工作能力，协商约定评估报告提交的具体时间及提交的方式。

（8）评估服务费总额、支付时间和方式。

受托方按收费标准《资产评估收费管理暂行办法》规定，同时考虑工作量、资产的复杂程度、行为本身的复杂性和需要投入的工作量等综合因素和委托方协商收费，并约定支付的时间及提交的方式。

4.2.1.2 对资产评估的基本事项做以下因素的分析，以确定是否承接资产评估的项目

根据具体评估业务的不同，评估机构和评估人员应当在了解上述基本事项的基础上，了解其他对评估业务的执行可能具有影响的相关事项。资产评估机构和评估人员在明确上述资产评估基本事项的基础上，应当分析下列因素，确定是否承接资产评估项目。

（1）评估项目风险。

评估机构和人员应当根据初步掌握的相关评估业务的基础情况，具体分析资产评估项目的执业风险，以判断该项目的风险是否超出合理的范围。

（2）专业胜任能力。

评估机构和人员应当根据所了解的评估业务的基础情况和复杂性，分析本机构和评估人员是否具有与该项目相适应的专业胜任能力及相关经验。

（3）独立性分析。

评估机构和人员应当根据职业道德要求和国家相关法规的规定，结合评估业务的具体情况分析注册资产评估师的独立性，确认与委托人或相关当事方是否存在现实或潜在的利害关系。

4.2.2 签订资产评估业务约定书

资产评估业务约定书是资产评估机构与委托人共同签订的，以确认资产评估、业务委托与受托关系，明确委托目的、被评估资产范围及双方义务等相关重要事项的合同。

根据我国资产评估行业的现行规定，注册资产评估师并承办资产评估业务，应当由其所在的资产评估机构统一受理，并由评估机构与委托人签订书面资产评估业务约定书。注册资产评估师不得以个人名义签订资产评估业务约定书。资产评估业务约定书应当由资产评估机构与委托方的法定代表人或其授权代表签订，资产评估业务约定书应当内容全面具体，含义清晰准确，符合国家法律、法规和资产评估行业的管理规定。2008年7月1日起施行的《资产评估准则——业务约定书》的主要内容如下：

（1）资产评估机构和委托方名称、住所。

（2）资产评估目的。

（3）资产评估对象和范围。

（4）资产评估基准日。

（5）资产评估报告使用者。

（6）出具资产评估报告的期限和方式。

（7）资产评估服务费总额、支付时间和方式。

（8）评估机构和委托方的其他权利和义务。

（9）违约责任和争议解决。

（10）签约时间。

评估机构在决定承接评估业务后，应当与委托方签订业务约定书。评估目的、评估对象、评估基准日发生变化的，或者评估范围发生重大变化的，评估机构应当与委托方签订补充协议或者重新签订业务约定书。

4.2.3　编制资产评估计划

为高效完成资产评估业务，资产评估机构和评估人员应当编制资产评估计划，对资产评估过程中的每个工作步骤以及时间和人力安排进行规划与安排。资产评估计划是资产评估机构和评估人员为执行资产评估业务拟定的资产评估思路和实施方案，对合理安排工作量、工作进度、专业人员的调配、按时完成资产评估业务具有重要意义。评估计划通常包括评估的具体步骤、时间进度、人员安排和技术方案等内容。由于资产评估项目千差万别，资产评估计划也不尽相同，注册资产评估师可以根据评估业务的具体情况确定评估计划的繁简程度。资产评估机构和人员应当根据所承接的具体资产评估项目情况编制合理的资产评估计划，并根据执行资产评估业务过程中的具体情况及时修改、补充资产评估计划。

注册资产评估师编制的评估计划的内容应该涵盖现场调查、收集评估资料、评定估算、编制和提交评估报告等评估业务实施全过程，在资产评估计划编制过程中应当同委托人等就相关问题进行洽谈，以便于资产评估计划的实施。注册资产评估师应当将编制的评估计划报送评估机构相关负责人审核、批准。编制资产评估工作计划应当重点考虑的因素如下：

（1）资产评估目的、资产评估对象状况。

（2）资产评估业务风险、资产评估项目的规模和复杂程度。

（3）评估对象的性质、行业特点、发展趋势。

（4）资产评估项目所涉及资产的结构、类别、数量及分布状况。

（5）相关资料收集状况。

（6）委托人或资产占有方过去委托资产评估的经历、诚信状况及提供资料的可靠性、完整性和相关性。

（7）资产评估人员的专业胜任能力、经验及专业、助理人员的配备情况。

4.2.4　现场调查

资产评估机构和评估人员执行资产评估业务，应当对评估对象进行必要的勘察，包括对不动产和其他实物资产进行必要的现场调查。进行资产勘察工作不仅仅是资产评估人员勤勉尽责义务的要求，同时也是资产评估程序和操作的必经环节，有利于资产评估机构和评估人员全面、客观地了解评估对象，核实委托方和资产占有方提供资料的可靠性，并通过在资产勘察过程中发现的问题、线索，有针对性地开展资料收集和分析工作。资产评估人员应在资产勘察前与委托方进行必要的沟通，以便在不影响委托方正常工作的前提下进行资产勘察。资产评估人员应根据被估资产的特点和委托方的时间安排选择恰当的方式进行资产勘察。

勘察核实资产是在委托方自查的基础上，以委托方提供评估登记表或评估申报明细表为准，对委托评估资产进行核实和鉴定。

4.2.4.1　现场调查的目的

现场调查是资产评估准备工作中的重要一环，其目的主要在于：

（1）确认委托评估资产是否存在以及其合法性和完整性。

（2）确定委托评估资产与账簿、报表的一致性。

（3）收集委托评估所需的有关数据资料。

4.2.4.2　现场调查的主要内容

（1）了解企业财务会计制度。

（2）了解企业内部管理制度，重点是企业的资产管理制度。

（3）对企业申报的资产清单进行初审。

（4）对企业申报的各项资产进行核实。

（5）对企业申报的各项资产的产权进行验证，确认其合法性。

（6）对企业申报评估的资产中用于抵押、担保、租赁等特殊用途的资产进行专项核查。

（7）对勘察中发现申报有误的资产，根据勘察结果和有关制度规定进行勘察调整。

（8）收集评估相关资料。

4.2.4.3　现场调查的基本要求

（1）关于资产勘察范围的要求。

资产勘察的范围是以委托方委托评估资产的范围为准，特别要注意，委托方委托评估资产包括其自身占用以外的部分，如分公司资产、异地资产以及租出资产等，不能将这部分资产遗漏，它们也应包括在勘察之列。

（2）关于资产勘察的程度要求。

关于资产勘察的程度，不同种类的资产的繁简程度不同，具体情况可参考以下要求：

对于建筑物要逐幢进行勘察核实，并了解其使用、维修情况，做好勘察记录。建筑物的产权证明核查是核查中必不可少的项目。

对于机器设备，主要看评估对象的数量，如果项目较小、设备数量不多，要对待估设备逐一核查；如果评估项目较大、设备种类繁多、数量较多时，可先按 ABC 分类法找出评估重点，对 A 类设备要逐一核查并做技术鉴定，对 B 类设备也应尽量逐一核查，对 C 类设备可采取抽样核查。

对流动资产的核查程度与委托方的管理水平和自查的程度有关。对于企业管理水平较高、自查比较彻底的流动资产一般采用随机抽样法进行核查并做好抽查记录。按照现行规定，流动资产抽查的数量应达到国家规定的比例。例如，对存货进行抽查，抽查数量应达 40% 以上，价值比例达 60% 以上，其中残次、变质、积压及待报废的应逐项核查。

对于无形资产、长期投资、递延资产等要逐笔核查。

涉及评估净资产的，要对负债进行逐笔核查。

4.2.4.4 勘察调整

对勘察过程中发现的账外资产及盘亏资产以及重复申报和遗漏的资产等，应根据具体情况和管理要求，进行必要的调整，并详细说明勘察调整的原因、过程和结果。

对于那些受财务会计制度限制，不能直接进行账务调整的盘亏、损毁资产，虽然可以暂不做会计账务调整，但评估对象申报表必须做出切实的调整。评估对象必须是客观存在的，无论是现实存在的还是潜在的，资产的勘察调整必须据实进行。

4.2.5 收集资产评估资料

从资产评估的过程来看，资产评估实际上就是对被评估资产的信息进行收集、分析判断并做出披露的过程。对资产评估程序加以严格的要求，其目的也是要保证评估信息的充分性和准确性。因此，资产评估人员应当独立获取评估所依据的信息，并确定信息来源是可靠的和适当的。

在上述几个环节的基础上，资产评估机构和评估人员应当根据资产评估项目的具体情况收集资产评估相关资料。资料收集工作是资产评估业务质量的重要保证，不同的项目、不同的评估目的、不同的资产类型对评估资料有着不同的需求，由于评估对象及其所在行业的市场状况、信息化和公开化程度差别较大，相关资料的可获取程度也不同。因此，资产评估机构和评估人员的执业能力在一定程度上体现在其收集、占有与所执行项目相关的信息资料的能力上。资产评估机构和评估人员在日常工作中就应当注重收集信息资料及其来源，并根据所承接项目的情况确定收集资料的深度和广度，尽可能全面、详实地占有资料，并采取必要措施确信资料来源的可靠性。根据资产评估项目的进展情况，资产评估机构和评估人员还应当及时补充收集所需要的资料。

资产评估机构和评估人员应当通过与委托人、资产占有方沟通，并指导其对评估对象进行清查等方式，对评估对象或资产占有单位资料进行了解，同时也应当主动收集与资产评估业务相关的评估对象资料及其他资产评估资料。收集、整理资料，一方面是为后面的资产评估准备素材和依据；另一方面也是资产评估机构建立评估工作底稿的需要。为满足上述两方面的要求，资产评估机构应收集、整理以下重要资料（根据项目的需要可做适当的删减或增加）：

（1）有关资产权利的法律文件或其他证明资料。主要的产权证明文件包括：①有关房地产的土地使用证、房产执照、建设规划许可证、用地规划许可证、项目批准文件、开工证明、出让及转让合同、购买合同、原始发票等；②有关在建工程的规划、批文；③有关设备的购买合同、原始发票等；④有关无形资产的专利证书、专利许可证、专有技术许可证、特许权许可证、商标注册证、版权许可证等；⑤有关长短期投资合同；⑥有关银行借款的合同。

（2）资产的性质、目前和历史状况信息。资产的性质、目前和历史状况信息主要包括：①有关房地产的图纸、预算决算资料；②有关在建工程的种类、开工时间、预计完工时间、承建单位、筹资单位、筹资方式、成本构成、工程基本说明或计划等；③有关设备的技术标准、生产能力、生产厂家、规格、型号、取得时间、启用时间、运行状况、大修理次数、大修理时间、大修理费用、设备与工艺要求的配套情况等；④有关存货的数量、计价方式、存放地点、主要原材料近期进货价格统计表等；⑤有关应收及预付款的账龄统计表、主要赊销客户的信誉及经营情况、坏账准备政策、应收款回收计划等；⑥有关长期投资的明细表，包括被投资企业、投资金额、投资期限、起止时间、投资比例、年收益、收益分配方式、账面成本等；⑦原始证据主要包括评估基准日的会计报表、盘点表、对账单、调节表、应收及应付询证函、盘盈及盘亏资产情况说明、报废资产情况说明及证明材料等。

（3）有关资产的剩余经济寿命和法定寿命信息。在资产勘察过程中，评估人员应了解资产的设计寿命，并通过技术鉴定了解和判断资产的剩余物理寿命和经济寿命。

（4）有关资产的使用范围和获利能力的信息。资产评估人员可以通过核实资产占有方的营业执照，了解被评估资产的经营范围和使用范围，并通过技术鉴定掌握资产的可使用范围和空间。

（5）资产以往的评估及交易情况信息。资产评估人员通过查询有关账簿及相关资料，了解被评估对象以往的评估和交易情况。

（6）资产转让的可行性信息。资产评估人员通过查询有关交易合同或意向书及相关的市场调查，了解被评估对象转让的可行性信息。

（7）类似的资产的市场价格信息。资产评估人员应通过市场调查了解和掌握与评估对象类似的资产的市场价格信息。

（8）委托方声明。委托方声明包括有关被评估资产所有权、处置权的真实性，产权限制以及所提供的数据资料真实性的承诺等。

（9）可能影响资产价值的宏观经济前景信息。

（10）可能影响资产价值的行业状况及前景信息。

（11）可能影响资产价值的企业状况及前景信息。

（12）其他相关信息。除上述重要资料外，资产评估人员还应了解和掌握其他相关信息。例如，各类资产负债清查表、登记表，评估申报明细表，资产、负债清查情况及调整说明。委托方营业执照副本及其他材料，等等。

4.2.6 评定估算

资产评估机构和评估人员在占有相关资产评估资料的基础上，进入评定估算环节，即在充分分析资产评估资料的基础上，恰当选择并运用资产评估途径与具体方法形成初步资产评估结论，再经综合分析及反复审核后确定资产评估结论。该环节大致要经历以下几个阶段：

4.2.6.1 分析资料

资产评估机构人员应当根据本次评估的目的和具体要求，对所收集的资产评估资料进行分析和整理，选择相关信息并确定其可靠性和可比性，对不可靠、不可比信息要进行必要的调整，以保证评估所用信息的质量。

4.2.6.2 选择评估途径和具体评估方法

成本途径、市场途径和收益途径是三种通用的资产评估基本技术思路及其具体评估方法的集合。从理论上讲，三种评估途径及其方法适用于任何资产评估项目。因此，在具体的资产评估执业过程中，资产评估人员应当考虑三种评估途径及其方法的适用性。如果不采用某种资产评估途径及其方法，或只采用一种资产评估途径和方法评估资产的评估项目，资产评估人员应当予以必要说明。对宜采用两种以上资产评估途径及其方法的评估项目，应当使用两种以上资产评估途径和方法。

4.2.6.3 运用评估途径和具体评估方法评定估算资产价值

资产评估人员在确定资产评估途径及其方法后，应当根据已明确的评估目的和评估价值类型以及所收集的信息资料和具体的执业规范要求，恰当合理地形成初步评估结论。采用成本途径，应当在合理确定被评估资产的重置成本和各相关贬值因素的基础上，得出评估的初步结论；采用市场途径，应当合理地选择参照物，并根据评估对象与参照物的差异进行必要调整，得出评估的初步结论；采用收益途径，应当在合理预测未来收益、收益期和折现率等相关参数的基础上，得出评估的初步结论。

4.2.6.4 审核评估结论并给出最终评估结果

资产评估人员在形成初步的资产评估结论的基础上，评估人员和机构内部的审核人员应对本次评估所使用的资料、经济技术参数等的数量、质量和选取依据的合理性进行综合分析，以确定资产评估结论。采用两种以上资产评估途径及其方法时，资产评估人员和审核人员还应当综合分析各评估途径及其方法之间的相关性和恰当性、相关参数选取的合理性，以确定最终资产评估结论。

4.2.7 编制和提交资产评估报告书

资产评估机构和评估人员在执行必要的资产评估程序并形成资产评估结论后，应当按有关资产评估报告的规范编制资产评估报告书。资产评估报告书主要内容包括委托方和资产评估机构的情况、资产评估目的、资产评估结论价值类型、资产评估基准日、资产评估方法及其说明、资产评估假设和限制条件等内容。资产评估机构和人员可以根据资产评估业务性质和委托方或其他评估报告使用者的要求，在遵守资产评估报告书规范和不引起误导的前提下选择恰当的资产评估报告内容详略程度。

资产评估机构和人员应当以恰当的方式将资产评估报告书提交给委托人。正式提交资产评估报告书之前，可以在不影响对最终评估结论进行独立判断的前提下与委托方或者委托方许可的相关当事方就评估报告有关内容进行必要沟通，听取委托人、资产占有方对资产评估结论的反馈意见，并引导委托人、资产占有方、资产评估报告使用者等合理理解资产评估结论。

评估报告的具体内容：

（1）委托方、产权持有方和委托方以外的其他评估报告使用者基本情况。

（2）资产评估目的。

（3）评估对象及范围。

（4）价值类型及定义。

（5）评估基准日。

（6）评估依据。

（7）评估方法。

（8）评估程序实施过程和情况。

（9）评估假设。

（10）评估结论。

（11）特殊事项说明。

（12）评估报告使用限制说明。

（13）评估报告日。

（14）评估机构和注册评估师签章。

4.2.8　资产评估工作底稿归档

资产评估机构和人员在向委托人提交资产评估报告书后，应当及时将资产评估工作底稿归档。将这一环节列为资产评估基本程序之一，充分体现了资产评估服务的专业性和特殊性，不仅有利于评估机构应对今后可能出现的资产评估项目检查以及法律诉讼，也有利于资产评估工作总结、完善和提高资产评估业务水平。

根据 2008 年 7 月 1 日施行的《资产评估准则——工作底稿》，注册资产评估师执行资产评估业务，应当遵守法律、法规和资产评估准则的相关规定，编制和管理工作底稿。工作底稿应当真实完整、重点突出、记录清晰、结论明确；注册资产评估师可以根据评估业务的具体情况合理确定工作底稿的繁简程度；工作底稿可以是纸质文档、电子文档或者其他介质形式的文档，电子或者其他介质形式的重要工作底稿，如评估业务执行过程中的重大问题处理记录，对评估结论有重大影响的现场调查记录、询价记录和评定估算过程记录等，应当同时形成纸质文档；注册资产评估师收集委托方和相关当事方提供的与评估业务相关的资料作为工作底稿，应当由提供方在相关资料中签字、盖章或者以其他方式进行确认；注册资产评估师应当在评估报告日后 90 日内，及时将工作底稿与评估报告等一起归入评估业务档案，并由所在评估机构按照国家有关档案管理的法律、法规及《资产评估准则》的规定妥善管理；评估业务档案自评估报告日起一般至少保存 10年；工作底稿的管理应当执行保密制度。除下列情形外，工作底稿不得对外提供：

（1）司法部门按法定程序进行查询的。

（2）依法有权审核评估业务的政府部门按规定程序对工作底稿进行查阅的。

（3）资产评估行业协会按规定程序对执业质量进行检查的。

（4）其他依法可以查阅的情形。

【思考】如何把握并灵活运用资产评估的具体程序？

课后练习

一、单项选择题

1. 狭义的评估程序终止于（　　）。
   - A. 资产评估文件归档管理
   - B. 评定估算
   - C. 提交资产
   - D. 委托方交纳资产评估费用

2. 与委托人签订评估业务约定书的应当是（　　）。
   - A. 资产评估师
   - B. 资产评估机构
   - C. 资产评估师和评估机构
   - D. 以上都不是

3. 资产评估基本程序对于不同资产类型、不同评估目的的资产业务来说（　　）。
   - A. 完全不同
   - B. 相同或相通
   - C. 部分不同
   - D. 不能确定

4. 下列哪种说法是正确的？（　　）
   - A. 资产评估工作计划一经确定，就不得改动
   - B. 资产评估机构在提交正式资产评估报告之前，可以与委托人进行必要的沟通
   - C. 资产评估人员可以随意简化或删减资产评估程序
   - D. 资产评估人员可以对采用两种以上资产评估方法得出的结果直接进行算术平均，确定评估结论

5. 编制资产评估工作计划中不需要重点考虑的因素有（　　）。
   - A. 资产评估目的
   - B. 资产评估业务风险
   - C. 资产评估人员的专业胜任能力
   - D. 资产评估对象的交易地点

6. 注册资产评估师通常首先应执行的评估程序是（　　）。
   - A. 签订资产评估业务约定书
   - B. 资产勘察
   - C. 明确评估业务基本事项
   - D. 评定估算

7. 下列各程序对合理安排工作量、工作进度、专业人员调配、按时完成资产评估业务具有重要意义的是（　　）。
   - A. 编制资产评估作业计划
   - B. 签订资产评估业务约定书
   - C. 资产勘察
   - D. 评定估算

二、多项选择题

1. 广义的资产评估程序开始于（　　），终止于（　　）。
   - A. 资产评估机构和人员接受委托
   - B. 编制资产评估计划
   - C. 明确资产评估基本事项
   - D. 资产评估文件归档管理
   - E. 提交资产报告书
   - F. 收集资产评估资料

2. 下列（　　）属于资产评估程序的主要环节。

    A. 编制资产评估计划   B. 签订资产评估业务约定书

    C. 向资产评估管理部门提出申请   D. 资产勘查与现场调查

    E. 明确资产评估业务基本事项

3. 资产评估程序的重要性体现在（　　）。

    A. 资产评估程序是维护资产评估服务公信力的重要保证

    B. 恰当执行评估程序是资产评估机构和评估人员防范执业风险的重要手段
       之一

    C. 资产评估程序是相关当事方评价资产评估服务的重要依据

    D. 资产评估程序是资产交易双方定价决策的重要前提

    E. 资产评估程序是规范资产评估行为的重要保证

4. 下列（　　）属于资产评估业务约定书包括的内容。

    A. 资产评估目的   B. 资产评估收费

    C. 资产评估基准日   D. 资产评估计划

    E. 资产评估对象交易时间

5. 评估过程中常用的逻辑分析方法有（　　）。

    A. 比较分析法   B. 分析和综合法

    C. 推理法   D. 以上都不对

6. 注册资产评估师应明确的评估业务基本事项包括（　　）。

    A. 评估目的   B. 评估对象和评估范围

    C. 价值类型   D. 评估基准日

    E. 评估报告使用限制

7. 资产评估业务约定书的基本内容包括（　　）。

    A. 评估目的   B. 评估假设

    C. 评估收费   D. 评估基准日

    E. 评估计划

8. 资产评估作业计划应重点考虑的因素包括（　　）。

    A. 评估目的   B. 评估假设

    C. 评估收费   D. 评估基准日

    E. 评估对象性质

9. 注册资产评估师收集的评估资料包括（　　）。

    A. 查询记录   B. 询价结果

    C. 检查记录   D. 行业资讯

    E. 分析资料

三、判断题

1. 注册资产评估师不得随意删减基本评估程序。   （　　）

2. 注册资产评估师在执行评估业务的过程中，由于受到客观限制，无法或者不能

完全履行评估程序, 可直接决定终止评估业务。 ( )

3. 只要执行了资产评估程序就可以防范资产评估风险。 ( )

4. 资产评估程序是规范资产评估行为、提高资产评估业务质量的重要保证。 ( )

四、简答题

1. 如何理解广义评估程序与狭义评估程序的关系?

2. 简述资产评估业务约定书的基本内容。

3. 如何编制资产评估作业计划?

4. 如何进行评估现场勘察?

5. 简述收集评估资料需要注意的事项。

6. 简述资产评估程序的意义和作用。

7. 简述资产评估的基本程序。

5 房地产评估

案例导入

北京市朝阳区大郊亭中街 2 号院 2 号楼 2-3HA 房地产处于抵押权利状况，对此进行评估。

根据委托方提供的房屋所有权证（X 京房权证朝私字第×××号）知，估价对象房屋所有权人为杨××、杨××。根据房屋所有权证（X 京房权证朝私字第×××号）中"设定他项权利摘要"之内容，2012 年 11 月 10 日该房产以人民币 2 112 541 元的权利价值，全部抵押给中国民生银行股份有限公司北京南二环支行，截至估价时点，该房产存在该项抵押权利。

估价对象属于北京市朝阳区 CBD 商圈内大郊亭中街 2 号院华腾国际项目，紧邻城市主干道西大望路和广渠路，距离东三环 2 300 米，距离东四环 300 米。周边的珠江帝景项目集双地标甲级写字楼（与 CBD 的各地标相呼应）、五星级帝景豪廷酒店与会所、酒店公寓、商务公寓、高档住宅、国际双语学校、国际双语幼儿园、五星级商业街、集中式商场于一体，是 CBD 超大型国际化、经典、舒适的豪宅社区。

试问用哪种方法评估比较合适？如何评估？

5.1 房地产评估概述

5.1.1 房地产评估相关概念

房地产是指土地、建筑物及其他地上定着物。房地产有三种存在形态，即单纯的土地、单纯的建筑物、土地与建筑物合成一体的房地产。房地产在国外一般称之为不动产，是实物、权益和区位的结合。其中实物是房地产中看得见、摸得着的部分；权益（物权）是房地产中无形的、不可触摸的部分，包括权利、利益和收益；区位是指某宗房地产与其他房地产或事物在空间方位和距离上的关系，除了其地理坐标位置，还包括其与重要场所的距离，距离有空间直线距离、交通路线距离和交通时间距离之分。

房地产评估是指专业估价人员根据估价目的，遵循估价原则，按照估价程序，选用适宜的估价方法，在综合分析影响房地产价格因素的基础上，对房地产在估价时点的客观合理价格或价值进行估算和判定的活动。

5.1.2　房地产评估的特点

由于房地产及其价格构成比较复杂，决定了房地产估价业务具有许多特点，其中比较典型的特点如下：

5.1.2.1　房地产估价具有客观性和科学性

房地产估价建立在科学的估价与方法的基础之上，具有科学性。虽然房地产价格受多种因素的影响，构成和变化都比较复杂，难以准确地确定，但通过估价人员的长期理论与实践探索，得出了房地产价格形成与变化的基本理论，这些内容构成了房地产估价的基本理论。在这些估价理论的基础之上，又形成了一整套系统而严谨的估价方法及评估步骤，使房地产估价有章可循。另外，在房地产估价过程中还广泛地涉及规划、建筑、结构、预算以及宏观等有关理论和知识。

因此，房地产估价虽然从现象上来看，是估价人员对房地产价格进行的推测与判断，但究其实质并不是主观臆断，而是把房地产的客观真实价值通过评估活动正确地反映出来，具有很强的客观性和科学性。

5.1.2.2　房地产估价具有艺术性

房地产估价必须遵循一套科学严谨的估价理论和方法，但又不能完全拘泥于有关理论和方法。因为房地产价格形成的因素复杂多变，不是简单地套用某些数学公式就能够计算出来。房地产估价在一定程度上具有艺术性，主要体现在以下几个方面：

（1）房地产估价人员要有丰富的经验。房地产估价是一项专业性很强的业务，估价人员必须具备丰富的经验，才能进行准确合理的判断。准确、完整地了解和掌握估价对象离不开估价人员的经验。各类房地产都有其固有特征，不同房地产之间受各种因素的影响差异也较大。对于某一确定的待估房地产来说，土地的形状、地势、地质对价格产生影响，建筑物的结构、设备、装修以及维修保养情况直接决定着其重置价格及成新度或贬值额的数值，附近的景观、建筑密度以及某些建筑物也在不同程度地影响着该房地产的价值与价格。另外，对于某些房地产所采用的特殊的装饰、装修以及附带的某些特殊设备等的价值，估价人员也需要进行了解；对于公寓、单元住宅以及办公楼等，其公用设施的数量及质量、物业管理及所提供的服务水平等也不同程度地影响着其售价和租金。

准确地运用各种估价方法离不开估价人员的经验。首先，对于某一确定的待估对象，究竟选用哪几种估价方法较为适宜，以哪一种估价方法为主，都需要估价人员具备丰富的估价经验。其次，在运用某种估价方法评估某一房地产时，还有许多具体参数需要估价师解决和确定。例如，运用市场比较法涉及区域因素修正、个别因素修正等，其修正系数的确定在一定程度上是估价人员依据其经验进行的主观判断；运用收益还原法涉及租金或纯收益的调整与核定、出租率的确定以及还原利率的选取等；运用成本法估价时，成新度或贬值额的确定也要求评估人员具备丰富的经验。

（2）房地产估价需要很强的推理与判断能力。丰富的估价经验是顺利评估的前提，在经验基础上所形成的推理判断能力在一定程度上代表着估价师的水平。在房地产估价过程中，推理判断能力不仅体现为对房地产价格规律的透彻认识，有时也会表现出非逻辑性，体现为估价师的超常观察力。

房地产估价离不开对房地产价格变化趋势的判断。由于房地产价格是在多种因素综合作用下形成与变化的，这就要求估价师具有较强的综合分析与推理判断能力。房地产价格受区域市场因素影响较大，对区域市场的分析往往难以获得十分准确的数据资料，由于范围较小，一些统计规律及经验数据往往与实际情况偏差较大，需要估价师具有一定的洞察力。另外，在最终估价额的决定上以及对特殊物业（例如，某些特殊的商业物业，由于特殊的垄断地位所形成的超常的垄断价格）分析时也离不开估价师的判断能力，有时甚至是依靠一种直觉来进行判断。

（3）房地产估价需要一定的技巧。房地产估价的技巧性一方面体现在估价过程中，另一方面则体现在如何保证评估结果的权威性，保证委托人及有关当事人能够接受合理的评估结论。在房地产估价过程中，涉及准确核实待估房地产的权利状态，如何以最快的速度拟好估价报告，避免以后出现纠纷。这些问题的处理都需要估价师掌握相应的技巧。

房地产估价体现了科学性与艺术性的高度统一。正因为如此，有人将房地产估价定义为：为特定目的评估房地产于特定时间的特定权益的价值的科学与艺术。

5.1.2.3　房地产估价具有综合性

房地产估价的综合性主要体现在如下几个方面：

（1）房地产估价人员需要具备综合性知识。作为一名业务优良的估价人员，除了必须懂得房地产行业发展的概况以及规划、建筑结构、概预算、法律、经济等知识外，还应该熟悉各行各业，尤其是主要工业行业的生产、技术以及设备安装、工艺流程对厂房用地的要求等知识。

（2）评估过程涉及面较广。单纯的房地产评估包括土地和建筑物，而建筑物又包括建筑结构、装修、设备等多方面，涉及建筑物的重置成本以及各方面的贬值等，还要考虑土地与建筑物的配置是否均衡、使用情况是否处于最有效利用状态以及未来的增值潜力等。

房地产评估不仅包括有形资产（实物房地产），也包括无形资产。例如，在评估商业大楼及写字楼时，商业信誉、商业景观以及经营管理水平等构成该房地产的无形资产，在整体资产价值评估中必须予以重视。

大型物业如综合楼包括许多部分，有店铺、餐厅、歌舞厅及其他娱乐场所、宾馆、写字间和住宅等，在评估时每一部分都有其特殊性。工厂评估，不仅仅包括厂房及所占用的土地，还包括围墙、道路、材料堆放场、仓库、锅炉房、绿化、各种管线以及固定在房地产上的其他建筑物等。

（3）房地产估价有时需要综合作业。房地产估价有时需要估价师、结构工程师以及建筑师、规划师等协同作业。例如，在评估某些旧有房地产时，为了确定主体结构的新旧程度，离不开结构工程师的技术鉴定；在运用假设开发法评估待建筑土地或待开发土地的价格时，有时需要勘察设计，在此基础上才能对土地进行比较准确的估价。

另外，房地产估价还具有一定的政策性。例如，在评估住宅时，还应考虑国家的有关政策；在评估土地的出让价格时，还应考虑出让方式及有关的产业政策。这些也在一定程度上体现着房地产估价的综合性特点。

5.1.3 房地产评估的原则

（1）合法原则：房地产评估应以评估对象合法权益为前提进行，包括合法产权、合法使用、合法处分、符合政策几个方面。

（2）最有效使用原则：在房地产评估中应在评估对象达到最有效使用状态下评估其价值。

（3）供求原则：房地产价格应由市场中房地产的供给和需求状况决定。

（4）替代原则：在同一市场上效用相同或相近的房地产，其价格应趋于一致。

（5）房地合一原则：由于房屋建筑物和土地存在相互依存的内在联系，应把两者作为相互联系的综合体进行评估。

（6）评估基准日原则：房地产评估价值应是评估对象在评估基准日的公允价值。

5.1.4 房地产评估的方法

科学实用的估价方法，必须具备两个条件：既有科学的理论依据，又能反映现实的交易行为。因此，房地产价格通常可以从如下三个途径来计算：

（1）参照类似房地产近期的市场交易价格。

（2）参照重新建造类似房地产所需要的费用。

（3）依据该房地产的收益能力大小来衡量其价值。

由此形成了房地产估价的三大基本方法，即市场比较法、成本法和收益法。除此之外还有一些其他方法，如假设开发法、路线价法、长期趋势法、残余法、购买年法、利润法、分配法等。其他估价方法实质上是三大基本方法的派生物，而且不同的估价方法有其不同的用途。

每种估价方法都有一定的适用条件，运用不同的方法评估同一房地产会得出不同的结论。在众多方法中选择评估方法时应注意以下原则：

（1）对同一估价对象宜选用两种以上的估价方法进行估价。

（2）有条件选用市场比较法进行估价的，应以市场比较法为主要的估价方法。

（3）收益性房地产的估价，应选用收益法作为其中的一种估价方法。

（4）在无市场依据或市场依据不充分而不宜采用市场比较法、收益法、假设开发法进行估价的情况下，可采用成本法作为主要的估价方法。

（5）具有投资开发或再开发潜力的房地产的估价，应选用假设开发法作为其中的一种估价方法。

5.1.5 影响房地产评估价值的因素

价格是市场运行的核心，房地产价格是房地产市场中的重要指标。同时，房地产价格也与房地产市场中的供给与需求有着密切的联系。认识和理解房地产价格的本质及其影响因素是非常重要的。有些因素对房地产价格及评估价值的影响程度是可以量化的，有的量化较难，只能凭借评估师的经验加以判断，为了便于把握和评估实践，通常将影响房地产的价格因素归纳为一般因素、区域因素和个别因素。

5.1.5.1　一般因素

一般因素是指影响一定区域范围内所有房地产价格的评估价值的一般的、普通的、共同的因素。这些因素通常会在较广泛的地区范围内对各宗房地产的价格和评估价值产生全局性的影响。一般因素主要包括：政治因素、经济因素、社会因素、人口因素与国际因素。

（1）政治因素。无论是对开发商还是对房地产交易者征税，都会提高被征税者的成本，减少被征税者的利益。同时城市规划与土地利用规划决定了一个城市的性质、发展方向和发展规模，还决定了城市用地结构、城市景观轮廓、地块用途及利用程度等，特别是城市详细规划中确定的地块，容积率、覆盖率和建筑物的高度等指标对房地产价格有很大的影响。

（2）经济因素。经济发展状况不仅体现在经济问题的持续增加、经济结构的变化以及城市人口的增加上，还包括居民生活质量的提高以及福利的改善等方面。同时居民的可支配收入及可任意支配收入、物价水平以及利率水平对房地产影响很大。

（3）社会因素。政局安定状况是指现有政权的稳固程度、不同政治观点的党派和团体的冲突情况等。其中社会治安程度、房地产投机以及城市化水平会导致住宅房地产需求的不断变化。

5.1.5.2　区域因素

区域因素是指某一特定的区域内的自然条件与社会、经济、行政等因素相结合所产生的区域性的特征。这些区域性的特征主要包括区域商业服务的繁华程度、区域交通条件、区域基础设施条件、区域环境条件。其中区域商业服务的繁华程度是指一个区域的商业服务业的聚集程度和对周围环境的影响程度，区域交通条件是指一个区域的道路交通通达程度、公共交通的便捷程度以及对外交通的便利状况，区域基础设施条件是指地区的供电、供热、供气、通信、环保、抗灾、给排水等基础设施以及医院、学校等公共设施和生活设施的基本状况，区域环境条件包括声觉环境、大气环境、水文环境、视觉环境、卫生环境等。

5.1.5.3　个别因素

个别因素分为土地的个别因素和建筑物的个别因素。土地的个别因素，也叫宗地因素，是宗地自身的条件和特征对该地块价格的影响。建筑物的个别因素主要包括微观环境条件和微观实体因素。

（1）微观环境条件是指影响具体房地产或房地产所在地点的微观环境条件，包括大气环境、水文环境、声觉环境、视觉环境、卫生环境及日照、通风、温度、湿度等。

（2）微观实体因素是指房地产本身的自然条件状况，包括土地的位置、面积、形状、地形、地势、地质、地貌、建筑物的质量、功能、外观、风格、式样、朝向、结构、布局、楼高、楼层、设备配置、装潢、成新以及房地产的临街状况、容积率、覆盖率、利用类型，等等。凡是区位良好、建筑物外观新颖、容积率适当、布局合理的房地产，其价格通常较高；反之，房地产价格会相对偏低。

5.1.6 房地产评估的程序

5.1.6.1 获取估价业务

获取估价业务是指获取房地产估价业务，这是房地产估价的先决条件。

5.1.6.2 明确估价基本事项

无论从何种途径获取房地产估价业务，估价方与委托估价方一般都有一个业务接洽的过程。在此过程中，估价方要就估价的基本事项以及估价收费问题与委托估价方沟通和协商，予以明确，并签订合同，为后续工作打好基础。

（1）明确估价目的。所谓估价目的，是指为何种需要而估价。估价目的决定了房地产价格类型，也决定了估价的依据，是实施房地产估价的前提条件。受理估价的具体目的主要包括：①市场行为：买卖、租赁、转让、抵押、典当、保险、拍卖等；②企业行为：合资、合作、股份制改造、上市、兼并、破产清算、承包等；③政府行为：农用地征用、土地使用权出让、课税（征税）、拆迁补偿、作价收购、土地使用权收回等；④其他：继承、纠纷、赠与及可行性研究、他项权利造成的房地产贬值等。

任何一个估价项目都有估价目的，并且只能有一个估价目的。

（2）明确估价对象。明确估价对象即明确待估对象的基本情况，包括物质实体状况和权益状况。

（3）明确估价时点。估价时点是指决定房地产价格的具体时间点。由于同一房地产价格随着时间发生变化，所评估的房地产价格，必定是某一时点的价格，而并非只是一个纯粹的数字。因此，在进行房地产估价时，必须明确估价时点。否则，在估价过程中，有关参数的选择、调整幅度的确定等将无法进行，其估价也将毫无意义。

（4）明确估价日期。估价日期是进行房地产估价的作业日期。估价日期的确定也意味着明确了估价报告书的交付日期，因为估价作业日期的截止日期一般即为估价报告书的交付日期。

5.1.6.3 签订估价合同

在明确估价基本事项的基础上，估价方与委托估价方应签订委托估价合同或协议。

5.1.6.4 拟订估价作业方案

为保证估价工作高效率、有秩序地进行，根据估价目的、待估房地产基本情况及合同条款，估价方应及时拟定合理的估价作业方案，其主要内容包括：①拟采用的估价技术路线和估价方法；②拟调查收集的资料及其来源渠道；③预计所用的时间、人力、经费；④拟定作业步骤和作业进度。

5.1.6.5 收集、整理估价所需资料

估价资料是为应用估价方法、得出估价结论及撰写估价报告书提供依据的。因此，估价资料是否全面、真实、详细直接关系估价结果的可靠性和准确性。

房地产估价资料一般包括下列四个方面：

（1）对房地产价格有普遍影响的资料，主要包括：统计资料、法律法规资料、社会经济资料、城市规划资料等。

（2）对估价对象所在地区的房地产价格有影响的资料，主要包括：市场交易资料、交通条件资料、基础设施资料、建筑物造价资料、环境质量资料等。

（3）类似房地产的交易、成本、收益实例资料。

（4）反映估价对象状况的资料。

收集估价资料，其来源主要有：委托估价方、实地勘察、政府有关部门、房地产交易市场及有关中介机构、有关当事人以及专业性刊物。

5.1.6.6 实地查勘估价对象

实地查勘是指房地产估价人员亲临现场对估价对象的有关内容进行实地考察，以便对委托估价房地产的实体构造、权利状态、环境条件等具体内容进行充分了解和客观确认。

通常，委托估价方应派出熟悉情况的人陪同估价人员进行实地查勘。在实地查勘过程中，估价人员要事先准备好已设计的专门表格，将有关查勘情况和数据认真记录下来，形成实地查勘记录。完成实地查勘后，实地查勘人员和委托方中的陪同人员都应在实地查勘记录上签字，并注明实地查勘日期。

5.1.6.7 选定估价方法计算

在前述工作的基础上，根据待估房地产估价对象、估价目的和资料的详实程度，确定可正式确定采用的估价方法，然后，采用相应的估价方法进行具体计算。

5.1.6.8 确定估价结果

估价结果的确定过程是使评估价格不断接近客观实际的过程。不同的估价方法是从不同的角度对房地产进行估价的。因此，用不同的估价方法对同一宗房地产进行估价，其计算结果会不同。估价人员应对这些结果进行分析、处理，以确定最终的估价额。

5.1.6.9 撰写估价报告

估价人员在确定了最终的估价额后，应撰写正式的估价报告。估价报告是房地产估价机构履行委托估价合同的成果，也是估价机构所承担法律责任的书面文件，同时又是房地产估价管理部门对估价机构评定质量和资质等级的重要依据。

5.1.6.10 估价资料归档

完成并向委托人出具估价报告后，估价人员应及时对涉及该估价项目的资料进行整理、归档，妥善保管。这将有利于估价机构和估价人员不断提高估价水平，同时也

有助于行政主管部门和行业协会对估价机构进行资质审查和考核，还有助于解决以后可能发生的估价纠纷。

完成整个工作程序需要 3~4 天。

5.2 市场途径在房地产评估中的应用

5.2.1 市场途径及其方法的理论依据以及适用的条件和对象

市场途径及其方法是将估价对象与在估价时点近期有过交易的类似房地产进行比较，对这些类似房地产的已知价格进行适当的修正，以此估算估价对象的客观合理价格或价值的方法。

市场途径及其方法是指在计算估价对象的价格时，根据市场中的替代原理，将估价对象与具有替代性的且在估价期日近期市场上交易的类似房地产进行比较，并对类似房地产的成交价格进行适当修正，以此估算估价对象的客观合理价格的方法。

市场途径及其方法是最能体现房地产估价的基本原理、最直观、适用性最广、也最容易准确把握的一种估价方法，也是有条件选用市场比较法估价时的首选估价方法。

5.2.1.1 市场途径及其方法的理论依据

市场途径及其方法的理论依据是经济学中的替代原理。市场经济中经济主体的行为普遍遵循理性原则，追求效用最大化。由于商品购买者的行为通常只是为了满足其一定的效用需求，当市场上出现两种或两种以上效用相同或效用可相互替代而价格不等的商品时，购买者将力求选择价格较低的商品；而当价格相同效用不等时，购买者又将选择效用较大的商品。这样，通过市场供求和竞争机制的作用，效用均等的商品之间将产生替代效应，最终使得市场上具有同等效用的商品获得相同的市场价格。这一替代原理作用于房地产市场，便表现为效用相同、条件相近的房地产价格总是相互影响，趋于一致。因此，估价对象的市场价值可以由近期出售的类似房地产的价格来决定。也就是说，可以利用与估价对象同类型的具有替代性的交易实例的价格，来推测委估房地产可能实现的市场价格。市场比较法的估价思路由此而形成。

5.2.1.2 市场途径及其方法的适用对象

市场途径及其方法的应用前提是需要一个充分发育的活跃的市场、市场竞争应比较充分以及长时间内价格走势基本平稳、市场途径及其方法适用条件是在同一供求范围内并在估价时点近期、存在着较多类似房地产的交易。如果在房地产市场发育不够或者类似房地产交易实例较少的地区，就难以采用市场途径法估价。

市场途径法适用的估价对象：同种类型的数量较多且经常发生交易的房地产，如住宅、写字楼、商铺、标准厂房、房地产开发用地等。

下列房地产难以采用市场法估价：①数量很少的房地产，如特殊厂房、机场、码头、博物馆、教堂、寺庙、古建筑；②很少发生交易的房地产，如学校、医院、行政办公楼；③可比性很差的房地产，如在建工程。

市场途径及其方法在房地产评估中的具体运用，主要体现在市场售价类比法、基准地价修正法和市场租金倍数法等在房地产评估中的具体应用。以下将着重介绍市场售价类比法在房地产评估中的应用，该方法适用的估价对象为具有交易性的房地产。

5.2.2 市场售价类比法在房地产评估中的应用

市场售价类比法是最常用、最能反映房地产估价的价值标准的方法，即根据估价人员掌握的市场资料，采用房地产交易中的替代原则，通过选取与估价对象有相关性的实例，并分别进行实地查勘，做出交易情况、交易日期、区域因素与个别因素的修正，以此估算出估价对象客观合理的价格或价值。

运用市场售价类比法，需要消除以下三个方面的不同所造成的参照物成交价格与估价对象客观合理价格之间的差异：①实际交易情况与正常交易情况不同；②成交日期与估价时点不同；③参照物房地产与估价对象房地产不同，主要指可以量化的区域因素和个别因素。

上述这些对类似房地产成交价格进行的修正与调整，简称交易情况修正、市场状况修正（交易时间修正），房地产状况调整（区域因素修正、个别因素修正）。市场售价类比法的数学表达式如下：

$$待估土地评估值=比较案例土地价格×\frac{正常交易情况}{比较案例交易情况}×\frac{待估土地区域因素值}{比较案例区域因素值}$$

$$×\frac{待估土地个别因素值}{比较案例个别因素值}×\frac{待估土地评估基准日价格指数}{比较案例交易日物价指数}$$

在进行这些修正和调整的时候，应尽量分解各种房地产价格影响因素，并尽量采用定量分析来量化这些因素对类似房地产成交价格的影响程度。应该说，许多因素对类似房地产成交价格的影响程度无法采用定量分析予以量化，主要依靠评估师根据自己的经验和知识进行判断。

需要注意，运用市场售价类比法评估房地产价值有时也不真实合理，因为在房地产市场参与者群体非理性的情况下，就会高估或低估其价值。

运用市场售价类比法评估房地产价值时，通常采取以下步骤进行操作：

5.2.2.1 广泛收集交易资料，确定比较案例和建立比较基准

（1）统一房地产范围。

针对某些估价对象，有时难以直接选取与其范围完全相同的房地产的交易实例作为参照物，只能选取主干相同的房地产的交易实例作为参照物。

房地产范围不同的情况在实际评估中主要有以下几种：

①带有债权债务的房地产。例如，评估对象是"干净"的房地产，选取的交易实例是设立了抵押权、有拖欠建设工程价款，或者由买方代付卖方欠缴的水费、电费、燃气费、供暖费、通信费、有线电视费、物业服务费、房产税的费用。

②含有非房地产成分。例如，评估对象为纯粹的房地产，选取的实例有附赠家具、

家用电器等。

③房地产实物范围不同。例如，评估对象为土地，交易实例是含有类似土地的房地产交易实例；评估对象是一套封阳台的住房，交易对象是未封阳台，评估对象带车位。

上述三种情况对应三种处理方式。

①统一房地产范围一般是统一为不带债权债务的房地产范围，并用下列公式进行换算：

$$房地产价格=带有债权债务的房地产价格-债权+债务$$

如果评估对象是带有债权债务的房地产，在市场法最后步骤求出不带债权债务的房地产价值后，再加上债权减去债务，就可以得到评估对象的价值。

②统一房地产范围一般是统一到纯粹的房地产范围，并用下列公式进行换算：

$$房地产价格=含有非房地产成分的房地产价格-非房地产成分的价格$$

③统一房地产的范围一般是统一为评估对象的房地产范围，补充参照物房地产缺少的范围，扣除参照物房地产多出的范围，相应的对参照物的成交价格进行加价和减价处理。

（2）统一付款方式。

房地产由于价值比较大，其成交价格的付款方式往往采取分期支付方式。而且付款期限长短、付款次数、每笔付款金额的付款期限不同，导致实际价格也会有所不同。估价中为了便于比较，价格通常以一次付清所需要支付的金额为基准。因此，就需要将分期付款的参照物成交价格折算为在其成交日期一次付清的数额。具体方法是通过折现计算。

（3）统一价格单位。

①统一价格表示单位，一般单价。在统一采用单价时，通常是单位面积的价格。例如，房地产通常使用单位建筑面积或套内建筑面积、单位使用面积的价格；土地除了单位土地面积的价格，还有单位建筑面积的价格，即楼面地价。在这些情况下，单位面积是一个比较单位。

根据评估对象的具体情况，还存在其他的比较单位。例如，仓库通常是以单位体积为比较单位，停车场以车位为比较单位，旅馆以床位和客房为比较单位，影剧院以座位为比较单位，医院以床位为比较单位，保龄球馆以球道为比较单位。

需要说明的是，有些参照物宜先对其总价进行某些修正、调整后，再转化为单价，进行其他方面的调整和修正。这样处理，对参照物成交价格的修正、调整更容易、更准确。例如，评估对象是一套门窗有损坏的商品住宅，选取的参照物的某套商品住宅的门窗是完好的，成交总价为 20 万元。经调查了解得知，将评估对象的门窗整修或更新的必要费用为 0.5 万元。则应该将该门窗是完好的参照物的成交总价 20 万调整为 19.5 万元，然后再将此总价转化为单价进行其他方面的修正调整。

②统一币种和货币单位。在通常情况下，评估采用成交日期时的汇率。但如果先按照原币种的价格进行市场状况调查，进行了市场状况调整后的价格应采用评估时点时的汇率进行换算。汇率的取值，一般采用国家外汇管理部门公布的外汇牌价的卖出

买入中间价。

③统一面积内涵和单位。在现实的交易中，计价内容通常包括建筑面积、套内建筑面积和使用面积。其换算公式为：

$$建筑面积的单价=套内建筑面积的单价×套内建筑面积÷建筑面积$$

$$建筑面积的单价=使用面积的单价×使用面积÷建筑面积$$

$$套内建筑面积下的单价=使用面积下的单价×使用面积÷套内建筑面积$$

在面积单位方面，中国通常采用平方米（有时还采用公顷），中国香港与美国、英国等国家和地区习惯采用平方英尺，中国台湾与日本、韩国等国家或地区一般采用坪。

1 公顷 = 10 000 平方米 = 15 亩

1 亩 ≈ 666.666 7 平方米

1 平方英尺 ≈ 0.092 9 平方米

1 坪 ≈ 3.305 8 平方米

【例5-1】评估人员收集了甲、乙两个交易实例。甲交易实例房地产的建筑面积为 200 平方米，成交总价为 80 万元人民币，分 3 期付款，首期付 16 万元人民币，第二期于半年后付 32 万元人民币，余款 32 万元人民币于 1 年后付清。乙交易实例房地产的使用面积为 2 500 平方英尺，成交总价为 15 万美元，于成交时一次付清。如果选取该两个交易实例为参照物，试在对其成交价格做有关修正、调整之前进行"建立价格可比基础"处理。

【解】：对该两个交易实例进行"建立价格可比基础"处理，包括统一付款方式和统一价格单位，具体处理方式如下：

（1）统一付款方式。

如果以在成交日期一次性付清为基础，假设当时人民币的年利率为8%，则：

甲总价 = $16+32÷（1+8\%）^{0.5}+32÷（1+8\%）=76.42$（万元人民币）

乙总价 = 15（万美元）

（2）统一价格单位

①统一价格表示单位。

甲单价 = $764\,200÷200=3\,821.00$（元人民币/平方米建筑面积）

乙单价 = $150\,000÷2\,500=60.00$（美元/平方英尺使用面积）

②统一币种和货币单位。

如果以人民币元为基准，则需要将乙交易实例的美元换算为人民币元。假设乙交易实例成交当时人民币元与美元的市场汇率为 1 美元等于 7.739 5 元人民币，则：

甲单价 = 3 821.00（元人民币/平方米建筑面积）

乙单价 = $60.00×7.739\,5≈464.37$（元人民币/平方英尺使用面积）

③统一面积内涵。

如果以建筑面积为基准，另通过调查得知乙交易实例的房地产（或该类房地产）的建筑面积与使用面积的关系为 1 平方英尺建筑面积等于 0.75 平方英尺使用面积，则：

甲单价 = 3 821.00（元人民币/平方米建筑面积）

乙单价 = $464.37×0.75≈348.28$（元人民币/平方英尺建筑面积）

④统一面积单位。

如果以平方米为基准，由于 1 平方英尺 = 0.092 903 04 平方米，则：

甲单价 = 3 821.00（元人民币/平方米建筑面积）

乙单价 = 348.28÷0.092 9≈3 748.98（元人民币/平方米建筑面积）

5.2.2.2 进行交易情况的修正

交易情况的修正就是剔除交易行为中的一些特殊因素造成的交易价格偏差，使选择的参照物的交易价格成为正常价格。要把参照物实际中的可能是不正常的成交价格修正为正常市场价格，应要了解有哪些因素可能使参照物的成交价格偏离正常市场价格以及其原因。交易中的特殊因素较复杂，归纳起来主要有下列方面：

①强迫出售或强迫购买的交易。强迫出售的价格低，强迫购买的高。

②利害关系人之间的交易。例如，亲朋好友、母子公司、公司与其员工之间的房地产交易价格偏离正常市场价格，上市公司的大股东将其房地产高价卖给上市公司的关联交易，等等。

③急于出售或急于购买的交易。

④交易双方或某一方对市场行情缺乏了解的交易。买方不了解行情，容易导致成交价格高。

⑤交易双方或某一方有特别动机或偏好的交易。买方或卖方对所买卖的房地产有特别的爱好、感情，特别是对买方或卖方有特殊的意义或价值的。

有上述特殊交易情况的交易实例一般不宜选为参照物，但当可供选择的交易实例较少而不得不选用时，则应对其进行交易情况修正。交易情况修正的方法如下：

（1）百分率法。

参照物成交价格×交易情况修正系数 = 参照物正常市场价格

在百分率法中，交易情况修正系数应以正常市场价格为基准来确定。在交易情况修正中，之所以要以正常市场价格为基准，是因为采用市场法评估时要求选取多个参照物。如果以正常市场价格为基准，则会出现多个比较基准。只有这样，比较的基准才会只有一个，而不会出现多个。

假设参照物成交价格比评估对象自身状态下的价格高低的百分率为 $\pm S\%$（当参照物成交价格比其正常市场价格高时，百分率为 $+S\%$；低时，百分率为 $-S\%$），则有

参照物成交价格×1/（1±S%）= 评估对象自身状态下的价格

或者

参照物成交价格×100/（100±S）= 评估对象自身状态下的价格

上式中，1/（1±S%）或 100/（100±S）是交易情况修正系数。

【例 5-2】①以评估对象自身状态下的价格为基准，参照物成交价格比评估对象自身状态下的市场价格高 10%，即

参照物成交价格 = 评估对象自身状态下的市场价格×（1+10%）

假设参照物成交的价格为 1 500 元/平方米，则有

评估对象自身状态下的市场价格 = 1 500÷（1+10%）= 1 363.63（元/平方米）

②如果以参照物成交价格为基准,评估对象自身状态下的市场价格比参照物的市场价格高10%,即:评估对象自身状态下的市场价格=参照物成交价格×(1+10%)。

假设参照物成交价格为1 500元/平方米,则有

参照物成交价格=1 500×(1+10%)=1 650(元/平方米)

(2)差额法。

参照物成交价格±交易情况修正数额=评估对象自身状态下的价格

在进行交易情况修正时不仅需要了解交易中有哪些特殊因素影响了成交价格,还需要测定这些特殊因素使成交价格偏离市场价格的程度。

由于缺乏客观、统一的尺度,这种测定有时非常困难。因此,在哪种情况下应当修正多少,需要房地产估价师具备扎实的理论知识、丰富的评估实践经验以及对当地房地产市场行情、交易习惯等的深入调查了解,从而做出判断。不过,房地产估价师平常就应当收集整理交易实例,对其成交价格进行比较、分析,在积累丰富经验的基础上,把握适当的修正系数或修正金额。

5.2.2.3 进行交易时间的修正

参照物成交价格是成交日期时的价格,是在成交日期时的房地产市场状况下形成的。由于参照物的成交日期通常是过去,所以参照物的成交价格通常是在过去的房地产市场状况下形成的。需要评估的对象的价值应当是股价时点时的价值,应是在估价时点时的房地产市场状况下形成的。

如果估价时点是现在(通常如此),则应是在现在的房地产状况下形成的。由于参照物成交日期与估价时点不同,房地产市场状况可能发生了变化。例如,政府出台了新的政策措施,利率发生了改变,出现了通货膨胀或通货紧缩,消费观念有所改变,导致估价对象或参照物这类房地产的市场供求关系、货币的购买力发生了变化,即使是同一宗房地产,在这两个不同时间的价格也会有所不同。因此,应将参照物在其成交日期时的价格调整为在估价时点时的价格。

交易日期调整实质上是根据房地产市场状况对房地产价格的影响进行调整,故又称之为房地产市场状况调整,简称市场状况调整。

经过市场状况调整之后,将参照物在其成交日期时点的价格变成了在估价时点时的价格。在参照物的成交日期至估价时点期间,随着时间的流逝,房地产市场价格可能发生的变化有三种情况:平稳、上涨以及下跌。

当房地产市场价格为平稳时,可不进行市场状况调整(实际上进行了市场状况调整,只是调整系数为100%);而当房地产市场价格为上涨或下跌时,则必须进行市场状况调整,以使价格符合估价时点时的房地产市场状况。

交易日期调整主要是采用百分率法。参照物在成交日期时的价格×交易日期调整系数=参照物在估价时点时的价格。其中,交易日期调整系数应以成交日期时的价格为基准来确定。

假设从成交日期到估价时点,参照物价格涨跌的百分率为$\pm T\%$(从成交日期到估价时点,参照物价格上涨时,百分率为$+T\%$;下跌时,百分率为$-T\%$),则:

参照物在成交日期时的价格×（1±T%）＝参照物在估价时点时的价格

或者

参照物在成交日期时的价格×（100±T）/100＝参照物在估价时点时的价格

上式中，（1±T%）或（100±T）/100 是交易日期调整系数。

市场状况调整的关键是把握估价对象或参照物这类房地产的市场价格自某个时期以来的涨落变化情况，具体是调查、了解过去不同时间的数宗类似房地产的价格，通过这些类似房地产的价格找出该类房地产的市场价格随着时间变化而变动的规律，据此再对参照物成交价格进行市场状况调查。

（1）交易日期调整的价格指数法。

价格指数可分为定基价格指数和环比价格指数。

在价格指数编制中，需要选择某个时期作为基期，如果是以某个固定时期作为基期的，则为定基价格指数；如果是以上一期作为基期的，则为环比价格指数。

定基价格指数和环比价格指数的编制原理如表 5.1 所示。

表 5.1　定基价格指数和环比价格指数的编制原理

时间	价格	定基价格指数	环比价格指数
1	$P1$	$P1/P1$	$P1/P0$
2	$P2$	$P2/P1$	$P2/P1$
…	…	…	…
$n-1$	$Pn-1$	$Pn-1/P1$	$Pn-1/Pn-2$
n	Pn	$Pn/P1$	$Pn/Pn-1$

① 采用定基价格指数进行市场状况调整的公式如下：

参照物在其成交日期的价格×估价时点时的价格指数÷成交日期的价格指数
＝参照物在估价时点的价格

【例 5-3】某宗房地产在 2018 年 6 月 1 日的单价为 5 000 元/平方米，现在将时间调整为 2018 年 10 月 1 日。已知该宗房地产所在地区类似房地产 2018 年 4 月 1 日至 10 月 1 日的价格指数分别为 79.6、74.7、76.7、85.0、89.2、92.5、98.1（2018 年 1 月 1 日为 100）。请计算该宗房地产 2018 年 10 月 1 日的价格。

该宗房地产 2015 年 10 月 1 日的单价：5 000×98.1÷76.7＝6 395（元/平方米）

② 采用环比价格指数进行市场状况调整的公式如下：

参照物在其成交日期的价格×成交日期的下一时期的价格指数×
再下一时期的价格指数×…×估价时点的价格指数＝参照物在估价时点的价格

【例 5-4】某地区某类房地产在 2018 年 4 月至 10 月的单价指数分别为 0.996，0.947，0.967，1.050，1.092，1.125，1.181（均以上个月为 1）。其中某宗房地产在 2018 年 6 月的价格为 20 000 元/平方米，请对其进行交易日期修正，将之修正为 2018 年 10 月的单价。

该宗房地产 2018 年 10 月 1 日的单价＝20 000 × 1.05 × 1.092 × 1.125 × 1.181
＝30 468（元/平方米）

（2）交易日期调整的价格变动率法。

房地产价格变动率有逐期递增或递减的价格变动率和期内平均上升或下降的价格变动率。

采用逐期递增或递减的价格变动率进行市场状况调整的公式如下：

参照物在其成交日期的价格×（1±价格变动率）^{期数}＝参照物在估价时点的价格

参照物在其成交日期的价格×（1±价格变动率×期数）＝参照物在估价时点的价格

【例5-5】为评估某宗房地产于2018年9月末的价格，选取了下列参照物：成交单价格3 000元/平方米，成交日期为2017年10月末。调查获知，2018年6月末至2015年2月末该类房地产的单价平均每月比上月上涨1.5%，2015年2月末至2015年9月末平均每月比上月上涨2%。试对该参照物的价格进行交易日期调整。

2018年9月末的价格＝3 000×（1+1.5%)^4×（1+2%)^7＝3 658（元/平方米）

5.2.2.4 进行区域因素修正

区位状况是指对房地产价格有影响的房地产区位因素的状况。区位状况比较和调整的内容主要包括位置、交通、环境、配套设施等影响房地产价格的因素。其中环境包括自然环境、人工环境、社会环境、景观等。

配套设施是指属于参照物、估价对象实物以外的部分，包括基础设施和公共服务设施。对于住宅来说，公共服务设施主要是指教育、医疗卫生、文化体育、商业服务、金融邮电等公共建筑。

区域因素调整的总体思路是：以估价对象房地产状况为基准，将参照物房地产状况与估价对象房地产状况进行直接比较；或者设定一种"标准房地产"，以该标准房地产状况为基准，将参照物房地产状况与估价对象房地产状况进行间接比较。

判定估价对象房地产和参照物房地产在这些因素方面的状况时，将参照物房地产与估价对象房地产在这些因素方面的状况逐一进行比较，找出他们之间的差异程度。以普通住宅为例，比较因素有其附近的公交路线数量、距离公交站点的远近、楼层、朝向、房屋年龄、电梯、阳台、卫生间数量、车位状况等。将参照物与估价对象之间的房地产状况差异程度转换为价格差异程度，即找出房地产状况差异程度所造成的价格差异程度。根据价格差异程度对参照物的成交价格进行调整。

（1）房地产状况区域调整的方法。

①百分率法。

参照物在其房地产状况下的价格×房地产状况调整系数＝估价对象的价格

在百分率法中，房地产状况调整系数应以估价对象房地产状况（100分）为基准来确定。假设参照物在其房地产状况下比在估价对象房地产状况下的价格高低的百分率为±R%，则

参照物在其房地产状况下的价格×1/（1±R%）＝估价对象的价格

或者

参照物在其房地产状况下的价格×100/（100±R）＝估价对象的价格

上式中，1/（1±R%）或100/（100±R）是房地产状况调整系数。

②差额法。

参照物在其房地产状况下的价格±房地产状况调整数额=估价对象的价格

（2）区域因素直接比较修正。

①确定若干种对房地产价格有影响的房地产状况方面的因素。例如，可分为10种因素。

②根据每种因素对房地产价格的影响程度确定其权重。

③以估价对象房地产状况为基准（通常将其在每种因素方面的分数定为100分），将参照物房地产状况与估价对象房地产状况的因素逐个进行比较、评分。如果在某个因素方面参照物房地产状况比估价对象房地产状况差，则分数低于100分。

④将累计所得的分数转化为调整价格的比率。

⑤利用该比率对参照物价格进行调整。

房地产状况直接比较情况如表5.2所示。

表5.2 房地产状况直接比较表

房地产状况的因素	权重	估价对象	参照物 A	参照物 B	参照物 C
1	f_1	100			
2	f_2	100			
…	…	…	…	…	…
n	f_n	100			
综合	1	100			

采用直接比较进行房地产状况调整的表达式为：

参照物在自身状况下的价格×100÷参照物的区域因素分数=参照物在估价对象房地产状况下的价格

【例5-6】评估对象的区域因素分数为100，在同样标准下，参照物的区域因素分数为98，参照物的市场单价为4 900元/平方米，则利用区域因素修正法计算：

评估对象的区域因素修正后的价格=100÷98×4 900=5 000（元/平方米）

5.2.2.5 进行个别因素修正

个别因素修正的内容主要包括土地使用年限、容积率、临街宽度、临街深度、面积、形状、地形、地质等，个别因素的修正法与区域因素修正法基本相似，通常采用直接比较和打分的方法确定个别因素修正系数，然后通过计算将参照物房地产价格修正为评估对象房地产自身状态下的价格，个别因素修正的数学表达式为：

评估对象价格=参照物价格×个别因素修正系数

个别因素修正系数=正常个别因素分值÷参照物个别因素评分

单独评估土地使用价值的时候，如果参照物与评估对象在土地使用年限、容积率（建筑总面积与土地总面积的比值）等因素上有较大差异，可单独对土地使用年限和容积率进行修正。

土地使用年期是指土地交易中契约约定的土地使用年限。土地使用年期的长短直接影响着可利用土地获得相应土地收益的年限。如果土地的年收益确定以后，土地的使用期限越长，土地的总收益越多，土地利用效益也越高，土地的价格也会因此提高。因此，通过修正土地使用年期，可以消除不同使用期限造成的价格上的差别。对土地使用年限进行修正时，修正系数可用下列公式计算：

$$K = \left[1 - \frac{1}{(1+r)^m} \right] \div \left[1 - \frac{1}{(1+r)^n} \right]$$

式中，K 为土地使用年期的年期修正系数，r 为折现率，m 为待评估土地的使用权年期，n 为参照物的使用年期。

评估房地产的价格 = 参照物的价格 $\times K$

【例5-7】若选择的参照物的成交地价每平方米为 5 000 元，对应使用年期为 30 年，而评估对象土地出让年期为 20 年，该市折现率为 8%，则年期修正如下：

年期修正后的地价 = 5 000 × [1 - 1 ÷ (1+8%)^{20}] ÷ [1 - 1 ÷ (1+8%)^{30}] = 4 361(元/平方米)

容积率是指在城市规划区的某一宗地内，房屋的总建筑面积与宗地面积的比值，分为实际容积率和规划容积率两种。通常所说的容积率是指规划容积率，即宗地内规划允许总建筑面积与宗地面积的比值。容积率的大小反映了土地利用强度及其利用效益的高低，也反映了地价水平的差异。

因此，容积率是城市区划管理中采用的一项重要指标，也是从微观上影响地价最重要的因素。在一般情况下，提高容积率可以提高土地的利用效益，但建筑容量的增大，会带来建筑环境的恶化，降低使用的舒适度。为做到经济效益、社会效益与环境效益相协调，城市规划中的容积率存在客观上的最合理值。

容积率与地价的关系并非线性关系，并且各地区经济发展不平衡，容积率对地价的影响也就不同。评估时，应当首先收集城市关于容积率标准的规定及容积率地价指数表，测定容积率与地价的相关系数，然后将参照物容积率相关系数与评估对象的容积率相关系数进行比较，求得容积率修正系数。对容积率进行修正时，容积率的修正计算公式如下：

容积率修正系数 = 评估对象的容积率地价指数 ÷ 参照物的容积率地价指数

被评估对象的价格 = 参照物价格 × 容积率修正系数

其中，修正系数不是容积率的比，而是容积率修正系数的比。

5.2.2.6　确定评估对象评估值

一般情况下，运用市场售价类比法需要选择三个以上参照物，通过各种因素修正后，应得到三个以上初步评估结果（通常称为比准价值），最后需要确定一个评估值，作为最终的评估结论。在具体操作过程中，可采用简单算术平均数、加权算术平均法、中位数法或取若干比准价值中的某一个作为评估结果。

（1）简单算术平均法，即将多个参照物交易实例修正后的初步评估结果进行简单的算术平均计算后，作为评估对象房地产的最终评估价值。

（2）加权算术平均法，即判定各个初步评估结果（比准价值）与评估对象房地产的接近程度，并根据接近程度赋予每个初步评估结果以相应的权重，然后将加权平均后的比准作为评估对象房地产的评估价值。

5.2.2.7 市场售价类比法的评估案例

【例5-8】评估对象为普通的商业用房H，已知该商业用房H与三个参照物新旧程度相近，结构也相似，故无须对其功能因素和成新率因素进行调整。

该商业用房H所在区域的综合评分为100，三个参照物所在区域条件均比被评估商业用房所在区域好，综合评分均为107。

评估对象所在城市的市场价格相对于参照物A、参照物B，价格分别上涨17%、4%。参照物C因在评估基准日当月交易，价格没有变化。

对参照物与评估资产的交易情况进行调查，发现参照物B与正常交易相比，价格偏高4%。参照物A、参照物C与正常交易相似。通过对三个参照物成交价格进行调整，可以得出评估资产的价格。已知参照物A的价格是5 000元/平方米，参照物B的价格是5 960元/平方米，参照物C的价格是5 918元/平方米。评估资产计算过程如表5.3所示。

表5.3 评估资产计算过程

参照物	A	B	C
交易单价	5 000	5 960	5 918
时间因素修正	117/100	104/100	100/100
区域因素修正	100/107	100/107	100/107
交易情况修正	100/100	100/104	100/100
修正后的价格	5 467.28	5 570	5 530.84

商品房H的价格=（5 467.2+5 570+5 530.84）÷3=5 522.68（元/平方米）

5.2.3 基准地价修正法在房地产评估中的应用

5.2.3.1 基准地价修正法的含义

基准地价修正法是利用基准地价评估成果，在将估价对象的区域条件及个别条件与其所在区域的平均条件进行比较的基础上，确定相应的修正系数，用此修正系数对基准地价进行修正，从而计算估价对象价格的方法。

基准地价土地用途可划分为商业、综合（办公）、住宅、工业四类。

（1）商业类包括商业服务业用地（含各种商场、加油站、各类销售和服务网点、批发市场、修理、家政、中介、邮政、电信、银行、信用社、证券、期货、保险以及其他服务的对外营业场所等用地）、餐饮旅游娱乐业用地（含酒楼、快餐店、宾馆、度假村、游乐及旅游设施、俱乐部、康乐中心、歌舞厅、高尔夫球场等用地）等。

（2）综合（办公）类包括办公用地（含国家机关和人民团体及其他事业单位办公

楼、会展中心、商业写字楼、金融保险业办公楼、普通办公楼、科工贸一体化办公楼、厂区外独立的办公楼等用地）、科研用地（含科研和勘测设计机构等用地）、文体教育用地（含各种学校、体育场馆、文化馆、博物馆、图书馆、影剧院等用地）、医疗卫生用地（含医疗、保健、卫生、防疫、康复和急救设施等用地）、慈善用地（含孤儿院、养老院、福利院等用地）、宗教用地等。

（3）住宅类，即提供居住的各种房屋用地，包括普通住宅、公寓、别墅用地等。

（4）工业类包括工业用地（含工矿企业的生产车间、库房、露天作业场及其附属设施用地、高新技术产业研发中心等用地）、仓储用地（含用于物资储备的库房、堆场、包装加工车间、中转的场所及相应附属设施用地）、交通运输用地（含铁路、公路、管道运输、港口、机场的地面线路、站场等用地和城市道路、车站、社会停车场及其相应附属设施用地）、基础设施用地（供水、供电、供燃、邮政、电信、消防、环卫等设施及其相应附属设施用地）等。

其他未列入上述范围的用地，其用途类别可参照相关或相近用地的用途类别确定

基准地价系数修正法的数学表达式

$$P = 基准地价 \times K1 \times K2 \times K3 \times K4 \times K5 \times (1 + \sum K) + K6$$

式中，P 为评估设定开发程度下的宗地地价，$K1$ 为期日修正系数，$K2$ 为土地使用年期修正系数，$K3$ 为土地形状修正系数，$K4$ 为容积率修正系数，$K5$ 为其他修正，$K6$ 为开发程度修正，$\sum K$ 为影响地价区域因素与个别因素之和。

5.2.3.2 基准地价修正法的估价案例

【例5-9】估价对象情况为：某省某市主要商业街有一待估面积为 2 000 平方米的商业用途土地（具体区域因素、个别因素不列）。其出让时间为 2013 年 1 月 1 日，出让年限为 40 年，开发程度为三通一平，宗地容积率为 1.5，现要评估该宗地在估价基准日 2017 年 1 月 1 日的价格。该宗地属市区商业二级地段，该市二级地段商业用途基准地价为 7 000 元/平方米（开发程度为三通一平，标准容积率为1）。基准地价公布时间为 2011 年 1 月 1 日。相关说明和系数见表5.4~表5.7。

表 5.4 该市商业服务用地修正系数说明表

	影响因素	优	较优	一般	较劣	劣
商业繁华条件	企业经营类别	首饰、高档服装	家电、服装、饮食	日用百货等	副食店等	基本生活用品
	企业职工总数/人	>400	250~400	150~250	80~150	<80
	距商业中心距离/件	≤R/2	>R/2 且≤R	>R 且≤2R	>2R 且<4R	>4R

表5.4(续)

	影响因素	优	较优	一般	较劣	劣
交通状况	距公交车站距离/米	<100	100~200	200~300	300~500	500~1 000
	公交车站车流量(辆/小时)	>30	15~30	8~15	5~8	<5
	距火车站距离/千米	<1	1~2	2~3	3~4	>4
	距汽车站距离/千米	<1	1~2	2~3	3~4	>4
宗地条件	宗地临街门面宽度/米	>8	4~8	2~4	1~2	<1
	宗地形状	形状好	形状良好	形状规则	形状不良	形状差
	宗地自身深度距离/米	<3	3~7	7~9	9~12	>12
	容积率	4	3~2	1	0.5~0.9	<0.5
宗地临街道路	道路级别/米	20~40	10~20	7~10	<7	无
	人行道宽度/米	>5	3~5	1.5~3	1~1.5	<1
	区域交通管理规定	无限制	货车禁行	货车禁行,其他车不能停放	汽车行道不能停放	限制机动车通行
宗地外界环境	周围土地利用类型	商业用地	住宅生活用地	市政小道以及公共建筑用地	工业仓储以及交通用地用地	园林风景等其他用地
	未来地规划用途	商业用地	住宅生活用地	公共事业、教育、卫生机关用地	工业和交通用地	

表5.5　某市商业服务用地修正系数表

	影响因素	优	较优	一般	较劣	劣
商业繁华条件	企业经营类别	15	7.5	0	−3.75	−7.0
	企业职工总数/人	15.4	7.7	0	−3.85	−7.7
	距商业中心距离/千米	11.8	5.9	0		

表5.5(续)

	影响因素	优	较优	一般	较劣	劣
交通状况	距公交车站距离/米	4	3	2	1	0
	公交车站车流量/辆·小时⁻¹	3.8	1.8	0	-0.9	-1.8
	距火车站距离/千米	5.7	4.28	2.85	1.43	0
	距汽车站距离/千米	5.7	4.28	2.95	1.43	0
宗地条件	宗地临街门面宽度/米	5	2.5	0	-2.5	-5
	宗地形状	2.5	1.25	0	-1.25	-2.5
	宗地自身深度距离/米	1	0.5	0	-0.5	-1
	容积率	7.3	3.67	0	-3.67	-7.3
宗地临街道路	道路级别/米	2.4	1.2	0	-1.2	-1.4
	人行道宽度/米	4	2	0	-2	-4
	区域交通管理规定	2	1	0	-1	-2
宗地外界环境	周围土地利用类型	7.6	3.8	0	-3.8	-7.6
	未来地规划用途	7	3.5	0	-3.5	-7

表5.6　商业用地容积率修正系数表

容积率	0.7	0.8	1.0	1.2	1.5	2
修正系数	0.85	0.9	1.0	1.5	1.2	1.3

表5.7　期日修正系数表

日期	2011.1.1	2012.1.1	2013.1.1	2014.1.1	2015.1.1	2016.1.1	2017.1.1
地价指数	100	102	105	109	112	113	115

估价要求为：使用基准地价修正法评估该宗地于2017年1月1日的地价。

估价过程如下：

第一，确定对应基准地价。通过查对基准地价，确定待估宗地属于商业用途二级地，其对应的基准地价为7 000元/平方米（开发程度为三通一平）。

第二，确定宗地地价评估的修正系数。根据宗地区域、个别因素条件，对照修正系数说明表中各项指标，确定各因素情况从上到下依次为：一般、一般、一般、优、较优、一般、较劣、优、一般、较优、较优、一般、一般、较劣、一般、一般。根据修正系数表，计算宗地修正系数：$K = 17.25\%$。

第三，确定待估宗地适用年期修正系数：$Y = 0.953$。

第四，确定期日修正系数（见表5.8）。

表5.8　期日修正表

日期	2011. 1. 1	2012. 1. 1	2013. 1. 1	2014. 1. 1	2015. 1. 1	2016. 1. 1	2017. 1. 1
地价指数	100	102	105	109	112	113	115

期日修正系数：$T = 115 \div 100 = 1.15$。

第五，确定容积率修正系数。待估宗地容积率为1.5，其基准地价标准容积率为1。查商业用的容积率修正系数表，则

$Kij = Ki/Kj = 1.2 \div 1 = 1.2$。

（6）计算并确定待估宗地地价。

$$Pi = P \times (1 + K) \times Y \times T \times Kij = 7\,000 \times (1 + 17.25\%) \times 0.953 \times 1.15 \times 1.2$$
$$= 10\,794（元／平方米）$$

5.3　成本途径在房地产评估中的应用

5.3.1　成本途径在房地产评估中的基本思路

成本法是以假设重新购建被评估房地产所需要的成本费用及各种贬值来评估房地产价值的一种方法，即以重置一宗与被估房地产可以产生同等效用的房地产，所需投入的各项费用之和再加上一定的利润和税金，并考虑相应的各种贬值来确定被估房地产价值。这一思路可以用下列公式表达：

5.3.1.1　成本途径在房地产评估中最基本的公式

房地产价值=重新购建价格-贬值（三大贬值）

5.3.1.2　适用于新开发的房地产的基本公式

$$\begin{aligned}
\text{新开发房地价值} &= \text{土地取得成本} + \text{开发成本} + \text{管理费用} + \text{销售费用} + \text{投资利息} + \text{销售税费} + \text{开发利润} \\
\text{新建成的建筑物价值} &= \text{建筑物建设成本} + \text{管理费用} + \text{销售费用} + \text{投资利息} + \text{销售税费} + \text{开发利润} \\
\text{新开发的土地价值} &= \text{取得待开发土地的成本} + \text{土地开发成本} + \text{管理费用} + \text{销售费用} + \text{投资利息} + \text{销售税费} + \text{开发利润}
\end{aligned}$$

5.3.1.3　适用于旧的房地产的基本公式（掌握）

房地合一时：

$$\frac{旧的}{房地价值} = \frac{房地重新}{购建价格} - \frac{建筑物}{贬值} = \frac{土地重新}{购建价格} + \frac{建筑物重新}{购建价格} - \frac{建筑物}{贬值}$$

只计算建筑物时：

$$旧的建筑物价值 = 建筑物重新购建价格 - 建筑物贬值$$

5.3.2　房地产重置成本的估测

重新购建价格也称重新购建成本，是指假设在估价时点重新取得全新状况的估价对象的必要支出，或者是指重新开发建设全新状况下的估价对象的必要支出及应得利润。重新购建价格就是估价时点的价格，是客观的价格，是在全新状况下的价格。

运用成本法估价的一项基础性工作，是要弄清估价对象所在地的房地产价格构成。在现实中，特别是目前在土地取得、房地产开发建设、房地产税费等制度、政策、规则尚不完善、不明晰、不统一、时常发生变化的情况下，房地产价格构成极其复杂，不同地区、不同时期、不同用途、不同类型的房地产，其价格构成是不同的。

房地产价格构成还可能因不同的单位和个人对构成项目划分的不同而不同。

在实际运用成本法估价时，不论估价对象所在地的房地产价格构成是多么的复杂，首先最为关键的是评估机构和评估师要深入调查、了解当地从取得土地一直到房屋竣工验收乃至完成租售的全过程中所需做的各项工作，一般要经历获取土地、前期工作（包括规划设计）、施工建设、竣工验收、商品房租售等阶段，根据过程中的各项成本、费用、税金等必要支出及其支付或者收取缴纳的标准、时间和依据以及合理的开发利润，整理出相应的清单，逐项计算。同时根据成本途径法在房地产评估中的基本思路，得出房地产的重置成本通常包括土地的取得成本、开发费用、税费、利息、利润以及土地增值收益。

5.3.2.1　土地取得成本

土地取得成本是指取得房地产开发用地所必需的费用、税金等。土地取得成本的构成可分为3种：

（1）市场购置下的土地取得成本。

在完善、成熟的土地市场，土地取得成本一般是由购买土地的价款、应当由买方（在此为房地产开发商）缴纳的税费和可直接归属于该土地的其他支出构成。

目前，土地取得成本主要是购买政府招标、拍卖、挂牌出让或者其他房地产开发商转让的已完成征收或拆迁补偿安置的建设用地使用权的支出。

这种情况下的土地取得成本主要由下列两项组成：

①建设用地使用权购买价格，一般采用市场法计算，也可以采用基准地价修正法、成本法计算。

②买房应当缴纳的税费简称取得税费，包括契税、印花税、交易手续费等。

【例5-10】某宗面积为5 000平方米的房地产开发用地，市场价格（楼面地价）为800元/平方米，容积率为2，按照受让人需要按照受让价格的3%缴纳契税等税费，则土地取得成本计算过程如下：

楼面地价=土地价格÷规划建筑面积

规划建筑面积=土地面积×容积率

则土地的取得成本=800×5 000×2×（1+3%）=824（万元）

（2）征收集体土地下的土地取得成本。

①征地补偿安置费用，又征地补偿费用，一般由以下4项费用组成：土地补偿费、安置补助费、地上附着物和青苗的补偿费、安排被征地农民的社会保障费用。这些费用一般是依照有关规定的标准或者采用市场法计算。

②相关税费，一般包括以下费用和税金：征地管理费、耕地占用税、耕地开垦费、新菜地开发建设基金、政府规定的其他有关费用。这些税费一般是依照有关规定的标准计算。

③出让金等费用，一般是依照有关规定的标准或采用市场法计算。

（3）征收国有土地上房屋的土地取得成本。

①房屋拆迁补偿安置费用，一般由以下5项费用组成：被征收房屋的房地产市场价格、被征收房屋室内自行装饰装修的补偿金额、搬迁补助费、安置补助费、征收非住宅房屋造成停产停业的补偿费。这些一般是采用市场法或根据有关规定的标准计算。

②相关费用，一般包括：房屋拆迁管理费、房屋拆迁服务费、房屋征收估价费、房屋拆除和渣土清运费、政府规定的其他有关费用。这些一般是采用市场法或根据有关规定的标准计算。

③出让金等费用，一般是采用市场法或根据有关规定的标准计算。

5.3.2.2　土地开发费用

土地开发费用是指在取得的房地产开发用地上进行基础设施、房屋建设所必需的直接费用、税金等。开发成本主要包括：

（1）勘察设计和前期工程费，如市场调研、可行性研究、项目策划、工程勘察、环境影响评价、建筑设计、建设工程招投标、施工的通水通电通路场地平整等费用。要注意上述费用与土地取得费的衔接，不能重复计算。

（2）建筑安装工程费，包括建造商品房及附属工程所发生的土建工程费用、安装工程费用、装饰装修工程费用等。附属工程是指房屋周围的围墙、水池、建筑小品、绿化等。计算时要注意避免与下面的基础设施建设费、公共配套设施建设费重复。

（3）基础设施建设费，包括城市规划要求配套的道路、给排水、电力、电信、燃气、热力、有线电视等设施的建设费用。

（4）公共配套设施建设费，包括城市规划要求配套的教育、医疗卫生、文化体育、社区服务、市政公用等非营业性设施的建设费用。

（5）开发期间税费，包括有关税收和地方政府或其他有关部门收取的费用，如绿化建设费、人防工程费等。要注意上述费用可以划分为土地开发成本和建筑物建设成本。

5.3.2.3　管理费用

管理费用是指为组织和管理房地产开发经营活动所必需的费用，包括房地产开发人员工资及福利费、办公费、差旅费等，一般为土地取得成本和土地开发成本之和的一定比例。

5.3.2.4　销售费用

销售费用是指销售开发完成后的房地产所必需的费用，包括广告费、销售资料制作费、样板房或者样板间建设费、售楼处建设费、销售人员费用或销售代理费。

为了便于投资利息的测算，销售费用应当区分为销售之前发生的费用和销售同时发生的费用。广告费、销售资料制作费、样板房或者样板间建设费、售楼处建设费一般在销售前发生，销售代理费发生在同时。销售费用通常按照开发完成后的房地产价值的一定比例来测算。例如，销售费用一般为开发完成后房地产价值的4%。

5.3.2.5　投资利息

这里所说的投资利息与会计上的财务费用不同，包括土地取得成本、开发成本和管理费用的利息。无论它们的来源是借贷资金还是自有资金都应计算利息。

计算投资利息要注意把握以下3个方面：

（1）应计息项目。应计息项目包括土地取得成本、开发成本、管理费用和销售费用。销售税费一般不计息。

（2）计息周期。计息周期可以是年、半年、季、月等，通常用年。

（3）计息期。计算投资利息的一项基础工作是估算建设期。在成本法中，建设期的起点一般是取得房地产开发用地的日期，终点是估价对象开发完成的日期。由于假设估价对象一般是在估价时点时开发完成，所以建设期的终点一般是估价时点。但估价对象为现房的，假设估价对象一般是在估价时点时竣工验收完成。例如，采用成本法评估某幢旧写字楼现在的价值，根据现在开发建设类似写字楼从取得土地到竣工验收完成正常情况下需要24个月，估算该写字楼的建设期应为24个月。虽然该写字楼早已建成的，但成本法估价要假设该写字楼是在估价时点时建成，这就相当于在24个月前就已取得土地。

对于在土地上进行房屋建设的情况来说，建设期又可分为前期和建造期。前期是自取得房地产开发用地之日起至动工（开工）开发之日止的时间。建造期是自动工开发之日起至房屋竣工之日的时间。

另外，需要指出的是，一般能较准确地估算建设期。但在现实中，由于某些特殊因素的影响，可能会使建设期延长。例如，土地征收或房屋拆迁中遇到"钉子户"，基础开挖中发现重要文物，原计划筹措的资金不能按时到位，某些建筑材料、建筑设备不能按时供货，出现劳资纠纷问题，遭遇异常严寒、酷暑等恶劣天气，政治经济形势发生突变等一系列因素，都可能导致工程停工，使建设期延长。由于建设期延长，房地产开发商一方面要承担更多的投资利息，另一方面要承担总费用上涨的风险。但这类特殊的非正常因素在估算建设期时一般不予考虑。

估算建设期可以采用类似于市场法的方法，即通过对类似房地产已发生的建设期进行比较、修正和调整来计算。

有了建设期之后，便可以估计土地取得成本、开发成本、管理费用、销售费用在该建设期间发生的时间及发生的金额。土地取得成本、开发成本、管理费用、销售费用等金额均应按照它们在估价时点（在此假设为现在）的正常水平来估算，而不是按照他们在过去发生时的实际或正常水平来估算。

某项费用的计息期是该项费用应计息的时间长度，如 24 个月、8 个季度、4 个半年度、2 年等。一项费用的计息期的起点是该项费用发生的时点，终点通常是建设期的终点，一般不考虑预售和延迟销售的情况。

另外，需要说明的是，有些费用通常不是集中在一个时点发生，而是分散在一段时间内不断发生，但计息时通常将其假设为在所发生的时间段内均匀发生。

5.3.2.6 销售税费

销售税费是指销售开发完成后应由开发商（卖方）缴纳的税费，包括："两税一费"，即增值税、城市维护建设税和教育费附加；卖方负担的交易手续费等。

销售税费一般是按照售价的一定比例收取。例如，两税一费一般为售价的 5.5%。因此，销售税费通常按照开发完成后的房地产价值的一定比例来测算。

值得注意的是，这里的销售税费不包括应由买方缴纳的契税等税费，因为评估价值是建立在买卖双方各自缴纳自己应缴纳的交易税费下的价值。

为了便于在实际评估中对正常开发利润率的调查、估计，销售税费一般也不包括应由卖方缴纳的土地增值税、企业所得税。因为土地增值税是以纳税人转让房地产取得的增值额为计税依据的，每笔转让房地产取得的增值额都可能不同，从而缴纳的土地增值税会有所不同；企业所得税是以企业为对象进行缴纳的，一个企业可能同时有多种业务或者多个房地产开发项目，不同的项目盈利是不同的，从而不同企业应缴纳的所得税也会有所不同。

5.3.2.7 开发利润

开发利润是指房地产开发商（业主）的利润，而不是建筑承包商的利润。建筑承包商的利润已包含在建筑安装工程费等费用中。现实中的开发利润是一种结果，是由销售收入减去各项成本、费用、税金后的余额。而在成本法中，售价是未知的，是需要计算的，开发利润则是典型的房地产开发商进行特定的房地产开发所期望获得的利润，是需要事先估算的。因此，运用成本法估价需要先估算出开发利润。

在估计开发利润的过程中应注意以下几点：

第一，为了与销售税费中不包括土地增值税、企业所得税的口径一致，并得到相对客观合理的开发利润，开发利润在缴纳土地增值税、企业所得税之前计算，简称税前利润。

第二，开发利润是该类房地产开发项目在正常条件下房地产开发商所能获得的平均利润，而不是个别房地产开发商最终实际获得的利润，也不是个别房地产开发商期望获得的利润。

第三，开发利润通常按照一定基数乘以相应的利润率来估算。

开发利润的计算基数和相应的利润率主要有以下四种：

（1）计算基数＝土地取得成本＋开发成本，相应的利润率称为直接成本利润率。

直接成本利润率＝开发利润÷（土地取得成本+开发成本）

（2）计算基数＝土地取得成本+开发成本+管理费用+销售费用，相应的利润率称为投资利润率。

投资利润率＝开发利润÷（土地取得成本+开发成本+管理费用+销售费用）

（3）计算基数＝土地取得成本+开发成本+管理费用+销售费用+投资利息，相应的利润率称为成本利润率。

成本利润率＝开发利润÷（土地取得成本+开发成本+管理费用+销售费用+投资利息）

（4）计算基数＝土地取得成本+开发成本+管理费用+销售费用+投资利息+销售税费+开发利润，相应的利润率称为销售利润率。

销售利润率＝开发利润÷（土地取得成本+开发成本+管理费用+销售费用+投资利息
+销售税费+开发利润）
＝开发利润÷开发完成后的房地产的价值

由于有不同的利润率，所以在估算开发利润时我们要弄清楚利润率的内涵，注意利润率与计算基数的相互匹配，即选取不同的利润率，应采用相应的计算基数。

利润率是通过大量调查、了解同一市场上类似房地产开发项目的利润率得到的。

综上所述，重置成本的测算公式如下：

$$
\begin{array}{l}\text{建筑物}\\\text{重置成本}\end{array}=\Sigma\left[\left(\begin{array}{l}\text{实际}\\\text{工程量}\end{array}\times\begin{array}{l}\text{现行单价}\\\text{或定额}\end{array}\right)\times\left(1+\begin{array}{l}\text{工程}\\\text{费率}\end{array}\right)\pm\begin{array}{l}\text{材料}\\\text{差价}\end{array}\right]+\begin{array}{l}\text{按现行标准}\\\text{计算的间接成本}\end{array}
$$

5.3.3 房地产实体性贬值的估测

建筑物的损耗是指建筑物在使用过程中，各种原因造成建筑物效用递减，从而引起的价值上的损失，具体体现为有形损耗和无形损耗两种类型。

有形损耗是指由使用和受自然力影响而引起的建筑物实体价值损失（实体性贬值）；无形贬值是指由功能上（功能性贬值）或经济上（经济性贬值）的因素如技术进步、消费观念变更等原因而引起的建筑物无形价值损失。

本小节主要介绍实体性贬值，由于土地不存在有形损耗，房地产中的实体性贬值主要指的是建筑物。建筑物实体性贬值可以通过实体性贬值率或是成新率来反映，下面主要介绍实体性贬值率的主要估测方法——年限法。

5.3.3.1 年限法

年限法是用建筑物的尚可使用年限占用建筑物全部使用年限的比率作为建筑物的成新率，其计算公式如下：

建筑物的成新率＝建筑物尚可使用年限÷建筑物的全部使用年限

在使用公式时要注意建筑物的经济寿命、有效年龄或剩余经济寿命等概念的区别。

（1）建筑物的寿命可分为自然寿命和经济寿命。

建筑物的自然寿命是指建筑物自竣工日期起至其主要结构构件和设备自然老化或损坏而不能保证建筑物安全使用之日止的时间。

建筑物的经济寿命是指建筑物对房地产价值有贡献的时间，具体是建筑物自竣工之日起至其对房地产价值不再有贡献之日止的时间。

例如，收益性建筑物的经济寿命具体是建筑物从竣工验收合格之日起在正常市场和运营状态下产生的收入大于运营费用的持续时间。建筑物的经济寿命短于其自然寿命，是由市场决定的，相同类型的建筑物在不同地区的经济寿命可能不同。

经济寿命具体可在建筑物自然寿命、设计寿命的基础上，根据建筑结构、工程质量、用途和维修养护情况，结合市场状况、周围环境、经营收益状况等进行综合分析判断得出。建筑物如果经过了返修、改造等，其自然寿命和经济寿命都有可能得到延长。

（2）建筑物的年龄可分为实际年龄和有效年龄。

建筑物的实际年龄是指建筑物自竣工日期起到估价时点止的年数。建筑物的有效年龄是指估价时点时的建筑物状况和效用所显示的年数。建筑物的有效年龄可能短于也可能长于其实际年龄。实际年龄是估计有效年龄的基础，即有效年龄通常是在实际年龄的基础上进行适当的加减得到：当建筑物的施工、使用、维护情况为正常的，其有效年龄与实际年龄相当；当建筑物的施工、使用、维护情况比正常施工、使用、维护情况好或者经过更新改造的，其有效年龄小于实际年龄；当建筑物的施工、使用、维护情况比正常施工、使用、维护情况差的，其有效年龄大于实际年龄。

（3）建筑物的剩余寿命。

建筑物的剩余寿命是其寿命减去年龄之后的寿命，建筑物的剩余寿命分为剩余自然寿命和剩余经济寿命，建筑物的剩余自然寿命是其自然寿命减去实际年龄后的寿命。建筑物的剩余经济寿命是其经济寿命减去有效年龄后的寿命。

$$剩余经济寿命 = 经济寿命 - 实际年龄$$

利用年限法计算建筑物成新率时，建筑物的使用寿命应为经济寿命，年龄应为有效年龄，剩余寿命应为剩余经济寿命。因为早期建成的建筑物未必损坏严重，所以价值未必低；而新近建成的建筑物未必完好，特别是可能存在建筑设计、施工质量缺陷，因而价值未必高。

【例5-11】对于收益性房地产来说，建筑物的经济寿命是（　　　）。

　　A. 建筑物竣工之日起到不能保证其安全使用之日止的时间

　　B. 在正常市场和运营状态下净收益大于零的持续时间

　　C. 由建筑结构、工程质量、用途与维护状况等决定的时间

　　D. 剩余经济寿命与实际年龄之和的时间

『正确答案』D

『答案解析』A是自然寿命，C也是自然寿命的影响因素。

5.3.3.2　分解法

根据房地产的修复程度可将房地产项目分为可修复和不可修复两类。修复是指恢复到新的或者相当于新的状况，有的是修理，有的是更换。预计采用最合理的修复方案予以修复的必要费用（包括正常的成本、费用、税金和利润等，简称修复费用）小于或者等于修复所能带来的房地产增值额的，是可修复的；反之，是不可修复的。

对于可修复的项目，估算其在估价时点的修复费用作为该房地产的实体性贬值额。对于不可修复的项目，根据其在估价时点的剩余使用寿命是否短于整体建筑物的剩余经济寿命，将其分为短寿命项目和长寿命项目两类。

短寿命项目是剩余使用寿命短于整体建筑物剩余经济寿命的部件、设备、设施等。它们在建筑物剩余经济寿命期间需要更换，甚至需要多次更换。

长寿命项目是剩余使用寿命等于或者长于整体建筑物剩余经济寿命的部件、设备、设施等，它们在建筑物剩余经济寿命期间是不需要更换的。

在实际中，短寿命项目与长寿命项目的划分，一般是在其寿命是否短于建筑物经济寿命的基础上得出的。例如，基础、墙体、屋顶、门窗、管道、电梯、空调、卫生设备、装饰装修等的寿命是不同的。

短寿命项目分别根据各自的重新购建价格（通常为市场价格、运输费、安装费等之和）、寿命、年龄或剩余使用寿命，利用年限法计算其实体性贬值额。长寿命项目是根据建筑物重新购建价格减去可修复项目的修复费用和短寿命项目的重新购建价格后的余额、建筑物的经济寿命、有效年龄或剩余寿命，利用年限法计算其实体性贬值额。最后把可修复项目的修复费用、短寿命项目的贬值额、长寿命项目的贬值额相加，即为房地产的实体性贬值额。

【例5-12】某建筑物的重置价格为180万元，经济寿命为50年，有效年龄为10年。其中，门窗等损坏的修复费用为2万元；装饰装修的重置价格为30万元，平均寿命为5年，年龄为3年；设备的重置价格为60万元，平均寿命为15年，年龄为10年。残值率假设均为零。请计算该建筑物的实体性贬值额。

该建筑物的实体性贬值额计算如下：

门窗等损坏的修复费用=2（万元）

装饰装修的贬值额=30×1/5×3=18（万元）

设备的贬值额=60×1/15×10=40（万元）

长寿命项目的贬值额=（180-2-30-60）×1/50×10=17.6（万元）

该建筑物的实体性贬值额=2+18+40+17.6=77.6（万元）

5.3.4 房地产功能性贬值的估测

功能性贬值按照引起贬值的不同原因可分为功能缺乏、功能落后和功能过剩引起贬值三类。

5.3.4.1 功能缺乏引起贬值的测算

功能缺乏引起贬值分成可修复的功能缺乏引起的贬值和不可修复的功能缺乏引起的贬值。

（1）对于可修复的功能缺乏引起的贬值，在采用缺乏该功能的"建筑物重建价格"下的计算方法是：估算在估价时点估价对象建筑物上单独增加该功能的必要费用（简称单独增加功能费用）；估算在估价时点重置建造建筑物时随同增加该功能的必要费用（简称随同增加功能费用）；将单独增加功能费用减去随同增加功能费用，即单独增加功能的超额费用为可修复的功能缺乏引起的贬值额。

（2）对于不可修复的功能缺乏引起的贬值，可以采用下列方法来计算：①利用收益损失资本化法计算缺乏该功能导致的未来每年损失租金的现值之和；②估算随同增加功能费用；③将未来每年损失租金的现值之和减去随同增加功能费用，即得到不可修复的功能缺乏引起的贬值额。

5.3.4.2　功能落后引起的贬值的计算

把功能落后贬值分成可修复的功能落后引起的贬值和不可修复的功能落后引起的贬值。

对于可修复功能落后引起的贬值，其贬值额为在估价时点该落后功能的重置价格，减去该落后功能已提贬值，加上拆除该落后功能必要费用（简称拆除落后功能费用），减去该落后功能的残值，加上单独增加先进功能的必要费用（简称单独增加先进功能费用），减去重置建造建筑物时随同增加先进功能的必要费用（简称随同增加先进功能费用）。

与可修复的功能缺乏引起的贬值额相比，可修复的功能落后引起的贬值额多了落后功能尚未贬值的价值（即落后功能的重置价格减去已提贬值。因为该部分未发挥作用就报废了），少了落后功能的净残值，即多了落后功能的服务期未满而提前报废的损失。

5.3.4.3　功能过剩贬值的计算

功能过剩一般是不可修复的。功能过剩贬值应包括功能过剩造成的无效成本。该无效成本可以通过采用重置价格而自动得到消除，但如果采用重建价格则不能消除。例如，某厂房楼层过高，层高6米，正常为5米。重置价格将依据5米层高而不是6米层高来估算；而重建价格将依据6米层高来估算。

无论是采用重置价格还是重建价格，功能过剩贬值还应包括功能过剩造成的超额持有成本。超额持有成本可以利用超额运营资本化法即功能过剩导致的未来每年超额运营费用现值之和来计算。这样采用重置价格的情况下：

$$扣除功能过剩贬值后的价值 = 重置价格 - 超额持有成本$$

采用重建价格的情况下：

$$扣除功能过剩贬值后的价值 = 重建价格 - （无效成本 + 超额持有成本）$$

5.3.5　房地产经济性贬值的估测

房地产经济性贬值是指由宏观经济环境、市场竞争、政府有关房地产制度及政策、税收政策、交通管制、自然环境、人口因素、人们的心理因素等外界条件的变化，使建筑物的利用率下降，收益遭受损失，导致价值降低。

房地产经纪性贬值可采用以下思路估测：

（1）对外部条件没有发生变化前相同的房地产交易价格进行比较，两者交易价格之间的差额即为经济性贬值。

（2）对于收益性房地产可用房地产未来收益净损失额折现的方法估测经济性贬值。

（3）与房地产的实体性贬值一起考虑，确定包括经济性贬值因素在内的综合成新率。

如果外界条件变化后的房地产交易价格高于以前的价格，或者房地产预期收益增加，那么房地产存在经济溢价。

【例5-13】某幢应有电梯而没有电梯的办公楼，重建价格为2 000万元，现增设电梯需要120万元，如果现在建造办公楼随同安装电梯只需要100万元，请计算该办公楼因没有电梯引起的贬值额及扣除没有电梯引起的贬值后的价值。

该办公楼因为有电梯引起的贬值额＝120－100＝20（万元）

该办公楼扣除没有电梯引起的贬值后的价值＝2 000－20＝1 980（万元）

如果是采用具有该功能的建筑物重置价格，则将建筑物重置价格减去单独增加功能费用，便直接得到了扣除该功能缺乏引起的贬值后的价值。

【例5-14】某幢应有电梯而没有电梯的办公楼，现增设电梯需要120万元，类似有电梯的办公楼的重置价格为2 100万元。请计算该办公楼扣除没有电梯引起的贬值后的价值。

该办公楼扣除没有电梯引起的贬值后的价值＝2 100－120＝1 980（万元）

【例5-15】某幢旧办公楼的电梯较为落后，如果将该电梯更换为功能先进的新电梯，估计需要拆除费用2万元，可回收残值3万元，安装新电梯需要120万元（包括购买价款、运输费、安装费等），要比在建造同类办公楼时随同安装多花费20万元。估计该旧办公楼的重建价格为2 050万元，该旧电梯的重置价格为50万元，已提贬值40万元。请计算该办公楼因电梯落后引起的贬值及扣除电梯落后引起的贬值后的价值。

该办公楼因电梯落后引起的贬值额＝（50－40）＋（2－3）＋20＝29（万元）

该办公楼扣除电梯落后引起的贬值后的价值＝2 050－29＝2 021（万元）

对于不可修复的功能落后引起的贬值，其贬值额是在上述可修复的功能落后引起的贬值额计算中，将单独增加先进功能费用替换为利用收益损失资本化法计算的功能落后导致的未来每年损失租金的现值之和。

【例5-16】某房地产重建价格为2 000万元，已知在建造期间中央空调系统因功率大较正常情况多投入150万元，投入使用后每年多耗电费0.8万元。假定该空调系统使用寿命为15年，估价对象房地产的报酬率为12%，请计算该房地产因中央空调功率过大引起的贬值及扣除中央空调功率过大引起的贬值后的价值。

该房地产因中央空调功率过大引起的贬值＝$150+0.8\div12\%\times[1-1\div(1+12\%)^{15}]$

$$=155.45（万元）$$

该房地产扣除中央空调功率过大引起的贬值后的价值＝2 000－155.45

$$=1 844.55万元$$

将功能缺乏折价、功能落后贬值、功能过剩贬值额相加，即为功能贬值额。

5.4 收益途径在房地产评估中的应用

5.4.1 收益途径的适用条件和对象

收益途径是预测估价对象的未来收益，然后根据报酬率或资本化率、收益乘数将其转换为价值，以计算客观合理的估价对象价格或价值的方法。收益途径的本质是以房地产的预期收益能力为导向计算估价对象的价值。通常把收益法测算出的价值简称为收益价格。

根据将未来预期收益转换为价值方式的不同，即资本化的方式不同，可以分为直接资本化法和报酬资本化法。直接资本化法是将估价对象未来某一年的某种预期收益除以适当的资本化率或者乘以适当的收益乘数转换为价值的方法。其中，将未来某一年的某种收益乘以适当的收益乘数来计算估价对象价值的方法，称为收益乘数法。而报酬资本化法（即现金流量折现法）是房地产的价值等于其未来各期净收益的现值之和，通过预测估价对象未来各期的净收益，选用适当的报酬率将其折算到估价时点后相加，从此来计算估价对象价值的方法。

5.4.2 房地产收益途径的基本思路

房地产收益途径是以预期原理为基础的。预期原理提出，决定房地产当前价值的，不是过去的因素而是未来的因素。具体地说，房地产当前的价值，通常不是基于其历史价格、开发建设它所花费的成本或者过去的市场状况，而是基于市场参与者对其未来所能带来的收益或者能够得到的满足、乐趣等的预期。历史资料的作用主要是用来推知未来的动向和情势，解释未来预期的合理性。从理论上讲，一宗房地产过去的收益虽然与其当期的价值无关，但其过去的收益往往是未来收益的一个很好的参考值，除非外部条件发生异常变化使得过去的趋势不能继续发展下去。

土地使用权评估中的收益法，亦称收益还原法，是指通过预测土地未来产生的预期收益，以一定的还原利率将预期收益折算为现值之和，从而确定土地评估值的方法。由于房地产的寿命长久，收益性房地产不仅现在能获得收益，而且可以在未来持续获取收益。因此，可以将购买收益性房地产视为一种投资。投资者购买收益性房地产的目的不是购买房地产本身，而是购买房地产未来所能产生的收益，是以现在的一笔资金去换取未来的一系列资金。这样，对于投资者来说，将资金用于购买房地产获取收益，与将资金存入银行获取利息所起的作用是相同的。

使用收益法的基本思想评估房地产价值时，通常假设净收益和报酬率每年均不变，并且获取房地产收益的风险与获取银行存款利息的风险相同，在此情况下得出收益途径及其方法在房地产评估中适用的公式如下：

$$P = \frac{A}{r} \times \left[1 - \frac{1}{(1+r)^n} \right]$$

从房地产的土地使用权评估中的收益途径的公式可以看出，评估房地产价值时要确定房地产的收益额、房地产还原利率和房地产的收益年限。

使用收益途径法评估房地产的基本步骤：

（1）收集房地产有关收入和费用的资料；

（2）测算房地产的正常收入；

（3）测算房地产的正常费用；

（4）测算房地产的纯收益；

（5）估测并选择适当的折现率或资本化率；

（6）确定房地产的收益年限；

（7）估测并确定房地产评估价值。

5.4.3 收益途径及其方法下不同收益类型房地产净收益的测算

5.4.3.1 净收益测算的基本原理

收益性房地产获取收益的方式主要有出租和营业两种。据此，净收益的测算途径也可分为两种：一是基于租赁收入测算净收益，如存在大量租赁实例的普通住宅、公寓、写字楼、商铺、标准厂房、仓库等类房地产；二是基于营业收入测算净收益，如旅馆、影剧院、娱乐场所、加油站等类的房地产。在英国，将前一种情况下的收益法称为投资法，将后一种情况下的收益法称为利润法。有些房地产既存在大量租赁实例又有营业收入，如商铺、餐馆、农地等。在实际估价中，只要是能够通过租赁收入测算净收益的，宜通过租赁收入测算净收益来估价。因此，基于租赁收入测算净收益的收益法是收益法的典型形式，其适用公式如下：

$$P = \frac{A}{r} \times \left[1 - \frac{1}{(1+r)^n} \right]$$

（1）基于租赁收入测算净收益。

净收益=潜在毛租金收入-空置和收租损失+其他收入-运营费用

=有效毛收入-运营费用

其中，净收益（是净运营收益的简称）是从有效毛收入中扣除运营费用以后得到的归因于房地产的收入。潜在毛收入是房地产在充分利用（没有空置）下所能获得的归因于房地产的总收入。写字楼等出租型房地产的潜在毛收入一般为潜在毛租金收入加上其他收入。潜在毛租金收入等于全部可出租面积与最可能的租金水平的乘积。其他收入是租赁保证金或押金的利息收入以及写字楼中设置的自动售货机、投币电话等获得的收入。收租损失是指租出的面积因拖欠租金，包括延迟支付租金、少付租金或者不付租金所造成的收入损失。空置和收租损失通常按照潜在毛收入的一定比例来估算（空置的面积没有收入。收租损失是指租出的面积因拖欠租金，包括延迟支付租金、少付租金或者不付租金所造成的收入损失）。有效毛收入是从潜在的毛收入中扣除空置和收租损失以后得到的归因于房地产的收入。运营费用是维持房地产正常使用或营业的必要费用，包括房地产税、保险费、人员工资及办公费用、保持房地产正常运转的成本（建筑物及相关场地的维护、维修费用）、为承租人提供服务的费用（如清洁、保安）等。运营费用是从估价角度出发的，与会计上的成本费用有所不同，不包含房地产抵押贷款还本付息额、房地产贬值额、房地产改扩建费用和所得税。

①对于有抵押贷款负担的房地产，运营费用不包含抵押贷款还本付息额是以自有资金和抵押贷款价值在内的整体房地产价值为前提的。

抵押债务并不影响房地产整体的正常收益，而且由于抵押贷款条件不同，抵押贷款还本付息额会有所不同。如果运营费用包含抵押贷款还本付息额，则会使不同抵押贷款条件下的净收益出现差异，从而影响到这种情况下房地产估价的客观性。如果在扣除运营费用后再扣除抵押贷款还本付息额，得到的收益不是净收益，而是税前现金流量。

②这里所讲的不包含会计上的贬值额，是指不包含建筑物贬值费、土地摊提费，但包含寿命比整体建筑物经济寿命短的构件、设备、装修装饰等的贬值费。建筑物的有些组成部分（如空调、电梯、锅炉、地毯等）的寿命比整体建筑物的经济寿命短，它们在寿命结束后必须重新购置、更换才能继续维持房地产的正常使用（例如，锅炉的寿命结束后如果不重新购置、更换，房地产就不能正常运营），由于它们的购置成本是确实发生了的，因此，其贬值费应该包含在运营费用中。

③房地产改扩建能通过增加房地产每年的收入提高房地产价值。收益法估价是假设房地产改扩建费用与其所带来的房地产价值增加额相当，从而两者可相抵，因此不将它作为运营费用的一部分。如果房地产改扩建能大大提高房地产的价值，而房地产改扩建费用大大低于其所带来的房地产价值增加额，则这种房地产属于"具有投资再开发潜力的房地产"，应采用假设开发法来估价。

④运营费用中之所以不包含所得税，是因为所得税与特定的业主的经营状况直接相关。如果包含它，估价会失去作为客观价值指导的普遍适用性。

（2）基于营业收入测算净收益。

有些收益性房地产，通常不是以租赁方式而是以营业方式获取收益的，其业主与经营者是合二为一的。如旅馆、娱乐中心、汽车加油站等。

这些收益性房地产的净收益测算与基于租赁收入的净收益测算主要有以下两个方面的不同：一是潜在毛收入或者有效毛收入变成了经营收入，二是要扣除归属于其他资本或经营的收益，如商业、餐饮、工业、农业等经营者的正常利润。

例如，某餐馆正常经营的收入为100万元，费用为36万元，经营者利润为24万元，则基于营业收入测算的房地产净收益为：100-36-24＝40（万元）。

5.4.3.2 不同收益类型房地产净收益的计算

净收益的具体计算因估价对象的收益类型不同而有所不同，具体归纳为下列4种情况：出租的房地产、营业的房地产、自用或尚未使用的房地产、混合收益的房地产。

（1）出租的房地产净收益计算。

净收益通常为租赁收入扣除由出租人负担费用后的余额。租赁收入包括租金收入和租赁保证金或押金的利息收入。

出租人负担的费用，根据房租构成因素（地租、房屋贬值费、维修费、管理费、投资利息、保险费、物业税、租赁费用、租赁税费和利润）可得，一般为其中的维修费、管理费、投资利息、保险费、物业税、租赁费用、租赁税费。

在实际计算净收益时，通常是在分析租约的基础上决定所要扣除的费用项目。如果租约约定保证合法、安全、正常使用所需要的一切费用均由出租人负担，则应将它们全部扣除；如果租约约定部分或全部费用由承租人负担，则出租人所得的租赁收入就接近于净收益，此时扣除的费用项目就要相应减少。

（2）营业的房地产净收益计算。

营业的房地产的最大特点是房地产所有者同时又是经营者，房地产租金与经营者利润没有分开。

①商业经营的房地产净收益的计算。净收益为商品销售收入扣除商品销售成本、经营费用、商品销售税金及附加、管理费用、财务费用和商业利润。

②工业生产的房地产净收益的计算。净收益为产品销售收入扣除生产成本、产品销售费用、产品销售税金及附加、管理费用、财务费用和厂商利润。

③农地净收益的计算。净收益为农地年产值减去各种费用。

（3）自用或尚未使用的房地产净收益计算。

自用或尚未使用的房地产是指住宅、写字楼等目前为业主自用或暂时空置的房地产，而不是指写字楼、宾馆的大堂、管理用房等所必要的空置或自用部分。写字楼、宾馆的大堂、管理用房等的价值是通过其他用房的收益体现出来的，因此其净收益不用单独计算。

自用或尚未使用的房地产的净收益，可以根据同一市场上有收益的类似房地产的有关资料按照上述相应的方式来测算，或者通过类似房地产的净收益直接比较得出。

（4）混合收益的房地产净收益计算。

星级宾馆一般有客房、会议室、餐厅、商场、商务中心、娱乐中心等，其净收益视具体情况采用下列三种方式之一计算：

①把费用分为变动费用和固定费用，将测算出的各种类型的收入分别减去相应的变动费用，予以加总后再减去总的固定费用。

变动费用是指其总额随着业务量的变动而变动的费用。当业务量增加，由于需要更多的原材料，费用也因此而增加。

固定费用是指其总额不随业务量的变动而变动的费用。例如，一个有客房、会议室、餐厅、商场、商务中心、娱乐中心的星级宾馆，客房部分的变动费用是与入住客人多少直接相关的费用，会议室部分的变动费用是与使用会议室的次数直接相关的费用。

②首先测算各种类型的收入，然后测算各种类型的费用，再将总收入减去总费用。

③把混合收益的房地产看成是各种单一收益类型房地产的简单组合，先分别根据各自的收入和费用求出各自的净收益，然后将所有的净收益相加。

5.4.4 房地产折现率的估测

5.4.4.1 折现率的实质

折现率是与利率、报酬率、内部收益率同类性质的比率。可以将购买收益性房地产视为一种投资行为，这种投资需要投入的资本是房地产价格，试图获取的收益是房地产预期会产生的净收益。投资既要获取收益，又要承担风险。

风险是指由于存在不确定性，投资收益的实际结果偏离预期结果造成损失的可能性。其中：

$$报酬率 = 投资回报 \div 所投入的资本$$

投资的结果可能是赢利较多，也可能是赢利较少，甚至会亏损。以最小的风险获取最大的收益，可以说是所有投资者的愿望。赢利的多少一方面与投资者自身的能力有关，另一方面主要与投资对象及所处的投资环境有关。在一个完善的市场中，投资者之间竞争的结果是：要获取较高的收益，意味着要承担较大的风险；或者，有较大的风险，投资者必然要求有较高的收益，即只有收益较高，投资者才愿意进行有较大风险的投资。因此，从全社会来看，报酬率与投资风险正相关，风险大的投资，其报酬率也高；反之则低。例如，将资金用于购买国债，风险小，但利率低，收益也就低；而将资金用于投机冒险，报酬率高，但风险也大。

不同地区、不同时期、不同用途或不同类型的房地产，同一类型房地产的不同权益、不同收益类型，由于投资的风险不同，报酬率是不尽相同的。因此，在估价中并不存在一个统一不变的报酬率数值。

5.4.4.2 报酬率的计算方法

（1）累加法。

累加法将报酬率视为包含无风险报酬率和风险报酬率两大部分，然后分别求出每一部分，再将他们相加。其中无风险报酬率（又称安全利率）是无风险投资的报酬率，是资金的机会成本。风险报酬率是指承担额外风险所要求的补偿，即超过无风险报酬率以上部分的报酬率，具体使估价对象房地产存在的具有自身投资特征的区域、行业、市场等风险的补偿，其风险报酬率一般为 2%~4%。累加法的数学表达公式如下：

$$报酬率 = \frac{无风险}{报酬率} + \frac{投资风险}{补偿} + \frac{管理}{负担补偿} + \frac{缺乏流动性}{补偿} - \frac{投资带来的}{优惠}$$

其中，投资风险补偿是指当投资者投资收益不确定、具有风险性的房地产时，投资者必然会要求对所承担的额外风险有补偿，否则就不会投资。管理负担补偿是指一项投资要求的监管越多，其吸引力就会越小，投资者必然会要求对所承担的额外管理有补偿。房地产要求的管理工作一般远远超过存款、证券。缺乏流动性补偿是指投资者所投入的资金缺乏流动性时，投资者要求的补偿。房地产与股票、债券相比，买卖要困难，交易费用也较高，缺乏流动性。投资带来的优惠是指由于投资于房地产可能获得某些额外的好处，如易于获得融资，从而投资者会降低所要求的报酬率。

由于在现实中不存在完全无风险的投资，所以，一般是选用同一时期的相对无风险的报酬率去代替无风险报酬率。例如，选用同一时期的国债利率或银行存款利率。于是，投资风险补偿就变为投资估价对象相对于投资同一时期国债或银行存款的风险补偿，管理负担补偿变为投资估价对象相对于投资同一时期国债或银行存款管理负担的补偿，缺乏流动性补偿变为投资估价对象相对于投资同一时期国债或银行存款缺乏流动性的补偿，投资带来的优惠变为投资估价对象相对于投资同一时期国债或银行存款所带来的优惠。

需要注意的是，上述无风险报酬率和具有风险性房地产的报酬率，一般是指名义报酬率，即已经包含了通货膨胀的影响。这是因为在收益法估价中，广泛使用的是名义净收益，因而根据匹配原则，应使用与之相对应的名义报酬率。

（2）市场提取法。

市场提取法，即在市场上选取多个（通常为 3 个以上）与评估对象房地产相似的交易实例的正常净租金与价格的比率作为依据，然后求出各交易实例正常净租金与价格的比率的平均值，以此作为评估对象房地产的资本化率。该方法运用的前提条件是隔年租金等额、收益期限永续。

【例 5-17】选取 4 个与评估对象房地产相似的交易实例，交易实例数据资料如表 5.9 所示。

表 5.9　交易实例数据资料

交易实例	租金/万元·年$^{-1}$	价格/万元	还原利率/%
1	10	115	8.70
2	15	165	9.09
3	20	236	8.47
4	25	275	9.09

根据表 5.9 数据，我们可采用简单算术平均数法求得房地产资本化率。

房地产资本化率 =（8.70%＋9.09%＋8.47%＋9.09%）÷4 = 8.837 5

（3）投资报酬率排序插入法。

报酬率是典型投资者在房地产投资中所要求的报酬率。由于具有同等风险的任何投资的报酬率应该是相近的，所以，可以通过与估价对象同等风险的投资报酬率来计算估价对象的报酬率。

投资报酬率排序插入法是通过收集市场上各种投资的收益率资料，如银行存款、政府债券、企业债券、股票以及各个领域的工商业投资等，然后把各项投资按收益率的大小排序，将评估对象房地产与各类投资风险程度进行分析比较，判断出同等风险的投资，确定评估对象风险程度应落入的区间位置，以此确定评估对象的资本化率。

5.4.5　房地产收益期限的确定

5.4.5.1　收益期限的含义

收益期限是预期未来可以从估价对象那里获取收益的时间，其起点是估价时点，终点是未来不能获取收益之日。

5.4.5.2 收益期限的确定

收益期限应根据建筑物剩余经济寿命和建设用地使用权剩余期限等来确定。其中建筑物剩余经济寿命是自估价时点起至建筑物经济寿命结束的时间；建设用地使用权剩余期限是自估价时点起至土地使用期限结束的时间。

根据建筑物剩余经济寿命和建设用地使用权剩余期限的不同情况分为以下三种：

（1）建筑物剩余经济寿命与建设用地使用权剩余期限同时结束，收益期限为建筑物剩余经济寿命或者建设用地使用权剩余期限。

（2）建筑物剩余经济寿命早于建设用地使用权剩余期限结束，房地产价值等于以建筑物经济寿命为收益期限计算的房地产价值，加上建筑物剩余经济寿命结束后的剩余期限建设用地使用权在估价时点的价值。

建筑物剩余经济寿命结束后的剩余期限建设用地使用权在估价时点的价值，等于整个剩余期限的建设用地使用权在估价时点的价值减去建筑物剩余经济寿命为使用期限的建设用地使用权在估价时点的价值。

（3）建筑物剩余经济寿命晚于建设用地使用权剩余期限结束，分为出让合同中未约定不可续期和已约定不可续期两种情况。

对于在出让合同中未约定不可续期的，房地产价值等于建设用地使用权剩余期限为收益期限计算的房地产价值加上建设用地使用权剩余期限结束时建筑物的残余价值折算到估价时点的价值。

对于在出让合同中已约定不可续期的，以建设用地使用权剩余期限为收益年限，选用相应的收益期限为有限年的公式计算房地产价值。

上述收益期限的确定是针对计算建筑物所有权和建设用地使用权的价值而言的，如果是计算承租人权益的价值，则收益期限为剩余租赁期限。

5.4.6 收益途径及方法评估房地产价值的基本类型

以下公式基于三个假定：年纯收益相等，还原利率固定，收益为无限年期。

5.4.6.1 评估房地合一的房地产价值

$$房地产评估价值=房地产年纯收益/综合还原利率$$

其中：

$$房地产年纯收益=房地产年总收益-房地产年总费用$$
$$房地产年总费用=管理费+维修费+保险费+税金$$

5.4.6.2 单独评估土地的价格

（1）对于空地的评估（适用于空地出租），计算公式一般如下：

$$土地评估价值=土地年纯收益/土地还原利率$$

其中：

$$土地年纯收益=土地年总收益-土地年总费用$$

土地年总费用=管理费+维护费+税金

（2）房地合一情况下，土地价值的评估公式如下：

土地评估价值=（房地产年纯收益-建筑物年纯收益）/土地还原利率

建筑物年纯收益=建筑物现值×建筑物还原率

建筑物现值=建筑物重置成本×成新率

5.4.6.3 单独评估建筑物的价格

房地合一情况下，建筑物价值的评估公式如下：

建筑物评估价值=（房地产年纯收益-土地年纯收益）÷建筑物还原利率

【例5-18】某土地出让年期为40年，还原利率为8%，预计未来前5年的纯收益分别为30万元、32万元、35万元、33万元和38万元，未来第6~40年每年纯收益稳定保持在40万元左右。

要求：用收益法评估该宗地的价值。

（1）该宗地未来前5年纯收益的现值 V_1 =30×（P/F，8%，1）+32×（P/F，8%，2）+35×（P/F，8%，3）+33×（P/F，8%，4）+38×（P/F，8%，5）

=30×0.925 9+32×0.857 3+35×0.798 3+33×0.735 0+38×0.680 6=133.27（万元）

（2）该宗地未来第6~40年纯收益的现值 V_2 =40×（P/A，8%，35）×（P/F，8%，5）

=40×11.654 6×0.680 6=317.28（万元）

（3）该宗地价值 $V=V_1+V_2$ =133.27+317.28=450.55（万元）

【例5-19】评估某商业房地产，经评估人员分析预测，该房地产评估基准日后未来3年带来的预期收入分别为200万元、220万元、230万元，从未来第4年至第10年预期收入将保持在200万元水平上，房地产在未来第10年年末的资产预计变现价值为300万元，假定适用的折现率与资本化率均为10%，用收益法评估该房地产的价值。

第一段：第1~3年。

P1=200×（P/F，10%，1）+220×（P/F，10%，2）+230×（P/F，10%，3）

=200×0.909 1+220×0.826 4+230×0.751 3=536.427（万元）

第二段：第4~10年。

P2=200×（P/A，10%，7）×（P/F，10%，3）=200×4.868 4×0.751 3

=731.52（万元）

第三段：将第10年末的预计变现值300万元折现，

P3=300×（P/F，10%，10）

=300×0.385 5=115.65万元

该房地产评估值=P1+P2+P3=536.427+731.52+115.65=1 383.60（万元）

【例5-20】某房地产开发公司于2013年9月以有偿出让方式取得了一块使用权为50年的土地，并于2015年9月在此地块上建成一座砖混结构的写字楼，当时造价为每平方米3 500元，经济耐用年限为55年，残值率为2%。目前，该类建筑重置价格为每平方米5 000元。该建筑物占地面积为1 000平方米，建筑面积为2 200平方米，现用于出租，每月每平方米平均实收租金为80元。据调查，当地同类写字楼出租租金一般为每月每平方米 100 元，空置率为 5%，每年需要支付的管理费为年租金的 3%，维修费为建筑重置价格的 2%，城镇土地使用税及房产税合计为每建筑平方米 35 元，保险费为重置价的 0.3%，土地资本化率为 8%，建筑物资本化率为 10%。假设土地使用权出让年限届满，土地使用权及地上建筑物由国家无偿收回，建筑物无残值。

要求：根据以上资料用收益法评估该宗地 2018 年 9 月的土地使用权价值。

（1）房地产年客观总收益 = 2 200×100×12×（1−5%）= 2 508 000（元）

（2）房地产年运营费用 = 75 240+220 000+77 000+33 000 = 405 240（元）

年管理费 = 2 508 000×3% = 75 240（元）

年维修费 = 5 000×2 200×2% = 220 000（元）

年城镇土地使用税及房产税 = 2 200×35 = 77 000（元）

年保险费 = 5 000×2 200×0.3% = 33 000（元）

（3）房屋年贬值额 = $\dfrac{房屋重置价格}{使用年限}$ = $\dfrac{5\,000×2\,200}{50-2}$ = 229 166.67（元）

房屋现值 = 房屋重置价格−房屋年贬值额×房屋已使用年限

= 5 000×2 200−229 166.67×3 = 10 312 500（元）

房屋年纯收益 = 房屋现值×房屋还原利率 = 10 312 500×10% = 1 031 250（元）

（4）土地年纯收益 = 2 102 760−1 031 250 = 1 071 510（元）

（5）土地使用权价值 = 1 071 510×（P/A，8%，45）= 1 071 510×12.108 4

= 12 974 271.68（元）

土地单价 = $\dfrac{12\,974\,271.68}{1\,000}$ = 12 974.27（元/平方米）

【例 5-21】某房地产公司于 2015 年 5 月以出让的方式取得一块使用权为 50 年的土地，并于 2017 年 5 月在此地块上建成一座钢混结构的写字楼，当时造价为每平方米 3 800元，经济耐用年限为 60 年。目前，该类型建筑的重置价格为每平方米 4 800 元。该大楼总建筑面积为 12 000 平方米，全部用于出租。据调查，当地同类型写字楼的租金一般为每天每平方米 2.5 元，空置率在 10% 左右，每年需支付的管理费用一般为年租金的 3.5%，维修费为建筑物重置价的 1.5%，房产税为租金收入的 12%，其他税为租金收入的 6%，保险费为建筑物重置价的 0.2%，资本化率为 6%。试根据以上资料评估该写字楼在 2020 年 5 月的价格。

（1）估算年有效毛收入。

年有效毛收入 = 2.5×365×12 000×（1−10%）= 9 855 000（元）

（2）估算年营运费用。

（1）管理费：年管理费 = 9 855 000×3.5% = 344 925（元）

（2）维修费：年维修费 = 4 800×12 000×1.5% = 864 000（元）

（3）保险费：年保险费 = 4 800×12 000×0.2% = 115 200（元）

（4）税金：年税金 = 9 855 000×（12%+6%）= 1 773 900（元）

（5）年营运费用：年营运费用 = 344 925+864 000+115 200+1 773 900

= 3 098 025（元）

（3）估算净收益。

年净收益＝年有效毛收入－年营运费用＝9 855 000－3 098 025＝6 756 975（元）

（4）计算房地产价格。

房地产的剩余收益期为45年，则：

房地产价格＝6 756 975×（*P/A*，6%，45）＝104 434 671（元）

房地产单价＝104 434 671÷12 000＝8 703（元）

（5）评估结果。

经评估，该写字楼房地产在2020年5月的价格为104 434 671元，单价为每平方米8 703元。

【例5-22】某房地产开发公司于2012年3月以有偿出让方式取得一块使用权为50年的土地，并于2014年3月在此地块上建成一座砖混结构的写字楼，当时造价为每平方米2 000元，经济耐用年限为55年。目前，该类建筑重置价格为每平方米2 500元。该建筑物占地面积500平方米，建筑面积为900平方米，现用于出租，每月平均实收租金为3万元。据调查，当地同类写字楼出租租金一般为每月每建筑平方米50元，空置率为10%，每年需支付的管理费为年租金的3.5%，维修费为建筑重置价格的1.5%，土地使用税及房产税合计为每平方米20元，保险费为建筑重置价格的0.2%，土地资本化率为7%，建筑物资本化率为8%。假设土地使用权出让年限届满，土地使用权及地上建筑物由国家无偿收回。试根据以上资料评估该宗地2018年3月的土地使用权价值。

（1）选定评估方法。

该宗房地产有经济收益，适宜采用收益法。

（2）计算总收益。

总收益应该为客观收益而不是实际收益。

年总收益＝50×12×900×（1－10%）＝486 000（元）

（3）计算总费用。

年管理费＝486 000×3.5%＝17 010（元）

年维修费＝2 500×900×1.5%＝33 750（元）

年税金＝20×900＝18 000（元）

年保险费＝2 500×900×0.2%＝4 500（元）

年总费用＝年管理费+年维修费+年税金+年保险费

　　　　＝17 010+33 750+18 000+4 500＝73 260（元）

（4）计算房地产净收益。

年房地产净收益＝年总收益－年总费用＝486 000－73 260＝412 740（元）

（5）计算房屋净收益。

①计算年贬值额。一般情况下，年贬值额本应该根据房屋的耐用年限而确定，但本例的土地使用年限小于房屋耐用年限，土地使用权出让年限届满，土地使用权及地上建筑物由国家无偿收回。因此，房屋的重置价必须在可使用期限内全部收回，房地产使用者可使用的年期为48年（50－2＝48），并且不计残值，视为土地使用权年期届满，地上建筑物一并由国家无偿收回。年贬值额为46 875元。

②计算房屋现值。

房屋现值=房屋重置价-年贬值额×已使用年数

$$=2\,500×900-46\,875×4$$

$$=2\,062\,500（元）$$

③计算房屋纯收益。

房屋年纯收益=房屋现值×房屋资本化率=2 062 500×8%=165 000（元）

（6）计算土地净收益。

年土地净收益=年房地产净收益-年房屋净收益=412 740-165 000=247 740（元）

（7）计算土地使用权价值。

土地使用权在 2018 年 3 月的剩余使用年期为 50-6=44（年）。

单价=3 358 836.15÷500=6 717.67（元）

（8）评估结果。

本宗土地使用权在 2018 年 3 月的土地使用权价值为 3 358 836.15 元，单价为每平方米 6 717.67 元。

5.5 其他评估技术方法在房地产评估中的应用

5.5.1 假设开发法在房地产评估中的应用

5.5.1.1 假设开发法的基本含义

假设开发法（又称剩余法、预期开发法、开发法）是预测估价对象未来开发完成后的价值，然后减去预测的未来开发成本、税费和利润等，以计算估价对象客观合理价格或价值的方法。假设开发法的本质是以房地产的预期收益能力为导向计算估价对象的价值。

5.5.1.2 假设开发法的理论依据

假设开发法是一种科学实用的估价方法，其理论依据与收益法相同，是预期原理。假设开发法的基本思路：模拟一个典型的房地产开发商，在规范运作、公平竞争的土地市场上，欲取得一块房地产开发用地是如何思考该地块的价格或者确定其出价的。

由以上可以看出，假设开发法在形式上是评估新开发完成后的房地产价格的成本法的倒算法。两者的区别是：成本法中的土地价格为已知，需要计算的是开发完成后的房地产价格；假设开发法中开发完成后的房地产价格已事先通过预测得到，需要计算的是土地价格。

5.5.1.3 假设开发法适用的估价对象和条件

（1）假设开发法适用的估价对象。假设开发法适用于具有开发或再开发潜力的房地产估价，待开发的土地（包括生地、毛地、熟地）、在建工程（包括房地产开发项目）、可装修改造或改变用途的旧房（包括装修、改建、扩建，如果是重建就属于毛地的范畴），以下统称为待开发房地产。

对于有城市规划设计条件要求但城市规划设计条件尚未明确的待开发房地产，不建议采用假设开发法估价。

（2）假设开发法估价需要具备的条件。在实际估价中，运用假设开发法估价结果的可靠性关键取决于下列两个预测：

①是否根据房地产的合法原则和最高最佳使用原则，正确地判断房地产的最佳开发利用方式（包括用途、规模、档次等）；

②是否根据当地房地产市场情况或供求状况，正确地预测未来开发完成后的房地产价值。

另外，还要求有一个良好的社会环境。

（3）假设开发法的其他用途。假设开发法还适用于房地产开发项目投资分析，是房地产开发项目投资分析的常用方法之一。假设开发法可用于：

①确定拟开发场地的最高价格。

②确定开发项目的预期利润。

③确定开发中可能出现的最高费用。

5.5.1.4 假设开发法的操作步骤

（1）调查待开发房地产的基本情况；

（2）选择最佳的开发利用方式；

（3）估算开发经营期；

（4）预测开发完成后的房地产价值；

（5）测算开发成本、管理费用、投资利息、销售费用、销售税费、开发利润及投资者购买待开发房地产应负担的税费；

（6）进行具体计算，求出待开发房地产的价值。

5.5.1.5 假设开发法公式

待开发房地产价值＝开发完成后的房地产价值-开发成本-管理费用-投资利息-销售费用-销售税费-开发利润-投资者购买待开发房地产应负担的税费

5.5.2 路线价法在土地评估中的应用

5.5.2.1 路线价法的含义

对于城镇街道两侧的商业用地，即使它们的位置相邻，形状相同，面积相等，但由于临街状况不同，价值也会有所不同，而且差异可能很大。如果需要同时、快速地评估出城镇街道两侧所有商业用地的价格，则可以用路线价法。

路线价法是在特定街道上设定标准临街深度，从中选取若干标准临街宗地求其平均价格，将此平均价格称为路线价，然后利用临街深度价格修正率或其他价格修正率来计算该街道其他临街土地价值的方法。

5.5.2.2 路线价法的理论依据

路线价法实质上是一种市场法，是市场法的派生方法，其理论依据与市场法相同，是房地产价格形成的替代原理。

在路线价法中，标准临街宗地可视为市场法中的参照物；路线价是若干标准临街宗地的平均价格，可视为市场法中经过交易情况修正、市场状况调整后的参照物价格；该街道其他临街土地的价值是以路线价为基准，考虑该土地的临街深度、形状、临街状况、临街宽度等，进行适当的调整求得。上述这些状况调整，可以称为房地产状况调整。

路线价法与一般的市场法主要3点不同：一是不做交易状况修正和市场状况调整。二是先对多个参照物价格进行综合，然后再进行房地产状况调整；而不是先分别对每个参照物价格进行有关修正、调整，然后再进行综合。三是利用相同的参照物价格——路线价，同时评估出许多估价对象（该街道其他临街土地）的价值，而不是仅评估出一个估价对象的价值。

在路线价法中不做交易情况修正和市场状况调整的原因是：第一，求得的路线价——若干标准临街宗地的平均价格，已是正常价格；第二，求得的路线价所对应的日期与欲计算的其他临街土地价值的日期一致，都是估价时点日期，即交易情况修正和市场状况调整已提前在计算路线价中进行了。

5.5.2.3 路线价法适用的估价对象和条件

路线价法主要适用于城镇街道两侧商业用地的估价。一般的房地产估价方法主要适用于单宗土地的估价，而且需要花费较长的时间。路线价法则被认为是一种快速，相对公平合理，能节省人力、财力，可以同时对许多宗土地进行估价的方法——批量估价。路线价法特别适用于房地产税收、市地重划（城镇土地整理），房地产征收补偿或者其他需要在大范围内同时对许多宗土地进行估价的情形。

运用路线价估价的前提条件是街道较为规整，两侧临街土地的排列较整齐。

5.5.2.4 路线价法估价的操作步骤

（1）划分路线价区段。

路线价区段是沿着街道两侧带状分布的。一个路线价区段是指具有同一个路线价的地段。因此，在划分路线价区段时，应将可及性相当、地块相连的土地划分为同一个路线价区段。两个路线价区段的分界线，原则上是地价具有显著差异的地点，一般是从十字路或丁字路中心处划分，两个路口之间的地段为一个路线价区段。但较长的繁华街道，有时需要将两个路口之间的地段分为两个以上的路线价区段，分别附设不同的路线价。而某些不繁华的街道，同一个路线价区段可延长至数个路口。另外，同一条街道两侧的繁华程度、地价水平有显著差异的，应以街道中心处为分界线，将该街道两侧视为不同的路线价区段，分别附设不同的路线价。

（2）设定标准临街深度。

标准临街深度通常简称标准深度，从理论上讲，标准临街深度是街道对地价影响的转折点：由此接近街道的方向，地价受街道的影响而逐渐升高；由此远离街道的方向，地价可视为基本不变。但在实际估价中，设定的标准临街深度通常是路线价区段内各临街土地的临街深度的众数。

以各宗临街土地的临街深度的众数作为标准临街深度，可以简化以后各宗土地价值的计算。如果不以各临街深度的众数为标准临街深度，由此制作的临街深度价格修正率将使以后多数土地价值的计算都要用临街深度价格修正率进行修正。这不仅会增加计算的工作量，而且会使所求得的路线价失去代表性。

（3）选取标准临街宗地。

标准临街宗地通常简称标准宗地，是路线价区段内具有代表性的宗地。选取标准临街宗地的具体要求是：

①一面临街；

②土地形状为矩形；

③临街深度为标准临街深度；

④临街宽度为标准临街宽度（通常简称标准宽度，可为同一路线价区段内临街各宗土地的临街宽度的众数）；

⑤临街宽度与临街深度的比例适当；

⑥用途为所在路线价区段具有代表性的用途；

⑦容积率为所在路线价区段具有代表性的容积率（可为同一路线价区段内临街各宗地容积率的众数）；

⑧其他方面，如土地使用期限，土地开发程度也应具有代表性。

（4）调查评估路线价。

路线价是附设在街道上若干标准临街宗地的平均价格。通常在同一路线价区段内选取一定数量的标准临街宗地，运用收益法、市场法等，分别计算它们的单价或楼面地价，然后计算这些单价或楼面地价的简单算数平均数或者加权算数平均数、中位数、众数，可以得出该路线的路线价。

路线价通常为土地单价，也可以是楼面地价，可以用货币表示，也可以用相对数表示。例如，可以用点数表示，将一个城市中路线价最高的路线价区段以1 000点表示，其他路线价区段的点数依此确定。

用货币表示的路线价较容易理解，直观性强，便于参考。用点数表示的路线价便于测算，可以避免由币值发生变动而引起的问题。

（5）制作价格修正率表。

价格修正率表有临街深度价格修正率表和其他价格修正率表。临街深度价格修正率表通常简称深度价格修正率表，也简称深度百分率表、深度指数表，是基于临街深度价格递减率制作出来的。

（6）计算临街土地的价值。

一宗临街土地中的各个部分的价值随着其远离街道而有递减的现象，其距离街道越远可及性越差，价值也就越小。假设把一宗临街土地划分为许多与街道平行的细条，越接近街道的细条利用价值越大，相反越小，接近街道的细条的价值大于远离街道的细条的价值。

5.5.2.5 路线价法的计算公式

运用路线价法计算临街土地的价值，需要弄清楚路线价的含义、临街深度价格修正率的含义、标准临街宗地的条件以及临街土地的形状和临街状况。其中就路线价与临街深度价格修正率两者的对应关系来说，路线价的含义不同，应采用不同类型的临街深度价格修正率。采用不同类型的临街深度价格修正率，路线价法的计算公式也会有所不同。

下面以标准临街宗地的单价作为路线价，采用平均深度价格修正率，来说明临街土地的价值计算，并且假定临街土地的容积率、使用期限等与路线价的内涵一致。

在实际估价中，如果估价对象宗地条件与路线价的内涵不一致，还应对路线价进行相应的调整。

（1）一面临街矩形土地的价值计算。计算一面临街矩形土地的价值，应先查出其所在区段的路线价，再根据其临街深度查出相应的临街深度价格修正率。其中，单价是路线价与临街深度价格修正率之积，总价是单价再乘以土地面积。

【例5-23】一块临街土地，临街深度为15.24米、临街宽度为20米，其所在区段的路线价（土地单价）为2 000元/平方米，根据相应的临街深度价格修正率，计算该块临街土地的单价和总价。

该块土地的单价＝路线价×平均深度价格修正率
＝2 000×140%＝2 800（元/平方米）

该块土地的总价＝土地单价×土地面积
＝2 800×20×15.24＝85.34（万元）

（2）前后两面临街矩形土地的价值计算。计算前后两面临街矩形土地的价值，通常是采用"重叠价值估价法"。方法是先确定高价街（也称为前街）与低价街（也称为后街）影响范围的分界线，再以此分界线将前后两面临街矩形土地分为前后两部分，然后根据该两部分各自所临街道的路线价和临街深度分别计算价值，再将此两部分的价值加总。计算公式如下：

$$V（总价）＝\frac{前街}{路线价}×\frac{前街临街深度}{价格修正率}×\frac{临街}{宽度}×\frac{前街影响}{深度}＋\frac{后街}{路线价}×\frac{后街临街深度}{价格修正率}×$$
$$（总深度－\frac{前街}{影响深度}）$$

分界线的计算方法如下：

前街影响深度＝总深度×前街路线价÷（前街路线价＋后街路线价）

后街影响深度＝总深度×后街路线价÷（前街路线价＋后街路线价）

后街影响深度＝总深度－前街影响深度

【例5-24】一块前后两面临街、总深度为30米的矩形土地，前街路线价为2 000元/平方米，后街路线价为1 000元/平方米。请采用重叠价值估价法计算其前街和后街的影响深度。

前街影响深度＝30×2 000÷（2 000＋1 000）＝20（米）

后街影响深度＝30－20＝10（米）

（3）矩形街角地的价值计算。街角地是指位于十字路口或丁字路口的土地，其价值通常采用"正旁两街分别轻重估价法"。该方法是先计算高价街（正街）的价值，再计算低价街（也称为旁街）的价值，然后加总。计算公式如下：

$$V（单价）=\frac{\text{正街}}{\text{路线价}}\times\frac{\text{正街临街深度}}{\text{价格修正率}}+\frac{\text{旁街}}{\text{路线价}}\times\frac{\text{旁街临街深度}}{\text{价格修正率}}\times\frac{\text{旁街影响}}{\text{加价率}}$$

$$V（总价）=V（单价）\times\text{临街宽度}\times\text{临街深度}$$

街角地如果有天桥或地下通道入口等对其有利或不利影响的，则应该在使用上述方法计算其价值后再进行适当的减价调整。

【例 5-25】一块矩形街角地，正街路线价（土地单价）为 2 000 元/平方米，旁街路线价（土地单价）为 1 000 元/平方米，临正街深度为 22.86 米，临旁街深度为 15.24 米，根据临街深度价格修正率，另假设旁街影响加价率为 20%，请计算该块土地的单价和总价。

该块土地的单价 = 2 000×120%+1 000×140%×20% = 2 680（元/平方米）

该块土地的总价 = 2 680×15.24×22.86 = 93.37（万元）

（4）三角形土地的价值计算。计算一边临街的直角三角形土地的价值，通常是先作该直角三角形的辅助线，使其成为一面临街的矩形土地，然后依照一面临街矩形土地单价的计算方法计算，再乘以三角形土地价格修正率（一面临街直角三角形土地的价值占一面临街矩形土地的价值的百分率）。

（5）其他形状土地的价值计算。计算其他形状土地的价值，通常是将其划分为矩形、三角形土地，然后分别计算这些矩形、三角形土地的价值，再进行调整。

实训 1　房屋、建筑物评估技能与技巧实训

【实训目标】

房屋评估是资产评估的重要内容之一。通过实际操作训练，学生可以熟悉房屋、建筑物评估程序，制定房地产评估工作计划，在进行实地勘察与收集资料的基础上选择并熟练运用各种评估方法对各类房屋、建筑物的价值进行评估，并能独立完成房地产评估报告。

【实训项目与要求】

一、实训项目

（1）房屋、建筑物评估程序。

（2）运用市场法对房屋、建筑物价值进行评估。

（3）运用收益法对房屋、建筑物价值进行评估。

二、实训要求

（1）分团队成立模拟资产评估事务所。资产评估是由专门的机构和人员进行的，因此首先确定资产评估主体，对学生进行分组，10 人一组，成立资产评估团队，组长是其任课教师或实践指导老师，在学生中选一人为副组长，具体组织和管理实训活动。

（2）确定资产评估客体。资产评估的客体，即评估什么，也就是被评估的房地产。

（3）建立建筑物和房屋模型。仿照办公楼、商品房、车库、酒店、写字楼建立房屋模型。使学生了解不同类型的房屋和建筑物的实体状况和权益状况，如各类型房屋的结构、性质、使用年限等。不同类型的房地产适用的评估方法不尽相同，要选用科学的方法判断其价值。

（4）以真实的房屋、建筑物为评估对象进行实地操作，进行现场模拟评估。

（5）依照资产评估准则规定的程序实施评估。

（6）依据实训项目情况确定评估方法，总结各种评估方法的应用前提条件。

（7）根据教师所讲的评估方法并结合评估对象情况评定估算出各类型房屋、建筑物的价格，从而规范、正确地完成每个评估项目。

【成果检测】

（1）每个团队根据教师所讲的评估方法并结合评估对象评定估算出房地产的价值，写出一份简要的实训总结报告，在班级内进行交流。

（2）由各团队负责人组织小组成员进行自评打分。

（3）教师根据各团队的实训情况，总结报告及对各位同学的表现予以评分。

实训 2　土地评估技能与技巧实训

【实训目标】

土地评估是房地产评估的重要内容之一。通过进行土地评估的实际操作训练，学生可以熟悉土地评估程序，制定房地产评估工作计划，在进行实地勘察与收集资料的基础上选择并熟练运用各种评估方法，对各类土地的价值进行评估，能独立完成土地资产评估报告。

【实训项目与要求】

一、实训项目

（1）土地评估程序。

（2）运用市场法对土地价值进行评估。

（3）运用收益法对土地价值进行评估。

二、实训要求

（1）分团队成立模拟资产评估事务所。资产评估是由专门的机构和人员进行的，因此首先确定资产评估主体，对学生进行分组，10人一组，成立资产评估团队，组长是其任课教师和实践指导老师，在学生中选一人为副组长，具体组织和管理实训活动。

（2）确定资产评估客体。资产评估的客体，即评估什么，也就是被评估的对象。

（3）建立土地模型。使学生了解不同类型的土地的实体状况和权益状况，如各类型土地的结构、性质、使用年限等。不同区域的土地适用的评估方法不尽相同，要选用科学的方法判断其价值。

（4）以真实的土地为评估对象进行实地操作，进行现场模拟评估。

（5）依照资产评估准则规定的程序实施评估。

（6）依据实训项目情况确定评估方法，总结各种评估方法的应用前提条件。

（7）根据教师所讲的评估方法并结合评估对象情况评定估算出各类型土地的价格，从而规范、正确地完成每个评估项目。

【实训补充材料】

评估对象为一宗待开发的商业用地，土地面积为 5 000 平方米，该宗地的使用权年限自评估基准日起为 40 年。当地城市规划规定，待估宗地的容积率为 5，覆盖率为 60%。评估师根据城市规划的要求及房地产市场现状及发展趋势，认为待估宗地的最佳开发方案为建设一幢 25 000 平方米的大厦。其中，1~2 层为商场，每层建筑面积为 3 000平方米；3 层及以上为写字楼，每层建筑面积为 1 900 平方米。资产占有方委托中介机构进行评估。

评估师根据相关资料，经分析、测算得到如下的数据资料：

（1）将待估宗地开发成"七通一平"的建筑用地需要投资 500 万元，开发期为 1 年，投资在 1 年内均匀投入；

（2）大厦建设期为 2 年，平均每平方米建筑面积的建筑费用为 3 000 元，所需资金分两年投入，第一年投入所需资金的 60%，第二年投入所需资金的 40%，各年资金均匀投入；

（3）专业费用为建筑费用的 10%；

（4）预计大厦建成后即可出租，其中 1~2 层每平方米建筑面积的年租金为 2 000元，出租率可达 100%，3 层~5 层（即写字楼部分的 1 至 3 层）平均每天每平方米建筑面积租金为 2 元，6 层及以上各层平均每天每平方米建筑面积租金为 2.5 元，写字楼平均空置率约为 10%；

（5）管理费用为租金的 5%，税金为租金的 17.5%，保险费为建筑费及专业费用的 0.1%，维修费用为建筑费用的 1%，年贷款利率为 5%，复利计息；

（6）开发商要求的利润为建筑费用、专业费用、地价及土地开发费用之和的 25%；

（7）房地产综合资本化率为 8%，建筑物资本化率为 7%；

（8）每年按 365 天计算；

（9）本项目不考虑所得税因素。

根据上述条件，试对该宗地的价值进行评估。

【成果检测】

（1）每个同学根据教师所讲的评估方法并结合评估对象评定估算出房地产的价值，写出评估过程与结果。

（2）分析各位同学评估结果产生差异的原因。

（3）教师根据实训情况及各位同学的表现予以评分。

实训 3　工业用房评估实训

【实训目标】

工业用房评估是房地产评估的重要内容之一。通过进行工业用房评估的实际操作训练，学生可以熟悉工业用房评估程序，制订房地产评估工作计划，在进行实地勘察与收集资料的基础上选择并熟练运用各种评估方法，对各类工业用房的价值进行评估，并能独立完成工业用房资产评估报告。

【实训项目与要求】

一、实训项目

（1）工业用房评估程序。

（2）运用市场法对工业用房价值进行评估。

（3）运用成本法对工业用房价值进行评估。

二、实训要求

（1）分团队成立模拟资产评估事务所。资产评估是由专门的机构和人员进行的，因此首先确定资产评估主体，对学生进行分组，10 人一组，成立资产评估团队，组长是其任课教师和实践指导老师，在学生中选一人为副组长，具体组织和管理实训活动。

（2）确定资产评估客体。资产评估的客体即评估什么，也就是被评估的对象。

（3）建立工业用房模型。使学生了解不同类型的工业用房的实体状况和权益状况，如各种不同的工业用房的结构、性质、使用年限等。不同区域的工业用房适用的评估方法不尽相同，要选用科学的方法判断其价值。

（4）以真实的工业用房为评估对象进行实地操作，进行现场模拟评估。

（5）依照资产评估准则规定的程序实施评估。

（6）依据实训项目情况确定评估方法，总结各种评估方法的应用前提条件。

（7）根据教师所讲的评估方法并结合评估对象情况评定估算出各类型工业用房的价格，从而规范、正确地完成每个评估项目。

课后练习

一、单项选择题

1. 某房地产价格分两期支付，首期付款 50 万元，余款 80 万元在第 8 个月末一次性付清，当时月利率为 1%。该房地产的实际价格为（　　）万元。

A. 87　　　　　　　　　　　　　　B. 124

C. 130　　　　　　　　　　　　　　D. 134

2. 某空置写字楼目前不仅无收益，而且还要缴纳房产税等，其收益价格估算可采用（　　）。

    A. 该写字楼的客观收益   B. 市场比较法

    C. 该写字楼的实际收益   D. 无法估算

3. 在建筑物折旧中，产生超额持有成本的原因是（　　）。

    A. 功能缺乏   B. 功能过剩

    C. 修复时间较长   D. 修复时间较短

4. 路线价法估价的第二个步骤为（　　）。

    A. 设定标准深度   B. 选取标准临街宗地

    C. 编制深度百分率表   D. 划分路线价区段

5. 某估价事务所在 2018 年 6 月 20 日至 7 月 20 日评估了一宗房地产于 2018 年 6 月 30 日的价格。之后，有关方面对其估价结果有异议。现在若要求你重新估价以证明该估价结果是否真实，则重新估价的估价时点应为（　　）。

    A. 2018 年 6 月 30 日   B. 现在

    C. 重新估价的作业日期   D. 要求重新估价的委托方指定的日期

6. 在净收益每年不变且持续无限年的净收益流模式下，资本化率（　　）。

    A. 等于报酬率   B. 大于报酬率

    C. 小于报酬率   D. 无法知道

7. 购买某类房地产，通常抵押贷款占七成，抵押贷款常数是 6%，自有资本要求的资本化率为 9%，则该类房地产的资本化率为（　　）%。

    A. 6   B. 6.9

    C. 8.8   D. 9

8. 某写字楼预计持有两年后出售，持有期的净收益为每年 216 万元，出售时的价格为 5 616 万元，报酬率为 8%，则该写字楼目前的收益价格为（　　）。

    A. 4 858   B. 5 200

    C. 2 700   D. 6 264

9. 某宗房地产预计未来第一年的总收益和总费用分别为 12 万元和 7 万元，此后分别逐年递增 2% 和 1%，该类房地产的报酬率为 8%，该房地产的价格为（　　）万元。

    A. 100   B. 42

    C. 63   D. 77

10. 评估城市商业街道两侧的土地价格，最适合的估价方法是（　　）。

    A. 市场法   B. 收益法

    C. 路线价法   D. 假设开发法

11. 路线价法估价中设定的标准深度通常是路线价区段内临街各宗土地深度的（　　）。

    A. 算术平均数   B. 中位数

    C. 加权平均数   D. 众数

12. 预计某宗房地产未来第一年的净收益为 18 万元，此后各年的净收益会在上一年的基础上增加 1 万元，该类房地产的资本化率为 8%，该房地产的价格为（　　）万元。

    A. 225.00   B. 237.50

    C. 381.25   D. 395.83

13. 投资利润率的计算公式是（　　）。

    A. 投资利润率=开发利润÷（土地取得成本+开发成本+管理费用）

    B. 投资利润率=开发利润÷（土地取得成本+开发成本）

    C. 投资利润率=开发利润÷（土地取得成本+开发成本+投资费用）

    D. 投资利润率=开发利润÷开发完成后的房地产价值

14. 下列哪种房地产不是按经营使用方式来划分的类型？（　　）

    A. 出租的房地产   B. 自用的房地产

    C. 餐饮的房地产   D. 营业的房地产

15. 现实中土地的使用、支配权要受到多方面的制约，其中政府规定土地用途、容积率属于（　　）方面的制约。

    A. 建筑技术   B. 土地权利设置和行使

    C. 相邻关系   D. 土地使用管制

16. 在一块土地上投资建造写字楼，当楼高为 5 层时，预期投资利润率为 4.36%，楼高为 5~20 层时，每增高一层，投资利润率上升 0.18%，而楼高为 20~30 层时，每增高一层，投资利润率下降 0.14%。由此可见，超过 20 层之后，这块土地的边际收益开始出现递减，揭示了（　　）。

    A. 收益递增规律   B. 收益递减规律

    C. 规模的收益递增规律   D. 规模的收益递减规律

17. 最高最佳使用原则必须同时符合的 4 个标准是：法律上许可、经济上可行、价值最大化和（　　）。

    A. 协商一致   B. 技术上可能

    C. 环境上适合   D. 规模上均衡

18. 城市中需拆迁而未拆迁土地的价格称为（　　）。

    A. 生地价   B. 熟地价

    C. 毛地价   D. 拆迁补偿安置价

19. 城市房屋拆迁估价应当采用（　　）。

    A. 客观合理的价值标准   B. 非公开市场的价值标准

    C. 公开市场的价值标准   D. 政府规定的价值标准

20. 房地产状况修正中的间接比较修正评分办法是以（　　）状况为参照系进行的。

    A. 可比实例房地产   B. 估价对象房地产

    C. 标准房地产   D. 类似房地产

21. 某可比实例的实物状况比估价对象优 9%，则其实物状况修正系数为（　　）。

    A. 0.91   B. 0.92

C. 1.09　　　　　　　　　　　　　　　D. 1.10

22. 判定某可比实例的成交价格比正常价格低6%，则交易情况修正系数为（　　）。

A. 0.060　　　　　　　　　　　　　　B. 0.094

C. 1.060　　　　　　　　　　　　　　D. 1.064

23. 通过市场提取法求出的估价对象建筑物的年折旧率为5%，则估价对象建筑物的经济寿命是（　　）年。

A. 50　　　　　　　　　　　　　　　　B. 10

C. 20　　　　　　　　　　　　　　　　D. 无法知道

24. 在一般情况下，（　　）适用于一般建筑物和因年代久远缺乏与旧建筑物相同的建筑材料、建筑构配件的建筑，或因建筑技术和建筑标准改变等使用建筑物复原建造有困难的建筑物的估价。

A. 重建价格　　　　　　　　　　　　B. 重置价格

C. 重新购建价格　　　　　　　　　　D. 积算价格

25. 报酬率构成中，流动性补偿的流动性是指（　　）。

A. 房地产开发企业自有资金周转的速度

B. 估价对象房地产变为现金的速度

C. 估价对象房地产带来净收益的速度

D. 房地产开发企业资金流周转的速度

26. 收益法是以（　　）为基础的。这说明决定房地产价值的不是过去的因素，而是未来的因素。

A. 收益原理　　　　　　　　　　　　B. 预期原理

C. 未来原理　　　　　　　　　　　　D. 替代原理

27. 某宗房地产净收益为每年50万元，建筑物价值为200万元，建筑物资本化率为12%，土地资本化率为10%，则该宗房地产的总价值为（　　）万元。

A. 417　　　　　　　　　　　　　　　B. 500

C. 460　　　　　　　　　　　　　　　D. 45

28. 具有投资开发或开发潜力的房地产的估价应选用（　　）作为估价方法。

A. 市场法　　　　　　　　　　　　　B. 假设开发法

C. 收益法　　　　　　　　　　　　　D. 成本法

29. 标准深度是道路对地价影响的转折点：由此接近道路的方向，地价逐渐升高；由此远离道路的方向，地价（　　）。

A. 逐渐降低　　　　　　　　　　　　B. 逐渐升高

C. 可视为基本不变　　　　　　　　　D. 为零

30. 一幢由旧厂房改造的超级市场，在该旧厂房建成6年后补办了土地使用权出让手续，土地使用权年限为40年，建筑物经济寿命为50年。在这种情况下，计算建筑物折旧的经济寿命应为（　　）年。

A. 50　　　　　　　　　　　　　　　　B. 40

  C. 46   D. 不确定

二、多项选择题

1. 成本法中的开发利润是指（   ）。
  A. 开发商所期望获得的利润   B. 开发商所能获得的最终利润
  C. 开发商所能获得的平均利润   D. 开发商所能获得的税前利润

2. 区位状况比较修正的内容包括（   ）修正。
  A. 繁华程度   B. 临街状况
  C. 容积率   D. 使用年限

3. 使用路线价法估价时需要用路线价配合（   ）计算出待估宗地的价格。
  A. 深度百分率   B. 资本化率
  C. 收益率   D. 其他价格修正率

4. 在路线价法中，不做交易情况修正和交易日期修正的原因是（   ）。
  A. 求得的路线价已是正常价格
  B. 在计算路线价时没有收集非正常交易实例
  C. 该路线价所对应的日期与待估宗地价格的日期一致
  D. 该路线价与待估宗地价格都是现在的价格

5. 在下列情形中，通常会引起房地产价格降低的有（   ）。
  A. 农用地改为非农建设用地   B. 在写字楼旁新建大型游乐场
  C. 住宅区内道路禁止货车通行   D. 常常遭受洪水威胁

6. 一个估价项目完成后，应保存的档案资料包括（   ）。
  A. 委托估价合同   B. 实地查勘记录
  C. 估价人员的作息时间   D. 向委托人出具的估价报告

7. 房地产的社会经济位置发生变化，可能是由（   ）等引起的。
  A. 交通建设   B. 市场供求变化
  C. 人口素质变化   D. 所在地区衰落

8. 在商品房交易中，常见的最低价格有（   ）。
  A. 商品房销售中的起价
  B. 拍卖活动中的保留价
  C. 减价拍卖中由拍卖师首先喊出的起拍价
  D. 招标活动中，开发建设方案中最为合理的中标价

9. 在目前的情况下，房地产开发取得土地的途径主要有：（   ）。
  A. 通过征收农地取得的   B. 通过征用城市土地取得的
  C. 通过城市房屋拆迁取得的   D. 通过农村房屋拆迁取得的

10. 建筑物的重新购建价格是（   ）的价格。
  A. 扣除折旧后   B. 估价时点时
  C. 客观   D. 建筑物全新状态下

11. 下面属于收益性房地产的是（   ）。

A. 未出租的餐馆   B. 旅店

C. 加油站   D. 未开发的土地

12. 预期原理是（   ）等估价方法的理论依据。

A. 市场比较法   B. 收益法

C. 成本法   D. 假设开发法

E. 路线价法

13. 开发后的房地产经营方式有（   ）。

A. 预售   B. 建成后出售

C. 出租   D. 娱乐

14. 以下适用于假设开发法估价的房地产有（   ）。

A. 将在建工程续建成房屋   B. 将旧房装饰装修改造成新房

C. 将生地开发成熟地   D. 将门市出售

15. 预计一年后建成的某在建工程，可能存在的估价情形为（   ）。

A. 估价时点为现在，估价对象为现时状况下的价格

B. 估价时点为现在，估价对象为未来状况下的价格

C. 估价时点为未来，估价对象为未来状况下的价格

D. 估价时点为未来，估价对象为现实状况下的价格

三、简答题

1. 房地产价格的特征主要有哪八个方面？其来源于房地产的哪些特性？

2. 什么是市场法？其理论依据和适用条件是什么？

3. 收益法的含义及其理论依据是什么？收益法适用的对象和条件是什么？

4. 什么是假设开发法？其理论依据、前提条件、适应对象分别是什么？

5. 什么是房地产估价原则？如何理解在理论上估价原则与估价要求是有区别的？

6. 什么叫路线价法？其理论依据、适用的对象和条件是什么？

四、计算题（必须写出计算过程，可不算出结果）

1. 某商业用房与三个参照物新旧程度相近，结构也相似，故无须对功能因素和成新率因素进行调整。该商业用房所在区域的综合评分为 100，三个参照物所在区域条件均比被评估商业用房所在区域好，综合评分均为 107。评估对象所在城市的市场价格相对于参照物 A、参照物 B，物价分别上涨 17%、4%。参照物 C 在评估基准日当月交易。

对参照物与评估资产的交易情况进行调查，发现参照物 B 与正常交易相比，价格偏高 4%。参照物 A、参照物 C 与正常交易相似。对三个参照物成交价格进行调整并求出评估资产的价格。

评估基准日 A 的价格是每平方米 5 000 元。B 的价格是每平方米 5 960 元。C 的价格是每平方米 5 918 元。试根据以上资料评估该商业用房在评估基准日的单价。

2. 某房地产公司于 2015 年 5 月以出让的方式取得一块使用权为 50 年的土地，并于 2017 年 5 月在此地块上建成一座钢混结构的写字楼，当时造价为每平方米 3 800 元，

经济耐用年限为60年。目前，该类型建筑的重置价格为每平方米4 800元。该大楼总建筑面积为12 000平方米，全部用于出租。据调查，当地同类型写字楼的租金一般为每天每平方米2.5元，空置率为10%，每年需支付的管理费用一般为年租金的3.5%，维修费为建筑物重置价的1.5%，房产税为租金收入的12%，其他税为租金收入的6%，保险费为建筑物重置价的0.2%，资本化率确定为6%。试根据以上资料评估该写字楼在2019年5月的价格。

3. 6年前甲公司提供一宗40年使用权的出让土地与乙公司合作建设一幢办公楼，总建筑面积为3 000平方米，于4年前建成并投入使用，办公楼正常使用寿命长于土地使用年限。甲公司、乙公司双方当时的合同约定，建成投入使用后，其中的1 000平方米建筑面积归甲公司，2 000平方米建筑面积由乙公司使用15年，期满后无偿归甲公司。现今，公司方欲拥有该办公楼的产权，甲公司也愿意将其转让给乙公司。试估算乙公司现时应出资多少万元购买甲公司的权益。据调查得知，现时该类办公楼每平方米建筑面积的月租金平均为80元，出租率为85%，年运营费用约占租赁有效毛收入的35%，报酬率为10%。

4. 某酒店总建筑面积为10 000平方米，一层建筑面积为2 000平方米，其中酒店大堂建筑面积为500平方米，剩余1 500平方米用于出租，为餐厅和咖啡厅。其余各层为酒店客房、会议室和自用办公室。该酒店共有客房190间（建筑面积为7 600平方米），会议室2间（建筑面积为200平方米），自用办公室3间（建筑面积为200平方米）。当地同档次酒店每间客房每天的房价为200元，年平均空置率为30%，会议室的租金平均每间每次500元，平均每间每月出租20次。附近同档次一层商业用途房地产的正常市场价格为每平方米建筑面积9 500元，同档次办公楼的正常市场价格为每平方米建筑面积8 000元。该酒店正常经营平均每月总费用占客房每月总收入的40%。当地酒店这种类型的房地产的报酬率为8%。试利用上述资料估计该酒店的正常总价格。

5. 为评估某住宅楼的价格，估价人员在该住宅楼附近地区调查选取了A、B、C、D、E共5个类似住宅楼的交易实例。类似住宅楼的交易情况如表5.12所示。

表5.12　类似住宅楼的交易情况

		实例A	实例B	实例C	实例D	实例E
成交价格/元·平方米$^{-1}$		8 100	8 800	8 200	8 300	8 000
成交日期		2016.11.30	2017.6.30	2017.1.31	2015.7.31	2017.5.31
交易情况		2	21	0	0	−3
房地产状况	区位状况/%	0	−3	3	1	0
	权益状况/%	−2	0	2	−1	−1
	实物状况/%	−4	−5	−2	2	1

表5.12中，交易情况、房地产状况中的正、负值都是按直接比较方式得到的结果。其中，房地产状况中的三方面因素产生的作用程度相同。据调查得知：从2015年

7 月 1 日至 2016 年 1 月 1 日该类住宅楼市场价格每月递增 1.5%，其后至 2016 年 11 月 1 日每月递减 0.5%，从 2016 年 11 月 1 日至 2017 年 4 月 30 日的市场价格基本不变，以后每月递增 1%。试利用上述资料根据估价相关要求选取最合适的 3 个交易实例作为可比实例，并估算该住宅楼 2017 年 8 月 31 日的正常单价（如需计算平均值，请采用简单算术平均法）。

6. 某旅馆需要估价，据调查该旅馆共有 300 张床位，平均每张床位每天向客人实收 50 元，年平均空房率为 30%，该旅馆营业时平均每月花费 14 万元。当地同档次旅馆一般床价为每床每天 45 元，年平均空房率为 20%，正常营业时每月总费用平均占每月总收入的 30%，该类房地产的资本化率为 10%，试选用所给资料估算该旅馆的价值。

7. 某房地产开发公司于 2012 年 3 月以有偿出让方式取得一块使用权为 50 年的土地，并于 2014 年 3 月在此地块上建成一座砖混结构的写字楼，当时造价为每平方米 2 000 元，经济耐用年限为 55 年。目前，该类建筑重置价格为每平方米 2 500 元。该建筑物占地面积为 500 平方米，建筑面积为 900 平方米，现用于出租，每月平均实收租金为 3 万元。据调查，当地同类写字楼出租租金一般为每月每建筑平方米 50 元，空置率为 10%，每年需支付的管理费为年租金的 3.5%，维修费为建筑重置价格的 1.5%，土地使用税及房产税合计为每建筑平方米 20 元，保险费为建筑重置价格的 0.2%，土地资本化率为 7%，建筑物资本化率为 8%。假设土地使用权出让年限届满，土地使用权及地上建筑物由国家无偿收回。试根据以上资料评估该宗地 2018 年 3 月的土地使用权价值。

6　机器设备评估

案例导入

甲公司因资产重组，拟将锻压车间的一台设备转让，现委托某评估机构对该设备的价值进行评估，评估基准日为 2018 年 8 月 31 日。评估人员根据掌握的资料，经调查分析后，决定采用成本法评估。

设备简介：双盘摩擦压力机，规格型号为 J53-300，A 机械厂制造，2013 年 8 月启用，账面原值为 180 000 元，账面净值为 100 000 元。

结构及主要技术参数（略）

1. 估算重置价值

（1）估算购置价格。

经向原制造厂家 A 机械厂询价得知，相同规格型号的 J53-300 型双盘摩擦压力机报价（2018 年 8 月 31 日，即评估基准日）为人民币 188 000 元。

（2）估算重置价值。

购置价格=188 000（元）

运杂费=购置价格×运杂费率=188 000×5%=9 400（元）

基础费=购置价格×基础费率=188 000×5%=9 400（元）

其中，无安装调试费和资金成本。则：

重置价值=购置价格+运杂费+基础费+安装调试费+资金成本

$\qquad$ =188 000+9 400+9 400+0+0

$\qquad$ =206 800（元）

2. 确定综合成新率

（1）使用年限法确定成新率。

根据《机器设备参考寿命年限专栏》，取锻压设备规定使用年限为 17 年；确定已使用年限为 5 年（启用日期 2013 年 8 月至评估基准日 2018 年 8 月）；根据记录确定资产利用率 α 为 1.01；确定已使用（实际）年限 5.05 年（5×1.01）；确定尚可使用（经济）年限为 11.95 年（17-5.05）。则：

实际成新率=尚可使用（经济）年限÷规定使用（经济）年限×100%

$\qquad$ =1.95÷17×100%

$\qquad$ =70%（取整）

（2）确定现场勘查综合技术鉴定成新率。

经现场观测技术鉴定，其成新率为75%。

（3）确定综合成新率。

综合成新率＝使用年限法成新率×40%＋现场勘查综合技术鉴定成新率×60%

　　　　　＝70%×40%＋75%×60%

　　　　　＝73%

3．确定评估价值。

评估价值＝重置价值×综合成新率

　　　　＝206 800×73%

　　　　＝150 964（元）

问题1：结合前面所学资产评估的基本方法，思考本案例中机器设备评估为什么选择成本法？

问题2：回顾本案例中机器设备成新率的计算方法，结合后面所学内容思考资产评估中的设备成新率（贬值率）计算的关键点在哪里？与会计中计算设备的折旧率是否一致？

6.1　机器设备评估概述

6.1.1　机器设备概述

6.1.1.1　机器设备概念

自然科学领域中的机器设备是指将机械能或非机械能转换为便于人们利用的机械能以及将机械能转换为某种非机械能，或利用机械能来完成一定工作的装备或器具。

资产评估中的机器设备是一个广义的概念。它不仅包括自然科学领域中的机器设备，也包括人们利用电子、电工、光学等各种科学原理制造的装置，一般泛指机器设备、电力设备、电子设备、仪器、仪表、容器、器具等。

机器设备是由零件组装成的、能运转、能转换能量成生产有用功的装备或器具，是企业固定资产的重要组成部分，和房屋建筑物一样在价值量上占有企业固定资产的绝大部分。因此，能准确、可靠地评估企业机器设备的价值，对企业固定资产评估具有重大意义。

《国际评估准则》对机器设备的有关定义如下：设备、机器和装备是用来为所有者提供收益的、不动产以外的有形资产。设备是包括特殊性非永久性建筑物、机器和仪器在内的组合资产；机器是包括单独的机器和机器的组合，是指使用或应用机械动力的器械装置，由具有特定功能的结构组成，用以完成一定的工作；装备是用以支持企业功能的附属性资产。

我国的《资产评估准则——机器设备》第二条对机器设备的定义为：机器设备是指人类利用机械原理以及其他科学原理制造的，特定主体拥有或控制的有形资产，包括机器、仪器、器械、装置以及附属的特殊建筑物等资产。

机器设备的特点如下：

(1) 机器设备的单位价值大、使用时间长、流动性差。

(2) 机器设备的工程技术性强、专业门类多、分布广。

(3) 机器设备的价值补偿和实务补偿不同时进行。

(4) 机器设备的价值和使用价值并非一成不变，贬值和增值具有同发性。

6.1.1.2 机器设备的范围

资产评估中所指的机器设备不仅包括自然科学所指的机器设备，还包括人们根据声、光、电技术制造的电器设备、电子设备、仪器仪表等企业生产经营所需要的设备。评估中所指的机器设备包括单台设备及设备的组合。所谓设备的组合是指为了实现特定的功能，由若干独立设备组成的有机整体，如生产线、车间等。

6.1.1.3 机器设备的分类

机器设备种类繁多，分类方法也十分复杂，以下主要介绍按会计核算要求、按机器设备用途和按资产形态进行分类时机器设备的种类。

(1) 按会计核算要求分类。

根据我国现行的会计制度，机器设备分为六类，包括生产用机器设备、非生产用机器设备、租出机器设备、未使用机器设备、不需用机器设备、融资租入机器设备。生产用机器设备是指直接为生产经营服务的机器设备，包括生产工艺设备、辅助生产设备、动力能源设备等；非生产用机器设备是指在企业所属的福利部门、教育部门等使用的设备；租出机器设备是指企业出租给其他单位使用的机器设备；未使用机器设备是指企业尚未投入使用的新设备、库存的正常周转设备、正在修理改造尚未投入使用的机器设备等；不需用机器设备是指已不适合本单位使用，待处理的机器设备；融资租入机器设备：是企业以融资租赁的方式租入使用的机器设备。

机器设备的资产价值与它的使用状态有关，一台正常使用的生产机器设备是整个企业继续运营的重要保证，它的价值是持续使用价值。如果设备因工艺改变或产品调整而处于闲置状态，它可能只存在变现价值。使用状态是评估中应该特别关注的问题，会计分类方法为评估师了解设备的使用状态提供了非常有用的信息。

(2) 按机器设备用途分类。

①动力设备。动力设备是指用于生产电力、热力、风力的各种动力设备，如日常机械中常有的电动机、内燃机、蒸汽机以及在无电源的地方使用的联合动力装置。

②金属切削机床。金属切削机床是指对机械零件的毛坯或半成品件进行金属切削加工的机械。根据其产品的工作原理、结构性能特点和加工范围的不同，又分为车床、钻床、镗床、齿轮加工机床、螺纹加工机床、铣床、刨插床、拉床、锯床、特种加工机床和其他机床等。

③金属成型机床。金属成型机床是指除金属切削加工机床以外的金属加工机械，如锻压机械、铸造机械等。

④交通运输机械。交通运输机械是指用于长距离载人和物的机械，如飞机、汽车、火车、船舶等。

⑤起重运输机械。起重运输机械是指用于在一定距离内移运货物或人的提升和搬运机械，如各种起重机、运输机、升降机、卷扬机等。

⑥工程机械。工程机械是指在各种建设工程设施中的机械与机具，包括挖掘机、铲运机、工程起重机、压实机、打桩机、钢筋切割机、混凝土搅拌机、装修机、路面机、凿岩机、军工专用工程机械、线路工程机械以及其他专用工程机械等。

⑦农用机械。农用机械是指用于农、林、牧、副、渔业等各种生产中的机械，如拖拉机、排灌机、林业机械、牧业机械、渔业机械等。

⑧通用机械。通用机械是指广泛用于农业生产各部门、科研单位、国防建设和生活设施中的机械，如泵、阀、制冷设备、压气设备和风机等。

⑨轻工机械。轻工机械是指用于轻纺工业部门的机械，如纺织机械、食品加工机械、印刷机械、制药机械、造纸机械等。

⑩专用机械。专用机械是指国民经济各部门生产中所特有的机械，如冶金机械、采煤机械、化工机械、石油机械等。

在评估中，面临的机器设备种类繁多，涉及的专业技术知识也很广泛。因此评估时必须先对机器设备的技术状况进行了解，根据需要聘请相关的技术专家进行专业技术鉴定。

（3）按资产形态分类。

资产按其存在形态分为不动产、动产以及无形资产等。不动产是指土地及土地上的建筑物等附属设施，是不能移动的，是有形资产。动产是指不是永久地固定在不动产上的、可以被移动的、有形的实体资产。

机械设备有些属于动产，如电焊机、电冰箱等是可以随意移动的机器；有些是不动产，如工业炉窑等。介于两者之间，称为固定装置或固置物，它们需要采用一定的安装方式永久或半永久地固定在不动产上，挪动这些资产可能会导致不同程度的损坏。固定装置有些属于动产，有些属于不动产。一般认为，如果一项资产能移动而又不严重损坏不动产以及该资产本身，那么它就是动产；反之，则为不动产。

在评估中，很多时候需要判断资产的移动性以及可能产生的价值损失。例如，对面临搬迁的企业进行资产评估，评估的设备价值是它的移动使用价值，评估时必须考虑哪些设备可以移动，哪些设备不可以移动，哪些设备移动时会造成损坏，即考虑设备的可移动性及移动损失。

6.1.2 机器设备评估概述

6.1.2.1 机器设备评估的特点

（1）多以单台、单件为评估对象。机器设备的评估一般以单台、单件作为评估对象。机器设备单位价值较高、种类规格型号繁多、性能与用途各不相同，为保证评估结果的真实性和准确性，一般对机器设备实行逐台、逐件评估。对数量多、单位价值相对较低的同类机器设备可进行合理的分类，按类进行评估。对不可细分的机组、成套设备则可以采取"一揽子"评估的方式。

（2）以技术检测为基础。由于机器设备技术性强，涉及的专业面比较广泛，机器设备自身技术含量的多少直接决定了机器设备评估价值的高低，技术检测是确定机器设备技术含量的重要手段。又由于机器设备使用时间长，并处于不断磨损的过程中，其磨损程度的大小又因机器设备使用、维修保养等状况不同而造成一定的差异，通过技术检测来判断机器设备的磨损状况及新旧程度，这是决定机器设备价值高低的最基本的因素。因此，必要的技术检测是机器设备评估的基础。

（3）注重机器设备的价值构成。机器设备的价值构成相对来说比较复杂，由于机器设备的来源不同，其价值构成也不同。一般来讲，国内购买的机器设备价值中，应包括买价、运杂费、安装调试费等；而进口的机器设备价值中，应包括买价、国外保险费、增值税、关税、国内的运杂费、安装调试费等。因此，在评估机器设备尤其是采用成本法评估机器设备时，掌握其价值构成尤为重要。

（4）合理确定被评估机器设备贬值因素。由于科技发展，机器设备更新换代较快，其贬值因素比较复杂，除实体性贬值因素外，往往还存在功能性贬值和经济性贬值。科学技术的发展、国家有关的能源政策、环保政策等，都可能对机器设备的评估价值产生影响。

6.1.2.2 机器设备评估的范围

（1）凡属企业固定资产管理和使用范围的机器设备都属于机器设备评估范围，不论其在企业财务账内还是账外。并非企业所有的机器设备都在设备评估范围之内。例如，机械制造企业的设备产品属于存货评估范围，不适用于机器设备评估方法评估，区别的标准在于看其是否为生产工具。

（2）企业在生产经营条件下，机器设备往往与房屋建筑物、某些无形资产甚至原材料等有密切的联系。例如，设备基础等构筑物，大型房屋建筑物附属的电梯、消防、空调等设备，成套设备附带的生产工艺技术或软件、试车材料及备品备件等。在不重复、不遗漏、评估方法相同、评估结果一致的原则下，可视情况将其他附属资产归入设备评估范围或将设备归于房屋建筑物范围。通常小型基础等构筑物以及随机器设备购入的技术型无形资产、试车材料及备件等归入设备一起评估，大型独立建筑物的附属设备归入房屋建筑物评估范围。

（3）对具有机器设备的重要特征，但未列入机器设备管理范围的对象如融资租入机器设备，一般都可以作为机器设备评估，但需进行专项说明。

6.1.2.3 影响机器设备评估的因素

（1）影响机器设备价值的自身因素。

①机器设备的存在状态。机器设备可以作为整体资产的一个组成部分，也可以是独立使用或单独销售的资产。前者所能够实现的价值取决于该设备对整体资产的贡献，后者只能实现该设备单独销售的变现价值。

②机器设备的移动性。在机器设备中，一部分机器设备属于动产，它们不需安装，可以移动使用。一部分属于不动产或介于动产与不动产之间的固置物，它们需要永久地或在一段时间内以某种方式安装在土地或建筑物上，移动这些资产可能会导致机器

设备的部分损失或完全失效。

③机器设备的用途。机器设备一般按某种特定的目的购置、安装、使用，如果机器设备所生产的产品、工艺等发生变化，可能会导致一些专用设备报废，或者要对这些专用设备进行改造，以适应新产品或新工艺的要求。还可能要求对一些设备进行移动，这也会对某些机器造成损伤或完全报废，使设备原有的安装、基础等完全失效。

④机器设备的使用维护保养状况。对于已经使用过的机器设备，其使用时间的长短、负荷的状况、维修保养的状况都会对机器设备的磨损度造成影响，从而导致其尚存价值发生变化。

因此对机器设备进行评估时，应当考虑机器设备的存在状态、移动性、用途和使用维护状况对机器设备价值的影响。

（2）影响机器设备价值的外部因素。

①所依赖的原材料资源的有限性。原材料资源的短缺可以导致设备开工率不足，原材料资源的枯竭可以导致机器设备的报废。

②所生产产品的市场竞争情况及市场寿命。市场竞争的加剧会导致设备开工不足，生产能力相对过剩；所生产产品的市场寿命终结也将导致生产该产品的某些专用设备的报废。

③所依附土地和房屋建筑物的使用年限。大部分机器设备需要以某种方式安装在土地或建筑物上，土地、建筑物的使用寿命会对机器设备的价值产生影响。

④国家的能源政策、环境保护政策。机器设备在提高劳动生产率和提高人类物质文明的同时，也对自然环境起到了破坏作用，带来了能源的大量消耗和环境的严重污染两大社会问题。为了节约能源、保护环境从而实现可持续发展，国家颁布的相关法律、法规和产业政策都可能会对机器设备的价值评估产生影响。

因此，对机器设备进行评估时，应当考虑机器设备所依存资源的有限性、所生产产品的市场竞争情况及市场寿命、所依附土地和房屋建筑物的使用期限、国家的法律法规以及环境保护、能源等产业政策对机器设备价值的影响。

6.1.2.4 机器设备的检查

评估人员要根据评估目的对机器设备进行核查，核查方式有逐项清查和抽样核查两种。

（1）逐项清查。评估人员要依据委托评估资产清单，逐台清点、核实所有被评估的机器设备，考察每台设备，确定实体性贬值、功能性贬值和经济性贬值。一般机器设备单价大，评估时采用逐项清查方式，风险性较小，但工作量较大。

（2）抽样核查。抽样核查是在满足核查要求的前提下随机抽样核查被评估的机器设备。在机器设备单价低、数量多、规格型号及使用条件相同或类似的特定情况下，评估人员用抽查的方式可提高效率。另外，有些客户在选择合资伙伴或投资对象时，在项目可行性研究阶段常需要评估师对某些资产提供初步估价意见，目的是了解资产的规模、构成等概况，这种情况下也可采用抽样核查的方式。

抽样核查一般采用分层抽样（也称类型抽样）方法，基本步骤如下：

①将规格型号、使用条件及环境、购置年代比较接近的机器设备归到一组，将全部机器设备分为若干组；

②根据抽查要求确定抽样比例；

③确定抽样调查指标；

④随机抽样；

⑤分析抽样结果。

使用抽查方式核查资产，评估报告中必须对抽样方法、抽样比例、抽样误差等进行详细说明，并指出可能存在的抽样风险。

6.1.2.5 机器设备的鉴定

机器设备鉴定的目的是通过确定评估对象的存在状态为价值判断提供依据。设备价值与其存在状态如磨损程度、生产能力、加工精度、安装方式等密切相关。鉴定是收集、分析各种影响价值的因素，量化这些因素与价值之间的关系，从而对评估对象做出估价。

评估师在进行鉴定之前，首先要明确评估对象的范围、评估目的、拟采用的评估方法，制定鉴定方案。不同的机器设备型号，需要采集的内容千差万别，使用的鉴定方法和手段也各不相同。按工作阶段不同，鉴定可分为统计性鉴定和判断性鉴定，其中统计性鉴定又包括宏观鉴定和微观鉴定。

（1）统计性鉴定。统计性鉴定是按资产类别预先设计一套能够反映资产现时及历史状况的项目或指标，如设备名称、型号、规格、设计生产能力、规定运转里程、实际生产能力等，然后根据测试卡、测试仪表等反映出的有关数据信息，进行逐项登记。统计性鉴定是资产评估的前期工作，可采取编制资产清册的方式，包括宏观鉴定和微观鉴定。

宏观鉴定。宏观鉴定是对机器设备在整个生产中的状况进行调查摸底，应收集3~5年的数据资料。这些数据资料包括：企业名称和地址；资产购建日期；产品名称及生产工序的简要说明；设备数量；生产能力，即设计能力、额定及实际生产能力；设备维修状况、维修方式、维修费用、大修理间隔期及每次维修所需时间；日产能力和工作时间；原材料供应情况；产成品或半成品销售渠道及市场需求情况；每台设备的燃料和动力消耗；自动化程度；役龄、账面年限和有效寿命；安全、环保及辅助设施情况；收益或亏损原因。

微观鉴定。微观鉴定辨识设备的个别特征，主要针对单台设备。鉴定项目一般包括：设备名称；设备型号；设备规格；生产厂家；出厂日期、投入使用日期；设备技术参数；传动类型及传动系统状况；动力系统状况；控制系统状况；工作装置状况；安装基础，供水、供电、供气状况和其他辅助设施及费用；设备设计生产能力和实际生产能力；设备精度；设备主要部件情况；设备工作负荷、班次；设备工作环境；设备维修保养情况；设备设计制造品质；等等。

初次进行调查和记录时应注意观察细节，最后应对上述信息进行整理。

（2）判断性鉴定。判断性鉴定是由专业工程技术人员在现场勘察的基础上，对机器设备的新旧程度、剩余经济寿命等指标进行分析、判断，一般在完成统计性鉴定后进行。

机器设备新旧程度的鉴定分为总体鉴定和分结构鉴定。总体鉴定是用观察法对不同状态条件下机器设备损耗率或成新率进行的确定。一台机器设备由若干结构或部件组成，运转过程中各部分损耗程度不同，对机器设备主体的影响也不同。因此，可先分结构鉴定新旧程度，再用加权平均法计算总体新旧程度。

单台机器设备评估大部分采用成本法，从微观入手来确定每台设备的价值。整体资产通过单台设备的有机组合达到生产目的，影响评估值的因素除单台设备的价值外，还包括设备整体的匹配情况。有时单台设备状态良好，但整体性能不一定达到设计要求。因此，评估人员必须通过宏观鉴定确定整个车间或生产线是否存在整体性经济贬值和功能贬值。

6.1.3 机器设备评估的基本程序

在资产评估中，机器设备是重要的评估对象，由于机器设备本身也很复杂，所以应该分步骤、分阶段地评估机器设备。一套科学合理的评估程序对提高评估质量、缩短评估时间，特别是在当前我国信息渠道不畅通的情况下进行项目评估尤为重要。从评估角度而言，机器设备评估程序大体要经历以下几个阶段：

6.1.3.1 接受委托阶段

当客户有意委托评估人员进行某项机器设备的评估时，评估人员要向客户了解被评估资产的背景、现状、评估目的和评估报告用途以及该评估涉及的其他因素。这些都会影响整个评估的过程和结果，进而影响整个评估服务的质量。

6.1.3.2 评估准备阶段

在签订了资产评估协议以后，具体实施资产评估工作之前，应该着手做好评估的准备工作。

（1）指导委托方填写准备资料。评估人员应指导委托方根据评估操作的要求填写被评估设备明细表，对被评估设备进行自检和清查，做好盘盈和盘亏事项的调整以及机器设备产权资料及有关经济技术资料的准备等。

（2）广泛收集相关数据资料，并进行整理。主要包括以下资料：

①设备的产权资料，如购置发票、合同、报告单等。注册资产评估师应当关注机器设备的权属，要求委托方或者相关当事人对机器设备的权属做出承诺，评估人员对机器设备权属相关资料进行必要的检查。

②设备使用情况的资料，如设备的生产厂家、规格型号、购置时间、利用率、产品的质量、大修理及技术改造情况等资料。

③设备实际存在数量的资料。通过清查盘点及审核固定资产明细账和设备卡片，核实设备实际存在的数量。

④机器设备相关价格资料，如设备的原值、折旧、现行市场价、可比参照物的价格及价格指数资料。此外，还应关注设备是否有抵押、担保、租赁、质押、诉讼等情

况。对产权受到限制的设备，在资产评估报告书中进行披露。

（3）分析整理资料，明确评估重点和清楚重点，制订评估方案，落实评估人员，设计评估路线。

6.1.3.3 现场评估阶段

现场评估是机器设备评估过程中的一个重要阶段，其主要工作是查明实物、落实评估对象以及在落实评估对象的基础上对机器设备进行技术鉴定，以判断机器设备的技术档次、成新率以及无形损耗等情况。

（1）核查实物、落实评估对象。这是评估现场的一项基础性工作。要尽可能地逐台核实所申报的机器设备，账实是否相符、有无遗漏或产权界定不明的机器设备，核实的方法可根据委托单位的管理现状及机器设备数量采取全面清查、重点清查、抽样检查等不同方式落实评估对象。

（2）对机器设备进行技术鉴定，是评估现场工作的核心。技术鉴定的主要工作为：

①了解生产工艺过程、掌握各类设备的配备情况以及对企业生产的保证程度，核实企业综合生产力，确定评估重点。

②对机器设备所在的整个生产系统、生产环境和生产强度进行鉴定和评价，对生产系统的产品结构、产品市场需求、生产能力、生产班次、维修力量、技术改造以及制作人员水平等做出总体评价，为单台机器设备的技术鉴定提供背景数据。

③对单台机器设备进行鉴定要了解掌握机器设备的类别和规格型号、制造厂家和出厂日期、主要用途和功能、所用能源和加工精度，还要了解机器设备的利用率及其运行负荷的大小、设备实际所处状态、设备修理情况及大修周期。

④根据评估对象的技术特点划分机器设备评估类别。对机器设备进行评估，要根据评估目的、评估报告的要求以及评估对象的技术特点进行分类。

（3）确定评估价格标准和方法。根据评估目的确定评估价格标准，然后根据评估价格标准和评估对象的具体情况，科学地选用评估计算方法。

（4）收集整理有关资料，测定各种技术参数，确定机器设备的成新率。评估人员应收集的资料包括机器设备的宏观技术鉴定和专家技术鉴定信息，委托单位提供的机器设备的价值状况（原值、已提折旧净值、技术改造支出等）、机器设备的使用状况（购建时间、已使用年限、预计尚可使用年限、完好率、利用率等）、机器设备的技术状况（主机和配套设备的规格型号、生产能力及主要技术经济指标等）等资料，评估对象的具体情况以及评估作业分析表的要求，等等。评估人员还要对计算过程中需要采用的各种技术参数和经济参数，尚可使用年限、成新率、磨损系数、价格指数等进行收集、检验、测定。同时，应尽可能在工作现场对被评估机器设备做出成新率的科学判断。

（5）设计评估作业表。设计评估作业表是规范评估工作、提高工作效率、科学反映评估结果的必然要求。评估作业表的设计要考虑评估工作的要求，为收集整理数据提供精细的纲目；也要考虑与评估流程相适应，便于评估阶段的衔接与过渡；更要考虑评估报告的要求。评估作业表是评估实务的实施纲要，可分为评估作业分析表（见

表6.1）、评估明细表（见表6.2）、评估分类汇总表（见表6.3）。

表6.1 评估作业分析表

资产占有单位：　　　　　　　　　　　　　　　　　　评估基准时间：　　年　　月　　日

<table>
<tr><td rowspan="5">委托方填报</td><td rowspan="2">设备名称</td><td rowspan="2"></td><td rowspan="2">产地</td><td>国别</td><td></td><td>规格型号</td><td></td></tr>
<tr><td>厂别</td><td></td><td>公称能力</td><td></td></tr>
<tr><td rowspan="2">出厂年月</td><td rowspan="2"></td><td rowspan="3">账面价格</td><td>原值</td><td></td><td>按年限计算的成新率</td><td></td></tr>
<tr><td>折旧</td><td></td><td rowspan="2">同类设备数量</td><td rowspan="2"></td></tr>
<tr><td>已使用年限</td><td></td><td>净值</td><td></td></tr>
<tr><td rowspan="11">评估机构填列</td><td colspan="2">技术鉴定的方法和依据</td><td colspan="5"></td></tr>
<tr><td rowspan="2">重估单价</td><td rowspan="2"></td><td>价格标准</td><td></td><td>评估方法及公式</td><td></td></tr>
<tr><td colspan="4">评估结论及基本参数的说明：</td></tr>
<tr><td rowspan="2">尚可使用年限或成新率</td><td rowspan="2"></td><td>评估依据</td><td></td><td>评估方法及公式</td><td></td></tr>
<tr><td colspan="4">评估结论及基本参数的说明：</td></tr>
<tr><td rowspan="2">功能性贬值的评估</td><td rowspan="2"></td><td>评估的依据和参照物</td><td></td><td>评估方法及公式</td><td></td></tr>
<tr><td colspan="4">评估结论及基本参数的说明：</td></tr>
<tr><td rowspan="3">评估价格</td><td rowspan="3"></td><td>价格标准</td><td></td><td rowspan="3">评估公式及考虑的因素说明：</td><td rowspan="3"></td></tr>
<tr><td>单台价格</td><td></td></tr>
<tr><td>总额</td><td></td></tr>
<tr><td colspan="2">受托方填报</td><td colspan="2">技术检测</td><td colspan="2">评估分析和报告</td></tr>
<tr><td colspan="2">评估责任者签章</td><td colspan="2">职称
姓名</td><td colspan="2">职称
姓名</td><td>职称
姓名</td></tr>
</table>

表6.2 评估明细表

资产占有单位：　　　　　　　　　　　　　　　　　　评估基准时间：　　年　　月　　日

<table>
<tr><td rowspan="3">序号</td><td rowspan="3">资产类别</td><td rowspan="3">规格型号</td><td rowspan="3">计量单位</td><td rowspan="3">数量</td><td rowspan="3">购建时间</td><td rowspan="3">已使用年限</td><td rowspan="3">预计尚可使用年限</td><td colspan="2">账面价格</td><td colspan="6">评估结果</td><td rowspan="3">备注</td></tr>
<tr><td rowspan="2">原值</td><td rowspan="2">净值</td><td rowspan="2">重估价格</td><td rowspan="2">成新率</td><td rowspan="2">功能性贬值</td><td rowspan="2">重估净价值</td><td colspan="2"></td></tr>
<tr><td>额</td><td>率/%</td></tr>
<tr><td></td><td></td><td></td><td></td><td></td><td></td><td></td><td></td><td></td><td></td><td></td><td></td><td></td><td></td><td></td><td></td><td></td></tr>
<tr><td></td><td></td><td></td><td></td><td></td><td></td><td></td><td></td><td></td><td></td><td></td><td></td><td></td><td></td><td></td><td></td><td></td></tr>
</table>

评估单位名称：　　　　　　负责人：　　　　　　评估人：　　　　　　评估时间：　　年　　月　　日

表 6.3　评估分类汇总表

资产占有单位：　　　　　　　　　　　　　　　　　评估基准时间：　　年　月　日

序号	资产类别	计量单位	数量	账面价格		评估结果			重估增值（+/−）		备注
				原值	净值	重估总价	重估净价	综合成新率	额	率/%	
合计											

评估单位名称：　　　　　负责人：　　　　　评估人：　　　　　评估时间：　　年　月　日

6.1.3.4　评定估算阶段

（1）评估人员应当根据评估对象、价值类型、资料收集情况等相关条件，分析成本法、市场法和收益法三种资产评估基本方法的适用性，并做出恰当的选择。

成本法是机器设备评估的一种常用方法，一般适用于继续使用前提下不具备独立获利能力的单台设备或其他设备的评估。

评估师运用成本法评估机器设备时，应当明确机器设备的重置成本，了解机器设备的实体性贬值、功能性贬值和经济性贬值以及可能引起机器设备贬值的各种因素，采用科学的方法，合理估算各种贬值。

市场法的运用必须以市场为前提，它是借助于参照物的市场成交价或变现价运作的。因此，一个发达、活跃的设备交易市场是市场法得以广泛运用的前提，并且市场法的运用还必须以可比性为前提，运用该方法评估机器设备市场价值的合理性与公允性。

运用收益法评估机器设备的前提条件是，被评估机器设备具有独立的、能连续用货币计量的可预期收益。由于单台、单件机器设备一般不具有这一条件，因此在单项机器设备评估中较少运用收益法，该方法大多用于可单独核算收益的生产流水线的评估。

（2）评估人员根据收集到的数据资料分析整理，按照各种方法选择合适的参数。例如，成本法要确定设备的重置成本、实体性贬值、功能性贬值和经济性贬值等参数，最终确定评估结果。

6.1.3.5　撰写评估说明及评估报告阶段

在评定估算过程结束后，应整理评估工作底稿，并对评估结果进行分析评价，及时撰写评估说明及评估报告书。机器设备评估结果汇总表格式如表 6.4 所示。

表 6.4　机器设备评估结果汇总表

评估基准日：　　　　　　　　　　　　　　　　　　　　　　　单位：万元

资产类别	账面值	账面净值	调整后净值	评估值	增减值	增减率
专用设备						
通用设备						
运输设备						
……						

注册评估师在编制机器设备评估报告时，应当反映机器设备的相关特点：

（1）对机器设备的描述一般包括物理特征、技术特征和经济特征，注册资产评估师应当根据具体情况确定需要描述的内容。

（2）除了机器设备评估明细表以外，在评估报告中还应当包括对评估对象进行的文字描述，使评估报告使用者了解机器设备的概况，包括机器设备的数量、类型、安装、存放地点、使用情况等；了解评估对象是否包括了安装、基础、管线及软件、技术服务、资料、备品备件等。

（3）对评估程序实施过程的描述应当反映对设备的现场及市场调查的评定估算过程，说明设备的使用情况、维护保养情况、贬值情况等。

（4）在评估假设中明确设备是否改变用途、改变使用地点等。

（5）应当明确机器设备是否存在抵押及其他限制情况。

6.1.3.6 评估报告的审核和报出阶段

评估报告完成后，必须有三级审核，包括复核人的审核、项目负责人的审核和评估机构负责人的审核。在审核无误、确认评估报告无重大纰漏后，再将评估报告送达委托方及有关部门。

6.2 成本法在机器设备评估中的应用

6.2.1 成本法的适用范围及基本公式

机器设备的评估有多种方法，不同情况应采用不同的方法。成本法是通过估算被评估机器设备的重置成本和各种贬值，用重置成本扣减各种贬值作为资产评估价值的一种方法。它是机器设备评估中最常使用的方法之一，但也并非能评估所有的机器设备，也就是说在机器设备评估中运用成本法是有一定适用范围的。

成本法在机器设备评估中的主要适用情况有：①继续使用前提下的机器设备评估。如果机器设备处于在用续用前提下，则可以直接运用成本法进行评估，不需要进行较大调整。如果机器设备处于改用续用或异地续用前提下，运用成本法进行评估，则必须进行适当的调整才能得出评估结果。②继续使用前提下，不具备独立获利能力的单台设备或其他设备的评估。在继续使用前提下无法运用收益法评估的机器设备，可以采用成本法进行评估。③非继续使用前提下，无市场参照物的机器设备可按成本法的评估思路进行评估。但在评估前必须进行成本项目构成的调整，以得到非续用重估价值。

成本法在机器设备评估中的具体计算公式如下：

机器设备评估值=重置成本−实体性贬值−功能性贬值−经济性贬值

即

$$P = \mathrm{RC} - D_p - D_f - D_e$$

式中，P 为评估值，RC 为重置成本，D_p 为实体性贬值，D_f 为功能性贬值，D_e 为经济性贬值。

或

$$机器设备评估值=重置成本×综合成新率$$

或

$$机器设备评估值=重置成本×成新率-功能性贬值-经济性贬值$$

6.2.2 机器设备重置成本的概念

6.2.2.1 机器设备重置成本的构成

机器设备重置成本的构成要素与评估对象、评估前提、评估目的有关，重置成本包括购置或购建设备所发生的必要的、合理的直接成本费用、间接成本费用，因资金占用所发生的资金成本包括购置成本、运杂费、安装费、基础费、其他间接费用、税金、资金成本等。在对象的选择上，可以对单台机器设备进行重置，也可以对单位、车间或一条生产线等整体资产进行重置。

不同对象的重置成本构成也不同。原地续用的整体机器设备的重置成本除上述内容外还包括勘察设计费、管理费、联合试运转费等间接费用。不同类型的单位的重置成本构成也有差异。这里以从外购境内设备和外购境外设备两种情况对机器设备重置成本的构成进行说明：

（1）外购境内设备。

典型机械工业企业的机器设备重置成本由下列要素构成：

①设备现行购置成本，即设备购买价。

②国产设备运杂费，即从生产厂到工地发生的采购、运输、保管、装卸以及其他有关费用；进口设备国内运费是指从我国港口、机场、车站运到所在地发生的港口费（如港口建设费、港务费、驳运费、堆放保管费、报关、转单、监卸等）以及装卸、运输、保管、国内运输保险等费用。

③设备基础费，即购建或构筑设备基础时发生的人工、材料、机械费等费用。

④设备安装费，即机械和电器设备的装配、安装费用，锅炉砌筑费用，与设备相连的工作台、梯子的安装费用，附属于设备的管线铺设费用，设备及附属设施的绝缘、防腐、油漆、保温费用等，为测定安装工程质量进行的单机试运转和联动无负荷试运转费用。

⑤建设单位管理费，即建设项目从立项到工程竣工，整个建设过程管理所需费用。

⑥建设单位临时设施费，即建设期间建设单位所需临时设施的搭设、维修、摊销或租赁费。

⑦工程监理费，即委托工程监理单位对工程实施监理所需的费用。

⑧勘察设计费，即委托勘察设计单位进行勘察设计所需的费用。

⑨工程保险费，即建设单位委托勘察设计单位进行勘察设计建设期间向保险公司投保建筑安装工程险的费用。

⑩联合试运转费，即工程竣工验收前，对整个工程进行的无负荷或有负荷联合试运转所需的费用。

⑪施工单位迁移费，即施工机械由原驻地迁移至工程所在地的搬迁费用。

⑫建设期资金成本，即合理建设期的资金占用成本。

⑬其他合理费用。

有些企业的设备本身购买价格之外的费用占很大的比重，重置成本构成要素是否全面直接影响评估结果的合理性。因此，评估人员首先根据评估目的对重置成本的价值构成进行分析是非常重要的环节。

（2）外购境外设备及进口设备。

外购境外设备及进口设备的重置成本除上述成本构成以外，还包括设备的进口从属费用，包括海外运费、海外保险费、进口关税、增值税、公司代理手续费、银行手续费、海关监管手续费和商检费等。

评估人员对进口设备进行评估时，经常根据设备现行报价计算重置成本。评估人员只有了解每一种进口设备报价附带的价格条件的含义，才能正确地计算设备的重置成本。下面是几种比较常见的价格条件：

①装运港交货的价格条件。装运港交货的价格条件包括：离岸价（FOB），即装运港船上交货的价格，卖方负责支付货物的出口税款，买方负责货物越过船舷之后的一切费用及风险；到岸价（FOB），即离岸价加海运费再加海运保险费的价格，卖方负责运输和保险，装船后的一切风险仍由买方负担；成本加运费价（C&F），即离岸价加海运费的价格；船边交货（FAS），即买方负责支付出口税款。

②内陆交货的价格条件。它是指卖方在出口国内陆完成交货任务的价格条件，主要包括：工厂交货价（EXW），即买方承担从提货后将货物运至目的地的所有费用和风险，包括支付货物的出口税款；货交承运人价（FCA），即卖方负责在买方指定的地点（如火车站、集装箱集散地或码头等）将货物交给承运人，并支付货物出口税款，其余一切费用由买方承担。

③目的地交货的价格条件。目的地交货的价格条件主要包括：目的港船上交货价（DES），即卖方支付运输及保险费并承担风险，但不支付进口税款；目的港交货关税已付价（DEQ），即卖方负责办理运输和保险，并支付进口税款；目的地边境交货价（DAF），即买方办理进口手续并支付进口税款，承担接货后的一切费用和风险；目的地完税交货价（DDP），即卖方办理进口手续并支付进口税款，承担将货物运至进口国国内指定地点的一切费用，是一种卖方责任最大的价格条件。

6.2.2.2　影响重置成本的基本因素

由于机器设备大多采用单项独立评估，所以成本法得到普遍的运用。按照成本法的思路，评估对象的评估值是指资产的重置成本净值，即重置成本扣除各项贬值后的余额。可见，影响估价的基本因素为重置成本和各类贬值。

（1）重置成本。机器设备的重置成本是指在现行价格和费用标准条件下，按原有功能重置该机器设备，并使之处于在用状态所耗费的全部成本费用。它与原始成本一样都反映了资产购置、运输、安装调试等购建过程的全部费用支出。所不同的只是重置成本以现行价格和费用标准作为计价依据，而原始成本则只指固定资产购建时实际发生的全部成本，又称历史成本。显然，重置成本受技术进步、价格和费用标准升降的影响，这是重置成本与历史成本之间产生差异的主要原因。

（2）损耗与贬值。由于被评估的机器设备是已购建和使用过的资产，因此存在着不同程度上的损耗和贬值。在资产评估中，损耗是指被评估资产在评估基准日已发生的累计有形损耗和无形损耗。由这些损耗所引起的设备价格的相对降低便是贬值。

有形损耗与实体性贬值。有形损耗是指机器设备由使用磨损与自然力作用造成的实体性损耗。由它所引起的价值相对降低，称之为实体性贬值。

无形损耗与功能性贬值和经济性贬值。无形损耗是指由科学技术的进步和其他被评估资产本身以外的原因造成的资产的非实体性损耗。由它所引起的贬值可分为功能性贬值（是指由技术相对落后造成的贬值）和经济性贬值（是指由外部经济环境变化引起的贬值）。

累计功能与成新率。资产的累计功能是指资产寿命期内各年功能累计之和，取决于累计年限的长短和功能的大小，该功能对于一般加工设备可用可完成的工作时间或工作量来表示，对车辆类资产往往用行驶里程数来表示。资产在尚可使用年限内各年预期功能之和称为剩余累计功能，是决定资产成新率的重要因素。尚可使用年限是在综合考虑资产的物理寿命、技术寿命和经济寿命后确定的。预期功能则是按产量、质量和劳动投入的大小等几个因素来综合评价的。成新率是指资产的新旧程度，反映了资产剩余累计功能与资产全寿命期内累计功能的比例，是决定重置净值的主要依据。可以说，它与实体性贬值反映的是同一事物。

【例6-1】某企业有一大型设备，该设备由3个部分组成。经分析确定，3个部分占总成本的比重分别为20%、35%和45%。评估中，评估人员与有关技术人员及管理人员一起对该设备进行了详细勘察，分别对各部分进行了技术鉴定和磨损估计，确定三部分的实体损耗率分别为15%、30%和20%，试求该设备的总的实体性贬值率和实体性成新率。

实体性贬值率 = 20%×15%+35%×30%+45%×20% = 22.5%

实体性成新率 = 1-22.5% = 77.5%

6.2.3 机器设备重置成本的计算

机器设备的重置成本通常是指按现行价格购置与被评估机器设备相同或相似的全新设备所需的成本。机器设备的重置成本分为复原重置成本和更新重置成本。复原重置成本是指按现行的价格购置一台与被评估设备完全相同的设备所需的成本费用。更新重置成本是指按现行的价格购置一台与被评估设备功能相同的设备所需的成本费用。复原重置成本和更新重置成本的区别在于复原重置成本仅考虑物价因素对成本的影响，即将资产的历史成本按照价格变动指数或趋势转换成重置成本或现行成本；而更新重置成本是在充分考虑了技术条件、建筑标准、材料替代以及物价变动等因素变化的前提下确定重置成本或现行成本的。

6.2.3.1 设备本体的重置成本

设备本体的重置成本是指设备本身的价格，不包括运输、安装等费用。通用设备的重置成本一般按现行市场销售价格确定；自制设备的重置成本是指按当前的价格标准计算的建造成本，包括直接材料费、燃料动力费、直接人工费、制造费用、期间费用分摊、利润、税金以及非标准设备的设计费等。

（1）直接法。

直接法是根据市场交易数据直接确定设备本体重置成本的方法。这是一种最直接有效的方法，适用于容易取得市场交易价格资料的大部分通用设备。获得市场价格的渠道包括：

市场询价。对于有公开市场价格的机器设备，大多数可以通过市场询价来确定设备的现行价格，即评估人员直接通过电话、传真、走访等形式从生产厂商或销售商那里了解相同产品的现行市场销售价格。一般情况下，由于市场询价所获得的报价信息与实际成交的价格之间会存在一定的差异，所以应该谨慎使用报价。对于通过市场询价得到的价格信息，评估人员还应该向近期购买该厂同类产品的其他客户了解实际成交价，以判断厂家报价的合理性和可用性。

使用价格资料。价格资料包括生产厂家提供的产品目录或价格表、经销商提供的价格目录、报纸杂志上的广告、权威部门出版的机电产品价格目录、机电产品价格数据库等。在使用价格资料时，应当注意数据的有效性、可靠性和时效性。

【例6-2】评估某企业一条生产线的重置全价，已知账面原值为90万元，其中外购机器设备为70万元，自制设备为16万元，安装调试费为4万元。

分析：经市场调查得知，原外购机器设备为通用设备，目前市场价格为65万元。由于自制设备的原材料费用、人工费用、间接费用等资料齐全，可采用复原重置成本法评估。

经核查企业提供的账表得知，自制设备费用及安装调试费用的构成如下：

自制设备费用为16万元，自制设备费用构成表如表6.5所示。

表6.5　自制设备费用构成表

项目	耗费量	单价	成本/万元
钢材消耗	20 吨	2 500 元/吨	5
铜材消耗	2 吨	15 000 元/吨	3
外购件	15 吨	2 000 元/吨	3
工时消耗	5 000 定额工时	8 元/时	4
管理费用		每定额工时分摊为 2 元	1

安装调试费为4万元，安装调试费构成表如表6.6所示。

表6.6　安装调试费构成表

项目	耗费量	单价	成本/万元
水泥消耗	20 吨	500 元/吨	1
钢材消耗	8 吨	2 500 元/吨	2

表6.6(续)

项目	耗费量	单价	成本/万元
工时消耗	1 000 定额工时	8 元/时	0.8
管理费用		每定额工时分摊为2元	0.2

通过市场调查得知现行市价（单位），钢材为1 800元/吨，铜材为18 000元/吨、外购件为3 200元/吨，水泥为600元/吨，每定额工时成本为18元，每定额工时分摊企业管理费为4元。根据现价和费用标准以及量耗不变的原则，重置价格如下：

外购主机重置全价为65万元。

自制设备费用重置全价为12.4万元，自制设备费用重置全价构成表如表6.7所示。

表6.7　自制设备费用重置全价构成表

项目	耗费量	单价	成本/万元
钢材消耗	20 吨	1 800 元/吨	3.6
铜材消耗	1 吨	18 000 元/吨	1.8
外购件	15 吨	3 200 元/吨	4.8
工时消耗	1 000 定额工时	18 元/时	1.8
管理费用		每定额工时分摊4元	0.4

安装调试费重置全价为4.12万元，安装调试费重置全价构成表如表6.8所示。

表6.8　安装调试费重置全价构成表

项目	耗费量	单价	成本/万元
水泥消耗	20 吨	600 元/吨	1.2
钢材消耗	4 吨	1 800 元/吨	0.72
工时消耗	1 000 定额工时	18 元/时	1.8
管理费用		每定额工时分摊4元	0.4

综合以上重估结果，该生产线的重置成本为81.52万元。

在【例6-2】中，机器设备评估是遵循"功能复原，价格重置"的评估思路。一方面，采用市场法来评估外购机器设备的采购重置全价，因为这类机器设备的技术条件变化小，市场交易仍相当活跃；另一方面，采用成本途径评估自制设备的重置全价，材料、安装调试等费用均按重置的要求进行核算。仔细研究历史成本与重置成本核算的构成表（见表6.5～表6.8）可以发现，除了各个成本项目的单价随着时间的变化发生了变化外，在自制设备费用中铜材和工时的耗费、安装调试费中钢材的耗费都发生了减少，这就是技术进步的结果。显然，这属于更新重置成本。

（2）间接法。

间接法用于难以直接取得现行市价的机器设备。下面主要介绍间接法中的物价指数法、功能价值类比法和比例估算法。

①物价指数法。物价指数法是以设备的历史成本为基础，根据同类设备的价格变动指数估测机器设备本体重置价值的方法。（对于二手设备，历史成本是最初使用者的账面原值，而非当前设备使用者的购置成本。）物价指数可分为定基物价指数和环比物价指数。

定基物价指数。定基物价指数是以固定时期为基期的物价指数，通常用百分比来表示。采用定基物价指数计算设备本体重置成本的公式如下：

$$设备本体重置成本 = 历史成本 \times \frac{评估基准日定基物价指数}{设备购置时定基物价指数}$$

【例6-3】某公司于2013年12月购置被评估设备A，该设备原始成本为1 200 000元，评估基准日为2018年12月，估测评估基准日该设备本体重置成本。2013—2018年的定基物价指数如表6.9所示。

表6.9　2013—2018年定基物价指数表

年份	定基物价指数/%
2013	100
2014	103
2015	105
2016	107
2017	110
2018	112

评估基准日该设备本体重置成本 = 1 200 000×（112%÷100%）
$$= 1\ 344\ 000（元）$$

环比物价指数。环比物价指数是以上期为基期的指数。如果环比期以年为单位，则环比物价指数表示该类产品当年较上年的价格变动幅度。该指数通常也用百分比表示。采用环比物价指数计算设备本体重置成本的公式如下：

$$设备本体重置成本 = 历史成本 \times (P_1^0 \times P_2^1 \times \cdots \times P_n^{n-1})$$

式中，P_n^{n-1} 为第 n 年对第 $n-1$ 年的环比物价指数。

【例6-4】某公司于2013年12月购置被评估设备B，该设备历史成本为1 200 000元，评估基准日为2018年12月，估测评估基准日该设备本体重置成本。2013—2018年的环比物价指数如表6.10所示。

表6.10　2013—2018年环比物价指数表

年份	环比物价指数/%
2013	—
2014	103

表6.10(续)

年份	环比物价指数/%
2015	101.94
2016	101.90
2017	102.80
2018	101.82

评估基准日该设备本体重置成本 = 1 200 000 × （103% × 101.94% × 101.90% × 102.80% × 101.82%）= 1 343 889.3 （元）

在机器设备评估中，对于一些通过直接法难以获得市场价格的机器设备，采用物价指数法是简便可行的。但在使用时，评估人员应该关注以下问题：

第一，注意审查历史成本的真实性。因为在设备的使用过程中，其账面价值可能进行了调整，当前的账面价值已不能反映真实的历史成本。

第二，物价指数法中的物价指数一般是某类产品的综合物价指数，反映一类设备的综合物价变化水平，不反映个别设备的价格变化。评估单台设备时，由于具体价格变动指数与综合物价指数存在一定差异，得出的评估重置成本会有误差。因此，评估人员应尽量少用综合物价指数，多用分类产品物价指数。

第三，设备账面历史成本的构成内容一般还包括运杂费、安装费、基础费及其他费用。上述费用的物价变化指数与设备价格变化指数往往是不同的，应分别计算。评估人员应特别注意在锅炉、锻压机械等运杂费、安装费及基础费超过设备本身的价格的情况下，其他费用的估算。

第四，单台设备的价格变动与这类产品的分类物价指数之间可能存在一定的差异。因此，被评估设备的样本数量会影响评估值的准确度。

第五，进口设备应使用设备出口国的分类价格指数。评估人员可参考政府有关部门、世界银行、国外一些保险公司公布的统计资料及所掌握的其他价格信息。

第六，物价指数法只能用于确定设备的复原重置成本，不能用于确定其更新重置成本。

②功能价值类比法。

该方法是根据被评估机器设备的具体情况，寻找评估时点同类设备（参照设备）的市价或重置成本，然后根据参照设备与被评估设备功能（生产能力）的差异，比较调整得到被评估机器设备本体的重置成本。

当该类设备的功能与其价格或重置成本之间呈线性关系或近似于线性关系时，可采用生产能力比例法，其计算公式如下：

$$设备本体的重置成本 = 参照物设备的现行价格 × \frac{被评估设备生产能力}{参照物设备生产能力}$$

当该类设备的功能与其价格或重置成本呈指数关系时，可采用规模经济效益指数法，其计算公式如下：

$$设备本体的重置成本=参照物设备的现行价格\times\left(\frac{被评估设备生产能力}{参照物设备生产能力}\right)^{x}$$

其中，x 为规模经济效益指数，是用来反映资产成本与其功能之间指数关系的具体指标。在国外经过大量数据的测算，取得的经验数据是：指数 x 的取值范围为 $0.4 \sim 1.2$，在机器设备评估中取值为 $0.6 \sim 0.8$。目前，在我国比较缺乏这方面的统计资料。评估人员在使用该方法时，需要通过该类设备的价格资料分析测算。

【例6-5】某企业 2014 年购置一套年产 50 万吨某产品的生产线，账面原值为 2 000 万元。2017 年进行评估，评估时选择了一套与被评估生产线相似的生产线，该生产线于 2017 年建成，年产同类产品 75 万吨，造价为 5 000 万元。经查询，该类生产线的规模经济效益指数为 0.7，根据被评估生产线与参照物生产能力方面的差异，调整计算 2017 年被评估生产线的重置成本如下：

重置成本 $= 5\,000 \times (50 \div 75)^{0.7} = 3\,760$（万元）

③比例估算法。

在评估成套设备、设备线或生产线时，需要将设备成本与土建工程、安装工程、其他工程等费用一并考虑估算。如果能够单独计算设备的重置成本，同时找到已建成的同类项目，可以采用比例估算法计算被评估项目的全部重置成本。该比例数据来自统计数据或行业规定标准。

以全部设备成本为基础进行估算。根据参照项目的建筑安装费和其他工程费用等占设备成本的比重，求出被评估项目相应的各项费用，再加上其他有关成本费用，其总和就是该项目的重置成本。

【例6-6】光华电器科技有限公司新建装配生产线项目设备投资成本为 100 万元，根据已建同类项目统计情况，一般建筑工程占设备投资的 28.5%，安装工程占设备投资的 9.2%，其他工程费用占设备投资的 7.3%，该项目其他费用估计为 12 万元，试确定该项目的重置成本。

该项目的重置成本 $= 100 \times (1+28.5\%+9.2\%+7.3\%) + 12 = 157$（万元）

以主要工艺设备成本为基数进行估算。根据参照项目的有关统计资料，确定被评估项目的各专业工程（总图、土建、暖通、给排水、管道、电气、自控及其他）成本费用占主要工艺设备投资成本（包括安装与运杂费）的比重，计算出各专业成本费用，再加上工程其他费用，其总和就是该项目的重置成本。

设备及厂房系数法。该方法是在确定了工艺设备成本和厂房土建成本的基础上，根据其他专业工程与设备或厂房土建的成本费用系数比例关系，分别计算各类专业工程成本费用，其总和就是该项目的重置成本。

【例6-7】光华电器科技有限公司脉冲老化线项目工艺设备投资成本（含安装与运杂费）为 26 万元，厂房土建成本为 42 万元，其他各专业工程成本比例系数如表 6.11 所示，试确定该项目的重置成本。

表 6.11 某设备各专业工程比例系数

序号	专业工程	投资系数	序号	专业工程	投资系数
1	工艺设备（含安装运杂）	1.00	8	厂房土建（含设备基础）	1.00
2	起重设备	0.09	9	给排水工程	0.04
3	加热炉及烟道	0.12	10	采暖通风	0.03
4	气化冷却	0.01	11	工业管道	0.01
5	余热锅炉	0.04	12	电器照明	0.01
6	供电及转动	0.18			
7	自动化仪表	0.02			
合计		1.46			1.09

该项目的重置成本 = 26×1.46+42×1.09 = 83.74（万元）

（3）重置核算法。

重置核算法是通过分别测算机器设备的各项成本费用来确定设备本体重置成本的方法。该方法常用于估测非标准设备、自制设备的重置成本。机器设备本体的重置成本由生产成本、销售费用、利润、税金等项目组成。一般需要确定设备生产所需要的材料费、人工费用等相关成本费用以及相适应的利润率与税率等指标来测算设备的重置成本。评估的计算公式如下：

$$重置成本 = 制造成本 + 期间费用 + \frac{合理的}{制造利润} + \frac{其他必要的}{合理费用} + 安装调试费用$$

【例6-8】对某企业的一台自制设备进行评估，经核查没有相关的行业制造成本数据。根据企业提供的数据并经查证，该自制设备制造成本为 30 000 元，期间费用为 3 800 元，行业平均成本利润率是 10%，设计费为 3 400 元，安装调试费用为 2 800 元，试确定该设备的重置成本。

合理的制造利润 = 30 000×10% = 3 000（元）

其他必要的合理费用 = 3 400（元）

安装调试费用 = 2 800（元）

被评估设备的重置成本 = 30 000+3 800+3 000+3 400+2 800 = 43 000（元）

（4）综合估价法。

综合估价法是根据设备的主材费用和主要外购件费用与设备成本费用存在的一定的比例关系，通过确定设备的主材费用和主要外购件费用，计算设备的完全制造成本，并考虑企业利润、税金和设计的费用，从而确定设备本体的重置成本。计算公式如下：

$$RC = (M_{rm}/K_m + M_{pm}) \times (1 + K_p) \times (1 + K_d/n)$$

式中，RC 为设备本体的重置成本，M_{rm} 为主材费，K_m 为成本主材费率，M_{pm} 为主要外购件费，K_p 为成本利润率，K_d 为非标准设备的设计费率，n 为非标准设备的生产数量。

主材费的计算中，主要材料是指在设备中所占的重量和价值比例较大的一种或几种材料。主材费可按图纸分别计算各种主材的净消耗量，然后根据各种主材的利用率求出它们的总消耗量，并按材料的市场价格计算每一种主材的材料费用。其计算公式如下：

$$M_{rm} = \sum \left(\frac{某主材净消耗量}{该主材利润率} \times \frac{含税市场价}{1 + 增值税税率} \right)$$

主要外购件费的计算中，主要外购件如果价值比重很小，可以综合在成本主材费率 K_m 中考虑，而不再单列为主要外购件。外购件的价格按不含税市场价格计算。其计算公式如下：

$$M_{pm} = \sum \left(某主要外购件的数量 \times \frac{含税市场价}{1 + 增值税税率} \right)$$

该方法只需依据设备的总图计算主要材料消耗量，并根据成本主材费率即可估算出设备的售价，是机械工业概算中估算通用非标准设备时经常使用的方法。

【例6-9】某清洗机为非标准自制设备，于2010年1月建成，评估基准日为2019年1月。试估算该设备的重置成本。

分析：根据被评估设备的设计图纸，该设备主材为钢材，主材的净消耗量为22吨，评估基准日钢材不含税市场价为3 800元/吨。另外，该设备所需主要外购件（泵、阀、风机等）不含税费用为68 880元，主材利用率为90%，成本主材费率为47%，成本利润率为16%，设计费率为15%，产量为1台。

确定设备的主材费用，该设备的主材利用率为90%，则

$M_{rm} = 22 \div 90\% \times 3\ 800 = 92\ 889$（元）

$K_m = 47\%$

$M_{pm} = 68\ 880$（元）

$K_p = 16\%$

$K_d = 15\%$

$n = 1$（台）

设备重置成本 $= (92\ 889 \div 47\% + 68\ 880) \times (1 + 16\%) \times (1 + 15\%/1)$
$= 355\ 532.57$（元）

【例6-10】某非标准设备的主要材料为钢材，净消耗钢材为6吨，外购件为2吨，钢材的利用率为85%，成本主材费用率为75%，评估基础日钢材的含税市场价格为5 000元/吨，外购件的含税市场价格为7 000元/吨，成本利润率为15%，设计费为10%，设备共生产了两台。试估算该设备的重置成本。

$M_{rm} = (6 \div 85\%) \times [5\ 000 \div (1 + 17\%)] = 30\ 165.91$（元）

$M_{pm} = 2 \times [7\ 000 \div (1 + 17\%)] = 11\ 965.81$（元）

设备重置成本 $= (30\ 165.91 \div 75\% + 11\ 965.81) \times (1 + 15\%) \times (1 + 18.7\%)$
$\times (1 + 10\%/2)$
$= 74\ 799.79$（元）

6.2.3.2 运杂费

运杂费是指机器设备从生产地到使用地之间运输、装卸、保管等环节所发生的费用。

（1）国产设备运杂费。

国产设备的运杂费是指从生产厂家到安装使用地点所发生的装卸、运输、采购、保管、保险及其他有关费用。设备运杂费的计算方法主要有两种，一种是根据设备的运输距离以及重量、体积、运输方式等，按照运输计费标准计算；另一种方法是按设备原价的一定比率作为设备的运杂费率，以此来计算设备的运杂费，其计算公式为：

国产设备运杂费＝国产设备原价×国产运杂费率

国产设备运杂费率可参照有关权威部门制定的机械行业国产设备运杂费基本费率（见表 6.12）。结合评估对象的实际情况加以确定。

表 6.12　机械行业国产设备运杂费率表

地区类别	建设单位所在地	运杂费/%	备注
一类	北京、天津、河北、山西、山东、江苏、上海、浙江、安徽、辽宁	5	指标中包括建设单位仓库离车站或码头 50 千米以内的短途运输费。当超过 50 千米时按每超过 50 千米增加 0.5% 的费率计算，不足 50 千米的，可按 50 千米计算
二类	湖南、湖北、福建、江西、广东、河南、陕西、四川、甘肃、吉林、黑龙江、海南	7	
三类	广西、贵州、青海、宁夏、内蒙古	8	
四类	云南、新疆、西藏	10	

（2）进口设备的国内运杂费。

进口设备的国内运杂费是指进口设备从出口国运抵我国后，从所到达的港口、车站、机场等地将设备运至使用的目的地现场所发生的港口费用、装卸费用、运输费用、保管费用、国内运输保险费用等各项运杂费。进口设备运杂费的计算公式为：

进口设备国内运杂费＝进口设备到岸价×进口设备国内运杂费率

相关的运杂费率可参照有关权威部门制定的机械行业进口设备海运方式和陆运方式运杂费率表提供的基本费率（见表 6.13、表 6.14），结合评估对象的实际情况加以确定。

表 6.13　机械行业进口设备海运方式国内运杂费率

地区类别	建设单位所在地	运杂费/%	备注
一类	北京、天津、河北、山东、江苏、上海、浙江、广东、辽宁、福建、安徽、广西、海南	1~1.5	进口设备国内运杂费指标是以离港口距离划分指标上下限：20 千米以内的为靠近港口，取下限；20 千米以上、50 千米以内为邻近港口，取中间值；50 千米以上为远离港口，取上限
二类	山西、河南、陕西、湖南、湖北、江西、吉林、黑龙江	1.5~2.5	
三类	甘肃、内蒙古、宁夏、云南、贵州、四川、青海、新疆、西藏	2.5~3.5	

表 6.14　机械行业进口设备陆运方式国内运杂费率

地区类别	建设单位所在地	运杂费/%	备注
一类	内蒙古、新疆、黑龙江	1~2	进口设备国内运杂费指标是以离陆站距离划分指标上下限：100千米以内的为靠近陆站，取下限；100千米以上、300千米以内为邻近陆站，取中间值；300千米以上为远离陆站，取上限
二类	青海、甘肃、宁夏、陕西、四川、山西、河北、河南、湖北、吉林、辽宁、天津、北京、山东	2~3	
三类	上海、江苏、浙江、广东、安徽、湖南、福建、江西、广西、云南、贵州、西藏	3~4	

6.2.3.3　设备安装费

设备安装费是指设备在安装过程中发生的必要的、合理的人工费、材料费、机械费等全部费用。一般大型的设备安装以专门的安装工程方式进行，若工期较长或设备安装后至投入使用的时间较长，还应考虑和计算资金成本。

（1）设备安装工程范围。

设备的安装工程范围包括以下几部分：

①所有机器设备、电子设备、电器设备的装配、安装工程；

②锅炉及其他各种工业锅窑的砌筑工程；

③设备附属设施的安装工程，如与设备相连的工作台、梯子的安装工程；

④设备附属管线的敷设，如设备工作所需的电力线路、供水、供气管线等；

⑤设备、附属设施及管线的绝缘、防腐、油漆、保温等工程；

⑥为测定安装工作质量进行的单机试运转和系统联动无负荷试运转。

设备的安装费包括上述工程所发生的所有人工费、材料费、机械费及全部收费。

（2）设备安装费的计算。

设备安装费可以用设备的安装费率计算。

①国产设备安装费。

国产设备安装费＝国产设备原价×国产设备安装费率

式中，设备安装费率按所在行业概算指标中规定的费率计算。

②进口设备安装费。

进口设备安装费＝进口设备到岸价×进口设备安装费率

或者

进口设备安装费＝相似国产设备原价×国产设备安装费率

由于进口设备原价较高，进口设备安装费率一般低于国产设备的安装费率。《机械工业建设项目概算编制办法及各项概算指标》规定：进口设备的安装费率可按相同类型国产设备的30%~70%选用。进口设备的机械化、自动化程度越高，价值越大，安装费率取值越低；反之越高。设备安装费率如表6.15所示。

表 6.15　设备安装费率表

序号	设备名称	安装费率/%	序号	设备名称	安装费率/%
1	轻型通用设备	0.5~1	10	电梯	10~25
2	一般机械加工设备	0.5~2	11	供电、配电设备	10~15
3	大型机械加工设备	2~4	12	蒸汽及热水锅炉	30~45
4	数控机械及精密设备	2~4.5	13	化工设备	8~40
5	铸造设备	3~6	14	快装锅炉	6~12
6	锻造、冲压设备	4~7	15	热处理设备	1.5~4.5
7	焊接设备	0.5~1.5	16	压缩机	10~13
8	起重设备	5~8	17	冷却塔	10~12
9	工业窑炉及冶炼设备	10~20	18	泵站内设备	8~12

【例 6-11】需要对某企业的一台机床的价值进行重估，企业提供的资料如下：该设备的采购价格是 5 万元，运输费是 0.1 万元，安装费是 0.3 万元，调试费是 0.1 万元，已服役 2 年。经市场调查得知，该机床在市场上仍很流行，但是价格比购置时上升了 20%，铁路运输费也提高了 1 倍，安装材料和工费上涨幅度加权计算为 40%，调试费上涨了 15%。试评估该机床继续使用的重置全价。

分析：该机床服役期限仅为 2 年，且在市场上仍很流行，一般来说技术条件变化不大，故采用复原重置成本评估法。

机床采购重置价格 = 5×（1+20%）= 6（万元）

运杂费估价 = 0.1×2 = 0.2（万元）

安装调试费估价 = 0.3×（1+40%）+0.1×（1+15%）= 0.535（万元）

综合以上各项，该机床原地继续使用的重置全价 = 6+0.2+0.535 = 6.735（万元）

6.2.3.4　基础费

设备的基础是指为安装设备而建造的特殊构筑物。设备基础费是指建造设备基础所发生的人工费、材料费、机械费及全部取费。有些特殊设备的基础列入构筑物范围，不按设备基础计算。

（1）国产设备基础费。

国产设备基础费 = 国产设备原价×国产设备基础费率

式中，设备的基础费率按所在行业颁布的概算指标中规定的标准取值，行业标准中没有包括的特殊设备的基础费率需自行测算。

（2）进口设备基础费。

进口设备基础费 = 进口设备到岸价×进口设备基础费率

或者

进口设备基础费 = 相似国产设备原价×国产设备基础费率

由于进口设备原价较高，进口设备基础费率一般低于国产设备的基础费率。《机械工业建设项目概算编制办法及各项概算指标》规定：进口设备的基础费率可按相同类型国产设备的30%～70%选用。进口设备的机械化、自动化程度越高，价值越大，基础费率取值越低；反之越高。其中存在一些特殊情况，进口设备的价格较高而基础简单的，应低于标准；反之则高于标准。

6.2.3.5 进口设备的从属费用

进口设备的从属费用包括国外运费、国外运输保险费、关税、消费税、增值税、银行财务费、外贸手续费，对车辆还包括车辆购置附加费等。

（1）国外运费可按设备的重量、体积及海运公司的收费标准计算，也可按一定比例计取，取费基数为设备的离岸价，计算公式如下：

$$海运费 = 设备离岸价 \times 海运费率$$

式中，海运费率取值分两种情况：远洋取5%～8%，近洋取3%～4%。航空运输按照距离和单价计算运费。

（2）国外运输保险费的取费基数为设备离岸价+海运费，计算公式如下：

$$国外运输保险费 = （设备离岸价 + 海运费）\times 保险费率$$

保险费率可根据保险公司费率表确定，一般为0.4%。

（3）关税的取费基数为设备到岸价，计算公式如下：

$$关税 = 设备到岸价 \times 关税税率$$

关税税率按国家发布的进口关税税率表确定。

（4）消费税的计税基数为关税完税价加上关税，计算公式如下：

$$消费税 = （关税完税价 + 关税）\times 消费税税率 \div （1 - 消费税税率）$$

消费税税率按国家发布的消费税税率表确定。

（5）增值税的取费基数为关税完税价加上关税和消费税，计算公式如下：

$$增值税 = （关税完税价 + 关税 + 消费税）\times 增值税税率$$

（6）银行财务费的取费基数为设备离岸价（人民币），计算公式如下：

$$银行财务费用 = 设备离岸价 \times 费率$$

我国现行银行财务费率为4%～5%。

（7）外贸手续费也称为公司手续费，取费基数为设备到岸价（人民币），计算公式如下：

$$外贸手续费 = 设备到岸价 \times 外贸手续费率$$

目前，我国进出口公司的外贸手续费率为1%～1.5%。

（8）海关监管手续费仅对减税、免税、保税货物征收。取费基数为设备到岸价（人民币），计算公式如下：

$$免税设备的海关监管手续费 = 设备到岸价 \times 费率$$

$$减税设备的海关监管手续费 = 设备到岸价 \times 费率 \times 减税百分率$$

我国现行免税、保税设备的海关监管手续费费率为3%。

（9）车辆购置附加费的取费基数为设备到岸价加上关税和消费税，计算公式如下：

$$车辆购置附加费 = （设备到岸价 + 关税 + 消费税）\times 费率$$

【例6-12】评估一套进口设备，设备离岸价格为 10 000 000 美元，国外海运费率为 4%，境外保险费率为 0.4%，关税税率为 25%，增值税税率为 17%，银行财务费率为 0.4%，外贸手续费率为 1%，国内运杂费率为 1%，安装费率为 0.5%，基础费率为 1.5%。设备从订货到安装完毕投入使用需要 2 年时间，第一年投入的资金比例为 40%，第二年投入的资金比例为 60%。假设每年资金均匀投入，不计复利，银行贷款利率为 5.8%，美元与人民币汇率为 1∶6.5，试估算该设备的重置成本。

分析：该设备的重置成本包括设备离岸价、国外海运费、国外运输保险费、关税、增值税、银行财务费、外贸手续费、国内运杂费、安装费、基础费、资金成本。其计算过程如下：

国外海运费 = 10 000 000×4% = 400 000（美元）

国外运输保险费 = （10 000 000+400 000）×0.4% = 41 600（美元）

设备到岸价 = （10 000 000+400 000+41 600）×6.5 = 67 870 400（元）

关税 = 67 870 400×25% = 16 967 600（元）

增值税 = （67 870 400+16 967 600）×17% = 14 422 460（元）

银行财务费 = 10 000 000×0.4%×6.5 = 260 000（元）

外贸手续费 = 67 870 400×1% = 678 704（元）

国内运杂费 = 67 870 400×1% = 678 704（元）

安装费 = 67 870 400×0.5% = 339 352（元）

基础费 = 67 870 400×1.5% = 1 018 056（元）

资金合计 = 67 870 400+16 967 600+14 422 460+260 000+678 704+678 704+339 352
        +1 018 056
        = 102 235 276（元）

（11）资金成本 = 102 235 276×40%×5.8%×1.5+102 235 276×60%×5.8%×0.5
            = 3 823 111.57+1 911 555.79
            = 5 336 681.4（元）

（12）重置成本 = 设备到岸价+关税+增值税+银行财务费+外贸手续费+国内运杂费
            +安装费+基础费+资金成本
        = 67 870 400+16 967 600+14 422 460+260 000+678 704+678 704
            +339 352+1 018 056+5 336 681.4
        = 107 571 957.4（元）

【思考】进口设备的从属费用都包括哪些项目？

6.2.3.6　注意的问题

（1）选择复原重置成本还是更新重置成本。

一般来说，在技术进步快，技术进步因素对设备价格的影响较大，或者说被评估的设备被淘汰（原企业不再生产）的情况下，应该选择计算更新重置成本。复原重置成本一般只在两种情况下适用：一种是技术进步慢或刚购置的设备，另一种是自制非标准设备。前者是由于无形损耗小，对设备的价格影响不大；后者是由于缺乏可以参照的技术先进的设备。当然，如果可以取得更新的自制非标准设备的制造成本资料，则其更新的重置成本也能测算。

（2）机器设备重置成本的构成。

重置成本一般包括重新购置或建造与评估对象功效相同的全新设备所需的一切合理的直接费用和间接费用及因占用资金而发生的成本。直接费用是由基础费用（设备的购置价或建造价）和其他费用（如设备的运杂费、安装调试费用、基础费、税金等）构成的。间接费用通常是指为购置建造设备而发生的各种管理费用、总体设计制图费用以及人员培训费用等。间接成本和资金成本有时不能对应到每一台设备上去，它们是为了整个项目发生的，在计算每台设备的重置成本时一般要按比率摊入。由于设备的取得方式和渠道不同，设备自身的构成也不同，在评估时需根据被评估资产是外购还是自制的、是国产还是进口的、是单台的还是成套的设备来决定其构成。

6.2.4 机器设备各项贬值的估算

6.2.4.1 实体性贬值的估算

（1）实体性贬值的定义。

机器设备的实体性贬值也称为有形磨损。设备运行中，零部件受到摩擦、冲击、振动或交变载荷的作用，会产生磨损、疲劳等破坏，导致零部件的几何尺寸发生变化，精度降低，寿命缩短，等等；设备在闲置过程中，受自然界中的有害气体、雨水、射线、高温、低温等的影响，会出现腐蚀、老化、生锈、变质等现象。设备在使用过程中和闲置存放过程中所产生的上述磨损称为有形磨损，前者称为第 I 种有形磨损，后者称为第 II 种有形磨损。与第 I 种有形磨损和第 II 种有形磨损相对应，分别称为第 I 种实体性损耗和第 II 种实体性损耗。

设备实体性贬值的程度可以用设备的价值损失与重置成本之比来反映，称为实体性贬值率。全新设备的实体性贬值率为 0，完全报废且无任何利用可能的设备的实体性贬值率为 100%。评估师可根据设备的状态来判断贬值程度。成新率是反映机器设备新旧程度的指标，或理解为机器设备现实状态与设备全新状态的比率。二者的关系如下：

$$成新率 = 1 - 实体性贬值率$$

（2）实体性贬值的估算方法。

设备实体性贬值常用的确定方法有观察法、比率法和修复费用法。

①观察法。

该方法是指评估人员在现场对设备进行技术检测和观察，结合设备的使用时间、实际技术状况、负荷程度、制造质量等经济技术参数，进行综合分析后估测机器设备的贬值率或成新率的一种评估方法。

在用观察法评估时要观察和收集以下方面的信息：设备的现时技术状况、设备的实际已使用时间、设备的正常负荷率、设备的维修保养状况、设备的原始制造质量、设备的重大故障经历、设备大修技改情况、设备工作环境和条件、设备的外观和完整性。

除此之外，在实际判断机器设备实体性贬值率时，评估人员还必须与操作人员、维修人员、设备管理人员进行沟通，听取他们的介绍和评价，加深对设备的了解；对所获得的有关设备状况的信息进行分析、归纳、综合，依据经验判断设备的磨损程度及贬值率；有时也使用一些简单的检测手段获取精度等方面的指标，但是这些指标一般并不能直接表示设备损耗量的大小，只能作为判断贬值的参考。表 6.16 为机器设备实体性贬值率评估参考表。

表 6.16　机器设备实体性贬值率评估参考表

设备类别	实体性贬值率/%	状态说明	成新率/%
新设备及使用不久的设备	0~10	全部或刚使用不久的设备，在用状态良好，能按设计要求正常使用，无异常现象	100~90
较新设备	11~35	已使用一年以上或经过第一次大修恢复原设计性能使用不久的设备，在用状态良好，能满足设计要求，未出现较大故障	89~65
半新设备	36~60	已使用二年以上或经过大修后已使用一段时间的设备，在用状态良好，基本上能达到设备设计要求，满足工艺要求，需要经常维修以保证正常使用	64~40
旧设备	61~85	已使用较长时间或经过几次大修，目前仍能够使用的设备，在用状态一般，性能明显下降，使用中故障较多，经维修后仍能满足技术工艺要求，可以安全使用	39~15
报废待处理的设备	86~100	已超过规定使用年限或性能严重劣化，目前已不能正常使用或停用，即将报废更新	14~0

通过对设备的简单观察来判断设备的状态及贬值率往往不够准确，为了提高判断的准确性，对于重点大型设备可采用专家判断法、德尔菲法等。专家判断法是一种简单的直接观察法，主要通过信号指标、专家感觉（视觉、听觉、触觉），或借助少量的检测工具，凭借经验对鉴定对象的状态、损耗程度等做出判断。在不具备测试条件的情况下，常使用专家判断法。德尔菲法是在个人判断和专家会议的基础上形成的另一种直观判断方法。它是采用匿名方式征求专家的意见，并将他们的意见进行综合、归纳、整理，然后反馈给各位专家，作为下一轮分析判断的依据，通过几轮反馈，直到专家的意见逐步趋向于一致为止。

②比率法。

比率法是指通过对一台设备的使用情况或寿命进行分析，综合设备已完成的工作量（或已使用年限）和还能完成的工作量（或尚可使用年限），通过计算比率，确定有形损耗率。

在实际操作中，比率法又常常分为工作量比率法和役龄比率法。

工作量比率法。由于设备的使用情况与实体性贬值有密切的关系，所以设备的有形损耗率可简化为下面的公式：

$$有形损耗率 = \frac{已完成工作量}{可完成工作量} = \frac{已完成工作量}{已完成工作量 + 尚可完成工作量}$$

【例6-13】某设备预计可生产产品500 000件，现在已生产150 000件，则该设备的有形损耗率计算过程如下：

该设备的有形损耗率=150 000÷500 000×100%=30%

如果此设备已生产了500 000件产品，但因为维护良好或进行过大修，各种损耗已得到补偿，预计还可再生产200 000件，这时其有形损耗率计算过程为：

$$有形损耗率=\frac{500\ 000}{500\ 000+200\ 000}×100\%=71\%$$

对运输车辆的已完成工作量和尚可完成工作量的使用上，可用已行驶千米数和尚可行驶千米数替代。

役龄比率法（或称年限法）。如果工作量法中的计量单位是时间，通常用年表示。将设备从开始投入使用至评估基准日所经历的实际工作时间称为设备的有效役龄，则设备的有形损耗率和成新率的估算公式分别如下：

$$有形损耗率=\frac{有效役龄}{有效役龄+尚可使用年限}=\frac{有效役龄}{总使用年限}$$

$$成新率=\frac{尚可使用年限}{有效役龄+尚可使用年限}=\frac{总使用年限-有效役龄}{总使用年限}$$

从上述公式可知，使用役龄比率法估测设备的有形损耗率涉及三个基本参数：设备的总使用年限、设备的尚可使用年限和设备的役龄。为了合理确定这三个基本参数，需要介绍几个有关设备寿命的基本概念。

物理寿命，即机器设备从开始使用到不能正常工作而予以报废所经历的时间。物理寿命的长短取决于机器设备制造质量、使用强度、使用环境、保养和维护情况。有些设备可以通过恢复性修理来延长其物理寿命。

技术寿命，即机器设备从开始使用到技术过时被淘汰所经历的时间。技术寿命很大程度上取决于技术进步和技术更新的速度和周期。

经济寿命，即机器设备从开始使用到经济上不合算而停止使用所经历的时间。所谓经济上不合算，即使用该设备不能获得收益。机器设备的经济寿命不但受机器本身的物理性能、技术进步速度、机器设备的使用情况的影响，而且还与原始投资成本、维护使用费用以及外部经济环境变化等都有直接联系。

下面，分别对使用役龄比率法中三个基本参数选择做出说明：

第一个基本参数：有效役龄。通常情况下它与日历役龄（或称名义已使用年限）并不完全相同。

$$有效役龄=日历役龄×设备利用率$$

有些设备利用率为实际工作时间与额定工作时间之比，额定工作时间随设备种类不同而不同，这时设备利用率的计算如下：

$$\eta=\frac{至评估基准日累计实际工作时间}{至评估基准日累计额定工作时间}$$

式中，η为设备利用率，$\eta<1$，表示设备开工不足，有效役龄小于日历役龄；$\eta>1$，表示设备超负荷运行，有效役龄大于日历役龄；$\eta=1$，表示设备能按设计要求正常运行、维护，有效役龄等于日历役龄。

有些设备的利用率并不一定与时间相关，如连续生产设备等，可根据实际使用负荷与额定负荷的关系来确定，这时设备利用率的计算如下：

$$\eta = \left(\frac{设备实际使用负荷}{设备额定负荷} \right)^x$$

式中，x 为规模经济效益指数。

有效役龄实际是对机器设备磨损程度的一种度量，而机器设备的磨损常常是可以通过更换部件予以修复的，或者通过添加一些新的装置来改善它的功能。这时采用上述方法计算有效役龄就不可能真实反映设备的磨损情况。因此，对多次投资形成的机器设备可通过估算加权投资年限来替代有效役龄，计算公式如下：

加权投资年限 = ∑（复原或更新重置成本×投资年限）÷∑复原或更新重置成本

实体性贬值率 = 加权投资年限÷（加权投资年限+尚可使用年限）×100%

成新率 = 尚可使用年限÷（加权投资年限+尚可使用年限）×100%

【例 6-14】被评估设备购于 2007 年，原始价值为 30 000 元，2012 年和 2015 年进行过两次更新改造，主要是添置一些自动化控制装置，费用分别为 3 000 元和 2 000 元。2017 年对该资产进行评估，假设从 2007—2017 年每年的价格上升率为 10%，该设备的尚可使用年限经检测和鉴定为 6 年，求该设备的成新率。

第一，估算设备复原重置成本，设备复原重置成本估算过程如表 6.17 所示。

表 6.17　设备复原重置成本估算过程

投资日期	原始投资额/元	价格变动系数	复原重置成本/元
2007 年	30 000	$(1+10\%)^{10} = 2.60$	78 000
2012 年	3 000	$(1+10\%)^5 = 1.61$	4 830
2015 年	2 000	$(1+10\%)^2 = 1.21$	2 420
合计	35 000		85 250

第二，估算设备加权重置成本，设备加权重置成本估算过程如表 6.18 所示。

加权重置成本 = ∑（复原重置成本 × 投资年限）

表 6.18　设备加权重置成本估算过程

投资日期	复原重置成本/元	投资年限	复原重置成本×投资年数/元
2007 年	78 000	10	780 000
2012 年	4 830	5	24 150
2015 年	2 420	2	4 840
合计	85 250		808 990

第三，计算加权投资年限。

加权投资年限 = 808 990÷85 250 = 9.5（年）

加权投资年限为 9.5 年，即被评估设备的有效役龄。若此时设备的利用率不等于 1，还需进行修正。

第四，计算设备成新率。

该设备成新率 = 6÷（9.5+6）×100% = 39%

第二个基本参数：尚可使用年限。设备的尚可使用年限是指设备于评估基准日后的剩余使用寿命。严格地讲，通过对设备进行技术检测和专业技术鉴定，确定其尚可使用的物理年限，并结合委估设备的尚可使用技术年限和尚可使用经济年限，采用技术经济分析方法来估测尚可使用年限。实际上在评估中要对每一台设备进行这种分析是难以做到的，往往只对价值较大的少数关键设备使用这种分析方法。而对大量的一般设备，可采用下述一些变通的替代方法：

第一，对于较新且使用维护正常的设备，可用设备的总使用年限减去设备的实际已使用年限，得到设备的尚可使用年限。

第二，对那些已接近、甚至超过总使用年限的设备，可以通过专业技术人员的判断，直接估算尚可使用年限。

第三，对那些不准备通过大修理继续使用的设备，可以利用设备下一个大修理周期作为设备尚可使用年限的上限减去设备上一次大修至评估基准日的时间，余下的时间便是其尚可使用年限。

第四，对有些需要多次更换部件才能维持正常运行的设备，可根据构成机器设备各个部位的尚可使用年限及更换部件的投资，计算出加权尚可使用年限，作为评估时的尚可使用年限，计算公式如下：

$$加权尚可使用年限 = \frac{\sum（复原或更新重置成本 \times 尚可使用年限）}{\sum 复原或更新重置成本}$$

第五，对于国家明文规定限期淘汰、禁止超期使用的设备，如严重污染环境、高能耗等设备，不论设备的现时技术状态如何，其尚可使用年限不能超过国家规定禁止使用的日期。

第三个基本参数：总使用年限（也称预计使用年限）。机器设备的总使用年限是指机器设备的使用寿命。前述机器设备的寿命有物理寿命、技术寿命和经济寿命三种，到底以何种寿命作为总使用年限，是一个比较复杂的问题，存在一定争议。

如果能够合理地确定机器设备的尚可使用年限，以设备的实际已使用年限（有效役龄）与设备的尚可使用年限之和作为设备的总使用年限，在目前情况下更易于操作，也更合理。只是在较新设备评估中需要确定设备的总使用年限，这时可用设备的设计寿命替代。

③修复费用法。

修复费用法是根据修复设备磨损部件所需要的费用数额来确定机器设备实体性贬值及成新率的方法。它适用于机器设备某些特定结构部件已经被磨损，但能够以经济上可行的办法修复的情形，对机器设备来说，修复费用包括主要零部件的更换或者修复、改造等方面的费用。修复费用法的计算公式如下：

$$实体性贬值=修复费用$$

$$成新率=1-\frac{修复费用}{重置成本}$$

在使用这种方法时，我们应注意以下两点：

第一，应当将实体性损耗中的可修复损耗和不可修复损耗区别开来。两者之间根本的不同点就是可修复的实体性损耗不仅在技术上具有修复的可能性，而且在经济上是合算的；不可修复的实体性损耗则无法以经济上合算的办法修复。于是，对于不可修复的损耗按观察法或使用年限法进行评估，可修复的损耗则按修复费用法评估。

$$实体性贬值=修复费用+不可修复部分的实体性贬值$$

第二，应当将修复费用中用于修复设备实体与对设备技术更新和改造的支出区别开来。由于机器设备的修复往往同功能改进一并进行，这时的修复费用很可能不全用在实体性损耗上，而有一部分用在功能性贬值因素上。因此，在评估时应注意不要重复计算机器设备的功能性贬值。

【例6-15】对某企业的一台加工炉进行评估，该加工炉以每周7天、每天24小时工作的方式连续运转。经现场观察并与操作人员和技术人员进行交谈，了解到这台设备是8年前安装的，现在需要对炉内的耐火材料、一部分管道及外围设备进行更换。如果更换耐火材料、管道和外围设备，该加工炉就能再运转15年。经与设备维修和技术部门讨论，更换耐火材料需投资15万元，更换管道及外围设备需投资7万元，共计22万元。该加工炉的重置成本为160万元。试估测该加工炉的实体性贬值及成新率。

第一，估测不可修复部分的重置成本。

不可修复部分的重置成本=重置成本-可修复的实体性损耗=160-22=138（万元）

第二，计算不可修复部分的损耗率和损耗额。

损耗率=8÷（8+15）=34.78%

损耗额=138×34.78%=48（万元）

第三，计算实体性贬值及成新率。

实体性贬值=22+48=70（万元）

$$成新率=1-\frac{22+48}{160}\times100\%=56.25\%$$

上述三种估测实体性贬值及成新率的方法，在资料信息充足并有足够时间进行分析时都是行之有效的。但评估时很难做到同时运用三种方法，只能根据实际情况和所能掌握的有关资料选择合适的某一种方法。在评估时还应注意，采用某一方法计算得出的成新率是否包含了功能性贬值和经济性贬值的因素，以避免功能性贬值和经济性贬值的重复计算和漏评。

（3）估算机器设备的实体性贬值应注意的问题。

估算设备实体性贬值的方法可以根据信息资料的获得情况、被评估设备的具体特点以及评估人员的专业知识和经验来确定。一般情况下，在信息资料充分的情况下，同时运用多种方法估算实体性损耗，并且互相核对，在核对的基础上根据孰低原则确定成新率。也可在有充分依据的前提下，采用加权平均法确定成新率。例如，成新率=

观察法成新率×60%+使用年限法成新率×40%。

在估算实体性损耗时，要注意其中是否含有功能性损耗或其他损耗因素，以避免发生重复扣减的问题。

6.2.4.2　功能性贬值的估算

机器设备功能性贬值是指由技术进步导致的设备贬值。它包括新技术引起的设计、材料及加工工艺的改变，从而导致老设备的相对能力过剩、能力不足、结构过多、功能短缺以及可变营运成本的过高等。

功能性贬值在评估时通常被归纳成两种表现形式：

第Ⅰ类功能性贬值。由于技术进步，劳动生产率得到提高，制造与原功能相同设备的社会必要劳动时间减少，再加上材料的节约、工艺的改进，从而使成本降低，造成原有设备的贬值。具体表现为原有设备价值中有一部分超额投资成本将不被社会所承认。

第Ⅱ类功能性贬值。由于技术进步，出现了新的、性能更优的设备，原有设备的功能相对新式设备已经落后，从而引起贬值。具体表现为与新式设备相比，原有设备完成相同生产任务时，消耗相对增加，形成了一部分超额运营成本。

原有设备的超额投资成本和超额运营成本便是机器设备的功能性贬值。

（1）第Ⅰ类功能性贬值的估算。

超额投资成本形成的功能性贬值，即设备的复原重置成本与更新重置成本之间的差额，计算公式如下：

设备超额投资成本=设备复原重置成本-设备更新重置成本

在设备功能相同的情况下，由于技术进步，更新重置成本应该小于其复原重置成本。评估机器设备时直接使用设备的更新重置成本，其实就已经将被评估设备价值中所包含的超额投资成本剔除掉了，不必再通过寻找设备的复原重置成本与更新重置成本，以计算其差额的途径去获取设备的超额投资成本。因此，在机器设备评估时，其重置成本应尽量选取更新重置成本。

在评估的实际过程中，被评估的设备可能已经停止生产，评估时只能参照其替代设备。而这些替代设备的特性和功能通常要比被评估设备更先进、更好，其价格通常也会高于被评估设备的复原重置成本。这样一来，就可能出现设备更新重置成本大于设备复原重置成本的情形（当然是相对的），上式得出的结果就会是负值。对此不必产生疑虑，其更新重置成本大于其复原重置成本的部分将在运营成本节约中得到抵偿。

（2）第Ⅱ类功能性贬值的估算。

超额运营成本形成的功能性贬值，从理论上讲，就是设备在未来使用过程中产生的超额运营成本的现值。通常可以按下面的步骤测算：

第一，选择参照物，并将参照物的年操作运营成本与被评估设备的年操作运营成本进行对比，找出两者之间的差别及年超额运营成本额。

第二，估测被评估设备的剩余使用年限或工作量。

第三，按企业适用的所得税率计算被估设备超额运营成本抵减的所得税，得出被评估设备的年超额运营成本净额。

第四，选择适当的折现率，将被评估设备在剩余使用年限中的每年超额运营成本净额折现，累加计算被估机器设备的功能性贬值。

【例6-16】某炼油厂锅炉正常运转需8名操作人员，每名操作人员平均每月的工资及福利费约为2 000元，锅炉的年耗电量为12万千瓦·时。目前相同功能的新式锅炉运行只需5名操作人员，年耗电量为8万千瓦·时，电的价格为1.3元/千瓦·时，被评估锅炉的尚可使用年限为6年，所得税税率为25%，适用的折现率为10%。试评估该锅炉在剩余寿命年限内的功能贬值额。

根据上述数据资料，对被评估锅炉超额运营成本引起的功能性贬值进行估测。

被评估锅炉的年超额运营成本如下：

年超额运营成本 = 2 000×12×（8-5）+1.3×（120 000-80 000）= 20 000（元）

被评估锅炉的年净超额运营成本如下：

年净超额运营成本 = 20 000×（1-25%）= 15 000（元）

被评估锅炉在剩余寿命年限内的功能性贬值额如下：

功能性贬值额 = 15 000×（P/A，10%，6）= 15 000×4.355 3 = 65 329.5（元）

（3）功能性贬值估算中应注意的几个因素。

在机器设备评估过程中，功能性贬值估算主要是在成本法中应用，因为在市场法和收益法中，功能性贬值因素已被综合考虑了。但是，在使用成本法时，功能性贬值的估算也应注意以下几点：

①如果在评估时采用的是复原重置成本，一般应考虑功能性贬值。例如，下列两种情况均需单独估算功能性贬值：其一，通过物价指数调整被评估机器设备的历史成本来得到重置成本；其二，通过细分求和法计算被评估设备所用的原材料、人工、能源消耗以及用固定成本和间接成本之和来计算重置成本。

②对于采用了更新重置成本的设备，有时也要考虑其运营性的功能性贬值。这是因为现在许多新型设备不仅购置价比同功能的旧设备低，而且在运营时操作成本也低，如电脑。

③功能性贬值的扣除问题。在评估机器设备时，功能性贬值可以有两种扣除方式：

其一，若重置成本采用的是更新重置成本。

设备评估值 = 更新重置成本 - 实体性贬值 - 超额运营成本

或者

设备评估值 = 更新重置成本×成新率 - 超额运营成本

其二，若重置成本采用的是复原重置成本。

设备评估值 = 复原重置成本 - 实体性贬值 - 超额投资成本与超额运营性成本的代数和

或者

设备评估值 = 复原重置成本×成新率 - 超额投资成本与超额运营成本的代数和

④在评估实务中，被评估的设备可能已经停止生产，此时评估只能参照其替代设备，而这些替代设备的特性和功能通常要比被评估设备更先进，其价格通常也会高于

被评估设备的复原重置成本（例如，使用价格指数法调整得到的重置成本）。这样一来，就可能会出现设备更新重置成本大于设备复原重置成本的情形，前述公式得出的结果就会是负值。但在一般情况下，更新重置成本大于复原重置成本的部分将在运营成本节约上得到抵偿。但如果出现这种情况，评估师就要予以充分重视。

6.2.4.3 经济性贬值的估算

（1）机器设备经济性贬值的引发因素及估算方法。

机器设备的经济性贬值是指由外部因素引起的贬值。这些因素包括：由于国家有关能源、环境保护等政策限制使设备强制报废，缩短了设备的正常使用寿命；原材料、能源等提价，造成成本提高，而生产的产品售价没有相应提高；市场竞争加剧，产品需求减少，导致设备开工不足，生产能力相对过剩；等等。

①使用寿命缩短。

引起机器设备使用寿命缩短的外部因素主要是国家有关能源、环境保护等方面的法律、法规及政策限制。尤其近年来，环境污染问题日益严重以及对部分行业规模的控制力度加强，部分设备不得不在国家规定的限期内被强制淘汰，而且不得再次利用，导致设备的正常使用寿命被缩短。

②市场竞争的加剧。

一方面，市场竞争的加剧，会减少产品的销售数量，引起设备开工不足，生产能力相对过剩，导致经济性贬值。贬值的计算可采用规模经济效益指数法，计算公式如下：

$$经济性贬值率 = \left[1 - \left(\frac{设备预计可被利用的生产能力}{设备原设计生产能力}\right)^x\right] \times 100\%$$

经济性贬值额 = （重置成本 − 实体性贬值 − 功能性贬值）× 经济性贬值率

另一方面，受企业外部因素影响，虽然设备生产负荷并未降低，但原材料涨价、劳动力费用上升等情况会导致生产成本提高或迫使产品降价销售，均可能使设备创造的收益减少，使用价值降低，进而引起设备的经济性贬值，计算公式如下：

经济性贬值额 = 设备年收益损失额 × （1 − 所得税税率）× $(P/A, r, n)$

【例6-17】某企业建设了一条生产线。购置时设计生产能力为每天生产1 600件产品，设备状况良好，技术先进。由于市场竞争加剧，该生产线开工不足，每天只生产1 200件产品。经评估，该生产线的重置成本为800万元，规模经济效益指数取0.7。如不考虑实体性贬值，试估算该生产线的经济性贬值额。

经济性贬值率 = $[1 - (1\,200 \div 1\,600)^{0.7}] \times 100\% = 18.2\%$

经济性贬值额 = 800 × 18.2% = 145.6（万元）

【例6-18】某家电生产企业的年生产能力为10万台，由于市场竞争加剧，该厂家产品销售量锐减。如果该企业不降低生产量，就必须降价销售该家电产品。假设原来产品的销售价为2 000元/台，今后要继续保持10万台的销售量，产品售价需降至1 900元/台，即毛利损失为100元/台。经估测，该生产线可以继续使用3年。若折现率为10%，试估算该生产线的经济性贬值额。

根据上述公式和有关资料，计算该设备的经济性贬值额。

经济性贬值额 = （100×100 000）×（1-25%）×（ P/A ，10%，3）

$$= 7\ 500\ 000 \times 2.486\ 9$$

$$= 18\ 651\ 750\ （元）$$

③其他类型的经济性贬值。

其他类型的经济性贬值是指受节能、环境保护等法规、政策限制而造成的经济性贬值。

随着节能和环保方面的规定越来越严格，有些机器设备在运行中会因高能耗或产生污染环境的有害气体、液体、固体等，设备的使用会受到一定的约束和管制，机器设备的使用价值受到影响。因此，在被评估设备受到以上限制时，必须考虑法规对被评设备价值的影响，否则评估结果就不能全面反映被评资产的价值。

评估时首先要根据被评设备所在的具体环境判断其是否受相关法规条款的限制和影响；其次是从专业的角度确定造成污染的种类、程度或数量，以便估算处理污染物所需的费用、不处理时所受的惩罚或消除污染所需的成本等；最后把这些影响计入评估结果。

下列三种情况是比较常见的：

第一，限制设备的使用期限。例如，规定某类设备只能使用到某年某月，这种强制性规定缩短了设备的尚可使用年限，从而造成经济性贬值，可以通过缩短尚可使用年限进行扣除。

第二，高能耗或产生污染的设备可以继续使用，但要缴纳罚金。这种处罚增加了运营资本，从而造成了经济性贬值。这时，可将年缴纳的罚金视为年运营成本的增加，按一定的折现率计算出尚可使用年限内罚金的累计净现值，予以扣除。

第三，必须立刻纠正，否则不准使用。这种情况下必须支出一笔设备改造成本，改造成本通常需要采用一定的方式在正常评估结果中予以扣除。

（2）估测机器设备经济性贬值时注意事项。

在估测设备的经济性贬值时，必须注意以下几点：

经济性贬值是由外界因素造成的。如果一个工厂是因为某些设备自身的原因不能按原定生产能力生产，那么这样的能力闲置就可能是有形损耗的结果；如果是因为工厂内部的生产能力不均衡，如同样的人力、物力消耗，生产能力却不同，那么这样的能力闲置就可能是功能性贬值问题。

在实际评估工作中，机器设备的经济性贬值和功能性贬值有时是可以单独估测的，有时不能单独估测。这主要取决于在设备的重置成本和成新率的测算中考虑了哪些因素。因此，在具体运用重置成本法评估机器设备时，应时刻注意这一点，避免重复扣减贬值因素以及漏评贬值因素。

设备的生产能力与经济性贬值是指数关系，而非线性关系。

【思考】产生实体性贬值、功能性贬值和经济性贬值的原因分别是什么？请列举各种贬值在现实生产生活中的表现。

6.2.4 成本法应用举例

【例6-19】被评估设备购置于2009年，账面价值为100 000元，2014年进行了技术改造，追加技术改造投资50 000元。2019年对该设备进行评估，根据评估人员的调查分析得到以下数据：2009—2019年该类设备每年价格上升10%；该设备的月人工成本比其他同类设备高1 000元；被评估设备所在企业的正常投资报酬率为10%，规模经济效益指数为0.7，所得税税率为25%；该设备在评估前使用期间的实际利用率仅为正常利用率的50%，经技术检测，该设备尚可使用5年，在未来5年中，设备利用率能够达到设计要求。

根据上述条件，估测该设备的有关参数和评估值。

（1）设备重置成本的计算。

重置成本 $=100\ 000\times(1+10\%)^{10}+50\ 000\times(1+10\%)^5=339\ 899.75$（元）

加权重置成本 $=100\ 000\times(1+10\%)^{10}\times10+50\ 000\times(1+10\%)^5\times5$

$$=2\ 996\ 396.96（元）$$

（2）加权投资名义年限的计算。

加权投资名义年限 $=2\ 996\ 396.96\div339\ 899.75=8.82$（年）

（3）加权投资实际年限的计算。

加权投资实际年限 $=8.82\times50\%=4.41$（年）

（4）成新率的计算。

成新率 $=[5\div(4.41+5)]\times100\%=53.14\%$

（5）功能性贬值额的计算。

功能性贬值额 $=1\ 000\times12\times(1-25\%)\times(P/A,10\%,5)=34\ 117.2$（元）

（6）经济性贬值率的计算。

该设备在评估后的设计利用率可以达到设计要求，故经济性贬值率为0。

（7）设备评估值的计算。

设备评估值 $=339\ 899.75\times53.14\%-34\ 117.2=146\ 505.53$（元）

6.3 市场法在机器设备评估中的应用

6.3.1 市场法的基本思路

机器设备评估中的市场法是以近期市场上相同或相类似设备的交易价格为基础，通过对影响评估对象设备与参照物价格的各种因素进行对比分析，将参照物的市场交易价格修正为评估对象价值的评估思路和方法。

市场法中的相同或相类似设备主要指机器设备的功能、规格型号等方面相同或相类似，近期交易是指距评估基准日较近的交易时间，影响评估对象设备与参照物价格的各种因素一般包括交易情况因素、资产状况因素、交易时间因素、交易地点因素等。

市场法评估的基本公式如下：

$$评估值 = \frac{参照物}{交易价格} \times \frac{交易情况}{修正系数} \times \frac{资产状况}{修正系数} \times \frac{交易时间}{修正系数} \times \frac{交易地点}{修正系数}$$

对于交易情况修正，通常以评估对象的交易情况为正常交易，采取对参照物交易情况进行分析打分的方法确定修正系数；对于资产状况修正，可根据评估对象的具体情况，分别确定品牌、功能、新旧程度等方面的修正系数。对于交易时间修正，可采用价格指数法确定其修正系数，或者由评估人员通过市场案例调查确定其修正系数；对于交易地点修正，可以根据评估对象交易地点与参照物交易地点同类新设备价格的比确定修正系数，如果二者交易地点相同，则交易地点修正系数可以确定为1。

6.3.2　市场法的适用范围和前提条件

市场法主要适用于机器设备变现价值评估，不适用于机器设备的原地续用价值评估。变现价值与原地续用价值的不同不仅在于价值构成项目，更主要的是受市场因素影响的程度不同。应用市场法估价必须具备以下前提条件：

6.3.2.1　存在一个充分发育活跃的机器设备交易市场

充分发育活跃的机器设备交易市场是运用市场法的基本前提。充分发育活跃的机器设备交易市场应包括3种市场：全新机器设备市场，是常规性的生产资料市场；二手设备市场，即设备的旧货市场；设备的拍卖市场。

这3种市场中影响设备交易价格的因素各不相同，而二手设备市场是否活跃和发达是运用市场法的首要前提。从地域角度来看，机器设备市场还可分为地区性市场、全国性市场和世界性市场，地域因素也会对机器设备的交易价格产生影响。

6.3.2.2　能够找到与被评估设备相同或相类似的参照物设备

在机器设备市场中与被评估对象完全相同的资产是很难找到的，一般是选择与被评估设备相类似的机器设备作为参照物。参照物与被评估机器设备之间不仅在用途、性能、规格、型号、新旧程度等方面应具有可比性，而且在交易背景、交易时间、交易目的、交易数量、付款方式等方面具有可比性，这是决定市场法运用与否的关键。

6.3.3　市场法的评估步骤

运用市场法对机器设备进行评估，通常采取以下步骤进行操作。

6.3.3.1　收集有关机器设备的交易资料

市场法的首要工作就是在掌握被评估设备基本情况的基础上，进行市场调查，收集与被评估对象相同或类似的机器设备交易实例资料。所收集的资料一般包括设备的交易价格、交易日期、交易目的、交易方式、交易双方情况以及机器设备的类型、功能、规格型号、已使用年限、实际状态等。还应核查所收集的资料，以确保资料的真实性和可靠性。

6.3.3.2 选择可供比较的交易实例作为参照物

在对所收集的资料进行分析整理后，按可比性原则，选择所需的参照物。参照物选择的可比性应注意两个方面：一是交易情况的可比性，二是设备本身各项技术参数的可比性。这样可以对被评估设备与参照物之间的差异进行比较、量化和调整。

6.3.3.3 量化和调整交易情况的差异

机器设备的交易价格会受到供求状况、交易双方情况、交易数量、付款方式等交易情况的影响。一般来说，在销售设备时，如果有多个投资者竞相购买，其价格必然要高；反之，价格就会降低。而只销售一台设备与同时销售多台设备相比，价格也会不一样。另外，一次付款和分期付款销售的价格也不相同。因此，应对上述因素进行分析，对由上述因素引起的价格偏高或偏低情况进行量化和修正。计算公式如下：

$$交易情况调整后价值 = 参照物交易价格 \times \frac{正常交易情况值}{参照物交易情况值}$$

6.3.3.4 量化和调整品牌方面的差异

由于生产厂家和品牌的不同，同一类型设备的产品质量和销售价格也会有所差别。名牌产品质量好、价格高，一般产品质量差一些，价格也低。因此在评估时应对这些影响因素进行量化处理，剔除其对交易价格的影响。计算公式如下：

$$品牌差异调整后价值 = 参照物交易价格 \times \frac{全新被评估设备交易价格}{同型号全新参照物交易价格}$$

6.3.3.5 量化和调整功能方面的差异

机器设备规格型号及结构上的差异会集中反映在设备间的功能和性能的差异上，如生产能力、生产效率、运营成本等方面的差异。运用功能价值法和超额运营成本折现法等可以将被评估机器设备与参照物在结构、规格型号、性能等方面的差异进行量化和调整。计算公式如下：

$$功能差异调整后价值 = 参照物交易价格 \times \left(\frac{被评估设备生产能力}{参照物生产能力}\right)^{x}$$

式中，x 为功能价值指数，x 的取值范围为 0.6~0.7。

6.3.3.6 量化和调整新旧程度方面的差异

评估时，被评估机器设备与参照物在新旧程度上往往不一致，评估人员应对被评估设备与参照物的使用年限、技术状态等情况进行分析，估测其成新率。比较而言，对被评估对象成新率的估测相对容易，关键是要对参照物的成新率进行客观判定。如有条件，应对参照物进行技术检测和鉴定，确定其成新率；如无条件，可采用年限法估测。取得被评估设备和参照物的成新率后，可采用下列公式调整差异。

$$新旧程度差异调整后价值 = 参照物交易价格 \times \frac{被评估设备成新率}{参照物成新率}$$

6.3.3.7 量化和调整交易日期的差异

在选择参照物时应尽可能选择离评估基准日较近的交易实例，这样可以免去交易时间因素差异的调整。如果参照物交易时的价格与评估基准日交易价格发生变化，可利用同类设备的价格指数进行调整。计算公式如下：

$$交易日期调整后价值 = 参照物交易价格 \times \frac{评估基准日同类设备价格指数}{参照物交易时同类设备价格指数}$$

6.3.3.8 确定被评估机器设备的评估值

对上述各差异因素进行量化调整后，便可得出初步评估结果。然后，对初步评估结果进行分析，采用算术平均法或加权平均法确定最终评估结果。如果所选择的参照物的交易地点与评估对象设备不在同一地区，并且设备价格的地区差异较大，我们还应对区域因素进行修正。

【例6-20】对某企业一台纺织机进行评估，评估人员经过市场调查，选择本地区近几个月已经成交的该类纺织机的3个交易实例作为比较参照物。3个交易实例的相关情况表如表6.19所示。

表6.19　3个交易实例的相关情况表

	参照物A	参照物B	参照物C	被评估对象
交易价格/元	10 000	6 000	9 500	
交易状况	公开市场	公开市场	公开市场	公开市场
生产厂家	上海	济南	上海	沈阳
交易时间	6个月前	5个月前	1个月前	
成新率/%	80	60	75	70

评估人员经过对市场信息进行分析得知，3个交易实例都是在公开市场条件下销售的，不存在受交易状况影响使价格偏高或偏低的现象，影响售价的因素主要是生产厂家（品牌）、交易时间和成新率。

（1）生产厂家（品牌）因素分析和修正。经分析，参照物A和参照物C是上海一家纺织机械厂生产的名牌产品，其价格比一般厂家生产的纺织机高25%左右。则参照物A、参照物B、参照物C的修正系数分别为100/125、100/100、100/125。

（2）交易时间因素的分析和修正。经分析，评估时该类设备的价格水平与参照物A、参照物B、参照物C交易时相比分别上涨了18%、15%、3%。则参照物A、参照物B、参照物C的修正系数分别为118/100、115/100、103/100。

（3）成新率因素分析和修正。成新率修正系数为被评估设备成新率与参照物成新率的比值，参照物A、参照物B、参照物C成新率修正系数分别为70/80、70/60、70/75。

（4）计算参照物A、参照物B、参照物C的因素修正后价格，得出初评结果。

$$参照物A修正后的价格 = 10\,000 \times \frac{100}{125} \times \frac{118}{100} \times \frac{70}{80} = 8\,260（元）$$

$$参照物B修正后的价格 = 6\,000 \times \frac{100}{100} \times \frac{115}{100} \times \frac{70}{60} = 8\,050（元）$$

参照物 C 修正后的价格 = $9\ 500 \times \dfrac{100}{125} \times \dfrac{103}{100} \times \dfrac{70}{75} = 7\ 306$（元）

（5）确定评估值。对参照物 A、参照物 B、参照物 C 修正后的价格进行简单算术平均，求得被评估设备的评估值。

设备的评估值 =（8 260+8 050+7 306）÷3 = 7 872（元）

【例 6-21】某被评估对象是 6 年前购进的生产 A 产品的成套设备，评估人员通过对该设备考察以及对市场同类设备交易情况进行了解，选择了 2 个与被评估设备相类似的近期成交的设备作为参照物。2 个交易实例的相关情况表见表 6.20。

表 6.20　2 个交易实例的相关情况表

序号	经济技术参数	参照物 A	参照物 B	被评估对象
1	交易价格/元	1 100 000	1 800 000	
2	销售条件	公开市场	公开市场	公开市场
3	交易时间	10 个月前	2 个月前	
4	生产能力/台·年	40 000	60 000	50 000
5	已使用年限/年	8	6	6
6	尚可使用年限/年	12	14	14
7	成新率/%	60	70	70

根据表 6.20 中资料及市场调查所掌握的其他资料进行评估，评估过程如下：

（1）交易时间因素的分析与量化。经调查分析，近 10 个月同类设备的价格变化情况大约是每月平均上升 0.5%。被评估对象与参照物 A、参照物 B 相比，价格分别上升了 5% 和 1%，则参照物 A、参照物 B 的交易时间因素修正系数如下：

参照物 A 时间因素修正系数 = 105÷100 = 1.05

参照物 B 时间因素修正系数 = 101÷100 = 1.01

（2）功能因素的分析与差异量化。经分析，设备的功能与其市场售价呈指数关系，功能价值指数取 0.6，则参照物 A、参照物 B 的功能因素修正系数如下：

参照物 A 功能因素修正系数 =（50 000÷40 000）$^{0.6}$ = 1.14

参照物 B 功能因素修正系数 =（50 000÷60 000）$^{0.6}$ = 0.90

（3）成新率的因素差异量化。根据资料，参照物 B 与被评估设备的成新率相同，修正系数为 1。参照物 A 的成新率修正系数如下：

参照物 A 成新率修正系数 = 70%÷60% = 1.17

（4）调整差异，确定评估结果。对上述分析与量化的各种差异进行调整，参照物 A 和参照物 B 因素调整后的价格如下：

参照物 A 价格 = 1 100 000×1.05×1.14×1.17 = 1 540 539（元）

参照物 B 价格 = 1 800 000×1.01×0.90×1 = 1 636 200（元）

（5）采用算术平均法计算评估值。被评估设备的评估值如下：

设备评估值 =（1 540 539+1 636 200）÷2 = 1 588 370（元）

6.3.4 运用市场法评估机器设备的具体方法

6.3.4.1 直接比较法

直接比较法是根据与评估对象相同的市场参照物，按照参照物的市场价格来直接确定评估对象价值的一种评估方法。这种方法适用于在二手设备交易市场上能够找到与评估对象相同的参照物，包括制造商、型号、出厂年代、实体状态、成新率等方面。在这种情况下，一般可以直接使用参照物的价格。直接比较法比较简单，对市场的反映较为客观，能较为准确地反映设备的市场价值。

大多数情况下，要找到完全相同的两台设备是很困难的，这就需要对评估对象与参照物之间的细微差异做出调整。需要注意的是，评估对象与参照物之间的差异必须是很小的，价值量的调整也应该很小且容易直接确定，否则不能使用直接比较法。

6.3.4.2 相似比较法

相似比较法是以相似参照物的市场销售价格为基础，通过对效用、能力、质量、新旧程度等方面的比较，按一定的方法对其差异做出调整，从而确定评估对象价值的一种评估方法。这种方法与直接比较法相比，主观因素更大，因为需要做更多的调整。这种方法可用以下公式进行计算：

评估价值=参照物价格±被评估设备与参照物差异的量化合计金额

为减少差异调整的工作量，减少调整时因主观因素产生的误差，应尽可能做到：在选择对象上，所选择的参照物应尽可能与评估对象相似；在时间上，参照物的交易时间应尽可能接近评估基准日；在地域上，参照物与评估对象尽可能在同一地区。调整的因素和方法如下：

（1）制造商。不同生产厂家生产的相同产品，其价格往往是不同的，市场参照物应尽量选择同一厂家的产品。如果无法选择同一厂家生产的设备作为参照物，则需要对该因素进行调整。可以将新设备的价格差异率作为旧设备的调整比率。

（2）生产能力。生产能力是影响价格的重要因素，如果参照物与评估对象的生产能力存在差异，那么需要做出调整。调整方法一般为两种：一是按新设备的价格差异率调整，二是用规模经济效益指数法调整。

（3）出厂日期和服役年龄调整。二手设备交易市场的成交价资料显示，设备的出厂日期是影响设备价格的主要因素。表 6.21 是不同出厂年限的成新率，可以得知二手设备的交易价格与出厂年代之间的相关性是比较强的。

表 6.21 不同出厂年限设备的成新率

序号	出厂年限/年	成新率二手设备售价÷新设备价格
1	6	0.70
2	7	0.61
3	8	0.59
4	9	0.56

表6.21(续)

序号	出厂年限/年	成新率二手设备售价÷新设备价格
5	10	0.50
6	11	0.48
7	12	0.48
8	13	0.44
9	14	0.42

（4）销售时间。从理论上讲，参照物价格应该是评估基准日价格，这一点较难做到。如果获取的资料不是基准日价格，就应对其进行调整，计算公式为：

调整额＝参照物的售价×价格变动率

（5）地理位置。参照物与评估对象可能处于不同地域，这就形成地理位置差异。地理位置差异可能影响价格，因为评估对象需要发生部分拆卸和移动成本。

（6）安装方式。安装是影响价格的一个因素。如果参照物的价格是已拆卸完毕并在交易市场提货的价格，而评估对象是安装在原使用者所在的地点未进行拆卸的，则需要考虑该因素的影响，从参照物的价格中扣减拆卸设备所要发生的费用。

（7）附件。在设备市场上交易的设备，附件和备件情况差异较大，有些设备的附件占整机价值量的比例很大，评估人员应对参照物和评估对象的附件情况进行比较。尤其是一些老设备的附件以及易损备件等也是要考虑的重要因素，因为这些备件可能在市场上难以买到，如果出售方没有足够的备件，设备的价格会大大降低。

（8）实体状态。设备的实体状态会影响价格。由于设备的使用环境、使用条件各不相同，因此，实体状态一般都有差异，需要对评估对象和市场参照物进行比较调整。这是比较过程中最困难的部分。即使目标资产的状况很清晰，参照物的状态有时也很难取得。这就有必要对参照物的实体状态进行实体调查取证。

（9）交易背景。评估人员应了解参照物的交易背景，以及可能对评估目标价值产生的影响，了解的内容应包括购买和出售的动机、购买方和出售方是否存在关联交易、购买方是最终用户还是经销商、出售商是原使用者还是经销商、交易的数量等。上述因素可能对交易价格产生影响，特别是大型设备。

（10）交易方式。设备的交易方式包括在设备交易市场公开出售、公开拍卖、买卖双方的直接交易等。交易方式不同其价格是不同的，设备的拍卖价格一般会低于设备交易的价格。如果评估人员评估的是设备的正常交易价格，则应选择设备交易市场作为参照物市场；如果评估的是快速变现价值，则应选择拍卖市场作为参照物市场。

（11）市场。设备交易市场所在地区不同，设备的交易价格可能是不同的；在同一地区而在不同的市场上进行交易的设备的价格也可能是不同的。例如，同一个地区的设备交易市场和设备拍卖市场的价格就是不同的。评估时应选择相同交易市场的参照物。如果评估对象与参照物不在同一个市场，评估人员必须清楚两个市场的价格差异，并且做出调整。

6.4 收益法在机器设备评估中的应用

6.4.1 收益法的基本思路

收益法是通过估算设备在未来的预期收益，并采用适当的折现率折算成现值，然后累加求和，得出机器设备评估值的方法。收益法要求被评估对象应具有独立的、连续可计量的、可预期收益的能力。其基本计算公式如下：

$$P = \sum_{i=1}^{n} \frac{F_i}{(1 + r)^i}$$

式中，P 为评估值，F_i 为机器设备未来第 i 个收益期的预期收益额，r 为折现率，n 为收益期限。

或者

$$P = A \times \sum_{i=1}^{n} \frac{1}{(1 + r)^i} = \frac{A}{r} \times \left[1 - \frac{1}{(1 + r)^i} \right]$$

式中，P 为评估值，A 为收益年金，r 为折现率，n 为收益期限。

6.4.2 收益法的适用范围和前提条件

对单台机器设备进行评估使用收益法，通常是不适用的，因为分别确定每台设备的未来收益相当困难。如果把若干台机器设备组成生产线，作为一个整体生产产品，它们就能为企业创造收益。在这种情况下，可以用收益法对这一组能产生收益的资产进行评估。此外，对于能够产生租金收入的可供出租的设备也可以采用收益法进行评估。

使用收益法对机器设备进行评估的前提条件有两个：一是能够确定被评估机器设备的获利能力、净利润或净现金流量，二是能够确定合理的资产折现率。

6.4.3 收益法的评估步骤

运用收益法评估机器设备（以租赁设备为例）的价值，应按下列步骤进行：

第一，对租赁市场上类似设备的租金水平进行调查。

第二，分析市场参照物设备的租金收入，经过比较调整后确定被评估设备的预期收益。调整的因素主要包括时间、地点、规格和使用年限等。

第三，根据类似设备的租金及市场价格确定折现率。

第四，根据被评估设备的预期收益、收益年限和折现率评估设备价值。

【例6-23】某有线网络公司有一条从 A 地到 B 地的光纤线路，某通信公司租赁该条光纤线路，租期为 10 年。试估算该光纤线路的价值。

分析：经调查，该光纤线路具有独立获利能力，因此可以采用收益法进行评估。评估人员从租赁市场了解到该类线路年租金为 80 000 元左右，折现率确定为 14.5%。

则该光纤线路的价值为：

$$P = \frac{A}{r} \times \left[1 - \frac{1}{(1+r)^i} \right] = \frac{80\,000}{14.5\%} \times \left[1 - \frac{1}{(1+14.5\%)^{10}} \right] = 409\,273\ (\text{元})$$

【例6-24】运用收益法评估租赁设备价值。有关资料如下：

（1）被评估设备为某设备租赁公司的一台大型机床，评估基准日以前的年租金净收入为19 800元。市场调查显示，与被评估设备规格型号相同、地点相同、新旧程度大致相同的设备的平均年净租金为20 000元。

（2）评估人员根据被评估设备的现状，确定该租赁设备的收益期为10年，假设收益期后该设备的残值忽略不计。

（3）评估人员对类似设备交易市场和租赁市场进行了调查，得到有关市场数据（见表6.22）。

表6.22 类似设备相关市场资料表

市场参照物	设备使用寿命/年	市场售价/元	年净收益/元	投资回报率/%
A	10	84 610	21 000	24.82
B	10	83 700	20 000	23.89
C	8	76 500	19 000	24.84

根据3个市场参照物的投资回报率以及对3个参照物进行分析，显示折现率为23.89%~24.84%，平均值是24.52%。

由此可得被评估设备的预期收益为20 000元，折现率为24.52%，收益年限为10年。将上述数据代入公式，被评估租赁设备的评估值如下：

$$P = \frac{A}{r} \times \left[1 - \frac{1}{(1+r)^i} \right] = \frac{20\,000}{24.52\%} \times \left[1 - \frac{1}{(1+24.52\%)^{10}} \right] = 72\,464\ (\text{元})$$

课后练习

一、单项选择题

1. 机器设备本体的重置成本通常是指设备的（　　　）。

    A. 购买价+运杂费　　　　　　　　　　B. 购买价+运杂费+安装费

    C. 建造价+安装费　　　　　　　　　　D. 购买价或建造价

2. 下列关于物价指数法说法正确的是（　　　）。

    A. 一般应采用综合物价指数

    B. 对进口设备所采用的物价指数应是国内物价指数

    C. 物价指数法得到的重置成本一般是更新重置成本

    D. 物价指数法得到的重置成本一般是复原重置成本

3. 设备的（　　）属于进口设备的从属费用。

    A. 到岸价 　　　　　　　　　　B. 离岸价

    C. 国内运杂费 　　　　　　　　D. 国外运杂费

4. 鉴定机器设备实际已使用年限不需要考虑的因素是（　　）。

    A. 技术进步因素 　　　　　　　B. 设备使用的日历天数

    C. 设备的使用强度 　　　　　　D. 设备的维修保养水平

5. 设备的经济寿命是指（　　）。

    A. 设备从开始使用到报废为止的时间

    B. 设备从使用到运营成本过高而被淘汰的时间

    C. 设备从评估基准日到设备继续使用在经济上不划算的时间

    D. 设备从使用到出现了新的技术性能更好的设备而被淘汰的时间

6. 机器设备评估最常采用的方法是（　　）。

    A. 成本法 　　　　　　　　　　B. 市场法

    C. 收益法 　　　　　　　　　　D. 物价指数法

7. 进口设备到岸价不包括（　　）。

    A. 离岸价 　　　　　　　　　　B. 国外运费

    C. 国外运输保险费 　　　　　　D. 关税

8. 自制设备自身购置价格的估测方法通常采用（　　）。

    A. 重置核算法 　　　　　　　　B. 市场询价法

    C. 功能价值法 　　　　　　　　D. 价格指数法

9. 某设备的原购置价格为 30 000 元，当时的定基价格指数是 105%，评估时的定基价格指数是 115%，则评估时该设备自身购置价格为（　　）元。

    A. 32 857 　　　　　　　　　　B. 27 391

    C. 32 587 　　　　　　　　　　D. 27 931

10. 对超额投资成本造成的设备功能性贬值进行估测的方法为（　　）。

    A. 更新重置成本减复原重置成本 　　B. 复原重置成本减更新重置成本

    C. 重置成本减历史成本 　　　　　　D. 历史成本减重置成本

11. 如果企业有已经退出使用的设备使用年限记录，估测设备尚可使用年限时通常采用（　　）。

    A. 使用年限记录法 　　　　　　B. 寿命年限平均法

    C. 预期年限法 　　　　　　　　D. 折旧年限法

二、多项选择题

1. 进口设备的重置成本包括（　　）。

    A. 设备购置价 　　　　　　　　B. 设备运杂费

    C. 设备进口关税 　　　　　　　D. 银行手续费

    E. 设备安装调试费

2. 运用使用年限法估测设备的成新率涉及的基本参数为（　　）。

A. 设备总的经济使用寿命   B. 设备的技术寿命

C. 设备的实际已使用年限   D. 设备的使用强度

E. 设备的剩余经济使用年限

3. 设备实体性贬值估测通常采用（   ）进行。

     A. 使用年限法   B. 修复费用法

     C. 观察法   D. 功能价值法

     E. 统计分析法

4. 设备的功能性贬值通常表现为（   ）。

     A. 超额重置成本   B. 超额投资成本

     C. 超额运营成本   D. 超额更新成本

     E. 超额复原重置成本

5. 机器设备的经济性贬值通常与（   ）有关。

     A. 市场竞争   B. 产品供求

     C. 国家政策   D. 技术进步

     E. 设备保养

6. 机器设备重置成本一般包括（   ）。

     A. 设备自身购置价格   B. 运杂费

     C. 安装费   D. 基础费

     E. 折旧费

7. 机器设备自身购置价格的估测方法包括（   ）。

     A. 重置核算法   B. 价格指数法

     C. 使用年限法   D. 功能价值法

     E. 市场询价法

8. 计算进口设备增值税时，组成计税价格包括（   ）。

     A. 关税完税价格   B. 关税

     C. 增值税   D. 消费税

9. 运用市场法评估机器设备价值的基本前提条件包括（   ）。

     A. 活跃的设备交易市场   B. 类似设备的交易活动

     C. 设备预期收益可确定   D. 设备投资风险可确定

     E. 设备使用年限可确定

10. 可以采用收益法评估的机器设备主要有（   ）。

     A. 外购设备   B. 自制设备

     C. 进口设备   D. 租赁设备

     E. 生产线

三、判断题

1. 与房地产不可分离的机器设备通常不能单独作为评估对象。   （   ）

2. 价格指数法通常适用于技术进步速度较快的机器设备重置成本的估测。（   ）

3. 实际已使用年限是指会计记录记载的设备的已提折旧年限。　　（　　）

4. 设备利用率小于1，表明设备实际已使用年限小于名义已使用年限。　　（　　）

5. 可修复的实体性损耗不仅在技术上具有修复的可能性，在经济上也合算。

（　　）

四、简答题

1. 如何界定机器设备的使用状态？

2. 可以通过哪些途径测算机器设备的重置成本？

3. 如何判断机器设备的功能性贬值？

4. 作为要素资产的机器设备评估应当如何把握？

5. 可以通过哪些途径测算机器设备的成新率？

6. 机器设备现场勘查包括哪些内容？

7. 机器设备重置成本包括哪些内容？

8. 设备自身购置价格的估测方法有哪些？

9. 机器设备实体性贬值的估测方法有哪几种？

10. 超额运营成本造成的设备功能性贬值的估测步骤有哪些？

11. 运用市场法评估机器设备价值通常进行哪些因素修正？

12. 运输设备、产品生产设备和生产线应采用哪种鉴定方法？

五、计算题

1. 某条被评估的生产线购置于 2009 年，原始价值为 200 万元，2013 年和 2016 年分别投资 10 万元和 5 万元进行了两次更新改造，2019 年对该设备进行评估。经评估人员调查，该类设备及相关零部件的定基价格指数在 2009 年、2013 年、2016 年和 2019 年分别为 110%、125%、130%、145%。该设备尚可使用 6 年。另外，该生产线正常运行需要 6 名技术操作员，而目前新式同类生产线仅需 4 名操作员。假定待评估设备与新式设备的运营成本在其他方面没有差异，操作员的人均年工资为 30 000 元，所得税税率为 25%，适用折现率为 10%。根据上述数据资料估算被评估资产的价值。

2. 某被评估设备购置于 2013 年 1 月，账面原值为 100 万元。2015 年 1 月对该设备进行了技术改造，使用了某项专利技术，改造费为 10 万元。2017 年 1 月对该设备进行评估。现得到以下数据：

（1）2013—2017 年该类设备的环比物价指数为 105%、108%、104%、110%、112%；

（2）被评估设备的月人工成本比同类设备节约 1 000 元；

（3）被评估设备所在企业的正常投资报酬率为 10%，规模经济效益指数为 0.7，该企业为正常纳税企业，所得税税率为 25%；

（4）被评估设备从使用到评估基准日，由于市场竞争，利用率仅仅为设计生产能力的 60%，估计评估基准日以后其利用率会达到设计要求；

（5）经过了解，得知该设备在评估使用期间进行了技术改造，其实际利用率为正常利用率的80%，评估人员鉴定分析认为，被评估设备尚可使用6年。

根据上述条件估算该设备的有关技术经济参数和评估值。

3. 某企业的进口设备于2016年购进，当时的购置价格（离岸价）为8.5万欧元，2019年进行评估。根据调查得知，2019年与2016年相比，该类设备国际市场价格上升了12%；现行的海运费率和保险费率分别为5%和0.3%；该类设备进口关税税率为15%，增值税税率为17%；银行财务费率为0.8%，外贸手续费率为1.2%；国内运杂费费率为1%，安装费费率为0.5%，基础费费率为1.5%；评估基准日欧元同人民币的比价为1：7.90。

要求：根据上述条件，估测该进口设备的重置成本。

4. 某公司的一条生产线购置于2014年，构建成本为800万元，2017年对该生产线进行评估。有关资料如下：

（1）2014年和2017年该类设备定基价格指数分别为108%和115%；

（2）与同类生产线相比，该生产线的年运营成本超支额为3万元；

（3）被评估的生产线尚可使用12年；

（4）该公司的所得税税率为25%，评估时国债利率为5%，风险收益率为3%。

要求：根据上述条件，估测该生产线的价值。

5. 对某企业的一台通用机床进行评估，经过市场调查，评估人员选择本地区近几个月已经成交的3个交易实例作为参照物。被评估对象及参照物的有关资料如表6.23所示。

表6.23　被评估对象及参照物的有关资料

		参照物A	参照物B	参照物C	被评估对象
交易价格/万元		186	155	168	
因素修正	交易状况	105	98	103	100
	品牌因素	102	100	102	100
	功能因素	99	101	98	100
	价格指数/%	110	112	108	125
	成新率/%	80	70	75	70

要求：根据上述条件，评估该机床的价值。

7　流动资产评估

案例导入

宏远工程机械有限公司的流动资产价值评估

宏远工程机械有限公司是一个大型工程机械制造企业，主要生产推土机、挖掘机、铲运机、装载机等，年销售收入 5 458 万元，年利润 653 万元。由于该企业实行股份制改造，需对企业 2018 年 9 月 30 日的全部流动资产进行评估。在评估基准日，该企业流动资产总额为 68 367 328.16 元。具体构成如下：货币资金 1 232 275.65 元；短期投资 307 000.00 元，预付账款 923 157.46 元，应收账款 45 059 915.28 元，其他应收款 3 253 758.59 元，存货价值 16 915 925.93 元。宏远工程机械有限公司现委托某评估机构对其流动资产的价值进行评估。

问题：如果你是评估师，你将采用怎样的操作步骤、采用何种方法对不同种类的流动资产价值进行评估？（具体评估过程可参看本章第 4 节）

7.1　流动资产评估概述

7.1.1　流动资产概述

流动资产是指满足以下条件之一的资产：

（1）预计在一个正常营业周期中变现、出售或耗用。

（2）主要为交易目的而持有。

（3）预计在资产负债表日起一年内（含一年）变现。

（4）自资产负债表日起一年内，交换其他资产或清偿债务的能力不受限制的现金或现金等价物。

流动资产一般包括库存现金、各种银行存款以及其他货币资金、应收及预付款项、存货以及其他流动资产等，具有周转速度快、变现能力强、形态多样化等特点。作为资产评估对象的流动资产，按其存在形态划分为货币类、债权类和实物类三部分，分别采用不同的评估方法。

7.1.2　流动资产评估的特点

流动资产自身所具备的特点赋予了流动资产评估独有的特征，直接影响着评估工作的组织和进行。

7.1.2.1　评估对象是单项资产

流动资产评估以单项资产为对象。例如，对材料、在产品等分别进行评估。这是因为对形式和种类多样化的流动资产进行评估时，并非估算所有资产的价值，如货币资金、债权和票据等，只存在不同币种的价值换算或者具体数额的核实问题。也并非能合理预测任何类型的流动资产其未来收益。例如，材料、在产品的价值会随着生产周转环节不断发生转移。因此，流动资产评估不以综合获利能力为依据进行整体价值评估。

7.1.2.2　评估基准时间确定上的特殊性

流动资产的流动性特点，使得流动资产的构成、数量和价值金额总是处于变化之中，相对于资产评估旨在评定某一时点价值的要求，在流动资产运营中选择不同的评估基准时间，评估结果往往大相径庭，会影响评估结论的可靠性和有效性，然而不可能人为地停止流动资产的运转以固定某一时点。因此，评估流动资产时，评估基准日应尽可能地确定在会计期末，或者尽量与利用资产评估结论时的时间一致，并在规定时间进行清查、登记和确定流动资产的数量和账面价值，确保评估结果的准确性和评估工作的高效化。

7.1.2.3　评估操作须分清主次，掌握重点

由于流动资产数量较大，种类繁多，且处于快速周转之中，所以在评估中进行资产清查的工作量很大，必须同时考虑评估的时间要求和成本，根据不同企业的生产经营特点和流动资产分布的特点，分清主要和次要、重点和一般，在此基础上选择合理有效的方法进行清查和评估。

7.1.2.4　评估的信息资料主要来自于会计核算资料

流动资产始终处于企业的生产经营过程中，决定了流动资产评估必须要考虑企业的经营特点。若深入流动资产周转环节进行现场评估，势必影响企业的正常活动。在流动资产的长期营运中，其数量和价格随市场供求变化而频繁波动，评估中不可能逐个盘点，或逐一了解其市场价格。因此，评估时可以与企业合作，了解企业流动资产核算的程序和方法，正确判断企业会计账表中有关数据资料的有用性，在相对静止的条件下进行资产的清查盘点和检测，并以此为依据确定流动资产的实际数量和价值。

7.1.2.5　流动资产的账面价值基本上可以反映流动资产的现值

流动资产周转速度快，变现能力强，在评估时，一般无须考虑资产的功能性贬值问题，更不用考虑折旧、成新率等因素，只需计算低值易耗品以及呆滞、积压的流动资产的有形损耗。因此，流动资产的重置价值、变现价值、清算价值都基本上统一于

市价，差别较小，在价格变化不大的情况下，流动资产的账面价值基本上可以反映出其现值。

7.1.3　流动资产评估的目的

流动资产评估主要服务于基于流动资产的市场行为或管理活动。具体而言，流动资产评估的目的有如下5种情形：

7.1.3.1　企业产权变动

在企业发生经营形式转变时，为了合理确定产权主体的权益，明确企业的整体资产价值，需要评估流动资产的价值。

7.1.3.2　企业清算和资产变卖

当企业按章程规定解散以及由于破产或其他原因宣布终止经营，或者当企业必须将资产变价卖出、换取现款时，需要对涉及的流动资产进行评估，以确定全部的偿债资产数额或者出售底价。

7.1.3.3　保险索赔

企业办理财产保险须以固定资产和流动资产为保险标的，索赔时要以保险责任范围内的标的损失及蔓延费用为依据，这些都涉及流动资产的价值确定。

7.1.3.4　对外投资

当投资主体为了获得投资报酬或资产权利而将流动资产投入其他企业时，必须在明确投资金额的基础上确定投资份额，作为行使股东权利的依据。

7.1.3.5　清算核资

企业遵照国家要求或者自行组织开展清产核资工作时，必须清查、核实流动资产，作为企业占用的全部资产的一部分。

7.1.4　流动资产评估的程序

7.1.4.1　确定评估对象和评估时点

流动资产评估的对象根据资产业务所涉及的资产范围而定。当企业产权整体转让时，评估对象是全部流动资产；当企业产权部分转让时，部分或单件资产为评估对象。在具体确定评估对象的同时，要根据国家有关规定核实待评估资产的产权状况，如果作为抵押物的流动资产不能转让或投资，这类流动资产就不能列入评估范围。

确定流动资产评估时点时，至少应当考虑以下3个方面的因素，并在评估实践中适当兼顾：

（1）尽可能接近于会计报表的时间，以便有效利用会计报表的信息资料。

（2）尽可能接近于资产业务发生或生效的时间，以减少价格调整的工作量，确保评估结果的可用性。

（3）最好选择在评估期或者与之相邻的某个时点。

7.1.4.2 清查核实资产，验证基础资料

流动资产评估对企业会计核算资料的依赖性较强。清查和核实资产，正是为了证实会计资料的真实性和准确性，进行账实、账账核对和盘点，从而为评估提供可靠的依据。

清查核实流动资产的内容主要包括：

（1）各种存货的实际数量与企业申报表所列数字的一致性。被评估资产应以实存数量为准，清查中若发现短缺或涨溢，应当对申报表的数字进行调整。

（2）各类应收和预付款项的真实性。应侧重于对重复记录或漏记、应核销而未核销等事项的核查，要逐笔落实，及时清理。在条件具备时，应采用信函或其他形式与债务人核对，并对债务人的资信状况、偿债能力等进行调查。

（3）货币资金的真实性。主要核实企业库存现金与会计账目上的数字是否一致，企业银行存款账目的金额与银行对账单上的数字是否一致，有无短库情况和白条抵库现象。

（4）对事物性流动资产的质量检测和技术鉴定。确定资产的质量状态、技术等级和先进性水平，并核对上述方面是否与资产清单的记录相符。

针对流动资产量大且杂的特点，在进行流动资产清查工作中，可以通过表格形式反映并汇总有关资料。根据需要，可以按不同的评估对象分别设计申报表和评估表两类表格，也可以简化为一张表，同时反映申报和评估两方面的信息。表格内容应该包含反映资产物理性能、现实状态、时间和价值量等方面的指标。表格的设计应当简明易懂，便于填写和汇总。

7.1.4.3 立足资产实际，合理选择评估方法

针对不同的资产业务目的，应当选择不同评估方法对流动资产价值进行评估，即流动资产评估的目的与价值类型和评估方法应当相匹配。

根据流动资产的不同特点，对于实物类流动资产，可采用现行市价法和重置成本进行评估；对于货币类流动资产，其清查核实后的账面值就是现值，只需对外币存款按评估基准日的国家外汇牌价进行折算；对于债权类流动资产，则适宜按变现净值进行评估。

7.1.4.4 实施评定估算，确定评估结论，出具评估报告

根据掌握的资料和技术检测的结果，按照选定的评估方法，对流动资产进行评定估算。同时编制和整理评估明细表和评估汇总表，对各项评估结果进行汇总分析，并与委托方有关人员进行讨论，最后编制评估报告。

7.2 实物类流动资产评估

实物类流动资产是指流转于企业生产经营过程之中，以实物形态存在的流动资产，主要包括各种材料、在产品、产成品、库存商品和低值易耗品等，是企业流动资产的

重要组成部分。在流动资产评估中，实物类流动资产评估居于显著地位。

7.2.1 材料价值评估

7.2.1.1 材料价值评估的内容和步骤

企业中的材料按其用途可以分为两大类，即库存材料和在用材料。由于在用材料在生产过程中已经形成产成品或半成品，不再作为单独的材料存在，因此，材料评估仅限于对库存材料的评估。库存材料包括各种原料及主要材料、辅助材料、燃料、修理用备件、包装物、低值易耗品等。

库存材料具有品种多、数量大、金额大，计量单位、购进时间和自然损耗等各不相同的特点，在评估时应当按照以下步骤进行：

（1）核实、检查资产。

核实、检查资产主要是进行账实、账表核对，核实库存材料的数量，并经勘查鉴定，掌握材料的质量状态以及管理和使用情况，如查清有无变质、毁损、超储呆滞的材料以及尚可使用的边角余料等。

（2）选择评估方法。

根据不同的评估目的和待估资产的特点选择合适的评估方法。通常，市场法和成本法在评估中的应用较为频繁。

（3）讲求评估技巧。

在实际操作中，要重视技巧的运用。可以利用企业库存管理的 ABC 分类法，按照一定的目的和要求对材料进行分类，分清评估中的重点对象和一般内容，重视对重要材料的评估，同时抓好对普通材料的评估。

7.2.1.2 材料价值评估的方法

对材料进行评估时，一般根据材料的购进情况选择相应的方法。

（1）近期购进库存材料评估。

近期购进的材料库存时间短，在市场价格变化不大的情况下，其账面价值与现行市价基本接近。评估时，可以采用历史成本法，也可以采用市场法，运用这两种评估方法得出的结果相差不大。其计算公式如下：

$$材料评估值 = 材料账面价值 - 损耗价值（历史成本法）$$

$$材料评估值 = 库存材料数量 \times 该种材料的现行市价（现行市价法）$$

【例 7-1】被评估企业中的甲材料于 2 个月前从外地购进，材料明细账的记载为：重量为 6 000 千克，单价为 500 元/千克，运杂费为 600 元。根据材料消耗的原始记录和清查盘点结果，评估时甲材料尚有库存 1 000 千克。根据以上材料，确定甲材料的评估值。

$$甲材料评估值 = 1\ 000 \times （500 + 600 \div 6\ 000） = 500\ 100（元）$$

（2）购进批次间隔时间长、价格变化较大的库存材料评估。

对于这类材料的评估，可以根据实际情况，采用以下 3 种方法：

其一，以最接近市场价格的那批材料的价格作为评估的计价基础。

其二，直接以评估基准日的市场价格作为评估的计价基础。

其三，考虑评估时点物价指数与材料购进时的物价指数的变动率，对材料的账面价值进行调整。其计算公式如下：

$$评估值 = 账面价值 × （评估时物价指数 ÷ 购进时物价指数）$$

这里需要注意的是，各企业对材料的购进时间和购进批次等的核算在会计上采用不同的方法，如先进先出法、后进先出法、加权平均法等，这使得材料的账面余额不尽相同，但核算方法的差异对评估结果并无影响，评估时的关键是准确核查库存材料的实际数量，在此基础上确定库存材料的评估价值。

【例7-2】对被评估企业库存的乙材料进行评估，评估基准日为2018年12月31日，经核查，该材料分两批购进，第一次购进时间为2015年1月，重量为1 500吨，单价为450元/吨；第二批购进时间为2018年11月，重量为2 000吨，单价为300元/吨。截至评估基准日，2015年购入的乙材料还剩100吨，2018年购入的还没有使用。求乙库存材料的评估值。

分析：尚需评估的乙材料数量为2 100吨，按照最接近评估基准日现行市价的2018年11月的购进价300元/吨计价。

乙材料评估值 = 300 × （100 + 2 000） = 630 000（元）

【例7-3】对某企业的库存钢材进行评估。钢材的账面价值为540 000元，共分三批购进，具体情况为：第一批购进的钢材账面价值为40 000元，当时的物价指数为100%；第二批购进的钢材账面价值为50 000元，当时的物价指数为140%；第三批购进的钢材账面价值为450 000元，当时的物价指数为200%。资产评估时的物价指数为180%。假设损耗不计。求库存钢材的评估值。

第一批钢材的评估值 = 40 000 × 180% ÷ 100% = 72 000（元）

第二批钢材的评估值 = 50 000 × 180% ÷ 140% = 64 286（元）

第三批钢材的评估值 = 450 000 × 180% ÷ 200% = 405 000（元）

库存钢材评估值合计 = 72 000 + 64 286 + 405 000 = 541 286（元）

（3）购进时间早、没有准确的现行市价的库存材料的评估。

企业的库存材料中存在购进时间较长、当前市场已经脱销、没有明确的市价可供参考或利用的情形。对这类材料的评估，也可以采取以下3种方法：

其一，通过寻找替代品的价格变动资料来修正该材料价格。公式如下：

$$库存材料评估值 = 库存数量 × 替代品现行市价 × 代替品物价比较指数 - 损耗$$

其二，通过分析该材料的市场供求情况变化来修正该材料的价格。公式如下：

$$库存材料评估值 = 库存数量 × 进价 × 市场供需升降指数 - 损耗$$

其三，利用市场同类材料的平均物价指数修正该材料的价格。公式如下：

$$库存材料评估值 = 库存数量 × 进价 × 同类商品物价指数 - 损耗$$

【例7-4】某企业于2018年9月购进甲材料100吨，单价为20 000元/吨，当时该种材料的市场供给紧张，价格较高，同时其供给有季节性特点。2019年3月进行评估时，市场上已经没有大量的购销活动。评估中经清查核实，甲材料尚存50吨，因保管等原因造成的有形损耗占结存材料原值的2%，供求紧张、抬级收购引起质量上的损耗约占结存材料原值的3%。假设在评估中还掌握了以下3类信息：

市场上有与甲材料功能类似的乙材料可以作为甲材料的替代品，乙材料的现行市价为30 000元/吨，根据经验，甲、乙材料的价格之比为1∶2；经分析市场供需，估计甲材料价格下降5%左右；调查同类商品的物价指数，2018年9月为100%，2019年3月为105%。

请分别根据上述三种不同情况估算甲产品的评估值。

甲材料的评估值＝50×30 000×1/2−50×20 000×（2%＋3%）＝700 000（元）

甲材料的评估值＝50×20 000×（100%−5%）−50×20 000×（2%＋3%）＝900 000（元）

甲材料的评估值＝50×20 000×（105%÷100%）−50×20 000×（2%＋3%）＝1 000 000（元）

（4）呆滞材料价值的评估。

呆滞材料是指企业从库存材料中清理出来需要进行处理的材料。这些材料由于长期积压或保管不善，使用价值有所下降。在评估时，我们首先应对其数量和质量进行核实和鉴定，然后区别不同的情况，按以下方法确定其评估值：

对失效、变质、残损、无用的材料，应作为废料处理，按可回收净值确定其评估值。计算公式如下：

呆滞材料评估值＝该种材料库存数量×回收价格

对虽能使用但质量下降的材料，扣除相应的贬值或损耗后确定其评估值。计算公式如下：

呆滞材料评估值＝呆滞材料账面价值×（1−贬值率）

【例7-5】某被评估企业有积压的某种化工原料10吨，账面单价为2 500元/吨。在评估过程中查明，因工厂生产转型，该种化工原料的使用量大为减少，加之该原料的市场供大于求，使用面较窄，故确定综合损耗率为35%，求该种化工原料的评估值。

化工原料评估值＝10×2 500×（1−35%）＝16 250（元）

（5）盘盈、盘亏材料的评估。

评估盘盈、盘亏材料时，应以有无实物存在为原则，分别选用相应的评估方法。因盘亏材料已无实物存在，故不需要评估，直接从申报的待估材料中减除其价值即可；一般的盘盈材料缺乏历史成本资料，应当采用现行市价法或重置成本法进行评估。

若盘盈材料能取得同种材料的现行市价，就依据市场价评估。计算公式如下：

盘盈材料评估值＝盘盈材料数量×该种材料现行市场单价−损耗

若无法取得盘盈材料现行市价，应参照类似材料的交易价位进行评估。计算公式如下：

盘盈材料评估值＝盘盈材料数量×类似材料交易价×（1±调整系数）−损耗

【例7-6】评估人员对某企业的库存材料进行评估时，盘盈甲材料8吨。经了解，甲材料在市场上已经脱销，改用乙材料代替。乙材料的现行市价为4 000元/吨。经比较鉴定，甲材料的性能优于乙材料，故拟定增值率为5%；而由于库存时间较长，甲材料的质量有所下降，确定损耗率为10%。求甲材料的评估值。

甲材料的评估值＝8×4 000×（1＋5%−10%）＝30 300（元）

7.2.2 在产品价值评估

在产品是指原材料投入生产后，制造尚未完成，不能作为商品出售的产品。作为评估对象的在产品包括各生产阶段正在加工或装配的在制品以及已经完成若干生产工序但尚未结束整个生产过程的库存半成品。在企业生产中外购的半成品视同材料评估，可直接对外销售的自制半成品视同产品评估。

在产品尚处于生产过程中，在不同的时间，其数量和完工程度都不相同，价值差别也很大。因此，在产品评估中首先应把握三个方面的要点，即合理确定评估时点、认真核定在产品数量和正确估计在产品完工程度，然后再根据具体情况选择评估方法。通常，若在产品数量不多、生产周期较短、成本变化不大，可以按实际发生的成本为计价依据，在没有变现风险的情况下，对账面价值进行调整后作为在产品的评估值；若在产品数量多、金额大、成本变化大，或者生产周期较长，可采用重置成本法或现行市价法进行评估。

7.2.2.1 成本法

对于生产周期较长仍需继续生产和销售并有赢利的在产品的评估，一般使用重置成本法。在产品评估的重置成本法是根据在产品清查核实、技术鉴定和质量检测的结果，按评估时的相关市场价格和费用水平，计算同等级在制品及半成品的料工费，从而确定在产品价值的方法。

对于生产周期短的在产品，主要以其实际发生的成本为计价依据，在没有变现风险的情况下，对其账面价值进行调整后确定评估值。在具体应用中，可以选择采取以下3种方法：

（1）价格变动系数调整法。

价格变动系数调整法，即按价格变动系数调整原成本的方法，是以在产品实际发生的成本为基础，根据评估基准日的市场价格变动情况对其进行调整，从而得出在产品的重置成本。这种方法主要适用于生产经营正常、会计核算水平较高的企业的在产品的评估。其计算公式如下：

$$\text{在产品的评估值} = \text{原合理材料成本} \times (1 + \text{价格变动系数}) + \text{原合理工资、制造费用} \times (1 + \text{合理工资、制造费用变动系数})$$

该方法在应用中须遵循以下步骤：

第一，对被评估在产品进行技术鉴定，从总成本中剔除不合格在产品的成本；第二，分析原来的成本构成，从总成本中剔除不合理的费用；第三，分析原成本中材料从生产准备开始到评估基准日止的价格变动情况，并测算出价格变动系数；第四，分析原成本中工资、燃料、动力、制造费用等从开始生产到评估基准日的变动情况，测算出调整系数；第五，根据原成本的构成和各部分的调整系数进行计算，确定评估值。

需要明确的是，在产品成本包括直接材料、直接人工和制造费用三部分，其中前两项属于直接费用，制造费用属于间接费用。在评估时，由于直接人工与间接费用均较难测算，所以通常将两者合并进行计算。

（2）定额成本法。

定额成本法，即按社会平均工艺定额计算各道工序的在产品定额成本，从而求得在产品价值的方法。这种方法适用于企业定额成本资料齐全且可信度较高的情况下在产品价值的评估。其基本公式如下：

$$在产品的评估值 = 在产品实有数量 \times \left(该工序单件材料工艺定额 \times 单位材料现行市价 + 该工序单件工时定额 \times 正常小时工资、费用定额 \right)$$

利用此公式时，工艺定额应当选用行业标准；若无行业统一标准，则按企业现行的工艺定额。材料现行市价根据库存材料评估的有关数据确定，该工序单件工时定额应按实际情况测算，正常小时工资、费用标准按行业的一般水平或企业的实际情况来确定。

【例 7-7】对某企业进行评估，有处于某一生产阶段的在产品 300 件，已知每件在产品消耗铝材 50 千克，铝材每千克市场单价为 5 元；在产品工时定额 20 小时，每定额小时的燃料和动力费用定额 0.45 元，工资及附加费定额 10 元，车间经费定额 2 元，企业管理费用定额 4 元，该在产品不存在变现风险。试确定在产品的评估值。

该在产品的评估值 = 300 × [50×5+20×（10+0.5+2+4）]

= 300×579 = 173 700（元）

（3）约当产量法。

约当产量法，即按完工程度将在产品的数量调整为约当产量，然后根据产成品的重置成本和约当产量计算确定在产品评估值的方法。其计算公式如下：

$$在产品评估值 = 产成品重置成本 \times 在产品约当产量$$

其中，在产品约当产量 = 在产品数量 × 在产品完工程度。

$$某道工序在产品完工程度 = \left(上道工序的累计单位工时定额 + 该道工序的单位工时定额 \times 50\% \right) \div 产品单位工时定额 \times 100\%$$

评估时，在产品的完工程度可以根据已完成工序（工时）与全部工序（工时）的比例来确定，也可根据生产完成时间与生产周期的比例来确定。

【例 7-8】G 产品的生产需经过三道工序加工。在对 G 产品的评估中发现，第一道工序有在产品 300 件，第二道工序有在产品 500 件，第三道工序有在产品 400 件。原材料在第一道工序一次性投入，该产品单位工时定额为 50 小时，其中第一道工序为 15 小时，第二道工序为 18 小时，第三道工序为 17 小时。单位产品社会平均成本为：材料成本为 300 元，工资费用成本为 50 元，管理费用成本为 20 元。根据以上材料，计算 G 产品在产品的评估值。

（1）计算各工序在产品完工程度及在产品约当产量。

在产品完工程度如下：

第一道工序：（15×50%）÷50×100% = 15%

第二道工序：（15+18×50%）÷50×100% = 48%

第三道工序：（15+18+17×50%）÷50×100% = 83%

在产品约当产量 = 300×15%+500×48%+400×83% = 617（件）

（2）计算在产品的材料成本。

因原材料在第一道工序一次投入，故材料成本应按在产品的实际数量核算。

材料成本＝（300+500+400）×300＝1 200×300＝360 000（元）

（3）计算在产品工资费用成本。

在产品工资费用成本＝617×50＝30 850（元）

（4）计算在产品管理费用成本。

在产品管理费用成本＝617×20＝12 340（元）

（5）确定在产品评估值。

在产品评估值＝36 000+30 850+12 340＝403 190（元）

7.2.2.2　现行市价法

现行市价法是指用同类在产品的市场价格扣除销售过程中预计发生的费用后确定在产品评估价值的方法。这种方法适用于因产品下线，在产品不能进一步继续加工，只能按评估时的状态以及对外销售的情况下进行的在产品的价值评估。一般来说，如果在产品的通用性强，能用作产品配件更换或用于维修等，其评估价值就较高；如果在产品的专用性强，很难通过市场销售或调剂出去，则只能通过报废收回废料残值，这时评估值可能会低于其成本。其计算公式如下：

$$\begin{matrix}\text{在产品}\\\text{评估值}\end{matrix}=\begin{matrix}\text{在产品}\\\text{数量}\end{matrix}\times\begin{matrix}\text{可接受的不含税}\\\text{的单位市场价格}\end{matrix}-\begin{matrix}\text{预计销售过程中}\\\text{发生的税费}\end{matrix}$$

如果在调剂过程中存在一定的变现风险，则需要设立一个风险调整系数，计算可变现评估值。其计算公式如下：

$$\text{报废在产品的评估值}=\text{可收回废料的重量}\times\text{废料的单位现行回收价格}$$

7.2.3　产成品及库存商品价值评估

产成品及库存商品是指工业企业中已完工入库和已完成并经过质量检验但尚未办理入库手续的产品以及流通企业的库存商品等。产成品或库存商品都可以直接对外销售，但他们的价格构成不同，在评估时应当依据其质量水平、变现的可能性和市场接受的价格，采用重置成本法和现行市价法进行评估。

7.2.3.1　重置成本法

重置成本法是一种按照现行市价计算重置相同产品所需的成本来确定产成品及库存商品评估价值的方法。在评估时，应分不同情况采用相应的方法。

（1）评估基准日与产成品完工时间或库存商品购进时间较为接近，且成本升降、物价涨跌变化不大的情形。这时可以直接按产成品和库存商品的账面成本加上适当利润确定其评估值。其计算公式如下：

$$\begin{matrix}\text{产成品或库存}\\\text{商品评估值}\end{matrix}=\begin{matrix}\text{产成品或}\\\text{库存商品数量}\end{matrix}\times\left(\begin{matrix}\text{产成品或库存}\\\text{商品账面单位成本}\end{matrix}+\begin{matrix}\text{适当单位}\\\text{利润}\end{matrix}\right)$$

或者

$$\frac{产成品或库存}{商品的评估值} = \frac{产成品或库存}{商品数量} \times \frac{产成品或库存商品}{账面单位成本} \times \left(1 + \frac{成本}{利润率}\right)$$

（2）评估基准日与产成品完工时间或库存商品购进时间间隔较长，成本费用或市场物价变化较大时的情形。这时可按以下两种方法确定产成品或库存商品的评估值：

$$\frac{产成品或库存}{商品的评估值} = \frac{产成品或库存}{商品实有数量} \times \left(\frac{合理材料}{工艺定额} \times \frac{材料单位}{现行价格} + \frac{合理工时}{定额} \times \frac{单位小时合理}{工时工资、费用}\right)$$

或者

$$\frac{产成品或库存}{商品评估值} = \frac{产成品}{实际成本} \times \left(\frac{材料成本}{比例} \times \frac{材料综合}{调整系数} + \frac{工资、费用}{成本比例} \times \frac{工资、费用}{综合调整系数}\right)$$

【例7-9】对某企业进行评估，有一年前完工的A产成品100台，每台实际成本为500元。会计核算资料显示，A产品生产成本中材料与工资费用的比例为3∶2。根据目前价格变动情况和其他相关资料，确定材料综合调整系数为1.2，工资费用综合调整系数为1.1，试确定A产成品的评估值。

A产成品评估值 = 100×500×（60%×1.2×40%×1.1）= 58 000（元）

7.2.3.2 现行市价法

现行市价法是按不含价外税的可接受市场价格扣除相关费用后计算被评估产成品及库存商品评估值的方法。其中，工业企业的产成品一般以卖出价为依据，商业企业的库存商品一般以买进价为依据。

运用现行市价法评估产成品和库存商品，在选择市场价格时应当综合考虑被评估资产的使用价值、质量状况、销售前景以及市场供求状况，尽可能选择近期公开市场的交易价格。对于产成品和库存商品的实体性损耗，可根据其损耗程度，确定调整系数并予以调整。

现行市价由成本、税金和利润等因素构成。由于产成品和库存商品存放于企业仓库中尚未出售，其价值只有通过市场销售才能实现。因此，采用现行市价法评估产成品和库存商品时，对未实现的利润和税金的处理应视评估的不同目的和性质而定。

（1）如果以产成品出售为评估目的，应当直接以现行市场价格作为其评估值，不需要扣除其销售费用和税金。但如果企业是以投资为目的而对产成品进行评估时，由于产成品的评估值将作为投资者的收益，所以必须从现行市价中扣减各种税金和利润后才能作为产成品的评估值。

（2）在《资产评估操作规范意见（试行）》中关于运用市场法评估产成品提出了以下要求：产成品一般以完全成本为基础，根据该产品市场销售情况好坏决定是否加上适当的利润，或是否低于成本。对于十分畅销的产品，应根据其出厂销售价格减去销售费用和全部税金确定其评估值；对于正常销售的产品，应根据其出厂销售价格减去销售费用、全部税金和适当数额的税后净利润确定其评估值；对于勉强能销售出去的产品，应根据其出厂销售价格减去销售费用、全部税金和税后净利润确定其评估值；对于滞销、积压、降价销售产品，应根据其可收回净收益确定其评估值。

7.2.4　在用低值易耗品价值的评估

低值易耗品是指单项价值在规定限额以下或使用期限不满一年的劳动资料。按用途，低值易耗品分为一般工具、专用工具、替换设备、管理用具、劳动保护用品及其他。按使用情况，低值易耗品可分为在库低值易耗品和在用低值易耗品。

评估库低值易耗品时，可以采用与库存材料评估相同的方法。这里重点分析在用低值易耗品的评估。

在用低值易耗品的评估方法类似于固定资产的评估方法，可以根据不同情况采用历史成本法、物价指数法、重置成本法或现行市价法。但由于在用低值易耗品已经发生了部分实际损耗，所以不能按其原值评估，而只能按净值评估。具体评估方法有以下两种：

7.2.4.1　成新率法

成新率法，即先确定在用低值易耗品的完全重置成本，然后分类计算其成新率，最后计算出重置净值的方法。由于低值易耗品的使用期限短于固定资产，一般不考虑其功能性损耗和经济性损耗。其计算公式如下：

$$在用低值易耗品评估值 = 完全重置成本 \times 成新率$$

完全重置成本可以直接采用其账面价值（价格变动不大时），也可以采用现行市场价格，有时还可以在账面价值的基础上乘以其物价变动指数来确定。

$$成新率 = (1 - 低值易耗品实际已使用月数 \div 低值易耗品可使用月数) \times 100\%$$

【例7-10】某项低值易耗品原价为800元，预计使用1年，现已使用9个月，该低值易耗品的现行市价为1 100元，要求确定其评估值。

该项低值易耗品评估值 = 1 100 × （1-9/12）×100% = 275（元）

7.2.4.2　综合调整法

综合调整法，即根据在用低值易耗品的借方余额和应分摊的材料成本差异额，按一定的调整系数确定其重置净价的方法。这里的系数包括两个：低值易耗品价格上涨率和账外价值占账内价值的比重，可以通过分类抽样测定。其计算公式如下：

$$在用低值易耗品重置净价 = (在用低值易耗品借方余额 + 材料差价) \times (1 + 综合价格上涨率) \times (在用低值易耗品实际原始成本 \div 在用低值易耗品账面原始成本)$$

7.3　债权类及货币类流动资产评估

债权类流动资产是指企业在生产经营中因生产和销售产品等形成的，具有流动资产性质的债权，包括应收及预付账款、应收票据等。货币类流动资产是指企业拥有的货币形式或变现能力较强的其他形式的流动资产，包括现金和银行存款、短期投资等。

7.3.1 债权类流动资产评估

7.3.1.1 应收及预付账款评估

企业的应收及预付账款主要指企业在经营过程中因赊销产品所形成的尚未收回的款项以及企业按合同规定预付给供货单位的货款，两者都属于企业的债权类流动资产。评估这类资产时，应当在对企业各种应收及预付账款进行核实的基础上，以每笔款项可变现收回的货币额确定其评估值，预付账款评估可参照以下应收账款的评估方法进行：

（1）计算公式。

$$\text{应收账款评估值} = \text{应收账款账面价值} - \text{已确定的坏账损失} - \text{预计可能发生的坏账损失}$$

（2）各要素的确定方法。

核定应收账款的账面价值。评估人员要进行账证核对、账表核对，查实应收和应付款的价值。对外部债权要尽可能地按客户名单发询证函，查明每项应收账款的发生时间、金额、债务人单位的基本情况等，为预计坏账损失提供依据；对机构内部独立核算单位之间的往来要进行双向核对，以避免重记、漏记；对预付货款要重点核对货已收到但尚未结清款项的项目，避免将已收到的货物按账外资产处理而重复计算资产价值。

确认已经发生的坏账损失。按规定，符合下列条件之一即可确定应收账款为坏账：债务人死亡，以其遗产清偿后仍然无法收回；债务人破产，以其破产财产清偿后仍然无法收回；债务人在较长的时间内未履行其偿债义务，并有足够的证据表明其无法收回或收回可能性较小。

要对已确定的坏账损失的真实性进行检查，并严格按照《中华人民共和国合同法》《中华人民共和国担保法》等相关法律进行追索清偿，尽可能减少损失。

预计可能发生的坏账损失，即预测应收账款回收的可能性并估计其损失金额。预计坏账损失一般可采用以下3种方法：

①分类判断法。一般根据企业与债务人的业务往来和债务人的信用状况，或者发生商品支付与拒付的可能性，将应收账款分为以下类别，分别估计坏账损失发生的可能性及其数额。

第一类：业务往来较多，对方结算信用好的，应收账款能够全部收回，预计不发生坏账损失。

第二类：业务往来较少，对方结算信用一般的，应收账款收回的可能性很大，但收回的时间不确定。

第三类：偶然发生业务往来，不清楚对方信用情况的，可能只能收回一部分。

第四类：债务人信用状况较差，长期拖欠或对方已破产或单位已歇业，应收账款无法收回，全部为坏账损失。

②账龄分析法。账龄分析法是指按应收账款拖欠时间的长短及各期回收率的经验数据，估计坏账损失。由于应收账款的顺利回收与应收账款拖欠的时间长短有很大关系，故应收账款的账龄越长，产生坏账的可能性越大，可回收的金额就越少。因此，

这种方法主要是将应收账款按账龄分类，分别估计各类应收账款产生坏账的可能性，从而估计坏账损失金额。

【例7-11】 某企业的评估以 2018 年 12 月 31 日为评估基准日。经核实，评估基准日其应收账款的实有数额为 35 000 元，坏账损失计算分析表如表 7.1 所示，试估计坏账损失额并确定应收账款评估值。

表 7.1 坏账损失计算分析表

应收账款账龄	金额/元	估计坏账损失率/%	预计坏账损失额/元
未到期	18 000	1	180
过期一个月	10 000	3	300
过期二个月	4 350	10	435
过期三个月	1 000	20	200
过期三个月以上	1 650	50	825
合计	35 000	—	1 940

应收账款评估值 = 35 000 − 1 940 = 33 060（元）

③ 坏账比例法。坏账比例法是指根据被评估企业前若干年（3~5 年）的实际坏账损失额和应收账款发生额确定坏账的发生比例，然后根据这一比例和全部应收账款的数额来确定评估时的预计坏账损失。其计算公式如下：

坏账比例 = 评估前若干年发生的坏账数额÷评估前若干年应收账款余额×100%

预计坏账损失额 = 评估时点应收账款数额×坏账比例

【例7-12】现对某企业的应收账款进行评估，根据企业会计核算资料，截至评估基准日应收账款的账面余额为 500 万元，前 4 年的应收账款发生情况及坏账损失情况如表 7.2 所示，试确定应收账款的评估值。

表 7.2 应收账款发生情况及坏账损失情况　　　　　　　　单位：万元

年份	应收账款余额	处理坏账金额
第一年	150	20
第二年	245	7.2
第三年	250	12
第四年	355	10.8
合计	1 000	50

前 4 年坏账比例 =（50÷1 000）×100% = 5%

预计坏账损失额 = 500×5% = 25（万元）

应收账款评估值 = 500 − 25 = 475（万元）

评估应收账款之后，"坏账准备"科目应按零值计算。因为"坏账准备"科目是应收账款的备抵账户，是企业根据坏账损失发生的可能性以一定方法计提的，而在评估应收账款时，则是按照款项实际可收回的可能性来估算的，因此，不必考虑"坏账准备"数额。

7.3.1.2 应收票据的评估

票据是由付款人或收款人签发、由付款人承兑、到期无条件付款的一种书面凭证，包括汇票、本票和支票。应收票据是指企业持有的尚未兑现的各种票据，是企业的债权凭证，评估中涉及的应收票据主要是商业汇票。

商业汇票按承兑人不同，分为商业承兑汇票和银行承兑汇票；按是否计息，分为不带息汇票和带息汇票；按是否到期、分为未到期汇票和到期汇票。商业汇票可以依法背书转让，也可以向银行申请贴现。在评估应收票据时，应当考虑票据是否到期，是否带息以及票据评估的目的，因而采取不同的评估方法。

应收票据评估时一般采用以下两种方法：

（1）计算票据的本利和作为评估值，即应收票据的评估值为票据的面值加上截至评估基准日应计利息。其计算公式如下：

$$应收票据评估值=本金×（1+利息率×时间）$$

【例7-13】某企业持有一张期限为6个月的商业汇票，本金为60万元，月息为20%，截至评估基准日离付款期还差1.5个月，由此确定该票据的评估值为：

$$应收票据评估值=600\ 000×（1+20\%×4.5）=654\ 000（元）$$

（2）计算应收票据的贴现值作为评估值，即应收票据的评估值为评估基准日所持票据到银行申请贴现的贴现值，其计算公式如下：

$$应收票据评估值=票据到期价值-贴现息$$

其中，贴现息=票据到期价值×贴现率×贴现期。

【例7-14】对甲企业评估时确定的基准日为2019年4月3日。甲企业于2019年2月1日向乙企业售出一批商品，价款为300万元，采用商业汇票结算，约定6个月收款。2019年2月3日甲企业开出一张汇票并经乙企业承兑，汇票到期日为2019年8月3日。假定贴现率为月息5%，求该票据评估值。

$$贴现息=（300×5\%÷30）×120=6（万元）$$

$$应收票据评估值=300-6=294（万元）$$

7.3.2 货币类资产评估

货币类资产是指以货币形态存在的资产，包括现金、银行存款和短期内准备变现的短期投资。

7.3.2.1 现金、银行存款评估

资产评估主要是对非货币资产而言。对于货币性资产，因其价值一般不会随时间的变化而产生较大差异，因此对于货币资金的评估，尤其是对现金银行存款的评估，主要是对数额的清查确认。在评估中，首先要对现金进行盘点，并与现金日记账和现金总账核对，实现账实相符；其次，要对银行存款进行函证，核实其实有数额，从而以核实后的现金和银行存款实有数额作为评估值；最后，对于外汇存款，应按评估基准日的国家外汇牌价折算成人民币。

7.3.2.2　短期投资评估。

短期投资是指能够随时变现并且持有时间不超过一年（含一年）的投资，包括股票、债券、基金等有价证券和其他投资。企业进行短期投资的目的是利用正常运营中暂时闲置的资金谋取一定的收益。这样既能保证企业现金支付的需要，又能提高资金的使用效益。

短期投资的评估方法主要视短期投资的变现方式而定，对于公开挂牌交易的股票、债券和基金等有价证券，可按评估基准日的收盘价计算确定评估值，对于不能公开挂牌交易的有价证券，可按其本金加持有期利息计算确定评估值。

7.4　流动资产评估典型案例分析

7.4.1　被评估企业概况

宏远工程机械有限公司是一个大型工程机械制造企业，主要生产推土机、挖掘机、铲运机、装载机等，年销售收入为 5 458 万元，年净利润为 653 万元。

7.4.2　评估目的和范围

由于企业实行股份制改造，我们必须对企业的全部流动资产进行评估。

7.4.3　评估基准日

评估基准日为 2018 年 9 月 30 日。

7.4.4　流动资产评估程序和方法

在评估基准日 2018 年 9 月 30 日，该企业流动资产总额为 68 367 328.16 元。具体构成如下：货币资金为 1 232 275.65 元，短期投资为 307 000.00 元，预付账款为 923 157.93 元，应收账款为 4 505 915.28 元，其他应收款为 3 253 758.59 元，存货价值为 16 915 925.93 元，待摊费用为 675 295.25 元。

7.4.4.1　货币资金评估

企业提供的货币资金账面金额为 1 232 275.65 元。其中，现金为 182 666.03 元，银行存款为 1 049 609.62 元。

（1）现金的评估程序和方法。

评估人员于 2018 年 10 月 15 日对现金进行了现场盘点，以盘点日实盘数加上盘点日至评估基准日的支出数，减去盘点日至评估基准日的收入数，验证评估基准日的实盘数，与评估基准日账面余额核对相符后，确认账面值为评估值。库存现金盘点表和现金清查评估工作底稿如表 7.3 和表 7.4 所示。

表 7.3　库存现金盘点表

被评估单位名称：宏远工程机械有限公司

清点现金			核对金额	
货币面额	张数	金额/元	项目	金额/元
100 元	231	23 100.00	现金账面余额	59 184.54
50 元	15	750.00	加：收入凭证未记载	55 000.00
20 元	42	840.00	减：付出凭证未记载	84 529.90
10 元	178	1 780.00	调整后现金余额	29 645.64
5 元	151	755.00	实盘现金	29 645.64
2 元	499	998.00	现金长款	—
1 元	2	2.00	现金短款	—
5 角	2 717	1 358.50	评估基准日	2016 年 9 月 30 日
2 角	50	10.00	现金盘点日	2016 年 10 月 15 日
1 角	512	51.20	财务负责人	×××
分币	—	9.94	出纳员	×××
合计	—	29 654.64	评估人员	××××

表 7.4　现金清查评估工作底稿

被评估单位名称：宏远工程机械有限公司

评估基准日：2018 年 9 月 30 日　　　　　　　　　　　　　　评估方法：实地盘点

评估人员：×××　　　　清查日期：2018 年 10 月 15 日

审核人员：×××　　　　审核日期：2018 年 10 月 20 日　　　　　　　　单位：元

项目	金额	备注
清查日调整后现金余额	29 654.64	
加：评估基准日至清查日支出	632 438.73	
减：评估基准日至清查日收入	479 427.34	
评估基准日账面余额	182 666.03	
调整事项：无	—	
评估基准日清查调整数	—	
评估基准日评估值	182 666.03	

（2）银行存款的评估程序和方法。

银行存款账面余额为 1 049 609.62 元，包括开设在中国工商银行、中国银行、中国建设银行等金融机构的 20 个账户的余额。在评估时，首先，将银行存款日记账与银行存款总账进行核对，其金额相符；其次，取得银行对账单，编制银行存款余额调节表，经调节后相符，未发现金额大、时间长的未达账项，并对于在评估基准日余额较

大的银行存款账户，向开户银行进行了函证，经函证后确认无误；最后，以核实无误
的账面值 1 049 609.62 元作为评估值。

7.4.4.2 短期投资的评估程序和方法

宏远工程机械有限公司在评估基准日的短期投资情况及评估值计算过程如表 7.5
所示。该公司的短期投资均为购买的上市股票，股票评估值可按评估基准日股票的收
盘价确定，经计算该公司短期投资的评估值为 341 300.00 元。

表 7.5　短期投资评估情况及估值计算过程

股票名称	股数	账面成本/元	评估基准日市价/元	评估值/元
太钢不锈	1 000	15 000.00	16.5	16 500.00
东风汽车	1 500	24 000.00	15.2	22 800.00
天山股份	8 000	48 000.00	8.5	68 000.00
西宁特钢	10 000	145 000.00	16	160 000.00
巴士股份	5 000	75 000.00	14.8	74 000.00
合计		−307 000.00		341 300.00

预付账款账面金额为 923 157.46 元，是预付的材料和设备款。评估时，首先将评估
基准日的明细账余额、总账余额及报表数进行了核对，其金额相符；其次对预付账款中
金额大、账龄长的进行函证，对各个明细项目的发生原因和时间进行分析，在此基础上
对其可收回程度进行判断，从而确定有两笔款项共计 85 950.50 元因供货单位停业，无法
追回材料或货款，被认定为坏账；最后确定预付账款的评估值为 837 206.96 元。

7.4.4.3 应收账款的评估程序和方法

宏远工程机械有限公司在评估基准日有应收账款 45 059 915.28 元，共 508 笔。评
估人员经与财务处管理人员和收账组成员进行座谈，了解到应收账款不能收回的问题
较为严重，决定采用账龄分析法确定坏账损失数额。同时，结合该公司往年应收账款
回收情况和债务人的经营情况，制定了以下计算坏账损失的办法：账龄为 2 年以内
（不含 2 年），不确认坏账损失；账龄为 2~3 年（不含 3 年），预计坏账率定为 10%；
账龄为 3~4 年（不含 4 年），预计坏账率定为 15%；账龄在 4~5 年（不含 5 年），预计
坏账率为 20%；账龄在 5 年以上（含 5 年），预计坏账率定为 50%。对于千元以下的小
额款项，如果属于与不再发生业务往来的客户进行往来结算的尾数，且账龄较长，该
应收账款的评估值按零值处理，应收账款评估计算分析表如表 7.6 所示，最后确定的
应收账款的评估值为 40 672 677.90 元。

表 7.6　应收账款评估值计算分析表

拖欠时间	应收金额/元	预计坏账率/%	坏账金额/元	评估值/元
2 年以内	23 078 643.46	0	0	23 078 643.46

表7-6（续）

拖欠时间	应收金额/元	预计坏账率/%	坏账金额/元	评估值/元
2~3 年	9 798 562.38	10	9 798 562.38	8 818 706.14
3~4 年	5 099 188.39	15	764 878.26	4 334 310.13
4~5 年	2 997 525.47	20	599 505.09	2 398 020.38
5 年以上	4 085 995.58	50	2 042 997.79	2 042 997.79
合计	45 059 915.28	—	4 387 237.38	40 672 677.90

7.4.4.4 其他应收款的评估程序和方法

其他应收款账面金额为 3 253 758.59 元，包括与其他单位往来款和备用金，其中与其他单位往来款共计 2 403 404.09 元，备用金为 850 354.50 元。评估时，先将评估基准日的其他应收款明细账的余额、总账的余额与报表数进行核对，其金额相符；然后对其中账龄长、金额大的款项进行函证，对其发生的时间和原因进行分析，判断其收回程度，从而确定有 5 笔款项共计 189 687.00 元系职工所借住院费，因职工死亡，该借款无法收回，故确认为坏账。在此基础上确定其他应收款的评估值为 3 064 071.59元。

7.4.4.5 原材料及产成品的评估程序和方法

评估基准日该企业有存货共计 16 915 925.93 元。其中原材料共计 8 689 230.45 元，产成品共计 8 226 695.48 元。

（1）原材料的评估程序和方法。

该公司的原材料品种繁多，有钢材、各种半成品和零部件等。经评估人员现场盘点和查看，原材料保存情况良好，账实相符，并且由于该公司的销售形势较好，材料储存时间较短，周转较快，材料的账面成本基本上能够反映市场价格，因而评估值按账面成本确定为 8 689 230.45 元。

（2）产成品的评估程序和方法。

该公司的产成品有挖掘机、装载机、铲运机、推土机等。经调查，该公司上述产品销路均较好，根据 2018 年 1 月至 9 月的产品销售资料，考虑产品营业费用和其他费用、产品税金及附加以及所得税等因素，以现行市场销售价格估算产成品的评估值为 10 324 134.83 元。

7.4.5 案例评析

在流动资产评估中，应当遵循以下两项原则：

（1）以实际存在为原则。流动资产流动性非常强，在评估过程中一定要进行盘点与函证，以确定流动资产是否存在；要以评估基准日实际拥有的、客观存在的流动资产为评估依据，而不能完全以委托方提供的账表所列示的流动资产或审计后的流动资产账表为依据，对账表不符、账实不符的部分要进行处理。

（2）以变现的可能性为原则。流动资产变现的可能性及其速度影响被评估单位的资产质量和财务状况，在评估时无论采用何种评估方法都应重点考虑市场变现问题，包括变现价格、变现风险和变现费用。

对货币资金进行评估时，应注意对现金进行盘点，将被评估单位的银行存款日记账与隐含对账单相核对，编制银行存款月调节表，必要时向其开户银行函证银行存款的余额。

对债券类流动资产进行评估时，应了解债权的经济内容、发生时间，对金额较大、账龄较长的债权进行函证，账龄较长、欠款单位不清楚或债务人已倒闭的款项可以作为坏账核销，并尽可能进行追偿。对存货进行评估时，应当进行盘点，对数量多、单位价值量较小的存货进行抽查，对单位价值量较大的存货进行详查。在盘点过程中应关注呆滞、积压和变质的存货，必要时可以聘请专家对存货进行鉴定。

实训　流动资产评估实训

【实训目标】

流动资产评估是最常见的评估业务之一。通过系统地进行流动资产评估的操作训练，使学生明确评估对象和范围，熟悉评估程序，掌握流动资产评估方法，熟练运用评估技术，能够独立完成流动资产项目的评估。

【实训内容与要求】

一、实训项目
（1）材料评估。
（2）低值易耗品评估。
（3）在产品评估。
（4）产成品和库存商品评估。
（5）应收账款评估。
（6）应收票据评估。
（7）待摊费用和预付费用评估。
二、实训要求
流动资产评估实训以学生为中心，分组训练，集中交流，集体总结。教师主要担任辅导者、具体组织者和观察员，向学生布置任务，进行必要指导，解答有关问题，进行进度控制与质量监督。学生按每组6~8人分为若干小组，每组为一个实训团队，开展实际操作训练，每个团队分别确定一个负责人，具体组织和管理实训活动。要求如下：
（1）依照资产评估准则规定的程序实施评估。
（2）根据实训项目分析确定评估方法，总结各种评估方法的应用前提条件。

（3）能够规范、正确地完成每个评估项目。

（4）熟悉评估程序，按照评估准则要求实施。

（5）熟悉应用评估方法，按教师给出的案例资料进行练习。

【成果检测】

（1）每个团队分别撰写实训总结报告，在班级内进行交流。

（2）教师与同学们共同总结流动资产评估实训中存在的问题，明确今后教学过程中应当改进的方面。

（3）由各团队负责人组织小组成员进行评价打分。

（4）教师根据各团队的实训情况、总结报告及各位同学的表现予以评分。

【思考讨论】

（1）运用成本法评估在产品价值的理论依据是什么？

（2）谈谈你对在产品评估中成本法具体应用方法的认识。

（3）同学之间互相评价所得出的评估结论是否客观。

课后练习

一、简答题

1. 流动资产评估的特点表现在哪些方面？

2. 简述流动资产的评估程序。

3. 如何评估企业中在产品的价值？

4. 运用市场法评估产成品价值时，如何合理选择和确定市场价格？

5. 评估应收账款时如何确定预计发生的坏账损失？

二、案例分析题

运用成本调整法评估在产品价值。

被评估资产是某企业生产的丙系列产品的在产品，评估人员在了解企业的生产情况并进行市场询价后，掌握了以下资料。请评估在产品的价值：

（1）评估基准日该在产品的账面成本累计为 400 万元。

（2）经实地调查和技术鉴定，发现在产品质量存在问题，废品率偏高，其中超过正常范围的废品有 80 件，账面单位成本为 30 元，估计可收回的废料价值为 800 元。

（3）该在产品的总成本中，材料成本占 60%，从生产开始时一次投入，到评估基准日时材料价格上涨了 12%。

（4）经分析，该企业在产品制造费用偏高，主要原因是将补提的折旧费用 12 万元计入了本期成本。

8　无形资产评估

案例导入

怎样评估商誉

　　某企业进行股份制改组，根据企业过去的经营情况和未来市场的形势，预测其未来 5 年的收益额分别是 13 万元、14 万元、11 万元、12 万元和 15 万元，并假定从第 6 年开始，以后各年的收益额均为 14 万元。根据银行利率及企业经营风险情况确定的折现率和本金化率均为 10%。并且，采用单项资产评估方法评估确定该企业各单项资产评估之和（包括有形资产和可确指的无形资产）为 90 万元。

　　问题：如果你是评估师，你将遵循怎样的操作步骤，采用何种方法对不同种类的无形资产价值进行评估？

8.1　无形资产评估概述

8.1.1　无形资产及其特性

8.1.1.1　无形资产的含义

　　无形资产是指由特定的主体所拥有或控制的，不具有实物形态，对生产经营长期发挥作用且能带来经济利益的资源。

　　无形资产应从以下方面理解：一是无形资产具有非实体性。相对于有形资产而言，无形资产没有物质实体形态，因此，也就不会像有形资产那样，其价值会因为物质实体的变化损坏而贬值。无形资产的价值取决于无形资产的贡献。二是无形资产具有可控性。无形资产应当为特定主体所控制，那些尽管产生效益但不能给特定主体创造效益的公知技术，就不能被确认为无形资产。三是无形资产具有效益性。并非任何无形的事物都是无形资产，成为无形资产的前提是其必须能够以一定的方式，直接或间接地为其控制主体创造效益，而且必须能够在长时期内持续产生经济效益。

8.1.1.2　无形资产的分类

　　无形资产种类很多，可以按不同的标准进行分类。

（1）按无形资产的性质分类。

按无形资产的性质，可分为：知识产权型无形资产，如专利权、商标权等；关系型无形资产，如销售网络、顾客名单等；权力型无形资产，如采矿权、特许经营权等；组合型无形资产，如商誉。

（2）按无形资产的取得方式分类。

按无形资产的取得方式，可分为自创无形资产和外购无形资产。企业自身研究创造和形成的专利权、商标权、专有技术、商誉等都属于自创无形资产；企业外购专利权、商标权、专有技术等属于外购无形资产。

（3）按无形资产是否独立存在分类。

按无形资产是否独立存在，可分为可确指无形资产和不可确指无形资产。可确指无形资产是指具有专门名称，可单独取得、转让的无形资产。不可确指无形资产是指不能辨识、不可单独取得、离开企业整体就不复存在的无形资产。一般认为，除商誉以外的无形资产都是可确指无形资产。

8.1.1.3 无形资产的特性

无形资产的形成、发挥作用的方式、研发成本等都与有形资产存在很大的差异，由此体现了无形资产的功能特性和成本特性。

（1）无形资产的功能特性。

无形资产的功能特性主要包括积累性、共益性和替代性。

积累性。无形资产的形成基于其他无形资产的发展，无形资产自身的发展也是一个不断积累和演进的过程。无形资产总是在生产经营的一定范围内发挥作用，其成熟程度、影响范围和获利能力总是在不断变化。

共益性。无形资产可以作为共同财产在同一个时间、不同的地点、由不同的主体使用，并给不同的主体创造效益。无形资产的共益性一般会受相关合约的限制。由于无形资产可同时被不同的主体拥有或控制，评估时，应根据其权益界限界定其范围。

替代性。随着科学技术的进步，一种技术会取代另一种技术，一种工艺也会取代另一种工艺，无形资产在不断地替代、更新中发展。无形资产的作用期间特别是尚可使用年限，取决于该领域内技术进步的速度和无形资产带来的竞争。

（2）无形资产的成本特性。

无形资产的成本特性主要包括不完整性、弱对应性和虚拟性。

不完整性。会计核算中一般会把相当部分的研发费用从当期生产经营费用中列支，而不是先对科研成果进行资本化处理，再按无形资产减值或摊销的办法从生产经营费用中补偿。这样，企业账簿上不能全面反映无形资产研发过程中所发生的全部的成本费用。

弱对应性。无形资产的研发时间较长，有的经过若干年的研究才形成成果，有的是在一系列的研究失败之后偶尔出现的成果，成果的出现带有很大的随机性和偶然性。因此，无形资产价值并不与开发费用和时间产生某种既定的关系。

虚拟性。既然无形资产的成本具有不完整性、弱对应性的特点，因而无形资产的成本往往是相对的。特别是一些无形资产的内涵已经远远超出了它外在形式的含义，这种无形资产的成本只具有象征意义。

8.1.2 无形资产评估的特点

无形资产评估是指评估人员依据相关法律、法规和资产评估准则对无形资产的价值进行分析、估算并发表专业意见的行为和过程。无形资产的特性决定了无形资产评估具有其自身特点。

8.1.2.1 无形资产评估通常以产权变动为前提

从无形资产评估所涉及的具体资产业务来看，无形资产评估通常是以产权变动为前提。无形资产发生产权变动大体有两种情况：一种情况是无形资产的拥有者或控制者以无形资产对外投资或交易时，需要对无形资产进行评估；另一种情况是，当企业整体发生产权变动时，企业资产中所包括的无形资产随企业产权变动而产生评估的需求。

8.1.2.2 评估无形资产时对超额获利能力的评估

无形资产的价值体现了无形资产所拥有的超额获利能力，无形资产的超额获利能力是无形资产被利用后给产权主体带来的超额收益能力，无形资产的超额收益通常表现为无形资产直接带来的新增收益额或超过行业平均水平的收益额。无形资产的超额获利能力主要取决于无形资产的稀缺性、技术成熟程度、效用状况、适用范围等。

8.1.3 无形资产评估的程序

无形资产评估程序是指无形资产评估的具体工作步骤，主要包括明确基本事项、签订业务约定书、制订工作计划、鉴定无形资产、收集评估资料、估算无形资产价值、编制评估报告等工作。

8.1.3.1 明确基本事项

明确无形资产的基础事项主要是明确无形资产的评估目的、评估对象、价值类型和评估基准日等基本情况。

（1）明确评估目的。

无形资产评估因评估目的的不同，其评估的价值类型和选择的方法也不同，评估结果也会不同。从我国目前的市场条件和人们对无形资产评估的认识水平来看，无形资产评估一般应以产权变动为前提。无形资产评估的特定目的可分为无形资产转让，用于工商注册登记的无形资产出资，股份制改造，企业合资、合作、重组及兼并，企业改制、上市，银行质押贷款，处理无形资产纠纷和有关法律诉讼，其他目的等。

（2）明确评估对象。

明确评估对象类别。明确无形资产类别一方面是便于把握无形资产和识别无形资产，另一方面也便于了解无形资产的属性及作用空间，以便进一步掌握无形资产的价值规律。明确评估对象的自身状况。作为评估标的物的无形资产，其自身状况对其自身的价值影响极大。无形资产自身的状况包括无形资产的适用性和先进性、安全可靠性和配套性、评估时无形资产所处的经济寿命阶段、受法律保护的程度或自我保护程度、保密性与扩散情况、研制开发成本及宣传成本、无形资产的产权状况和获利能力等。通过对无形资产进行鉴定，可以对无形资产的自身状况进行了解和掌握。

（3）明确价值类型。

无形资产评估的价值类型是无形资产评估结果的价值属性的表现形式。无形资产评估的价值类型一般分为市场价值和市场价值以外的价值两类。评估无形资产市场价值的基础条件包括无形资产评估目的、评估时的市场条件、评估对象自身的性质和状况等。就一般情况而言，除可供出售的无形资产外，其他无形资产价值的评估基本上都是属于市场价值以外的价值类型。

（4）明确评估基准日。

无形资产作为单独的评估对象，评估基准日通常选择现在某个日期，个别情况下评估基准日也可选择在过去或将来某个日期，如对无形资产评估结果有争议而引起的复核评估、评估无形资产未来预期价值等。如果无形资产作为机器设备的有机组成部分与机器设备一起评估，则无形资产的评估基准日应与机器设备的评估基准日相一致。如果无形资产与企业整体资产一起评估，则其评估基准日应与企业价值评估的评估基准日相一致。

8.1.3.2 签订业务约定书

无形资产评估业务约定书的主要内容包括无形资产评估的目的、评估对象和评估范围、评估价值类型、评估基准日、评估收费、评估报告提交日期等内容。

8.1.3.3 制订工作计划

无形资产评估工作计划主要包括评估人员安排计划、评估工作进度计划和评估作业经费计划等内容。其中，人员安排计划是重点，由于无形资产评估类型多，市场透明度不高，无形资产比有形资产评估难度大。因此，应选择合适的人员或外聘专家完成。

8.1.3.4 鉴定无形资产

无形资产的鉴定直接影响评估范围和评估价值的科学性，通过鉴定无形资产可以确认无形资产是否存在，鉴别和确定无形资产的权力状况、效用和有效期限。

（1）确认无形资产是否存在。

确认无形资产是否存在，主要是验证无形资产的来源是否合法，产权是否明确，经济行为是否合法、有效，评估对象是否已经成为无形资产。对于单独作为评估对象的无形资产，可以从以下几个方面进行分析：一是查询评估对象无形资产的内容、国家有关规定、专门人员评估情况、法律文书，核实有关资料的真实性、可靠性和权威性，分析和判定评估对象是否真正形成了无形资产。二是分析无形资产使用所要求的与之相适应的特定技术条件和经济条件，鉴定其应用能力。三是核查无形资产的归属是否为委托者所拥有或他人所有。对于作为企业资产的组成部分随同企业整体资产评估而评估的无形资产（特别是商誉），应分析企业是否具有由无形资产所带来的超额收益。超额收益一般表现为超额利润或者垄断利润。

（2）确认无形资产的权利状况。

确认无形资产的权利状况主要分析企业对无形资产具有的是所有权还是使用权。如果是使用权，就要确认是独家许可使用权、独占许可使用权还是普通许可使用权。无形资产的权利状况通常根据委托方提供的合法有效的产权证明文件确定。

（3）鉴定无形资产的效用。

无形资产价值的大小主要取决于无形资产的效用。对无形资产效用的鉴定可以从以下两个方面进行：一是鉴别无形资产的类别。主要确认无形资产的种类、具体名称、存在形式以及无形资产的使用范围和作用领域。二是分析无形资产的先进性和可靠性。主要考虑无形资产自身的技术状况、成熟程度以及与同类无形资产的有关技术指标进行比较。

（4）确定无形资产的有效期限。

无形资产有效期是指无形资产能够获得超额收益的时间（通常以年为单位计量），它是无形资产存在和具有价值的前提。如果某项专利权超过国家法律保护期限，就不能作为专利权评估。有的未交专利年费，视为撤回，专利权失效。在对无形资产进行鉴定时，必须要求委托方提供各方能够反映无形资产有效期限的证明文件。

8.1.3.5　收集评估资料

无形资产评估所需的相关资料一般通过委托人提供和评估人员调查获得。这些资料主要包括以下内容：

（1）法律、权属资料。

法律、权属资料主要指无形资产的法律文件或其他证明材料，如专利证书、商标注册证、有关机构和专家的鉴定材料等。

（2）成本资料。

成本资料主要指无形资产的研发成本和外购成本的费用和价格资料，如自创无形资产所耗费的材料、人工及其他费用，外购无形资产的购置价格、购置费用，同类无形资产的价格水平及价格变动情况等。

（3）技术资料。

技术资料主要指反映无形资产技术先进性、可靠性、成熟度、适用性等方面的资料，如无形资产技术在国内或国际所处的地位，技术应用的范围和具体的使用状况等。

（4）转让内容和条件。

转让内容主要应考虑无形资产转让的是所有权或使用权以及使用权的不同方式等；转让条件包括转让方式、已转让次数、已转让地区范围、转让时的附带条件以及转让费支付方式等。

（5）盈利能力资料。

盈利能力资料主要指运用无形资产后的生产能力、产品的销售、市场占有率、价格水平、行业盈利水平及风险等的情况。

（6）使用期限。

使用期限主要考虑无形资产的存续期、法定期限、收益年限、合同约定期限、技术寿命等。

（7）市场供求状况。

市场供求状况主要考虑评估对象无形资产及同类无形资产的供给、需求、范围、活跃程度、变动情况等。

8.1.3.6 估算无形资产价值

收益途径是评估无形资产的主要途径。采用收益途径进行评估时，要合理确定超额获利能力和预期收益，分析与之有关的预期变动、收益期限，与收益有关的资金规模、配套资产、现金流量、风险因素及货币时间价值。注意评估对象收益额的计算口径要与折现率口径保持一致。

采用市场途径进行评估时，要根据有关资料选择可比性较强的交易实例作为可供比较的参照物，并根据宏观经济、行业和无形资产变化情况，考虑交易条件、时间因素、交易地点和影响价值的其他因素的差异，调整确定评估值。

采用成本途径进行评估时，要注意根据现行条件下重新形成或取得该项无形资产所需的全部费用确定评估值，并充分考虑无形资产存在的功能性贬值和经济性贬值因素。

8.1.3.7 编制评估报告

上述工作完成后，应根据评估报告规范要求的格式和内容，在对评估过程综合分析的基础上撰写评估报告。评估报告中要明确阐述评估结论产生的前提、假设和限定条件，各种参数的选用依据，评估方法使用的理由及逻辑推理方式。

8.2 收益途径在无形资产评估中的应用

8.2.1 收益途径的基本思路

无形资产评估中的收益途径是将无形资产带来的超额收益以适当的折现率折现求和，以此确定无形资产价值的评估思路和技术方法。

收益途径的基本前提条件是：能够预测和计量无形资产的未来预期超额收益，能够预测和计量无形资产未来所面临的风险状况，能够确定无形资产获得超额收益的年限。因此，运用收益途径评估无形资产价值的关键是确定超额收益、折现率、收益期限这三个基本参数。

8.2.2 无形资产超额收益的估测

根据无形资产的类型和收益取得方式的不同，无形资产超额收益的估测方法通常有以下几种：

8.2.2.1 直接估算法

直接估算法是通过对未使用无形资产的收益情况和使用无形资产以后收益情况进行对比，确定无形资产带来的收益，具体又分为三种情况：

（1）无形资产应用于生产经营过程，使产品能够以高出同类产品的价格出售，从而获得超额收益。假设在销售量和单位成本不变、不考虑销售税金的情况下，无形资产形成的超额收益的计算公式如下：

$$R = (P_2 - P_1) \cdot Q \cdot (1 - T)$$

式中，R 为超额收益，P_2 为使用无形资产以后的单位产品价格，P_1 为使用无形资产以前的单位产品价格，Q 为产品销售量，T 为所得税税率。

（2）无形资产应用于生产经营过程，产品的销售数量大幅度增加，从而获得超额收益。假设单位价格和单位成本不变，在不考虑销售税金的情况下，无形资产形成的超额收益的计算公式如下：

$$R = (Q_2 - Q_1) \times (P - C) \times (1 - T)$$

式中，R 为超额收益，Q_2 为使用无形资产以后的产品销售量，Q_1 为使用无形资产以前的产品销售量，P 为产品价格，C 为产品单位成本，T 为所得税税率。

（3）无形资产应用于生产经营过程，使产品的成本费用降低，从而获得超额收益。假设在销售量和单位产品的价格不变、不考虑销售税金的情况下，无形资产形成的超额收益的计算公式如下：

$$R = (C_1 - C_2) \cdot Q \cdot (1 - T)$$

式中，R 为超额收益，C_1 为使用无形资产以前的单位产品成本，C_2 为使用无形资产以后的单位产品成本，Q 为产品销售量，T 为所得税税率。

实际上，运用无形资产后，其带来的超额收益通常是价格提高、销售量增加以及成本降低等各因素共同形成的结果，评估人员应根据不同情况加以综合性的运用和测算，科学地估测无形资产的超额收益。

8.2.2.2 分成率法

分成率法是以运用无形资产后的销售收入或销售利润率为基数，乘以无形资产的分成率来确定无形资产超额收益的方法。其评估计算公式如下：

　　超额收益＝运用无形资产后的销售收入（或新增销售收入）×销售收入分成率
　　或者
　　　超额收益＝运用无形资产后的销售利润（或新增利润）×销售利润分成率
运用此方法的关键是估测和确定销售收入或销售利润以及相应的分成率。

（1）销售收入或销售利润的估测。由于无形资产的种类不同，其发挥作用的形式、能否再转让等都是有差别的，预测无形资产的超额收益应根据每一种具体的无形资产实际情况，考虑适宜的估测思路。在估测使用无形资产后的销售收入或销售利润时，应充分考虑同行业竞争因素的影响、未来市场产品或服务需求数量、对受让方的市场份额的预期、与无形资产相关产品或服务价格的预期以及使用无形资产需追加的投资及相关费用的预期等，这些都应建立在科学、合理、可靠的基础之上。

（2）分成率的估测。无形资产销售收入分成率的估测，可考虑按同行业约定俗成的无形资产销售收入分成率确定，如行业技术分成率、特许使用权分成率、商标分成率等。例如，按照国际惯例技术转让费不超过销售收入的 1%~10%。但从销售收入分成率和销售利润分成率的比较来看，销售利润分成率比销售收入分成率更能反映出转让价格的合理性。因此，在无形资产评估中主要选用销售利润分成率。

销售利润分成率通常是以无形资产带来的新增利润在利润总额中的比重为基础确定的。无形资产转让销售利润分成率的估测可以有多种方法，下面主要介绍其中的 3 种方法：

其一，分成率换算法。该方法是通过已知的销售收入分成率和销售利润率指标计算求得销售利润分成率。其计算公式如下：

销售利润分成率＝销售收入分成率÷销售利润率

【例 8-1】 如果行业平均销售利润率为 10%，当技术转让费为销售收入的 3% 时，求无形资产转让的销售利润分成率。

销售利润分成率 ＝ 3%÷10% ＝ 30%

其二，边际分析法。边际分析法是选择无形资产受让方运用无形资产前后两种经营条件下的利润差额，即无形资产使用后所形成的新增利润，测算其占无形资产使用后的总利润的比率作为无形资产的销售利润分成率的一种方法。使用该方法的具体步骤是：首先，对无形资产的边际贡献因素进行分析，因素主要包括：新市场的开辟，销售量提高，消耗量的降低，成本费用节省；产品质量改进，功能增加，价格提高；等等；其次，测算使用无形资产后受让方可以实现的总利润和无形资产带来的新增利润；再次，根据无形资产的剩余经济寿命或设定年限，将各年的新增利润和利润总额分别折现累加，得到剩余经济寿命或设定年限内的新增利润现值之和与利润总额现值之和；最后，用新增的利润现值之和与利润总额现值之和的比率作为无形资产销售利润分成率。其计算公式如下：

$$K = \sum_{i=1}^{n} \frac{R_i^{'}}{(i+r)^i} + \sum_{i=1}^{n} \frac{R_i}{(i+r)^i}$$

其中，K 为销售利润分成率，$R_i^{'}$ 为第 i 年无形资产带来的新增利润，R_i 为第 i 年受让方运用无形资产后的利润总额，r 为折现率，n 为无形资产的剩余经济寿命。

边际分析法仅仅是确定无形资产超额收益比例的一种可参考的技术思想，即在运用无形资产后增加的超额收益不能全部划归为无形资产的超额收益，无形资产带来的超额收益仅仅是其中一部分。至于无形资产应分得多少，应根据无形资产在其中发挥作用的程度来确定。因此，该方法的重点应放在对无形资产边际贡献度的分析上。

【例 8-2】 某企业拟转让一项印染技术，受让方在未取得该技术之前，年利润额在 50 万元的水平上；如果受让方购买了该项技术，年利润每年将会比上年增加 20 万元。假定该技术的经济寿命还有 5 年，折现率为 10%，求该项技术的销售利润分成率。

分析：受让方使用无形资产后每年的利润总额是 70 万元、90 万元、110 万元、130 万元和 150 万元，每年新增利润是 20 万元、40 万元、60 万元、80 万元和 100 万元。

$$利润分成率=\left[\frac{20}{1+10\%}+\frac{40}{(1+10\%)^2}+\frac{60}{(1+10\%)^3}+\frac{80}{(1+10\%)^4}+\frac{100}{(1+10\%)^5}\right]+$$

$$\left[\frac{70}{1+10\%}+\frac{90}{(1+10\%)^2}+\frac{110}{(1+10\%)^3}+\frac{130}{(1+10\%)^4}+\frac{150}{(1+10\%)^5}\right]$$

$$=0.53$$

因此，该项技术的利润分成率大约为53%。

其三，约当投资分成法。约当投资分成法是根据等量资本获得等量报酬的思想，将共同发挥作用的有形资产和无形资产换算成相应的投资额（约当投资量），再按无形资产的约当投资量占总约当投资量的权重确定无形资产销售利润分成率。其计算公式如下：

$$销售利润分成率=\frac{无形资产约当投资量}{购买方约当投资量+无形资产约当投资量}$$

其中，无形资产约当投资量=无形资产的重置成本×（1+适用的成本利润率），购买方约当投资量=购买方投入总资产的总重置成本×（1+适用的成本利润率）。

约当投资分成法的关键是能否准确地确定无形资产约当投资量，由于无形资产的种类繁多，既有技术含量高的无形资产，也有普通的无形资产，无形资产的重置成本和适用的成本利润率都不易准确把握。因此，在使用约当投资分成法确定无形资产销售利润分成率时，应具有充分的数据资料。

【例8-3】甲企业以液晶电视新技术向乙企业投资，该技术的重置成本为150万元，乙企业投入合营的资产重置成本为9 000万元，甲企业无形资产的成本利润率为400%，乙企业拟合作的资产原利润率为12%。试评估无形资产投资的销售利润分成率。

根据题意，可得：

无形资产的约当投资量=150×（1+400%）=750（万元）

企业总资产的约当投资量=9 000×（1+12%）=10 080（万元）

无形资产的销售利润分成率=750÷（750+10 080）=6.93%

8.2.2.3　差额法

差额法是采用无形资产和其他类型资产在经济活动中的综合收益与行业平均水平进行比较，从而得到无形资产超额收益的方法。该方法的具体步骤是：首先，收集有关使用无形资产的产品进行生产经营活动的财务资料，进行盈利分析，计算得到企业的销售收入和销售利润。其次，收集并确定行业平均销售利润率指标，用企业的销售收入乘以行业的平均利润率，得到按行业评估利润率计算的企业利润。最后，计算无形资产带来的超额收益。其计算公式如下：

$$超额收益=销售利润-销售收入×行业平均销售利润率$$

需要注意的是，运用差额法计算出来的超额收益往往是各类无形资产共同创造的，在对某一种无形资产进行评估时，还需将计算出来的超额收益进行分解。

8.2.3　无形资产折现率的估测

折现率是指将无形资产带来的超额收益换算成现值的比率。它本质上是从无形资产受让方的角度，作为受让方投资无形资产的投资报酬率。折现率的高低取决于无形资产投资的风险和社会正常的投资收益率。因此，从理论上讲，无形资产评估中的折现率是社会正常投资报酬率（无风险投资报酬率）与无形资产的投资风险报酬率之和。其计算公式如下：

无形资产评估中的折现率＝无风险报酬率＋无形资产投资风险报酬率

关于无风险报酬率，在市场经济比较发达的国家，无风险报酬率大都选择政府债券利率。从我国目前的情况看，除了可以选择国债利率以外，也可以考虑国家银行利率。无风险报酬率突出了投资回报的安全性和可靠性，我国的国债利率与国家银行利率基本都能保证这两点。

无形资产投资风险报酬率的选择和量化主要取决于无形资产本身的状况以及运用无形资产的外部环境。如技术的先进性、技术成果是否已经在市场中得以体现、企业整体素质和管理水平，企业所处行业、市场因素和政策因素等。因此，对于无形资产的投资风险报酬率的确定，通常要对评估对象的具体情况进行分析，从而得出合理判断。

总之，无形资产评估中的折现率的确定是一个比较复杂的过程，受诸多因素的影响和制约。评估者一定要抓住影响无形资产折现率的主要因素，在认真调查研究的基础上，经过充分分析予以量化。

8.2.4　无形资产收益期限的确定

无形资产的收益期限是指无形资产发挥作用并具有超额收益能力的时间。无形资产能带来超额收益持续的时间通常取决于无形资产的剩余经济寿命。但是在无形资产转让或其他形式的产权变动过程中，由于转让的期限、无形资产受法律保护的年限等诸因素都将影响某一种无形资产的收益持续时间。因此，在判断无形资产获得超额收益持续的时间时，要掌握这样一个原则，即剩余经济寿命与法律保护年限以及合同年限孰短的原则。关于无形资产的法定寿命和合同年限一般都是明确的，而无形资产的剩余经济寿命通常需要评估者予以估测。当然，无形资产的种类不同，其剩余经济寿命的决定因素也不相同，要根据无形资产的具体特点采取适当的方法加以判断。例如，技术型无形资产通常要用产品更新周期法或技术更新周期法来判断其剩余经济寿命。

8.2.5　无形资产价值的估测

在确定无形资产的超额收益、折现率和收益期限后，便可按照将利求本的思路，运用收益折现法将无形资产在其发挥效用的年限内的超额收益折现累加求得评估值。其计算公式如下：

$$P = \sum_{i=1}^{n} \frac{R_i}{(1+r)^i}$$

式中，P 为评估值，R_i 为第 i 年无形资产带来的预期超额收益，r 为折现率，n 为收益持续的年限数。

【例8-4】甲啤酒厂将该厂知名的注册商标使用权通过许可使用合同允许乙啤酒厂使用，使用期限为5年。双方约定由乙啤酒厂每年按使用该商标新增利润的25%支付给甲啤酒厂，作为商标使用费。经预测，在未来5年中乙啤酒厂使用甲啤酒厂的商标后每年新增净利润分别为300万元、320万元、350万元、370万元和390万元。假设折现率为12%，求该商标使用权的价值。

$$商标使用权的价值 = \frac{300 \times 25\%}{1+12\%} + \frac{320 \times 25\%}{(1+12\%)^2} + \frac{350 \times 25\%}{(1+12\%)^3} + \frac{370 \times 25\%}{(1+12\%)^4} + \frac{390 \times 25\%}{(1+12\%)^5}$$
$$= 307.13（万元）$$

当然，根据不同无形资产的特点，还可以选择收益途径中的其他具体方法进行评估。需要指出的是，本书中的举例是为了说明收益法原理的，并不是实际案例，读者不可以不加分析地将例题中的参数作为实际评估时的参数，尤其是折现率的选取，哪怕是很小的偏差都会导致评估结果的较大变化。因此，收益法中的各个参数应根据实际情况来确定。

8.3 成本途径在无形资产评估中的应用

8.3.1 成本途径的基本思路

运用成本途径评估无形资产，是在确定无形资产具有现实或潜在的获利能力但不易量化的情况下，根据替代原则，以无形资产的现行重置成本为基础判断其价值。

运用成本途径评估无形资产需要把握两大基本要素：一是无形资产的重置成本；二是无形资产的贬值，主要是无形资产的功能性贬值和经济性贬值。

由于无形资产的成本具有不完整性、弱对应性和虚拟性等特点，因此运用成本途径评估无形资产的价值受到一定的限制。

8.3.2 无形资产重置成本的估测

无形资产的重置成本是指在现行的条件下，重新取得该无形资产需支出的全部费用。根据无形资产形成的渠道，在测算无形资产重置成本时，要分自创无形资产和外购无形资产两类进行考虑。

8.3.2.1 自创无形资产重置成本的估测

自创无形资产的成本包括研制、开发、持有期间发生的全部物化劳动和活劳动的费用支出。现实中，大多数企业或个人对自创无形资产的基础成本数据积累不够，使得自创无形资产的成本记录不完整、不真实，甚至没有。这样运用成本法评估无形资产时有一定的困难。在无形资产研制、开发费用资料较完备的情况下，可按下列思路测算其重置成本。

（1）和算法。和算法是将以现行价格水平和费用标准计算的无形资产研发过程中的全部成本费用（包括直接成本和间接成本）加上合理的利润、税费确定无形资产的重置成本。其计算公式如下：

$$无形资产重置成本 = 直接成本 + 间接成本 + 合理利润 + 税费$$

其中，直接成本是指无形资产研发过程中实际发生的材料、工时耗费支出，一般包括材料费用、科研人员的工资、专业设备费、咨询鉴定费、协作费、培训费、差旅费和其他有关费用；间接成本是指与无形资产研发有关，应摊入无形资产成本的费用，包括管理费用、非专用设备折旧费用、应分摊的公共费用和能源费用等；合理利润是指以无形资产直接成本和间接成本为基础，按同类无形资产平均成本利润率计算的利润；税费是指无形资产转让过程中应缴纳的增值税、城市维护建设税和教育费附加以及无形资产转让过程中发生的其他费用，如宣传广告费、技术服务费、交易手续费等。

（2）倍加系数法。对于投入智力比较多的技术型无形资产，考虑到科研劳动的复杂性和风险性，可以用以下公式估算无形资产的重置成本：

$$C_r = \frac{C + \beta_1 V}{1 - \beta_2}(1 + P)\frac{1}{(1 - T)}$$

式中，C_r 为无形资产重置成本，C 为研制开发无形资产消耗的物化劳动，V 为研制开发无形资产消耗的活劳动，β_1 为科研人员创造性劳动的倍加系数，β_2 为科研的平均风险系数，P 为无形资产投资报酬率，T 为流转税费率。

当评估对象无形资产为非技术型无形资产时，科研人员创造性劳动的倍加系数 β_1 和科研的平均风险系数 β_2 可以不予考虑。当然，上述公式中并没有反映间接成本和转让成本的因素，在实际评估操作中也应该考虑在内。

没有较完备的费用支出数据资料的无形资产重置成本的估测，应尽可能利用类似无形资产的重置成本作为参照物，通过调整求得评估对象的重置成本。

8.3.2.2 外购无形资产重置成本的估测

外购无形资产由于其原始购入成本在企业账簿上有记录，相对于自创无形资产的重置成本的估测似乎容易一些。外购无形资产的重置成本包括购买价和购置费用两部分，一般可采用以下两种方法估测：

（1）类比法。类比法是以与评估对象相类似的无形资产近期交易实例作为参照物，再根据功能和技术的先进性、适用性等对参照物的交易价格进行调整和修正，从而确定评估对象现行购买价格，再根据现行标准和实际情况核定无形资产的购置费用，以此来确定无形资产的重置成本。该方法的难点是能否找到合适的参照物以及调整因素的确定与量化。

（2）价格指数法。价格指数法是以被评估无形资产的历史成本为基础，采用同类无形资产的价格指数将无形资产的历史成本调整为重置成本的方法。可根据获得价格指数的情况具体采用定基价格指数和环比价格指数进行调整。采用定基价格指数进行调整的公式如下：

$$重置成本 = 历史成本 \times 评估时定基价格指数 \div 购置时定基价格指数$$

采用环比价格指数进行调整的公式如下：

$$重置成本 = 历史成本 \times \prod_{t=t_0+1}^{t_n} 环比价格指数$$

上式中，t_0为设备购置时间，t_n为设备评估时间。

价格指数应综合考虑生产资料价格指数的变化和消费资料价格指数的变化。根据评估对象的种类以及可能投入的活劳动情况选择生产资料价格指数与消费资料价格指数的权重。

8.3.3　无形资产贬值的估测

无形资产本身没有有形损耗，它的贬值主要体现在功能性和经济性贬值两个方面，而无形资产的功能性和经济性贬值又会通过其经济寿命的减少和缩短体现出来。评估时，可以把无形资产的贬值以其剩余经济寿命的减少来表示。这样利用使用年限法就能较为客观地反映出无形资产的贬值。其计算公式如下：

$$贬值率 = 已使用年限 \div （已使用年限 + 尚可使用年限）\times 100\%$$

运用使用年限法确定无形资产的贬值率，关键问题是如何确定无形资产的尚可使用年限。无形资产的尚可使用年限可以根据无形资产法律保护期限或合同期限减去已使用年限来确定，或者通过有关专家对无形资产的先进性、适用性，同类无形资产的状况以及国家有关政策等方面的综合分析，判定其剩余经济寿命。此外，还应注意分析无形资产的使用效用与无形资产的使用年限是否呈线性关系，以此来确定上述公式的适用性。

8.3.4　无形资产价值的估测

无形资产评估实质上是对其权利和获利能力的评估。在无形资产转让过程中，无形资产的权利可分为所有权和许可使用权。由于无形资产的权利不同，其获利能力不同，无形资产的价值也不相同。因此，对无形资产价值的评估可分为以下两种情况：

8.3.4.1　无形资产所有权价值的估测

无形资产所有权是无形资产最根本的权利。无形资产所有权的转让标志着无形资产的权利（控制权、使用权、收益权、处置权等）的全部转移。在这种情况下，无形资产的评估价值应该是无形资产的重置成本扣除无形资产贬值后的全部余额。评估计算公式如下：

$$无形资产评估值 = 重置成本 \times （1 - 贬值率）$$

8.3.4.2　无形资产许可使用权价值的估测

无形资产许可使用权通常可分为独占使用权、排他使用权和普通使用权等。上述使用权转让的形式和内容尽管有所不同，但具有共同的特点，即无形资产的所有权仍被原产权主体拥有，无形资产的使用权和收益权在一定的时间和地域范围内被多家产权主体拥有。因此，在这种情况下，无形资产使用权的价值就不是全部无形资产重置成本的净值，而是全部无形资产重置成本的净值的分摊额与无形资产转让的机会成本之和。评估计算公式如下：

无形资产评估值＝重置成本×（1－贬值率）×转让成本分摊率+转让的机会成本

其中，转让成本分摊率＝购买方运用无形资产的设计能力÷运用无形资产总的设计能力×100%，无形资产转让的机会成本＝无形资产转让的净减收益+无形资产再开发的净增费用。

上述公式中，购买方运用无形资产的设计能力和运用无形资产总的设计能力可根据设计产量或按设计产量计算的销售收入计算确定。无形资产转让的净减收益一般是指在无形资产尚能发挥作用期间减少的净现金流量。无形资产再开发的净增费用包括保护和维持无形资产追加的科研费用和其他费用。通常运用边际分析法分析测算无形资产转让的净减收益和无形资产再开发的净增费用。

由于无形资产自身的特点，其价值主要不是取决于它物化的量，而是其带来的经济利益的量。因此，只有确信评估对象有超额获利能力，运用成本法评估其价值才不至于出现重大失误。

【例8-5】某公司转让某项专利技术许可使用权，有关资料如下：该项专利技术是该公司2年前购买的，当时的购买价格及有关购置费用合计为400万元；近两年同类无形资产的转让价格上涨了15%；经分析，该专利技术的剩余经济寿命为8年；根据合同规定，该专利转让的是排他使用权，即使用权仅为买卖双方所拥有，不再转让给第三者使用，买卖双方运用无形资产生产产品的设计生产能力分别为60 000件和80 000件；预计由于专利权的转让，该公司未来的收益净损失额现值合计为80万元，需要投入的再开发及保护费用的现值合计为16万元。试评估该专利技术许可使用权转让价值。

（1）计算无形资产重置成本净值（现值）。

重置成本净值＝400×（1+15%）×［1-2÷（2+8）×100%］＝368（万元）

（2）计算无形资产转让成本分摊率。

转让成本分摊率＝60 000÷（60 000+80 000）×100%＝42.86%

（3）计算无形资产使用权转让价值评估值。

评估值＝368×42.86%+80+16＝253.72（万元）

8.4 市场途径在无形资产评估中的应用

8.4.1 市场途径的基本思路

无形资产评估中的市场途径是指通过市场调查，选择与被评估无形资产相同或类似的近期交易实例作为参照物，并通过对交易情况、交易时间、交易价格类型，无形资产的先进性、适用性、可靠性、使用范围、经济寿命等各方面因素的比较、量化和修正，将参照物无形资产的市场交易价格调整为评估对象价值的评估思路和技术方法。

无形资产的个别性、垄断性、保密性等特点决定了无形资产的市场透明度较低，加之我国无形资产市场不发达，交易不频繁，使得运用市场途径及其方法评估无形资产有诸多的困难。因此，在我国目前的条件下运用市场途径评估无形资产的情况并不普遍。

8.4.2　参照物的选择

同有形资产一样，无形资产采用市场途径评估，首先要收集资料和合理选择参照物。根据无形资产评估准则规定，收集资料时应确定具有合理比较基础的无形资产；收集类似的无形资产交易市场信息和被评估无形资产以往的交易信息；价格信息具有代表性，且在评估基准日是有效的；根据宏观经济、行业和无形资产情况的变化，考虑时间因素，对被评估无形资产以往信息进行必要调整。在对所收集资料进行分析、整理和筛选的基础上合理选择参照物，参照物的选择需要注意：第一，所选择的参照物应与评估对象在功能、性质、适用范围等方面相同或基本相同；第二，参照物的成交时间应尽可能接近基准日或其价格可调整为评估基准日价格；第三，参照物的价格类型要与评估对象要求的价格类型相同或接近；第四，至少有三个以上的参照物可供比较。

8.4.3　可比因素的确定

可比因素就是影响被评估对象和参照物之间价格差异的因素。从大的方面来看，这些影响因素包括交易情况因素、交易时间因素、无形资产状况因素等。其中，交易情况因素包括交易类型、市场供求状况、交易双方状况、交易内容（如所有权转让或使用权转让）、交易条件、付款方式等；交易时间因素主要分析参照物交易时同类无形资产的价格水平与评估时点是否发生变化、变化的幅度以及对无形资产价格的影响程度；无形资产的类型不同，无形资产状况因素也不完全相同，技术型无形资产的状况因素主要包括无形资产的产权状况，无形资产的适用性，先进性、安全可靠性和配套性，无形资产的剩余经济寿命，无形资产受法律保护和自我保护的程度，无形资产的保密性和扩散性，无形资产的研发和宣传成本等。评估时，应对上述因素进行全面分析，合理确定可供比较的各种因素，并通过可比因素的量化和调整最终估测出被评估对象的价值。

根据不同的资产评估业务，分别采用收益法、成本法和市场法对无形资产价值进行评估后，按照评估报告准则的要求撰写无形资产评估报告。评估报告中应明确说明无形资产评估的价值类型及其定义，评估方法的选择及其理由，各重要参数的来源、分析、比较与测算过程，对初步评估结论进行分析，形成最终评估结论的过程，评估结论成立的假设前提和限制条件等内容，使评估报告使用者能够正确认识评估结论。

实训 1　企业商标权评估实训

【实训目标】

无形资产评估是资产评估的重要内容之一。通过对专利资产、专有技术、商标权和商誉评估的实际操作训练，使学生熟悉无形资产的评估程序，制订无形资产评估工作计划，在进行实地勘察与收集资料的基础上选择并熟练运用各种评估方法，对各类无形资产的价值进行评估，并独立完成无形资产评估报告。

【实训项目与要求】

一、实训项目

（1）无形资产评估程序。

（2）商标权价值的评估。

（3）运用收益法对商标权价值进行评估。

二、实训要求

（1）分团队成立模拟资产评估事务所。资产评估是由专门的机构和人员进行的，因此首先确定资产评估主体，对学生进行分组，10人一组，成立资产评估团队，组长是其任课教师或实践指导老师，在学生中选一人为副组长，具体组织和管理实训活动。

（2）确定资产评估客体。资产评估的客体为即评估什么，也就是被评估的无形资产。

（3）熟悉各类无形资产的特性，了解不同类型无形资产状况、有效年限，并鉴定其有效性。掌握不同类型的无形资产适用的评估方法，选用科学的方法判断其价值。

（4）以某企业的商标、专利、商誉等为评估对象进行实践操作，进行现场模拟评估。

（5）依照资产评估准则规定的程序实施评估。

（6）依据实训项目情况确定评估方法，总结各种评估方法的应用前提条件。

（7）根据教师所讲的评估方法并结合评估对象情况评定估算出各类型无形资产的价值，从而规范、正确地完成每个评估项目。

【成果检测】

（1）每个团队根据教师所讲的评估方法并结合评估对象评定估算出无形资产的价值，写出一份简要的实训总结报告，在班级内进行交流。

（2）由各团队负责人组织小组成员进行自评打分。

（3）教师根据各团队的实训情况、总结报告及各位同学的表现予以评分。

实训 2　企业商誉价值评估实训

【实训目标】

商誉属于无形资产，商誉评估是资产评估的重要内容之一。通过商誉评估的实际操作训练，确定商誉是否存在及其价值，使学生熟悉多种评估方法，并能独立完成无形资产评估报告。

【实训项目与要求】

一、实训项目

（1）商誉评估的程序。

（2）商誉评估的方法。

（3）运用收益法对商誉进行评估。

二、实训要求

（1）资产评估是由专门的机构和人员进行的，因此首先确定资产评估主体，对学生进行分组，10人一组，成立资产评估团队，组长是其任课教师或实践指导老师，在学生中选一人为副组长，具体组织和管理实训活动。

（2）确定商誉是否存在及其价值。

（3）熟悉各类无形资产的特性，了解不同类型的无形资产的状况、有效年限，鉴定其有效性，掌握不同类型的无形资产适用的评估方法，选用科学的方法判断其价值。

（4）以某企业的商标、专利、商誉等为评估对象进行实践操作，进行现场模拟评估。

（5）依照资产评估准则规定的程序实施评估。

（6）依据实训项目分析确定评估方法，总结各种评估方法的应用前提条件。

（7）根据教师所讲的评估方法并结合评估对象情况评定估算商誉的价值，从而规范、正确地完成每个评估项目。

【成果检测】

（1）每个团队根据教师所讲的评估方法并结合评估对象评定估算出商誉的价值，写出一份简要的实训总结报告，在班级内进行交流。

（2）由各团队负责人组织小组成员进行自评打分。

（3）教师根据各团队的实训情况、总结报告及各位同学的表现予以评分。

课后练习

一、单项选择题

1. 进行无形资产评估的前提一般为（　　）。

    A. 产权变动　　　　　　　　　　B. 资产重组

    C. 股份经营　　　　　　　　　　D. 资产抵押

2. 下列属于不可确指无形资产的是（　　）。

    A. 商标权　　　　　　　　　　　B. 专利权

    C. 土地使用权　　　　　　　　　D. 商誉

3. 无形资产有效期限是无形资产获得（　　）。

    A. 正常收益的时间　　　　　　　B. 超额收益的时间

    C. 客观收益的时间   D. 实际收益的时间

二、多项选择题

1. 按无形资产的性质划分，无形资产可分为（   ）。

    A. 知识型无形资产   B. 权利型无形资产

    C. 关系型无形资产   D. 促销型无形资产

    E. 金融型无形资产

2. 无形资产分成率的估测方法有（   ）。

    A. 分成率换算法   B. 边际分析法

    C. 约当投资分成法   D. 市场比较法

    E. 功能比较法

三、判断题

1. 无形资产评估一般应以产权变动为前提。   （   ）

2. 受市场条件制约，无形资产评估的价值类型只能是市场价值以外的价值。

                                                       （   ）

3. 无形资产有效期限是无形资产能够获得超额收益的时间。   （   ）

四、思考题

1. 无形资产主要有哪些分类？

2. 无形资产的鉴定包括哪些内容？

五、计算题

1. 甲企业拥有一项专利，该专利保护期限还有 8 年，评估人员调查分析认为该专利的剩余经济寿命为 6 年。乙企业拟购买该项专利，预计乙企业运用该项专利后每年可新增税前利润 120 万元，该专利对新增利润的贡献度为 60%，所得税税率为 25%，折现率为 15%。

要求：根据上述资料，估测该项专利的转让价值。

2. 甲企业拟将可视电话专利技术使用权转让给乙企业，有关资料如下：

（1）该专利技术是甲企业 2 年前获得的，历史成本为 260 万元；

（2）与 2 年前相比该类技术的价格上涨了 8%；

（3）该专利技术的剩余经济寿命为 6 年；

（4）该专利为甲企业、乙企业共享使用，甲企业、乙企业的设计生产能力分别为 500 万部和 220 万部；

（5）专利转让后，甲企业未来净减收益现值为 60 万元，增加研发费用现值为 18 万元。

要求：根据上述资料，估测该项专利使用权的转让价值。

9　长期投资性资产评估

案例导入

如何评估公司的长期投资价值

科创电子集团公司拟改制为有限公司，目前共有投资 20 项，包括长期债权投资 1 项、长期股票投资 1 项和直接性股权投资 18 项，需要于 2016 年 3 月 31 日对长期投资进行价值确认。现委托伟达资产评估对该公司的长期投资价值进行评估。

问题：如果你是评估人员，将如何评估其价值？

9.1　长期投资评估概述

对外投资是企业资产的重要组成部分。在现代企业的发展中，长期投资非常普遍，一方面是由于生产周期的存在，企业可以拥有进行长期投资的稳定资源；另一方面是基于企业发展战略理念的建立，长期投资已经成为企业抵御风险、优化资源配置、实现规模扩张的重要手段。因此，对长期投资性资产价值的评估已成为资产评估的重要内容，本章主要介绍债权投资和股权投资评估。

9.1.1　长期投资的概念与分类

9.1.1.1　长期投资的概念

长期投资，即不准备在一年内变现的投资。从广义上讲，长期投资是企业投入财力、物力以期获得长期报酬的投资行为，包括对内投资和对外投资。狭义的长期投资仅指企业的对外长期投资行为。是从狭义角度而言的，作为资产评估对象的长期投资，就是反映在企业"长期投资"账户的那部分企业资产。

与短期投资不同，长期投资本质上是一种战略性的资源控制权力。它以股权或债券的形式来获取长期稳定收益或实现某种战略影响，而不以获取短期市场差价收益为目的。

9.1.1.2　长期投资的分类

长期投资主要有以下三种分类方式：

（1）按投资目的划分。

按投资目的的不同，长期投资分为直接投资和间接投资。直接投资是指投资方将现金、实物或无形资产等生产要素直接投入被投资单位，以取得相应产权的投资方式。间接投资是指投资方通过购买被投资企业的股票或债券来获得相应收益的投资方式。

（2）按资产形式划分。

按投资形式的不同，长期投资分为实物投资、无形资产投资和证券资产投资。实物投资是指投资方以厂房、机器设备、材料等作为资本金投入，参与其他企业运营或组成联营企业的投资方式。无形资产投资是指投资方以专利、专有技术、土地使用权作为资本金投入，参与其他企业运营或组成联营企业的投资方式。证券资产投资是指投资方以货币资金购买被投资企业的股票或债券的投资方式。

（3）按投资性质划分。

按投资性质的不同，长期投资分为股权投资、债权投资和混合性投资。

股权投资，又称权益投资，是指投资方为了获得另一企业的权益或净资产所进行的投资，其目的是获得对被投资企业的控制或对被投资企业产生重大影响。股权投资通常为长期持有，不准备随时出售。同时，股权投资的收益决定于动态化的企业经营效益，故股权投资属于无确定请求权的、永久性的长期投资。

债权投资是指为了获得债权而进行的投资，其目的不是为了获得另一企业的剩余资产，而是为了获得高于银行存款利息的收入，并保证按期收回本息。由于债券有约定的利率和还本利息期限，债权人的收益不受企业盈利大小的影响，所以债权投资属于有确定请求权的、有期限的长期投资。

混合性投资是指兼有股权投资和债权投资双重性质的投资方式，如购买的优先股股票和可转换公司债券。

在以上三种类型的长期投资中，前两类属于直接投资，第三类属于间接投资。

9.1.2 长期投资评估的概念与特点

长期投资评估是指对企业进行长期投资所能获取的资产增值和投资收益进行的评定估算。企业进行长期投资，意味着出让资产支配权，也包含着对未来资本增值和投资收益的更大期望。因此，对长期投资的评估不同于对企业其他资产的评估，其特点主要体现在以下几点：

9.1.2.1 长期投资评估是对资本的评估

在长期投资行为中，联结投资双方的唯一纽带就是资本。尽管长期投资的形式不同、目的各异，但是一旦该项资产被转移到被投资企业，即被当作是资本的象征。因此，对长期投资的评估实质上是对被投资企业资本的评估。

9.1.2.2 长期投资评估是对被投资企业获利能力和偿债能力的评估

在实践中，企业进行长期投资的目的是获取投资收益和实现资本增值。这一目的的实现依赖于被投资企业资产经营所形成的盈利能力。长期投资作为企业的资产之一，其价值主要取决于被投资企业股权收益分配和债务偿还能力。因此，对长期投资性资产的评估从根本上是对被投资企业的获利能力和偿债能力进行的评估。

9.1.3　长期投资评估的程序

根据长期投资的特点和资产评估的操作规范，长期投资的评估一般按以下程序进行：

9.1.3.1　确定评估对象和范围

首先应明确被评估的长期投资项目的具体内容，如投资项目名称、原始投资额、持股比例、投资期限、约定利率、投资收益分配方式等，掌握其基本情况。

9.1.3.2　对评估对象的分析判断

依据被评估企业提供的有关会计资料，着重对各项长期投资投入和收回数额进行核实，审验被投资企业资产负债表的准确性，判断长期投资的未来获利状况和风险程度。

9.1.3.3　选择评估方法

针对不同形式的长期投资项目，按照是否能上市交易来确定不同的评估方法。凡是可以在市场上交易的长期投资项目，采用收益法评估其价值。

9.1.3.4　评定估算长期投资的价值，得出评估结论

按照选定的评估方法估算长期投资的价值，并经过综合分析评价确定评估结果。

9.2　长期债权投资评估

长期债权投资是指企业购入的在一年之内不能变现或不准备变现的债券或其他债权投资，具有投资风险较小、收益相对稳定、流动性强等特点。

基于长期债权投资的目的，对债券投资价值的评估实际上是对债券可能获得的未来收益的估算。因此，长期债权评估应当遵循收益现值原则和实际变现原则，债券的现时价值应当是对债券的预期收益进行折现的结果。同时还要结合债券在现行市场的实际变现情况进行综合分析，从而确定债券的评估值。因此，长期债权投资的评估方法通常采取现行市价法和收益现值法。

9.2.1　现行市价法

现行市价法就是指以可以上市流通的债券的现行市价作为评估值。用现行市价法评价上市债券的价格，一般以评估基准日的收盘价为准。在使用此方法时，评估人员应该在评估报告书中说明所用评估方法和结论与评估基准日的关系，并申明该评估结果的时效性。

应用现行市价法评估债券价值的计算公式如下：

债券评估值＝债券数量×评价基准日债券的收盘价

【例9-1】某企业持有2016年发行的5年期国债1 000张，每张面值100元，年利率为8%。该债券已上市交易，评价基准日的收盘价为120元/张。试确定该债券的评估值。

债券的评估值 = 1 000×120 = 120 000（元）

9.2.2 收益现值法

收益现值法是指在考虑债券风险的前提下，按适用的本金化率将债券的预期收益折算成现值来确定债券的价值。对于不能进入市场流通的债券，无法直接通过市场来判断其价值，故采用收益现值法进行评估。根据债券付息方法，债券分为分年（期）付息、到期一次还本债券和到期一次还本付息债权两种。应采取不同的评估方法计算其价值。

9.2.2.1 分年（期）付息、到期一次还本债券的评估

分年（期）付息、到期一次还本债券评估的计算公式如下：

$$P = \sum_{t=1}^{n} \left[R_t (1 + r)^{-t} \right] + A(1 + r)^{-n}$$

式中，R 为债券的评估值，R_t 为第 t 年的预算利息收入，r 为折现率或本金化率，A 为债券面值，t 为评估基准日距收利息日的期限，n 为评估基准日距到期还本日的期限。

债券的预期收益根据事先约定的债券的利率、期限、利息支付方式等确定。本金化率一般由风险报酬率和无风险报酬率两部分组成。风险报酬率的确定必须根据债券发行者的信用评级确定，若无信用评级，则需按其经营、财务、信用、所处行业等多种状况综合判断。此外，还需考虑通货膨胀率，故稍为复杂。无风险报酬率根据银行利率或政府债券利率确定。

【例9-2】被评估企业的长期债券投资的账面金额为60 000元，为A企业发行的3年期债券，每年付一次利息，债券到期一次还本，年利率为5%，单利计算。评估基准日距到期日还有两年，当时国券利率为4%，评估人员对发行企业的经营状况进行分析调查，认为被投资企业的债券风险较低，取2%的风险报酬率。试确定该债券的评估值。

$$P = \sum_{t=1}^{2} \left[R_t (1 + r)^{-t} \right] + A(1 + r)^{-2}$$

$$= 60\,000×5\%×(1+6\%)^{-1} + 60\,000×5\%×(1+6\%)^{-2} + 60\,000×(1+6\%)^{-2}$$

$$= 3\,000×0.943 + 3\,000×0.89 + 60\,000×0.89$$

$$= 58\,900.2（元）$$

9.2.2.2 到期一次性还本付息债券的评估

到期一次性还本付息债券评估的计算公式如下：

$$P = F / (1 + r)^{n}$$

式中，p 为债券的评估值，F 为债券到期时的本利和，r 为折现率或本金率，n 为评估基准日至债券到期日的间隔（以年或月为单位）。

其中，本利和的计算要注意计息方式是采用单利率还是复利率。采用单利率时，计算公式如下：

$$F = A(1 + m \times i)$$

采用复利率时，计算公式如下：

$$F = A(1 + i)^m$$

式中，A 表示债券面值，m 表示债券期限或计息期限，i 表示债券利率。

在【例 9-2】中，若将债券的还本付息方式改为到期一次还本付息，债券评估值的计算过程变为：

$$F = A(1 + m \times i) = 6\,000 \times (1 + 3 \times 6\%) = 70\,800(元)$$
$$P = F/(1 + r)^n = 70\,800 \times (1 + 6\%)^{-2} = 63\,001.748(元)$$

应用收益现值法评估债券价值时，首先应当考虑评估基准日与债券到期日的关系，采用下列评估方法：

（1）距评估基准日一年内到期的债券，可以根据本金加上持有期间的利息（即本利和）确定评估值；

（2）距评估基准日超过一年到期的债券，要考虑资金的时间价值，通过计算本利和的折现值来确定评估值。

其次，还要考虑债券的不同还本付息方式，每年（或每期）支付利息到期还本和到期一次性还本付息两种情况分别适用不同的方法确定其评估值。

最后，还必须注意对于不能按期付收回本金和利息的债券，评估人员应在充分调查核实的基础上进行分析预测，合理确定债券的评估值。

9.3　长期股权投资评估

股权投资是投资者通过购买股份有限公司的股票从而取得收益或达到其他目的的一种投资方式。股权投资通常采取两种形式：一是直接投资形式，即以现金、实物或无形资产等直接投入被投资企业而取得股权；二是间接投资形式，即投资方通过证券市场购买股票发行企业的股票从而拥有股权。这两种方式因投资者（或股东）的权利和利益分配方面的差别决定了对股权投资的评估应采取不同的方法。

9.3.1　直接性股权投资评估

企业以直接投资形式进行的股权投资主要是因为设立股份制企业或者进行联营、合资、合作等经营而形成的。由于所投资的企业通常都有确定的经营期限，所以这种股权投资一般是有限期的长期投资。直接性股权投资的价值由本金和投资收益两部分组成，其评估也主要是对这两部分进行的。因此，不同的投资收益分配方式和投资本金处置方式决定着直接性股权投资评估值的大小。

9.3.1.1　直接性股权投资的收益分配方式和本金处理方式

（1）收益分配方式。

在一般的投资行为中，投资双方的权利、义务和责任，投资收益的分配方式和投资本金的处理办法等，投资协议均有明确规定。通常，直接性股权投资的收益分配方式有：按投资方投资额占被投资企业实收资本的比例参与被投资企业净收益的分配，按被投资企业的销售收入或利润的一定比例提成，按投资方出资额的一定比例支付资金使用报酬。

（2）本金处理方式。

对于直接性股权投资行为，其投资本金的处置方法取决于投资是否有期限。无期限的股权投资不存在本金处置问题。协议中规定了投资期限的，协议期满时，其投资本金要按协议规定的办法处置，通常处置办法有以下三种：按投资时的作价金额以现金返还；返还实投资产；按期满时实投资产的变现价格和续用价格作价，以现金返还。

9.3.1.2 直接性股权投资的评估方法

对于直接性股权投资，无论采取何种投资形式和收益分配方式，在评估时一般采取收益现值法，在分别估算股权投资收益现值和投资本金现值的基础上进行加总，从而确定股权投资的评估值。其计算公式为：

股权投资评估值＝投资收益现值＋投资本金现值

（1）投资收益评估。

对于投资协议中规定了直接性股权投资期限的，按照有限期的收益现值法进行评估；协议中没有规定直接性股权投资确定期限的，则按非有限期的收益现值法进行评估。

（2）投资本金评估。

以投资协议为依据，规定以现金返还投资本金的，可以采用收益现值法对到期回收的现金进行折现或资本化处理；规定返还实投资产的，应根据实投资产的具体情况进行评估。

【例9-3】甲厂以价值100万元的机器设备向乙厂投资，占乙厂资本总额的10%，双方协议联营10年，设备年折旧率定为5%，按照投资比例分配联营企业利润，投资期满时，乙厂按甲厂所投入机器设备的折余价值50万元返还甲厂。评估时双方已联营5年，前5年甲厂每年从乙厂分得的利润分别为10万元、14万元、15万元、15万元、15万元。经评估人员分析，认为今后5年，乙厂的生产经营状况基本稳定，对每年分给甲厂15万元收益有很大把握。根据评估时的实际情况，折现率定为12%。试确定甲厂该项长期股权投资的评估值。

分析：甲厂未来5年能够取得每年15万元的收益，可采用收益现值法计算出收益现值，再将期满返还的折余价值折现处理，然后两部分相加得出评估值。

$$长期股权投资评估值 = 15 \times (P/A, 12\%, 5) + 50 \times (1 + 12\%)^{-5}$$
$$= 15 \times 3.6048 + 50 \times 0.5674$$
$$= 82.442（万元）$$

9.3.1.3 直接性股权投资评估的特别情形

通常，按照投资方的直接投资在被投资企业中所占的比重不同，股权投资可分为全资投资、控股投资和非控股投资。在这三种情形下，投资方所享有的权益差别较大，应当采用不同的方法评价股权投资的价值。

（1）对全资企业和控股企业的股权投资评估。

应当对被投资企业进行整体评估，按照整体评估后的被投资企业价值和投资方企业股权投资的比例计算确定股权投资的评估值。对被投资企业进行整体评估，评估基准日与投资方相同，评估方法以收益法为主，特殊情况也可以单独采用市场比较法。

（2）非控股的股权投资评估。

合同、协议明确约定了投资报酬，可将按规定应获得的收益折为现值，作为评估值；根据到期回收资产的实物投资情况，可将约定货物测出的收益折为现值，再加上到期回收资产的现值，计算评估值。对于不是直接获取资金收入而是具有某种权利或其他间接经济效益的，可以通过了解分析，测算相应的经济效益，折现计算评估值，或根据剩余的权利、利益所对应的重置价值确定评估值；对于明显没有经济利益，也不能形成任何经济权力的投资，按零值计算；在未来收益难以确定时，可以采用重置价值法进行评估，即先通过对被投资企业进行评估，确定净资产数额，再根据投资方的持股比例确定评估值；如果该项投资发生时间不长，价值变化不大，被投资企业资产账实不符，可以根据核实后的被投资企业资产负债表上的净资产数额以及投资方的持股比例确定评估值；非控股型长期投资也可以采取成本法评估，即根据被评估企业长期投资的账面价值，经审核无误后作为评估值。

9.3.2 间接性股权投资评估

投资者以间接形式进行的股权投资主要是股票投资。对间接性股权投资的评估，实际上就是对股票投资的评估。本章主要以上市股票和非上市股票来说明股票投资的评价方法。

9.3.2.1 上市股票评估

上市股票是企业公开发行的、可以在股票市场上自由交易的股票。在正常的市场条件（指股票市场发育正确，股票可以自由交易，不存在各种非法歪曲股票市场价格的情况）下，上市股票的价格一直在变动，因此，一般可以采用现行市价法，以股票的市场价格作为股票价值评估的基本依据，其计算公式如下：

上市股票评估值 = 持有股票的数量 × 评估基准日该股票的收盘价

在非正常的市场条件（证券市场发育不完全，交易不正常，存在政治、人为等炒作因素）下，股票的市场价格不能正确地反映股票的价值。这时，应当根据评估人员对股票未来收益的预测，结合公司的发展前景、财务状况及获利风险等，判断确定股票的内在价格和理论价值，从而得到股票的评估值。

应用现行市价法评估上市公司股票时，应当注意证券市场价格变动对评估结论的影响，在评估报告中申明评估结果应随市场价格变化而加以调整。

9.3.2.2 非上市股票评估

非上市股票，即股份有限公司发行的不能通过证券市场自由交易的股票。在评估中，要区分普通股和优先股。普通股是指股东完全平等地享受一般财产所有权的基本权利和义务的股票,其特点是股利随公司利润的变化而变化。优先股是指优先股股东相对于普通股股东享有的特定优先权的股票,特点为股息固定、优先分配股息和优先清偿剩余资产等。

非上市股票评估一般采用收益现值法。评估人员要综合分析股票发行主体的经营状况及风险、历史利润水平、收益水平等因素,针对不同的股票类别,合理预测股票投资的未来收益,并选择适宜的折现率进行折现来确定评估值。

(1)优先股的价值评估。

由于优先股在发行时就约定了股息率,所以优先股股东的收益通常是确定的,对优先股的风险评估主要是判断股票发行主体是否有足够的税后利润用于优先股的股息分配。如果股票发行企业资本构成合理、利润可观,具有较强的支付能力,优先股就基本上具备了准企业债券的性质;反之,优先股就具有一定的风险,在确定折现率时要考虑适当的风险报酬率。

优先股一般有累积优先股、参与优先股、可转换优先股等种类,各自对股东权利的规定有所不同,因此,在确定优先股的预期收益时要采用不同的方法。

累积优先股评估。累积优先股股票本年未支付的股利可以累积到下一年或以后的盈利年度支付,其实收益是额定股息。若持有者不打算转让股票,计算公式如下:

$$P = \sum_{t=1}^{\infty} \left[R_t (1 + r)^{-t} \right] = A/r$$

式中,P 为优先股的评估值,R_t 为第 t 年的优先股收益,A 为优先股的年等额股息收益,r 为折现率,t 为优先股的持有年限。

若持有者打算 n 年后转让其优先股,计算公式如下:

$$P = \sum_{t=1}^{n} \left[R_t (1 + r)^{-t} \right] + P_{n+1} (1 + r)^{-n}$$

式中,P_{n+1} 为优先股 n 年后的预期变现价格,n 为优先股转让前的持有年限。

【例9-4】甲企业持有乙企业发行的累积性优先股股票 300 股,每股面值 600 元,股息率为 15%。评估时的市场利率为 8%,乙企业的风险报酬率为 2%。甲企业打算持有 3 年后将这些优先股出售,若出售时市场利率上升 2 个百分点,其他条件不变,试评估该优先股的价值。

对 3 年后优先股每股市价进行折现,其价格如下:

3 年后优先股股价 = (600×15%) ÷ (8%+2%) = 900(元)

确定优先股的评估值,计算过程如下:

$$\text{优先股的评估值} = \sum_{t=1}^{3} \left[(300 \times 600 \times 15\%) \times (1 + 10\%)^{-t} \right] + (300 \times 900)$$
$$\times (1 + 12\%)^{-3}$$
$$= 27\,000 \times (0.909\,1 + 0.826\,4 + 0.751\,3) + 270\,000 \times 0.711\,8$$
$$= 67\,143.6 + 192\,186$$
$$= 259\,329.6\ (\text{元})$$

参与优先股评估。参与优先股股票不仅能按规定分得额定股息,而且还有权与普通股一同参加公司剩余利润分配。其收益由三部分构成：额定股息、额外红利和将来的出售价。由于额外红利的风险大于额定股息，两者的风险报酬率以及确定的折现率就会有差别。

评估参与优先股价值的计算公式如下：

$$P = \sum_{t=1}^{n} [R_t (1+r)^{-t}] + \sum_{t=1}^{n} [R_t' (1+r')^{-t}] + P_{n+1} (1+r)^{-n}$$

式中，R_t 为第 t 年的额定股息，R_t' 为第 t 年的额外红利，r 为额定股息的用的本金化利率，r' 为额外股息的用的本金化利率，一般 $r'>r$，P_{n+1} 为 n 年后优先股的预期变现价格。

可转换优先股评估。可转换优先股股票在一定条件下可转换为普通股股票或公司债券。其收益包括股息或转换成普通股股票或债券的价格，计算公式如下：

$$P = \sum_{t=1}^{n} [R_t (1+r)^{-t}] + P_{n+1}(1+r)^{-n}$$

式中，P_{n+1} 为优先股转换为普通股或债券的时价，$P_{n+1}=P_0 (1+P')^{n+1}\times K$。$P_0$ 为评估基准日普通股市价，K 为面额对换比，P' 为普通股股价上涨率。$(1+P')^{n+1}$ 为转换期普通股市场价格与面额或评估基准日市价比例。

【例9-5】甲企业于前年购入乙企业发行的可转换优先股股票 500 股，每股面值 200 元，乙企业发行时承诺 5 年后优先股持有者可按 1∶30 转换成乙企业的普通股票。优先股的股息率为 15%，乙企业的风险报酬率为 2%，乙企业普通股现行市价为 5.6 元，预计股票价每年上涨 20%，假设评估时与 3 年后的市场利率均为 10%。试评估这批可转换优先股的价值。

甲企业持股满 5 年后（从评估时起算为 3 年）即可转换为普通股，届时优先股转换为普通股的时价为：

$$P_{n+1} = 5.6 \times (1+20\%)^3 \times 30 = 9.677 \times 30 = 290.31(元)$$

根据公式计算优先股的评价值：

$$
\begin{aligned}
该优先股的评估值 &= \sum_{t=1}^{3} \left[(500 \times 200 \times 15\%) \times (1+12\%)^{-3} \right] + (500 \times 290.31) \\
&\quad \times (1+12\%)^{-3} \\
&= 15\,000 \times (0.892\,9 + 0.797\,2 + 0.711\,8) + 145\,155 \times 0.711\,8 \\
&= 36\,028.5 + 103\,321.33 = 139\,349.83 \ (元)
\end{aligned}
$$

（2）普通股的价值评估。

对非上市普通股一般采用收益现值法进行评估，即对普通股预期收益进行预测，并折算成评估基准日的价值，也就是对股东在持有期内能获得的现金收益进行评估。这就要求在评估时必须对股票发行企业进行全面的分析，详细考察企业历史上的利润水平、收益分配政策、所在行业的稳定性、经营管理水平、经营风险和财务风险、发展规划以及国家的宏观经济政策和证券市场的发展趋势等。

普通股是永远不还本的，其收益包括红利收入和资本利得（即期末对期初股价的升值）两部分，具体评估非上市普通股价值时根据股票发行企业的股利分配政策和普通股的收益趋势，评估通常采用以下三种模型：固定红利模型、红利增长模型和分段式模型。

固定红利模式（零增长型）。假设前提是股票发行企业经营稳定，每年股利分配保持在一个相对固定的水平。这种情况下，普通股股票价值的评估采用年金法，其计算公式如下：

$$P = R/r$$

式中，P 为股票评估值，R 为股票未来收益额，r 为折现率。

【例 9-6】A 企业拥有 B 企业发行的非上市普通股股票 2 000 股，每股面值 100 元，经评估人员调查分析，B 企业生产经营状况良好，所处行业的发展也较为平稳，在今后若干年内，股利分配能保持稳定，预计平均收益率能维持在 16% 的水平。当前国库券预计利率为 4%，考虑到通货膨胀的等因素，确定风险报酬率为 4%，确定的折现率为 8%，试确定这批普通股股票的评估值。

股票的评估价值 = R/r = （2 000×100×16%）÷8% = 400 000 （元）

红利增长模型。假设前提是股票发行企业有很大的发展潜力，企业并未将剩余收益分配给股东，而是用于追加投资。因此，在今后若干年，股票的收益率会逐渐提高，红利呈增长趋势。在这种情况下，普通股价值评估应考虑股票收益的预期增长率。其计算公式如下：

$$P = R/(r - g) \quad (r > g)$$

式中，P 为股票评估值，R 为股票未来收益额，r 折现率，g 为股利增长率。

在实践中，对股利增长率的计算方法主要有两种：一种是统计分析法，即根据股利的历史数据，用统计学的方法进行计算；另一种是趋势分析法，即根据企业剩余收益中拥有在投资的比例与企业净资产利润率相乘来确定。

【例 9-7】甲企业拥有乙企业发行的非上市普通股股票 3 000 股，每股面值 100 元。经评估人员调查分析，乙企业前 3 年的股票年收益率分别为 15%、17%、18%，预计今年股票收益率为 16%，以后每年以 2% 的比率增长。当前国库券预计利率为 4%，考虑到通货膨胀等因素，确定风险报酬率为 4%，确定折现率为 8%。试评估该普通股股票的价值。

股票的评估值 = （3 000×100×16%）÷（8%-2%） = 800 000 （元）

分段式模型。该模型是针对前两种模型过于极端化、容易放大误差、很难应用于所有股票的特点而产生的。基本思路是：首先，按企业的经营效益状况把股票收益期分成两段，第一段是能够客观地预测股票收益的期间或者股票发行企业的某一个生产经营周期，第二段从不以预测收益的时间算起，延续到企业持续经营的未来期间；其次，依据被评估股票的具体情况进行收益预测，对第一段运用有限期间的预期收益采用折现法计算估值，对第二段先用趋势分析法判断确定今后的股票收益趋势，然后采用固定红利模型或红利增长模型将预期收益资本化并折现；最后，将两段的折现值加总，从而确定股票价值。

9.4 长期投资评估典型案例

9.4.1 被评估企业概况

科创电子集团是一家以偏转线圈为主导产业，集电子、机械、化工、纺织、商贸及第三产业为一体的现代企业集团，拥有 18 家下属企业。科创电子集团公司共有投资 20 项，包括长期债权投资 1 项、长期股票投资 1 项和直接性股权投资 18 项。

9.4.2 评估目的

科创电子集团公司拟改制为股份有限公司，需对长期投资的价值进行评估。

9.4.3 评估基准日

评估基准日为 2016 年 3 月 31 日。

9.4.4 长期投资评估的基本思路

根据科创电子集团公司长期投资的项目和内容，评估人员首先对委托方填写的长期投资评估明细表进行审核，并对委托方提供的有关投资协议、章程、验资报告、经审计的年度会计报表等资料进行了统计分析。在此基础上，根据资产评估操作规范和委托的实际情况，经评估师分析判断，拟采用以下三种方法对长期投资进行评估：

对公司持有的债券，按债券的票面价值加上应收利息确定其评价估值。

对公司持有的股票，属于上市公司股票的，按评估基准日该股票的收盘价确定评估值；属于未上市股票的，按收益现值法确定评估值。

对于直接性股权投资，分三种情况分别确定其价值：若被投资方企业委托其他资产评估机构进行了资产评估，需对其评估报告进行审核，按净资产的评估值以及科创电子集团公司在该企业中所占的股权比例确定长期投资金额；对于科创电子集团公司的控股企业，若没有委托其他评估机构进行资产评估，则由达伟资产评估公司（即本案例中的评估机构）对该被投资企业进行整体资产评估，再根据评估后的净资产及科创电子集团公司在该企业中所占的股权比例确定长期投资金额；对于科创电子集团公司未控股的企业，需审核被投资方企业填报的清产核资明细表、2016 年 3 月 31 日的资产负债表和经过审计的 2015 年度会计报表，从而确定该企业的净资产，再根据科创电子集团公司在该企业中所占的股权比例确定长期投资金额。

9.4.5 长期债券投资的评估方法

科创电子集团公司拥有某金融机构 2015 年 3 月 1 日发行的 5 年期、年利率为 3%（单利计息）、到期一次还本付息的债券 5 000 张，每张面值为 100 元。评估时点距离到期日还有 4 年，当年国债利率表为 4%，经评估人员对债券发行者的分析调查，认为其经营稳定，财务状况较好，具有一定的偿债能力，投资风险较小，故取 2% 的风险报酬率。经估算，评估基准日科创电子集团公司长期债券投资价值为 455 453.86 元。该债权评估值的计算过程如下：

$$F = A(1 + m \times i) = 5\,000 \times 100 \times (1 + 5 \times 3\%) = 575\,000(元)$$

$$P = F/(1 + r)^n = 575\,000 \div (1 + 2\% + 4\%)^4 = 4\,554\,453.86(元)$$

9.4.6　长期股权投资的评估方法

科创电子集团公司在评估基准日拥有祥盛旅游股份有限公司的股票 100 000 股，账面价值为 150 000 元，持股比例为 5%。该股份有限公司的股票已经上市，在评估基准日的收盘价为每股 8.5 元，但是，科创电子集团公司拥有的股票为法人股，按政策规定目前不能上市交易，故不能按股票的收盘价对该股票进行评估。

评估人员经查阅有关资料了解到，祥盛旅游股份有限公司所在的省份是一个旅游大省，该公司是由该省著名风景名胜区的经营管理公司和省内大型旅行社共同发起组建的。祥盛旅游股份有限公司于 2012 年、2013 年、2014 年、2015 年的税后每股利润分别为 0.25 元、0.28 元、0.21 元、0.26 元。随着人们收入水平的提高和休闲时间的增多，旅游产业将面临良好的发展机遇，因此 2016 年祥盛旅游集团有限公司实现每股税后利润 0.25 元是有保证的。当前，国债利率为 4%，考虑到旅游企业的经营风险，评估人员在与有关专家探讨后，确定风险报酬率取 1%，故折现率为 5%。经估算，该项股权投资的评估值为 500 000 元。具体估算过程如下：

股票每股收益现值 = 0.25÷5% = 5（元）

股票评估值 = 100 000×5 = 500 000（元）

9.4.7　直接性股权投资的评估方法

科创电子集团公司的直接性股权投资项目较多，这里仅以科创利达电子有限公司的投资为例来说明其评估方法。

科创利达电子有限公司于 1992 成立，是科创电子集团公司与日本永达公司共同出资兴办的企业，主要生产彩色电视机用偏转线圈，协议经营期限为 30 年。其中，科创电子集团公司出资 9 343 052.2 元，股权比例达 75%，是科创利达电子有限公司的控股公司。对此项投资，评估人员拟按规定先对科创利达电子有限公司进行整体资产评估，再按科创电子集团公司持股比例计算股权投资的价值。评估人员经过对科创电子有限公司在评估基准日的资产和负债的核实和评估，确定其整体资产价值为 5 035 357 元，按 75% 的持股比例，计算得到科创电子集团公司对科创利达电子有限公司的股权投资价值为 37 765 179 元。具体计算过程如下：

50 353 572×75% = 37 765 179（元）

实训　长期投资性资产评估实训

【实训目标】

长期投资性资产评估是企业价值评估的重要内容之一。通过长期投资性资产评估的实际操作训练，使学生熟悉评估程序，合理选择并熟练运用评估方法，能够独立完成企业长期投资性资产等项目的评估。

【实训内容与要求】

一、实训项目

（1）非上市债券评估。

（2）非上市股票评估。

（3）上市债券评估。

（4）上市股票评估。

（5）长期股权投资评估值。

二、实训要求

（1）学生按每组 6~8 人分为若干小组，每组为一个实训团队开展实际操作训练，每个团队分别确定一位负责人，具体组织和管理实训活动。

（2）依照资产评估准则规定的程序实施评估。

（3）根据实训项目分析确定评估方法，总结各种评估方法的应用前提条件。

（4）能够正确、规范的完成每一个评估项目。

（5）熟悉评估程序，按照评估准则要求实施。

（6）熟练应用评估方法，按教师给出的案例资料进行练习。

长期投资性资产评估实训应以学生为中心，分组训练，集中总结。教师主要担任辅导者、具体组织者和观察员，向学生布置任务，介绍相关背景资料，进行必要的指导，解答有关问题，进行进度控制与质量监督。

【成果检测】

（1）每个团队写出一份简要的实训总结报告，在班级内进行交流。

（2）由各团队负责人组织成员进行评价打分。

（3）教师根据各个团队的实训情况、总结报告及各位同学的表现予以评分。

课后练习

一、简答题

1. 简述长期投资评估的程序。
2. 怎样评估长期债券投资的价值?
3. 简述分段型股利政策下股票价值评估的方法。
4. 简述上市股票及其评估方法。

二、案例分析题

被评估企业 M 公司拥有面值共 90 万元的非上市股票,在持股期间,每年股利分派相当于股票面值的 10%。评估人员通过调查了解到,M 公司只把税后利润的 80% 用于股利分配,另外 20% 用于公司扩大再生产,公司有很强的发展后劲,其股本利润保持在 15% 水平上,折现率设定为 12%。试运用红利增长模型评估该企业拥有的 M 公司股票。

1. 运用红利增长模型评估票价值的前提条件是什么?
2. 本例题中应用红利增长模型的关键是什么?
3. 评价你得出的评估结论的客观性。

10 企业价值评估

案例导入

一个常见的问题：如何确定企业的价值

绿园有限公司是中国、德国双方于 2015 年共同投资设立的合营企业，投资总额和注册资本均为 8 亿元人民币，其中，中方出资占公司注册资本的 37.36%，德方以现汇出资的方式，出资占公司注册资本的 62.64%，公司合营期限为 50 年，主要从事啤酒的生产和销售。金冠股份有限公司在国内啤酒市场中居于龙头地位，现拟收购绿园公司的部分外方股权，故需对绿园公司的整体资产价值进行评估。

问题 1：你认为决定绿园公司整体资产价值的因素包括哪些？

问题 2：评估企业整体资产价值应当如何操作？

10.1 企业价值评估及其特点

10.1.1 企业及企业价值

10.1.1.1 企业及其特点

在古典经济学中，企业被看作一个追求利润最大化的理性经济人，企业的存在就是为了把土地、资本和劳动力等生产投入要素按照利润最大化的原则转化为产出。但是现代经济学更倾向于认为企业是一个合同关系的集合，在这个合同关系集合中，企业的资本所有者（股东）、债权人、管理者、职工、供应商、客户、政府以及相关社会团体等不同利益集团通过一系列合同联系在一起，每个利益团体在企业中都有不同的利益。所有者和债权人希望得到投资收益，管理者希望得到报酬和荣誉，员工希望得到好的工资待遇和工作条件，供应商希望得到销售的收入，客户希望得到好的产品，政府希望得到税收，不同社会团体希望企业承担社会责任，等等。正是这一系列利益相关者促成了企业的形成和运转。从资产评估和企业价值评估的角度，可以把企业看作是以盈利为目的，按照法律程序建立起来的经济实体，从形式上体现为在固定地点的相关资产的有序组合，从功能和本质上讲，企业是由构成它的各个要素资产围绕着一个系统目标，保持有机联系，发挥各自特定功能，共同构成一个有机的生产经营能力载体和获利能力载体以及由此产生的相关权益的集合。从这个角度的企业定义中不难发现，现代企业不仅是经营能力和获利能力的载体以及由此产生的相关权益的集合，而且是按照法律程序建立起来的并接受法律法规约束的经济组织。企业作为一类特殊的资产也有其自身的特点：

合法性。企业首先是依法建立起来的经济组织，它的存在必须接受法律法规的约束。对企业的判断和界定必须从法律法规的角度，从合法性、产权状况等方面进行界定。

盈利性。企业作为一类特殊的资产，其存在的目的性就是盈利。为了达到盈利性的目的，企业需具备相应的功能。企业的功能是以企业的生产经营范围为依据，以其工艺生产经营活动为主线，将若干要素资产有机组合起来形成的。

整体性。构成企业的各个要素资产虽然各具不同性能，但他们是在服从特定系统目标前提下而构成企业整体，成为具有良好整体功能的资产综合体。当然，如果构成企业的各个要素资产的个体功能良好，但他们之间的功能不匹配，那么他们组合而成的企业整体功能也未必很好。企业强调它的整体性。

持续经营与环境适应。企业要实现盈利的目的，就必须保持持续经营，在持续经营中不断地创造收入，降低成本。而企业要在持续经营中保证实现盈利目的，企业的要素资产不仅要有良好的匹配性和整体性，还必须能够适应不断变化的外部环境及市场结构，并适时地对生产经营方向、生产经营规模做出调整以及保持企业生产结构、产品结构与市场结构协调。

权益的可分性。从企业作为生产经营能力和获利能力的载体的角度来看，企业具有整体性的特点。虽然企业是由若干要素资产组成，作为一个整体企业，作为经营能力和获利能力的载体，企业的要素资产是不能随意拆分的。但是，与企业经营能力和获利能力的载体的相关权益却是可分的。因此，企业的权益可划分为股东（投资者）全部收益和股东部分权益。

10.1.1.2 企业价值及其决定

企业价值可以从不同的角度来看待和定义。大家比较常见的是从政治经济学角度、会计核算的角度、财务管理的角度以及从市场交换的角度来说明企业的价值。

从政治经济学的角度，企业价值是指凝结在其中的社会必要劳动时间；从会计核算的角度，企业价值是指建造或取得企业的全部支出或全部耗费；从财务管理的角度，企业价值是企业未来现金流的折现值，即所谓的企业内在价值；从市场交换的角度，企业价值是企业在市场上的货币表现。

企业价值从资产评估的角度，企业价值需要从两个方面进行考虑和界定：第一，资产评估是评估对象在交易假设前提下的公允价值，企业作为一类特殊资产，在评估中其价值也应该是在交易假设前提下的公允价值，即企业在市场上的公允货币表现。第二，企业价值由企业特定点所决定，企业在市场上的货币表现实际上是企业所具有的获利能力可实现部分的市场表现及货币化和资本化。

企业价值是企业在市场上的公允价值，是企业获利能力可实现部分的市场表现及货币化和资本化。企业价值不仅是由企业作为资产评估对象所决定的，而且是由对企业进行价值评估的目的所决定的。在企业评估中，企业价值及其决定显然要基于企业评估目的这一个大前提来考虑。企业评估从根本上讲是服从或服务于企业的产权转让或产权交易。在企业产权转让或产权交易中需要的是企业的交换价值或市场上的公允价值。企业作为一种特殊的商品，之所以能在市场中进行转让和交易，不仅因为企业是劳动产品，社会必要劳动时间凝结在其中，更重要的是企业具有持续获利能力，这种持续获利能力是企业具有交换价值的根本所在。当然，企业具有持续获利能力所代表的价值，只能说是企业的潜在价值或内在价值，还不一定就是企业在评估基准日可实现的交换价值。资产评估强调的是企业内在价值的可实现部分，是企业内在价值在评估基准日条件下的可实现部分。关于企业在非持续经营情况下是否有价值的问题，可以从另一个方面看，即企业本身就是一个以营利为目的持续经营的经济实体，如果企业持续经营不能产生获利能力而是亏损，企业就不能再持续经营了。清算或变现可能是企业的一个明智选择。那时企业也只是一些要素资产的堆积，显然不能按持续经营的企业对待，当然也谈不上正常意义上的企业市场交换价值了。如果那时的"企业"有价值，也只是企业拆零变现价值，已经不是真正意义上的企业价值了。

在这里我们强调资产评估中的企业价值通常是一种持续经营条件下的价值，并且其价值是由企业获利能力决定的，目的在于提醒评估人员在企业持续经营价值评估过程中把握住企业价值评估的关键，即企业获利能力。

由于评估实践中的执业人员对企业有不同的理解，他们不仅把对一个持续经营中的企业进行评估叫企业价值评估，有时对破产清算中的企业的价值评估也称作企业价值评估。从理论上讲，企业价值评估是指对持续经营条件下的企业的获利能力转化为（公允）市场价值的评估，而不包括由破产清算或其他原因引起的非持续经营企业的价值评估。这并不是说非持续经营的企业没有价值，非持续经营企业有价值，但非持续经营企业的价值并不是本章所讨论的企业的价值，它并不是由企业的获利能力决定的而是由构成企业的各个资产要素的变现价值决定的。它可能是企业的产权价值，但不一定是企业作为获利能力的载体的市场表现价值。鉴于评估实践中人们习惯把一个企业作为评估对象，而不论它是否持续经营都将评估实践活动称为企业价值评估的这一事实，要求评估人员在企业价值评估中必须说明企业价值评估的前提条件，即持续经营或非持续经营。本章前面所强调的企业价值评估的核心是企业的获利能力，这主要是针对持续经营条件下的企业价值评估而言的。

10.1.1.3 企业价值评估的对象、范围和价值类型

（1）企业价值评估的对象和范围。

在当今世界范围内，还没有一个权威的企业价值评估（bussinness valuation）定义。有时人们也将企业价值评估称为企业整体价值评估或整体企业价值评估等。这大概与企业价值评估具体目标多样性的特点有关。根据人们的理解，企业价值经常被理解成企业总资产价值、企业整体价值、企业股东全部权益价值和企业股东部分权益价值等。上述概念可以大致理解如下：①企业总资产价值是企业流动资产价值加上固定资产价

值、无形价值资产和其他资产价值之和。②企业整体价值是企业总资产价值减去企业负债中的非付息债务价值后的余值，或用企业所有者权益价值与企业的全部付息债务价值之和表示。③企业投资资本价值是企业总资产价值减去企业流动负债价值后的余值，或用企业所有者权益价值加上企业的长期付息债务价值表示。④企业股东全部权益价值就是企业的所有者权益价值或净资产价值。⑤企业股东部分权益价值就是企业的所有者权益价值或净资产价值的某一部分。

根据《资产评估准则——企业价值》对企业价值评估对象进行确定，企业价值评估对象应该是企业整体价值、股东全部权益价值或部分权益价值。

企业总资产价值、企业投资资本价值作为企业价值的表现形式，可能并不是企业价值评估的对象。但采用间接法评估企业价值的时候，企业总资产价值、企业投资资本价值等也经常会被用作确定企业整体价值、股东全部权益价值以及股东部分权益价值。

企业价值评估范围是指为评估企业价值所涉及的被评估企业的具体资产数量及其资产边界。企业价值评估范围可分为产权范围和有效资产范围等。

（2）企业价值评估中的价值类型。

从企业价值评估的目的、评估条件和委托方对评估报告使用的需求等对价值类型要求的角度，企业价值可分为市场价值和市场价值以外的价值（非市场价值），而非市场价值又主要包括了持续经营价值、投资价值和清算价值等。

企业的市场价值是指企业在评估基准日公开市场上正常经营所表现出来的市场交换价值估计值，或者说是整个市场对企业的认同价值。

企业的非市场价值是指不满足企业市场价值定义和条件的所有其他企业价值表现形式的集合。企业的非市场价值是对同类企业价值表现形式的概括，而不是具体的企业价值表现形式。企业非市场价值只在价值类型分类时使用，它并不直接出现在评估报告中。

持续经营价值是非市场价值的一种具体价值表现形式，具体是指企业作为一个整体的价值。由于企业各个组成部分对该企业整体价值都有相应的贡献，可以将企业总体的持续经营价值分配给企业的各个组成部分，即构成企业持续经营的各局部资产的在用价值。持续经营价值是根据企业在评估基准日正在使用的地点、自身的经营方式和经营管理水平等条件继续经营下去所表现出的市场交换价值估计值。企业的持续经营价值可能等于、大于或小于企业的市场价值。

投资价值也是非市场价值的一种具体表现形式，具体是指企业对于特定投资者所具有的市场交换价值的估计值，它可能等于、大于或小于企业的市场价值。

清算价值是指企业在非持续经营条件下的各要素资产的变现价值，这里可能包含了快速变现的因素。因而，企业的清算价值包括了有序清算价值和强制清算价值等。

10.1.2　企业价值评估的特点

当把企业作为一种独立的整体评估对象进行评估时，它有以下特点：
（1）从评估对象载体的构成来看，评估对象载体是由多个或多种单项资产组成的资产综合体。

（2）从决定企业价值高低的因素来看，其决定因素是企业的整体获利能力。

（3）企业价值评估是对企业具有的潜在获利能力所能实现部分的估计。

（4）企业价值评估是一种整体性评估，它充分考虑了企业各构成要素之间的匹配与协调以及企业资产结构、产品结构与市场结构之间的协调，它与企业的各个要素资产的评估值之和既有联系又有区别。一般来说，企业的各个要素资产的评估值之和是整体性企业价值的基础，在此基础上考虑企业的商誉或综合性经济性贬值，就是整体性企业价值了。

当然，企业价值与企业的各个要素的评估值之和之间还是有区别的，这些区别主要表现为三个方面。

第一，评估具体标的上的差别。企业整体性价值评估与企业各个要素资产评估值加总的评估的具体标的是不同的。企业价值整体性评估的具体评估标的是资产的整体获利能力及其市场表现。而企业各个要素资产的评估值之和的评估，其具体评估标的却是企业的各个要素资产。就具体评估标的而言，两者是有差别的。

第二，由于具体评估标的上的差别，在评估过程中所考虑的影响因素是不完全相同的。企业价值整体性评估是以企业的获利能力为核心，围绕着影响企业获利能力因素以及企业面临的各种风险进行评估。而将构成企业的要素资产单项评估加总的评估，是针对影响各个单项资产价值的各种因素展开的，两者所考虑的价值影响因素有明显的差异。

第三，评估结果的差异。企业价值整体性评估和构成企业的要素资产的简单评估加总在具体评估标的上的差异以及由此引起的在评估时考虑的因素等方面的差异，两种评估的结果通常会有所不同。两者的差异通常会表现为企业的商誉（即企业的整合效应产生的不可确指的无形资产）或企业的综合性经济性贬值（企业要素资产之间的不匹配、产品结构与市场需求之间的不匹配形成的贬值）。

在这里通过企业价值的整体性评估与要素资产加总评估的比较，是为了说明企业要素资产加总评估的方法可能并不一定能够完全客观地将持续经营前提下的企业价值反映出来。因此，在一般情况下，尽量不要单独采用这种方法评估企业价值。

10.1.3 企业评估价值辨析

对企业价值的界定主要从两个方面来考虑：第一，资产评估揭示的是评估对象的公允价值，企业作为资产评估中的一类评估对象，其评估价值也应该是公允价值；第二，企业又是一类特殊的评估对象，其价值取决于要素资产组合的整体盈利能力，企业的公允价值是其实际或潜在盈利能力在各种市场条件下的客观反映。

10.1.3.1 企业的评估价值是企业的公允价值

这不仅是由企业作为资产评估的对象所决定的，而且是由对企业进行价值评估的一般目的所决定的。企业价值评估的一般目的是为企业产权交易提供服务，使交易对方对拟交易企业的价值有一个较为清晰的认识，因此企业价值评估应建立在有效市场假设之上，其揭示的是企业的公允价值。当然，由于企业价值评估都有其特定的，具体的对象，因此企业价值评估也应该是企业公允价值的具体表现形式——市场价值、投资价值或其他价值。

10.1.3.2 企业的评估价值基于企业的盈利能力

企业在广义上可以被认为是生产同一种产品即利润（现金流）的组织。人们创立企业或收购企业的目的不在于获得企业本身具有的物质资产或企业生产的具体产品，而是在于获得企业生产利润（现金流）的能力并从中受益。因此，企业之所以存在价值并且能够进行交易，是因为它们具有产生利润（现金流）的能力。

10.1.3.3 资产评估中的企业价值有别于账面价值、公司价值和清算价值

企业的账面价值是一个以历史成本为基础进行计量的会计概念，可以通过企业的资产负债表获得。由于企业的账面价值没有考虑或很少考虑通货膨胀和资产的经济性贬值等重要因素的影响，所以企业的账面价值明显区别于资产评估中的企业价值。

公司市值是指上市公司的股票价格与总股本的乘积。在成熟的资本市场上，信息相对充分，市场机制相对有效，公司价值与企业价值具有趋同性。但是，由于股票的市场价格通常是少数股份的交易价格，企业价值并不一定就等于股票价格与总股本的乘积。我国尚处在经济转型中，证券市场既不规范，也不成熟，因而不宜将公司市值直接作为企业价值。

清算价值是指企业停止经营，变卖所有的企业资产减去负债后的现金余额。这时企业资产价值应是可变现的，其不满足整体持续经营假设。破产清算企业的价值评估不是对企业一般意义上的价值的揭示，该类企业作为生产要素整体已经丧失了盈利能力，因而也就不具有通常意义上的企业所具有的价值。对破产清算企业进行价值评估，实际上是对该企业的单项资产的公允价值之和进行判断和估计。

资产评估人员应当知晓，在某些情况下企业在持续经营前提下的价值并不必然大于在清算前提下的企业变现价值。如出现了这种情况，评估人员可以向委托方提出咨询建议，如果相关权益人有权启动被评估企业清算程序，资产评估人员应当根据委托，分析评估对象在清算前提下的价值的可能性和评估价值。

10.1.4 企业价值评估在经济活动中的重要性和复杂性

企业价值评估是市场经济和现代企业制度相结合的产物，在西方发达国家经过长期发展已形成多种模式并日趋成熟。目前我国正处于经济转型期，企业价值评估在对外开放和企业改革中的作用越来越突出。

10.1.4.1 企业价值评估是利用资本市场实现产权转让的基础性专业服务

公司上市需要专业评估机构按照有关规定，制定合理的评估方案，运用科学的评估方法，评估企业的盈利能力及现金流量状况，对企业价值做出专业判断。与此同时，为企业的兼并和收购活动提供企业价值评估服务也已成为许多资产评估机构的核心业务之一。由于战略性并购决策着眼于经济利益最大化，而不是着眼于管理范围最大化，

所以并购中对目标企业的价值评估非常重要。评估人员应在详细了解目标企业的情况，分析影响目标企业盈利能力和发展前景的基础上，评估目标企业的价值。

10.1.4.2　企业价值评估能在企业评价和管理中发挥重要作用

以开发企业潜在价值为主要目的价值管理正在成为当代企业管理的新潮流。管理人员的业绩越来越多地取决于他们在提高企业价值方面的贡献。企业价值管理强调对企业整体获利能力的分析和评估，通过制定和实施合适的发展战略及行动计划以保证企业的经营决策有利于增加企业股东的财富价值。

企业价值管理将使习惯于运用基于会计核算的财务数据的企业管理人员的工作发生重大变化，使其不再满足于要求财务数据反映企业的历史，而应运用企业价值评估的信息展望企业的未来，并形成和提高利用企业当前资产在未来创造财富的能力。

10.1.4.3　企业价值评估的复杂性

企业本身就是一个复合的概念，有盈利的和亏损的，盈利和亏损的原因又极其复杂，这些原因可以分为政府层面、技术层面、管理层面、资产要素层面、市场层面等。企业评估价值类型和具体价值形式也呈现多样化。因此，在进行企业价值评估时，应清楚界定评估对象、评估范围、影响企业价值的主要因素、企业价值类型和具体价值定义选择等。

10.2　企业价值评估的基本程序

企业价值评估的基本程序包括：明确评估基本事项、选择评估途径与方法、收集相关信息资料、运用评估技术分析判断企业价值、撰写企业价值评估报告。

10.2.1　明确评估基本事项

根据企业、企业价值及企业价值评估的特点，评估人员在进行企业价值评估时，应当明确下列事项：委托方及资产占有方的基本情况、被评估企业的基本情况、评估目的、评估对象及其评估的具体范围、本次评估的价值类型及其价值定义、评估假设及限定条件、评估基准日。

10.2.2　选择评估途径与方法

评估人员在进行企业价值评估时，应当根据评估目的、被评估企业的情况、评估时的限定条件、评估的价值类型以及预计可收集到的信息资料和相关条件等，分析熟悉途径及其方法、市场途径及其方法、资产基础途径及其方法和其他评估技术方法的适用性与可操作性，选择适用于本次企业价值评估的一种或多种评估途径及其方法。

由于企业价值的特殊性和复杂性，一般情况下不宜单独使用资产基础途径及其方法评估企业价值。因此，在选择评估途径及其方法的过程中，应尽可能选择多种评估途径及其方法。如果确实受条件限制，只能选择资产基础途径及其方法，应在企业价值评估报告中做出说明。

10.2.3　收集相关信息资料

评估人员在进行企业价值评估时，应当根据所选择的评估途径和方法等相关条件，收集被评估企业以及与被评估企业相关的信息资料。就一般情况而言，这些资料主要包括：

（1）企业性质、相关资产的权益状况等信息资料；

（2）企业经营历史、现状和发展前景资料；

（3）企业的财务资料，包括历史的、当前的和预期的；

（4）企业价值评估涉及的具体资产的详细情况资料；

（5）影响判断企业价值的国民经济情况和地区经济状况；

（6）被评估企业所在行业及相关行业的状况和发展前景；

（7）资本市场上与被评估企业相关的行业及企业的价格信息、可比财务数据等；

（8）被评估企业中具体资产的市场价格资料和技术资料；

（9）与企业价值评估有关的其他信息资料。

10.2.4　运用评估技术分析判断企业价值

根据评估目的与评估目的对被评估企业在评估时点经营状况和面临的市场条件的影响以及对企业价值评估结果的价值类型的影响，利用所选择的多种评估途径及其方法和所收集的信息资料，对影响企业价值的各种因素进行系统全面的分析，在充分分析的基础上，综合判定企业价值。

评估人员应当知晓股东部分权益价值并不必然等于股东全部权益价值与股权比例的乘积。当评估股东部分权益价值时，应当在适当及切实可行的情况下考虑由控股权和少数股权等因素产生的溢价或折价。同时也应当考虑股权的流动性对评估对象价值的影响。

10.2.5　撰写企业价值评估报告

注册资产评估师在完成上述企业价值评估程序后，可根据评估项目的性质、评估过程以及委托方和相关当事人的要求，选择恰当的报告形式出具企业价值评估报告，并在评估报告中披露评估结果的价值类型和定义、在评估过程中是否考虑了控股权和少数股权等因素产生的溢价或折价以及流动性对评估对象价值的影响。

10.3　企业价值评估的范围界定

10.3.1　企业价值评估的一般范围

企业价值评估的一般范围即企业的资产产权范围。从产权的角度界定，企业价值评估的范围应该是企业的全部资产，包括企业产权主体自身占用及经营的部分，企业产权主体所能控制的部分，如全资子公司、控制子公司以及非控股公司中的投资部分。在具体界定企业价值评估的资产范围时，应根据以下有关数据资料进行：

（1）企业的资产评估申请报告及上级主管部门批复文件所规定的评估范围；

（2）企业有关产权转让或产权变动的协议、合同、规章中规定的企业资产变动的范围。

10.3.2　企业价值评估的具体范围

在对企业价值评估的一般范围进行界定之后，并不能将所有界定的企业的资产范围直接作为在企业价值评估中进行评估的具体资产范围。因为企业价值基于企业整体的盈利能力。所以，判断企业价值，就是要正确分析和判断企业的盈利能力。企业是由各类单项资产组合而成的资产综合体，这些单项资产对企业盈利能力的形成具有不同的贡献。其中，对企业盈利能力的形成做出贡献、发挥作用的资产就是企业的有效资产，而对企业盈利能力的形成没有做出贡献的资产就是企业的无效资产或溢余资产。企业的盈利能力是企业的有效资产共同作用的结果，要正确揭示企业价值，就要将企业资产范围内的有效资产和无效资产及溢余资产进行正确的界定与区别，将企业的有效资产作为评估企业价值的具体资产范围。这种区分是进行企业价值评估的重要前提。

在相当长的一段时间里，由于在企业价值评估中没有对企业评估范围进行一般范围和具体范围的划分，没有将企业资产划分为有效资产和溢余资产，导致按不同评估途径及其方法评估出的在同一条件下的同一企业的价值出现巨大差异，并使许多评估人员误将此现象理解为不同的评估途径及其方法可能造成同一企业在相同的条件下具有截然不同的评估价值。事实上，在未对企业价值评估范围和资产范围进行界定的前提下，不同评估途径及其方法评估的企业价值评估范围和资产范围可能存在着差别，企业价值评估范围和资产范围的差异可能是造成不同评估途径及其方法评估企业价值存在差异的主要原因之一。只有将企业价值评估范围和资产范围界定清楚，将不同评估途径及其方法的评估对象范围界定清楚，运用不同的评估途径及其方法评估的企业价值之间才有可比性。不同评估途径及其方法评估企业价值的共同范围基础是企业的有效资产，而溢余资产的评估则要根据评估目的及委托方的要求单独进行，并妥善处理溢余资产的评估值。

在界定企业价值评估的具体范围时，应注意以下几点：

（1）对于在评估时点产权不清的资产，应划为"待定产权资产"，不列入企业价值评估的资产范围。

（2）在产权清晰的基础上，对企业的有效资产、溢余资产进行区分。在进行区分时应注意把握以下几点：第一，对企业有效资产的判断应以该资产对企业盈利能力形成的贡献为基础，不能背离这一原则；第二，在有效资产的贡献下形成企业的盈利能力，应是企业的正常盈利能力，由于偶然因素而形成的短期盈利及相关资产，不能作为判断企业盈利能力和划分有效资产的依据；第三，评估人员应对企业价值进行客观揭示。例如，企业的出售方拟进行企业资产重组，则应以不影响企业盈利能力为前提。

（3）在企业价值评估中，对溢余资产有两种处理方式：一是进行"资产剥离"，即将企业的溢余资产在进行企业价值评估前剥离出去，不列入企业价值评估的范围；二是在溢余资产不影响企业盈利能力的前提下，用适当的方法将其进行单独评估，并将评估值加总到企业价值评估的最终结果之中，或将其可变现净值进行单独列示披露。

（4）例如，企业出售方拟通过"填平补齐"的方法对影响企业盈利能力的薄弱环节进行改进时，评估人员应着重判断该改进对正确揭示其盈利能力的影响。就目前我国的具体情况而言，该改进应主要针对由工艺瓶颈和资金瓶颈等因素所导致的企业盈利能力无法正常发挥的薄弱环节。

10.4 转型经济与企业价值评估

10.4.1 关于产权的界定

目前理论界关于产权的定义很多，具有代表性的有以下几种：

产权是一种社会工具，包括一个人或其他人受益或受损的权利。其重要性就在于事实上它们能帮助一个人形成他与其他人进行交易时的合理预期，这些预期通过社会的法律、习俗和道德得到表达。它界定人们如何受益及如何受损，因而谁必须向谁提供补偿以使其修正所采取的行动。

产权的核心是关于人的行为的约束条件，是对交易过程中人与人之间利益关系的明确界定，它把法律上的所有权的一系列权能都转化为可交易的相对独立和平等的权利，这些权利在法律上必须回复到物的所有者的权能，而在现实经济生活中逐渐成为可自由选择交易的对象。由于产权内含的一系列权利的分解、转让和创新，交易关系变得异常复杂。

在现代经济学中，产权不同于生产资料所有权，也不同于通常法律意义上的财产权，而是指在不同财产所有权（广义的财产权包括知识产权、劳动力所有权等）之间对各自权利与义务的进一步划分和界定。

上述有关产权的定义，或是因为过于抽象而难于理解，或是因着力对产权的表现形式的描述而未揭示产权的本质特征。其实，产权应是在一定生产力和生产关系水平制约下的，财产所有权具体能通过契约形式达成的反映与财产相关的利益主体之间的各种权利责任。产权模糊就是指或没有契约规定，或契约没有明示财产相关利益主体之间的权利责任关系，在他们之间出现一个模糊的、可以共享的"空间"，亦即"共享财产"。产权模糊是"搭便车"、外部不经济和低效率配置资源的基本原因。

产权相关利益主体是一个复杂的组合，包括投资者、经营者、劳动者、债权人等在产权契约中起特殊作用，并相应具有特殊权利和责任的利益集团。

10.4.2 转型经济中企业价值评估相关问题的讨论

经济转型或改革使得很多东西处在变化和完善当中，这就使得包括企业价值评估在内的资产评估问题变得复杂起来。当然这些问题也会随着经济转型的不断完善而逐渐消失。但是，评估人员还必须注意以下问题对企业价值评估的影响。

10.4.2.1　转型经济条件下，企业价值评估的风险估计问题

在企业价值评估中，收益途径是被国内外公认的主要评估方法。我国评估界也开始从过去的资产基础途径转向收益途径评估企业价值。在运用收益途径时，一个关键的因素就是需要用与企业获利所面临或承担的风险相符的折现率来折现企业未来的现金流。在成熟市场经济条件下，企业面临的宏观经济环境较为稳定，市场行为较为规范，企业面临的未来风险相对更易预期和估计。但在转型经济条件下，企业交易双方所面临的风险和障碍远大于成熟市场，企业价值评估也变得格外困难。在我国转型经济中，企业面临的风险包括通货膨胀或通货紧缩、经济不稳定、资本控制权变动、国家有关政策的变化、合同法对投资者权益定义模糊、法律保护不力、会计制度松弛等。对这些风险的估计和判断不同，其估测就会大相径庭。在企业价值评估中，企业面临的风险可以通过折现率和现金流量两个参数的选择来反映。传统的评估方法大多数将风险反映在折现率中，如果通过折现率反映企业面临的风险，评估人员仍可以利用这种方法，但是，评估人员也可采用另外一种方法考虑企业面临的风险，即进行加权平均风险概率的分析，将风险反映在现金流预测中。评估人员可以根据宏观经济各项指标及行业和公司未来可能面临的风险建立不同的假设情境，并对各种假设情境的概率进行估计。然后，分析各种假设情境下现金流的各组成部分是如何变化的，并对现金流进行调整。不论采用什么方法估计企业面临的风险，都应注意经济转型时期中国企业面临的特殊风险。

10.4.2.2　高新技术企业产权变动引发的评估技术方法创新

随着我国高新技术企业的快速发展，与之相关的各种融资、并购、上市、交易等活动也日益活跃，其中企业并购的数量和价值总量呈逐年递增趋势。高新技术企业间的并购重组已经成为其扩大规模、提高核心竞争力、实现价值增值的战略选择。实现并购或上市等经济活动的前提就是对高新技术企业价值的深刻认识和准确计量，而被并购高新技术企业价值评估的准确性对于并购的成功与否起着决定性作用。近年出现在高新技术领域的并购不乏失败的案例，研究发现导致这些并购交易失败的主要原因是对标的企业定价不合理，即高新技术企业的评估价值存在着不同程度的偏离。高新技术企业价值评估的高成长性和高风险性开始受到重视，运用传统的企业价值评估方法评估高新技术企业价值的非完整性缺陷已经显现，评估行业探索新的评估方法的脚步正在加快。模糊现金流量折现法和期权定价法等在其业务价值评估中的应用频率和规模正在逐步加大，逐渐成为传统的三大评估途径及其方法的有效补充。充分关注国内外对企业价值评估技术方法的研究非常重要，在收益途径及其方法、市场途径及其方法和资产基础途径及其方法的基础上探索新的评估方法的适用性和可操作性，是摆在行业面前的一个非常重要的课题。

10.5 收益途径在企业价值评估中的应用

10.5.1 收益途径评估企业价值的核心问题

在运用收益途径对企业价值进行评估时，一个必要的前提是判断企业是否具有持续的盈利能力。只有当企业具有持续的盈利能力时，运用收益途径对企业进行价值评估才具有意义。运用收益途径对企业进行价值评估，关键在于对以下三个问题的解决：

第一，要对企业的收益予以界定。企业的收益能以多种形式出现，包括净利润、净现金流量（股权自由现金流量）、息前净利润和息前现金流量（企业自由现金流量）。选择以何种形式的收益作为收益法中的企业收益，直接影响对企业价值的最终判断。

第二，要对企业的收益进行合理的预测。要求评估人员对企业将来的收益进行精确预测是不可能的。但是，由于企业收益的预测直接影响对企业盈利能力的判断，是决定企业最初评估值的关键因素。所以，在评估中应全面考虑影响企业盈利能力的因素，客观、公正地对企业的收益做出合理的预测。

第三，在对企业的收益做合理的预测后，要选择合适的折现率。合适的折现率的选择直接关系到对企业未来收益风险的判断。由于不确定性的客观存在，对企业未来收益的风险进行判断至关重要。能否对企业未来收益的风险做出恰当的判断，从而选择合适的折现率，对企业最终评估值具有较大影响。

10.5.2 收益途径中具体方法的说明

10.5.2.1 永续经营假设前提下的具体方法

（1）年金法。

年金法的公式如下：

$$P = A/r$$

式中，P 为企业评估价值，A 为企业每年的年金，r 为收益资本化率。

用于企业价值评估的年金法是将已处于均衡状态、其未来收益具有充分的稳定性和可预测性的企业的收益进行年金化处理，然后再把已年金化的企业预期收益进行还原，估测企业的价值。因此公式又可以写为

$$P = \sum_{i=1}^{n} \left[R_i \times (1+r)^{-i} \right] \div \sum_{i=1}^{n} \left[(1+r)^{-i} \right] \div r$$

式中，$\sum_{i=1}^{n} \left[R_i \times (1+r)^{-i} \right]$ 为企业前 n 年预期收益折现值之和，$\sum_{i=1}^{n} (1+r)^{-i}$ 为年金现值系数，r 为资本化率。

【例 10-1】待估企业预计未来 5 年的预期收益额分别为 100 万元、120 万元、110 万元、130 万元、120 万元，假设资本化率为 10%，试用年金法估测待估企业价值。

$$P = \sum_{i=1}^{n} \left[R_i \times (1 + r)^{-i} \right] \div \sum_{i=1}^{n} \left[(1 + r)^{-i} \right] \div r$$

$= (100 \times 0.909\ 1 + 120 \times 0.826\ 4 + 110 \times 0.751\ 3 + 130 \times 0.683\ 0 + 120 \times 0.620\ 9) \div$

$(0.909\ 1 + 0.826\ 4 + 0.751\ 3 + 0.683\ 0 + 0.620\ 9) \div 10\%$

$= (91 + 99 + 83 + 75) \div 3.790\ 7 \div 10\%$

$= 1\ 153$（万元）

（2）分段法。

分段方式将持续经营的企业的收益预测分为前后两段。将企业的收益预测分为前后两段的理由在于：在企业发展的前一个期间，企业处于不稳定状态，因此企业的收益是不稳定的；而在该期间之后，企业处于均衡状态，其收益是稳定的或按某种规律进行变化。对于前段企业的预期收益采取逐年预测并折现累加的方法；而对于后段的企业收益，则针对企业具体情况并按企业收益的变化规律，对企业后段的预测收益进行折现和返原处理。将企业前后两段的收益现值加在一起便构成企业的收益现值。

假设以前段最后一年的收益作为后段各年的年金收益，分段法的公式可写为

$$P = \sum_{i=1}^{n} \left[R_i \times (1 + r)^{-i} \right] + \frac{Rn}{r} \times (1 + r)^{-n}$$

假设 $n + 1$ 年之后为后段，企业预期年收益将按一固定比率 g 增长，则分段法可写为

$$P = \sum_{i=1}^{n} \left[R_i \times (1 + r)^{-i} \right] + \frac{Rn(1 + g)}{r - g} \times (1 + r)^{-n}$$

【例 10-2】待估企业预计未来 5 年的预期收益额分别为 100 万元、120 万元、150 万元、160 万元、200 万元。根据企业的实际情况推断，从第 6 年开始，企业的年收益额将维持在 200 万元水平上，假定资本化率为 10%，使用分段法估测企业的价值。

$$P = \sum_{i=1}^{n} \left[R_i \times (1 + r)^{-i} \right] + \frac{Rn}{r} \times (1 + r)^{-n}$$

$= (100 \times 0.909\ 1 + 120 \times 0.826\ 4 + 150 \times 0.751\ 3 + 160 \times 0.683\ 0 + 200 \times 0.620\ 9) + 200$

$\div 10\% \times 0.620\ 9$

$= 536 + 2\ 000 \times 0.620\ 9$

$= 1\ 778$（万元）

根据上述资料，假如评估人员根据企业的实际情况推断，企业从第 6 年起，收益额将在第五年的水平上以 2% 的增长率保持增长，其他条件不变，试估测待估企业的价值。

$$P = \sum_{i=1}^{n} \left[R_i \times (1 + r)^{-i} \right] + \frac{Rn(1 + g)}{r - g} \times (1 + r)^{-n}$$

$= (100 \times 0.909\ 1 + 120 \times 0.826\ 4 + 150 \times 0.751\ 3 + 160 \times 0.683\ 0 + 200 \times 0.620\ 9) + 200 \times$

$(1 + 2\%) \div (10\% - 2\%) \times 0.620\ 9$

$= 536 + 204 \div 8\% \times 0.620\ 9$

$= 2\ 119$（万元）

10.5.2.2 企业有限持续经营假设前提下的具体方法

关于企业持续经营假设的应用。对企业而言，它的价值在于其所具有的持续的盈利能力。一般而言，对企业价值的评估应该在持续经营前提下进行，只有在特殊的情况下，才能在有限持续经营前提下对企业价值进行评估。如果企业章程已经对企业经营期限做出规定，而企业的所有者无意逾期并继续经营企业，则可在该假设前提下对企业进行价值评估。评估人员在运用该假设对企业价值进行评估时，应对企业能否适用该假设做出合理判断。

企业有限持续经营假设是从最有利于回收企业投资的角度，争取在不追加资本性投资的前提下，充分利用企业现有的资源，最大限度地获取投资收益，直至企业无法持续经营为止。

对于有限持续经营假设前提下企业价值评估的具体方法，其评估思路与分段法类似。首先，将企业在可预期的经营期限内的收益加以估测并折现；其次，将企业在经营期限后的残值资产的价值加以评估并折现；最后，将两者相加，其数学表达式如下：

$$P = \sum_{i=1}^{n} \left[R_i \times (1 + r)^{-i} \right] + P_n \times (1 + r)^{-n}$$

式中，P_n 为第 n 年的企业资产变现值，其他符号的含义同前。

10.5.3 企业收益及其预测

10.5.3.1 企业收益额

收益额是运用收益途径及其方法评估整体企业的基本参数之一。在资产评估中，收益是指根据投资回报的原理，资产在正常情况下所能得到的归产权主体的所得额。在企业价值评估中，收益额具体是指企业在正常条件下获得的归企业的所得额。在企业价值评估过程中从可操作的角度来看，评估人员大都采用会计学上的收益。会计学上的收益概念是指来自企业期间交易已实现收入与相应费用之间的差额。

（1）企业收益的界定与选择。

企业收益都来自企业劳动者创造的纯收入，企业价值评估中的企业收益也不例外。但是，在具体界定企业收益时，应注意以下几个方面：

从性质上讲，不归企业权益主体所有的企业纯收入不能作为企业评估中的企业收益。例如，税收包括流转税和所得税。

凡是归企业权益主体所有的企业收支净额，无论是营业收支、资产收支，还是投资收支，只要形成净现金流入量，就应视同收益。企业收益是指将企业发生产权变动为确定企业交易价格这一特定目的作为出发点，从潜在投资者参与产权交易后企业收益分享的角度，企业收益只能是企业所有者投资于该企业所能获得的净收入。它的基本表现形式是企业净利润和企业净现金流量（还可以有其他表现形式）。企业净利润合计现金流量是判断和把握企业价值评估中的收益的最重要的基础，也是评估人员认定、判断和把握企业获利能力最重要、最基本的财务数据和指标。

从企业价值评估操作的层面上讲，企业价值评估中的收益额是作为反映企业获利能力的一个重要参数和指标。它最重要的作用在于客观地反映企业的获利能力并通过企业获利能力来反映企业的价值。由于企业价值评估的目标范围包括了企业整体价值、股东全部权益价值和股东部分权益价值等多重目标。因此，从实际操作的角度，用于企业价值评估的收益额又不仅限于企业的净利润和净现金流量两个指标。也就是说，理论上的企业收益可能与企业价值评估实际操作中使用的收益额不完全等同。理论上的企业收益是指归企业所用或拥有的、可支配的净收入。而用于企业价值评估的企业收益既可以是理论上的企业收益，也可以是其他口径的企业收益，它的作用主要是用来准确、客观地反映企业的获利能力。

（2）关于收益额的口径。

从投资回报的角度来看，企业收益的边界是可以明确的。企业净利润是所有者的权益，利息是债权人的权益。针对企业发生产权变动而进行企业价值评估这一事项，企业价值评估的目标可能是企业的总资产价值、企业股东全部权益价值或企业股东部分权益价值，企业价值评估目标的多样性是选择收益额口径的客观要求之一。另外，不同企业之间资本结构的不同会对企业价值产生不同的影响以及由此产生的利息支出、股利分配等对企业价值的影响问题，都造成了企业价值评估中不同口径收益选择的必要。企业价值评估的口径、企业整体价值、企业股东全部权益价值（企业所有者权益）和企业股东部分权益价值不同，与之相对应的收益口径也是有差异的。

明确企业收益的边界和口径对于运用收益途径及其方法评估企业价值是极其重要的。不同的投资主体在企业中的投资或权益在资产实物形态上是难以划分的。只有在明确了企业收益的边界和口径，以不同边界和口径的企业收益与企业价值评估结果的口径的对应关系的基础上，才能根据被评估企业的具体情况，采取各种切实可行的收益折现方案或资本化方案实现企业价值评估目标。

从过去的评估实践来看，使用频率最高的企业评估价值目标是企业的股东全部权益价值，即企业的净资产价值或所有者权益价值。同时，也存在着对企业整体价值以及企业部分股权价值的评估。但是，在企业价值评估实践中，间接法的使用频率要高于直接法。间接法，是指先通过企业自由现金流量和适当的折现率或资本化率评估出企业整体价值或投资资本价值，再扣减企业的负债来计算企业股东全部权益价值及其部分股权价值。所谓直接法是指利用股东自由现金流量和适当的折现率或资本化率，评估出企业的股东全部权益价值。因此，在进行企业价值评估时，根据被评估企业价值的内涵选择适当具体的企业收益形式、口径和结构是十分必要的。在企业价值评估中，经常使用的收益口径主要包括净利润、净现金流量（股东自由现金流量）、息前净利润、息前现金流量（企业自由现金流量）等。再假定折现率口径与收益额口径一致，即不存在统计口径或核算口径上的差别，不同形式、口径或结构的收益额，其折现的价值内涵和目标是不同的。例如，净利润或净现金流量折现或还原为股东全部权益价值净（资产价值、所有者权益）。"净利润或净现金流量+长期负债利息×（1-所得税税率）"折现或还原为投资资本价值（所有者权益+长期负债）。

选择合适口径的企业收益作为收益法评估企业价值的基础，首先应服从企业价值评估的目的和目标，明确企业价值评估的目的和目标是评估反映股东全部权益价值

（企业所有者权益或净资产价值）还是反映企业所有者权益及长期债权人权益之和的投资资本价值或企业整体价值。其次，对企业收益口径的选择，应在不影响企业价值评估目的的前提下，选择最能客观反映企业正常盈利能力的收益额作为对企业进行价值评估的收益基础。对于某些企业，净现金流量（股权自由现金流量）就能客观地反映企业的获利能力，而另一些企业可能采用息前净现金流量（企业自由现金流量），更能反映企业的获利能力。如果企业评估的目标是企业的股东全部权益价值（净资产价值），则使用净现金流量最为直接，即评估人员直接利用企业的净现金流量评估企业的股东全部权益价值（企业的净资产价值）。当然，企业人员也可以利用企业的息税前净现金流量（企业自由现金流量）先估算出企业的整体价值，然后再从企业整体价值中扣减企业的付息债务，得到股东全部权益价值。在具体实践中，是运用企业的净现金流量（股权自由现金流量）直接估算出企业的股东全部权益价值，还是采用迂回的方法先估算企业的整体价值或投资者价值，再估算企业的股东全部权益价值（净资产价值），取决于企业的净现金流量或是企业的息前净现金流量是否能更客观地反映企业的获利能力。掌握收益口径或表现形式与不同层次的企业价值的对应关系以及不同层次企业价值之间的关系是企业价值评估中非常重要的事情。

当然，在评估实践中折现率往往也是有层次或口径的，因为折现率是一种期望，投资回报率也是一个相对数或比率，这个比率的分子一定是某种口径的收益额。例如，当使用行业收益率作为企业价值评估的折现率或资本化率时，就存在总率资产收益率、投资资本收益率和净资产收益率等不同含义的折现率或资本化率。而每一种含义的折现率或资本化率又可以有不同的口径。例如，计算净资产收益率中的收益额可以是净利润，也可以是净现金流量，还可以是无负债净利润等不同形式和口径的收益额。此时用于折现或资本化的收益额的选择就必须与折现率和资本化率中的所选用的收益额保持统一或核算口径上的一致。否则评估结果就没有任何经济意义和实际意义。

上述关于企业价值评估中的收益额边界的界定思路是建立在现有的产权制度框架下。事实上，企业价值是资本能力技术和管理诸要素有机结合共同作用的结果。而在目前的产权制度下，企业价值评估值的归属，通常只考虑了企业的所有者权益和债权人权益，显然忽略了资本、人力、技术和管理主体在企业中的贡献和权益。就是说，目前的企业价值评估是把所有对企业价值有贡献的因素都考虑进去了，但是在产权界定时，却把企业价值全部归于资产所有者和债权人。企业评估价值的合理分配上有待于要素分配理论的确立、进一步完善和被广泛接受。

10.5.3.2 企业收益预测

从严格意义上讲，企业收益预测应当由企业管理层负责。企业管理层有责任提供企业的预期经营规划和完整的收益预测数据，并对上述预测数据负责。评估人员和评估机构的责任和义务，是对管理层提供的企业收益预测进行必要的分析和判断，并与管理层进行必要沟通协调确定。

评估师对企业管理层提供的收益预测的分析和监测大致分为三个阶段。首先是企业收益现状的分析和判断，其次是对企业未来可预测的若干年的预期收益预测的分析和判断；最后是对企业未来持续经营条件下的长期预期收益趋势的判断。

（1）企业收益现状的分析和判断。

企业收益现状的分析和判断的重点是了解和掌握企业评估基准日的日常获利能力水平，为分析企业管理层提供的预测收益建立一个平台。

了解和判断一个企业的获利能力现状可以通过一系列财务数据并结合对企业生产经营的实际情况来加以综合分析和判断。有必要对企业以前年度的获利能力情况做出考察，以确定企业现在的正常获利能力。可作为分析和判断企业获利能力的财务指标主要有：企业资金利润率、投资资本利润率、净资产利润率、成本利润率、销售收入利润率、企业资金收益率、投资资本收益率、净资产收益率、成本收益率、销售收入收益率。企业资金利润率与企业资金收益率之间的区别如下：前者是以企业利润总额与企业资金占用额之比，而后者是企业净利润与企业资金占用额之比。

评估人员不可以单凭上述企业的有关财务数据来判定企业现时的正常获利能力。要想较为客观地把握企业的正常获利能力，必须结合企业内部及外部的影响企业获利能力的各种因素进行综合分析。评估人员也要十分注意企业产品或服务的成长性，以便对企业的市场因素做出正确的判断。再如企业资金融通、渠道能力、动力原材料等的供给情况，企业的产品和技术开发能力，企业的经营管理水平和管理制度，企业存量资产的状况及匹配情况，还有国家的政策性因素等。只有结合企业内部和外部的具体条件来分析企业的财务指标，才有可能正确地认识企业的获利能力。

（2）企业收益预测的基础的分析。

用于衡量企业获利能力的企业收益，不仅具有层次性和不同的口径，同时还存在着收益预测的基础问题。企业的预期收益的基础有以下两个方面的问题：其一，是预期收益预测的出发点，这个出发点是以企业评估时的收益现状及企业的实际收益为出发点。按普通人的想法，似乎一切在评估时点的实际收益为出发点，更符合资产评估的客观性原则。实际上在进行企业价值评估时，既可以用企业在评估时点的实际收益为基础测算的预期收益，也能以被评估企业所在行业的正常投资收益水平为基础预测收益。如果是以企业实际收益为基础预测的预期收益，一定要注意在企业实际收益中，如果存在一次性的，或者是偶然的，或者是当企业产权发生变动后不复存在的收入或费用因素，应当进行调整。如果把企业评估时点的包括收入或费用的实际收益作为预测企业未来预期收益的基础，而不做任何调整的话，等于把那些不复存在的因素仍然作为影响企业未来预期收益的因素加以考虑。很显然，这将导致企业未来收益预测的失实。因此企业评估收益的预测基础，可以是企业在正常经营管理前提下的正常收益或客观收益，或者是排除偶然因素和不可比因素后的企业实际收益。当然，企业价值评估的两种收益预测基础及在此基础上预测的企业未来收益以及据此对企业价值做出的判断，企业的评估价值类型和定义应该是有差别的。其二，如何客观地把握新的产权主体的行为对企业预期收益的影响。因为企业在预期收益继续企业存量资产运作的函数同时也是未来新的产权主体经营管理的函数。新的产权主体的行为是评估人员无法确切评估的因素。同时，新的产权主体的个别行为对企业预期收益的影响也不应该成为预测企业预期收益的因素。从这个意义上讲，对于企业预期收益的预测，一般只能以企业现时存量资产为出发点，可以考虑存量资产的合理改进，甚至是合理重组，并以企业的正常经营管理为基础，一般不考虑这不正常的个人因素或新的产权主体的超常行为等因素对企业预期收益的影响。

关于企业预期收益预测基础的以上论述只是一种原则性的、从总的方面对企业预期收益预测基础的认识。在企业价值评估的实际操作中，情况可能会更为复杂，特别是通过产权变动。例如，企业并购所产生的协同效应，如果完全不考虑被评估企业存量资产的作用也是不合适的，这就存在一个协同效应在新旧产权主体之间的分配问题。由于企业并购以及其他类似经济行为产生的协同效益的分配和分成问题十分复杂，这里就不做更深层次的讨论。

（3）对企业收益预测分析的基本步骤。

对企业预期收益的预测分析大致可以分为以下几个步骤：评估基准日企业收益或正常收益的审核（计）和调整；对企业管理层提供的企业未来经营规划、财务预算或预测资料以及预期收益趋势的总体分析和判断；在此基础上对企业预测收益的可靠性做出判断。

如果以一切实际收益为基础预测未来企业收益，评估基准日企业收益审核（计）和调整包括两个部分的工作：其一是对评估基准日审核收益的审核（计），按照国家的财务通则、会计准则以及现行会计制度等对企业与评估基准日的实际收益额进行审核，并按审核结果编制评估基准日企业资产负债表、利润表和现金流量表。其二是对审核后的重编财务报表进行非正常因素调整，主要是利润表和现金流量表的调整（资产负债表以及非经营性资产闲置资产、溢余资产的调整，这里不做论述）。对一次性、偶发性或以后不再发生的收入或费用进行剔除，把企业评估基准日的企业利润和现金流量调整到正常状态下的数量，为企业预期收益的趋势分析打好基础。

如果是以被评估企业所在行业正常收益水平为基础预测企业未来收益，实际上是假设企业发生产权变动后，企业能够以行业的正常经营水平和正常获利能力进行运营。这时，首先应对评估基准日的企业实际收益进行分析，在可以确定企业在评估基准日后以行业正常经营水平和获利能力水平预测未来收益是客观的基础上，编制按被评估企业有效资产所对应的用于本次企业价值评估的资产负债表、利润表和现金流量表。

企业预期收益趋势的总体分析和判断是在对企业评估基准日实际收益或正常收益的审核（计）和调整的基础上，结合被评估企业管理层提供的企业预期收益预测和评估机构调查收集到的有关信息资料进行的。这里需要强调出：①对企业评估基准日的财务报表的审核（计）和重编，尤其是客观受益的调整仅作为评估人员进行企业预期收益预测的参考依据，不能用于其他目的；②企业管理层提供的关于企业预期收益的预测是评估人员预测企业未来预期收益的重要基础；③尽管对企业在评估基准日的财务报表进行了必要的调整或重编，并掌握了企业提供的收益预测，评估人员必须深入到企业现场进行实地考察和现场调研，充分了解企业的生产工艺过程、设备状况、生产能力和经营管理水平以及市场状况等，再辅之以其他数据资料对企业未来收益趋势做合乎逻辑的总体判断。

企业预期收益的预测是在前两个步骤完成以后的前提下，运用具体的技术方法和手段测算企业预期收益。在一般情况下，企业的收益预测也分为两个时间段。对于已步入稳定期的企业而言，收益预测的分段较为简单：一是对企业未来前若干年的收益进行预测，二是对企业未来前若干年后的各项收益进行预测。而对于仍处于发展期，其收益尚不稳定的企业而言，对其收益预测的分段应是首先判断企业在何时步入稳定期，其收益呈现稳定性。而后将其步入稳定期的前一年作为收益预测分段的时点。对企业何时步入稳定期的判断，应在企业管理人员的充分沟通和占有大量资料并加以理性分析的基础上进行，其确定较为复杂。下面主要介绍处于稳定期的企业预期收益的预测。

对于企业未来前若干年的收益进行预测，前若干年可以是 3 年，也可以是 5 年，或其他时间跨度。若干年的时间跨度的长短取决于评估人员对预测值的精度要求以及评估人员的预测手段和能力。对评估基准日后若干年的收益预测是在评估基准日调整的企业收益或企业历史收益的平均收益趋势的基础上，结合影响企业收益实现的主要因素在未来预期变化的情况，采用适当的方法进行的。目前较为常用的方法有综合调整法、产品周期法、时间趋势法等。不论采用何种预测方法估测企业的预期收益，首先都应进行预测前提条件的设定。因为无论如何，企业未来可能面临的各种不确定因素是无法完全纳入评估参数中，因此，科学合理地设定预测企业预期收益的前提条件是必需的。这些前提条件包括：①国家的政治、经济等政策变化对企业预期收益的影响，对于已经出台，但尚未实施的政策，只能假定其将不会对企业预期收益构成重大影响；②不可抗拒的自然灾害或其他无法预测的突发事件不作为预测企业收益的相关因素考虑；③企业经营管理者的某些个人行为也未在预测企业预期收益时考虑等。当然，根据评估对象，评估目的和评估时的条件还可以对评估的前提条件做出必要的限定。但是，评估人员对企业预期收益预测的前提条件设定必须合情合理。否则，这些前提条件不能构成合理预测企业预期收益的前提和基础。

在明确了企业收益预测前提条件的基础上，就可以着手对企业未来前若干年的预期收益进行预测。预测的主要内容有：对影响被评估企业及所属行业的特定经济及竞争因素的估计，未来若干年市场的产品或服务的需求量或被评估企业市场占有的份额的估计，未来若干年销售收入的估计，未来若干年成本费用及税金的估计，完成上述生产经营目标需追加投资及技术、设备更新改造因素的估计，未来若干年预期收益的估计，等等。关于企业的收益预测，评估人员不能直接引用企业和其他机构提供的企业收益预测。评估人员应把企业或其他机构提供的收益预测作为参考，根据可收集到的数据资料，在经过充分分析论证的基础上做出独立的预测判断。

在具体运用预测技术和方法预算企业收益时，不论采用哪种方法，大都采用目前普遍使用的财务报表格式予以表现，如利用利润表的形式表现或采用现金流量表的形式表现。运用利润表或现金流量的形式表现预测企业收益的结果通俗易懂、便于理解和掌握。需要说明的是，用企业利润表或现金流量表来表现企业预期收益的预测结果，并不等于说企业预期收益预测就相当于企业利润表或现金流量表的编制。企业收益预测的过程是一个比较具体、需要大量数据并运用科学方法的运作过程。用利润表或现金流量表表现的仅仅是这个过程的结果。所以，企业收益预测不能简单地等同于企业利润表或现金流量表的编制，而是利用利润表或现金流量表的已有栏目或项目通过对影响企业收益的各种因素变化情况的分析，在评估基准日企业收益水平的基础上，对应表内各项项目（栏目）进行合理的预算，汇总分析得到所测年份的各年企业收益。

不论采用何种方法测算企业收益，都需要注意以下几个基本问题：①一定收益水平是一定资产运作的结果。在企业收益预测时应保持企业预期收益与其资产及获利能力之间的协调关系。②企业的销售收入或营业收入与产品销售量（服务量）及销售价格的关系，会受到价格需求弹性的制约，不允许不考虑价格需求弹性而想当然地价量并长。③企业销售收入或服务收入的增长与其费用的变化是有联系的，评估人员应根据不同行业的企业特点，尽可能科学合理预测企业的销售收入及各种费用。④企业的预期收益与企业所采用的会计政策、税收政策关系极为密切，评估人员不可以违背会计政策及税收政策，以不合理的假设作为预测的基础，企业收益预测应与企业未来实行的会计政策和税收政策保持一致。

企业未来前若干年的预期收益测算可以通过一些具体的方法进行。而对于企业未来更久远的年份的预测收益，则难以具体地进行预算。可行的方法是：在企业未来前若干年预期收益测算的基础上，从中找出企业收益变化的规律和趋势，并借助某些手段，诸如采用假设的方式把握企业未来长期收益的变化区间和趋势。比较常用的假设是保持假设，即假定企业未来若干年以后各年的收益维持在一个相对稳定的水平上不变。当然也可以根据企业的具体情况，假定企业收益在未来若干年以后将在某个收益水平上，每年保持一个递增比率等。但是，不论采用何种假设，都必须建立在合乎逻辑、符合客观实际的基础上，以保证企业预期收益预测的相对合理性和准确性。

由于对企业预期收益的预测存在较多难以准确把握的因素并且操作时易受评估人员主观的影响，而该预测又直接影响企业的最终评估值，因此，评估人员在对企业的预期收益预测基本完成之后，应对所做预测进行严格检验，以判断所做预测的合理性。检验可以从以下几个方面进行：第一，将预测的数据与企业历史收益的平均数据进行比较，如预测的结果与企业历史收益的平均数据明显不符，或出现较大变化，又无充分理由加以支持，则该预测的合理性值得质疑。第二，将预测的数据与行业收益的平均数据进行比较，如预测的结果与行业收益的平均数据明显不符，或出现较大变化，又无充分理由加以支持，则该预测的合理性值得质疑。第三，对影响企业价值评估的敏感性因素加以严格的检验。在这里，敏感性因素具有两方面的特征，一是该因素未来存在多种变化，二是其变化能对企业的评估值产生较大的影响。如对销售收入的预测，评估人员可以基于对企业所处市场前景的不同假设而会对企业的销售收入做出不同的预测，并分析不同预测结果可能对企业评估价值产生的影响，在此情况下，评估人员就应对销售收入的预测进行严格的检验，对决定销售收入预测的各种假设反复推敲。第四，对所预测的企业收入与成本费用的变化的一致性进行检验。企业收入的变化与其成本费用的变化存在较强的一致性，如预测企业的收入变化而成本费用不进行相应变化，则该预测值得质疑。第五，在进行敏感性因素检验的基础上，与其方法评估的结果进行比较，检验在哪一种评估假设下能得到更为合理的评估结果。

10.5.4 折现率和资本化率及其估测

折现率是将未来有限期收益还原或转换为现值的比率。资本化率是将未来非有限期收益转换成现值的比率。资本化率在资产评估业务中有着不同的称谓：资本化率、本金化率、还原利率等。折现率和资本化率在本质上是相同的，都属于投资报酬率。投资报酬率通常由两部分组成：一是无风险报酬率（正常投资报酬率）；二是风险投资报酬率。正常报酬率亦称为无风险报酬率、安全利率，它取决于资金的机会成本，即正常的投资报酬率不能低于该投资的机会成本。这个机会成本通常以政府发行的国债利率和银行储蓄利率作为参照依据。风险报酬率的高低主要取决于投资的风险的大小，风险大的投资，要求的风险报酬率就高。由于折现率和资本化率反映了企业在未来有限期和非有限期的持续获利能力和水平，而企业未来的获利能力在有限期与永续期能否保持相当恐怕要取决于企业在未来有限期与永续期所面对的风险是否一样，从理论上讲，折现率与资本化率并不一定是一个恒等不变的量，它们既可以相等也可以不相等，这取决于评估师对企业未来有限经营期与永续经营期的风险的判断。因此，必须强调折现率与资本化率并不一定是一个恒等不变的定值。

10.5.4.1 企业评估中选择折现率的基本原则

在运用收益途径中的具体方法评估企业价值时，折现率起到至关重要的作用，它的微小变化会对评估结果产生较大的影响，因此，在选择和确定折现率时，必须注意以下几个方面的问题。由于折现率与资本化率的构成、测算及选择思路相同，下面我们就以折现率为代表来说明折现率与资本化率的预算原则和方法。

（1）折现率不低于投资的机会成本。在存在着正常的资本市场和产权市场的条件下，任何一项投资的回报率不应低于该投资的机会成本。在现实生活中，政府发行的国债利率和银行储蓄利率可以作为投资者进行其他投资的机会成本。由于国债的发行主体是政府，几乎没有破产或无力偿付的可能，投资的安全系数大。银行虽大多属于商业银行，但我国的银行仍属国家垄断并严格监控，其信誉也非常高，储蓄也是一种风险极小的投资。因此，国债和银行储蓄利率可看成是其他投资的机会成本，相当于无风险投资报酬率。

（2）行业基准收益率不宜直接作为折现率，但行业平均收益率可作为确定折现率的重要参考指标。我国的行业基准收益率是基本建设投资管理部门为筛选建设项目，从拟建项目对国家经济的净贡献方面，按照行业统一制定的最低收益率标准，凡是投资收益率低于行业基准收益率的拟建项目不得上马。只有投资收益率高于行业基准收益率的拟建项目才有可能得到批准进行建设。行业基准收益率旨在反映拟建项目对国民经济的净贡献的高低，包括拟建项目可能提供的税收收入和利润，而不是对投资者的净贡献。因此，不宜直接将其作为企业产权变动时价值评估的折现率。再者，行业基准收益率的高低也体现着国家的产业政策。在一定时期，属于国家鼓励发展的行业，其行业基准收益率可以相对低一些；属于国家控制发展的行业，国家就可以适当调高其行业的基准收益率，达到限制项目建设的目的。因此，行业基准收益率不宜直接作为企业评估中的折现率。而随着我国证券市场的发展，行业的平均收益率日益成为衡量行业平均盈利能力的重要指标，可作为确定折现率的重要参考指标。

（3）贴现率不宜直接作为折现率。贴现率是商业银行对未到期票据提前兑现所扣金额（贴现息）与期票票面金额的比率。贴现率虽然也是将未来值换算成现值的比率，但贴现率通常是银根据市场利率和贴现票据的信誉程度来确定的。并且票据贴现大多数是短期的，并无固定周期。从本质上讲，贴现率接近于市场利率。而折现率是针对具体评估对象的风险而生成的期望投资报酬率。从内容上讲折现率与贴现率并不一致，简单地把银行贴现率直接作为企业评估的折现率是不妥当的。但也要看到，在有些情况下，如对采矿权评估所使用的贴现现金流量法，正是以贴现率折现评估价值的。但就是在这种场合，所使用的贴现率也包括安全利率和风险溢价两部分，与真正意义的贴现率不完全一样。

10.5.4.2　风险报酬率的测算

在折现率的测算过程中，无风险报酬率的选择相对比较容易一些，通常是以政府债券利率和银行储蓄利率为参考依据。而风险报酬率的测度相对比较困难，因评估对象、评估时点的不同而不同。就企业而言，在未来的经营过程中要面临着经营风险、财务风险、行业风险、通货膨胀风险等。从投资者的角度来看，要投资者承担一定的风险，就要有相对应的风险补偿。风险越大，要求补偿的数额也就越大。风险补偿额相对于风险投资额的比率就叫风险报酬率。

在测算风险报酬率的时候，评估人员应注意以下因素：第一，国民经济增长率及被评估企业所在行业在国民经济中的地位；第二，被评估企业所在行业的发展状况及被评估企业在行业中的地位，第三，被评估企业所在行业的投资风险；第四，企业在未来的经营中可能承担的风险等。

在充分考虑和分析以上各因素以后，风险报酬率可以通过以下两种方法估测：

（1）风险累加法。企业在其持续经营过程可能要面临着许多风险，像前面已经提到的行业风险、经营风险、财务风险、通货膨胀等。将企业可能面临的风险对回报率的要求予以量化并累加，便可得到企业评估折现率中的风险报酬率。用公式表示：

风险报酬率=行业风险报酬率+经营风险报酬率+财务风险报酬率+其他风险报酬率

行业风险主要指企业所在行业的市场特点、投资开发特点以及国家产业政策调整等因素造成的行业发展不确定性给企业预期收益带来的影响。

经营风险是指企业在经营过程中，由市场需求变化、生产要素供给条件变化以及同类企业间的竞争给企业的未来预期收益带来的不确定性影响。

财务风险是指企业在经营过程中的资金融通、资金调度、资金周转可能出现的不确定性因素影响企业的预期收益。

其他风险包括国民经济景气状况，通货膨胀等因素的变化可能对企业预期收益的影响。

量化上述各种风险所要求的回报率，主要是采取经验判断。它要求评估人员充分了解国民经济的运行态势、行业的发展方向、市场状况、同类企业竞争情况等。只有在充分了解和掌握上述数据资料的基础上，对于风险报酬率的判断才能较为客观合理。

当然，在条件许可的情况下，评估人员应尽量采取统计和数理分析方法并对风险回报率进行量化。

（2）β 系数法。β 系数法用于估算企业所在行业的风险报酬率。其基本思路是，行业风险报酬率是社会平均风险报酬率与被评估企业所在行业平均风险和社会平均风险的比率系数（β 系数）的乘积。

β 系数法估算风险报酬率的步骤为：

第一，用社会平均收益率扣除无风险报酬率求出社会平均风险报酬率；第二，将企业所在行业的平均风险与社会平均风险进行比较，求出企业所在行业的 β 系数；第三，用社会平均风险报酬率乘以企业所在行业的 β 系数，便可得到被评估企业所在行业的风险报酬率。公式如下：

$$R = (R_m - R_f) \times \beta$$

式中，R 为被评估企业所在行业的风险报酬率，R_m 为社会平均收益率；R_f 为无风险报酬率，β 为被评估企业所在行业的 β 系数。

在评估某一具体的企业价值时，可以根据具体情况考虑被评估企业的规模、经营状况、财务状况及竞争实力等因素，确定该企业在其所在行业中的地位系数（α）或企业风险调整系数，然后与企业所在行业的风险报酬率相乘或相加，得到该企业的风险报酬率。公式如下：

$$R = (R_m - R_f) \times \beta \times \alpha$$

式中，R 为被评估企业所在行业的风险报酬率，R_m 为社会平均收益率，R_f 为无风险报酬率，β 为被评估企业所在行业的风险协变系数，α 为被评估企业的风险协变系数。

3. 折现率的测算

如果能通过一系列方法测算出风险报酬率，则企业评估的折现率的测算就相对简单了。其中，累加法、资本资产定价模型和加权平均资本模型是测算企业评估中的折现率的三种较为常用的方法。

（1）累加法。累加法是采用无风险报酬率加风险报酬率的方法确定折现率或资本化率，如果风险报酬率是通过 β 系数法或资本资产定价模型估测出来的，此时，累加法测算的折现率和资本化率适用于股权收益的折现或资本化。累加法测算折现率的表达式如下：

$$R = R_f + R_r$$

式中，R 为企业价值评估中的折现率，R_f 为无风险报酬率，R_r 为风险报酬率。

（2）资本资产定价模型。资本资产定价模型是适用于股权自由现金流量的资本成本或折现率。用公式表达如下：

$$R = R_f + (R_m - R_f) \times \beta$$

式中，R 为企业价值评估中股权自有现金流量的折现率，R_f 为无风险报酬率，R_m 为平均风险报酬率；β 为被评估企业所在行业的 β 系数。

（3）加权平均资本成本模型。加权平均资本成本模型是适用于企业自有现金流量评估的折现率，是针对企业的所有者权益和企业付息债务所构成的资本按其各自权重，经加权平均计算获得的企业价值评估所需折现率的一种数学模型。加权平均资本成本模型同时适用于企业的所有者权益与长期附在所构成的投资资本，作为投资资本所要求的回报率。公式如下：

$$\frac{\text{企业评估}}{\text{的折现率}} = \frac{\text{长期负债占}}{\text{投资资本的比重}} \times \frac{\text{长期负债}}{\text{成本}} + \frac{\text{所有者权益占投资}}{\text{资本的比重}} \times \frac{\text{净资产投资}}{\text{要求的回报率}}$$

其中，净资产投资要求的回报率是指股权投资回报率，可以通过资本资产定价模型确定。负债成本是指扣除所得税后的负债成本。

确定各种投资权数的方法一般有三种：企业资产负债表中（账面价值）各种资本的比重为权数，以占企业外发证券市场价值（市场价值）的现有比重为权数，以在企业的目标资本构成中应保持的比重为权数。

10.5.5 收益额与折现率口径一致问题

根据不同的评估目的和评估价值目标，用于企业评估的收益额可以有不同的口径，如净利润、净现金流量（股权自由现金流量）、无负债利润（息前净利润）、无负债净现金流量（企业自由现金流量、息前净现金流量）等。而折现率作为一种价值比率，就要注意折现率的计算口径。有些折现率是从股权投资回报率的角度考虑，有些折现率既考虑了股权投资的回报率同时也考虑了债权投资的回报率，净利润、净现金流量（股权自由现金流量）是股权收益形式只能用股权投资回报率作为折现率，即只能运用通过资本资产定价模型获得的折现率。而无负债净利润（息前净利润）、无负债净现金流量（企业自由现金流量、息前净现金流量）等是股权与债权收益的综合形式。因此，只能运用股权与债权综合投资回报率，即只能运用通过加权平均资本成本模型获得的折现率。如果运用行业平均资金收益率作为折现率，就要注意计算折现率时的分子与分母的口径与收益额的口径一致的问题。折现率具有按不同口径收益额为分子计算的折现率，也有按同一口径收益额为分子，而以不同口径资金占有额或投资额分母计算的折现率，如企业资产总额收益率、企业投资资本收益率、企业净资产收益率等。因此，在运用收益法评估企业价值时，必须注意收益额与计算折现率所使用的收益额之间结构与口径上的匹配和协调，以保证评估结果合理且有意义。

10.6 市场途径在企业价值评估中的应用

市场途径在企业价值评估中的应用是通过在市场中找出若干个与被评估企业相同或相似的参照企业，分析比较被评估企业和参照企业的重要指标的可比性，在此基础上确定若干价值比率，利用价值比率估测被评估企业的初步价值，然后做必要的修正和调整，最后确定被评估企业的价值。

10.6.1 企业价值评估的市场途径是基于类似资产应该具有类似交易价格的理论推断

企业价值评估市场途径的技术路线是首先在市场上寻找与被评估企业相类似企业

的交易案例，通过对所寻找到的交易案例中相类似的企业交易价格进行分析，从而确定被评估企业的评估价值，于2012年7月1日实行的《资产评估准则——企业价值》指出，企业价值评估中的市场法是指将评估对象与可比上市公司或者可比交易案例进行比较，确定评估对象价值的评估方法。

市场途径常用的两种具体方法是上市公司比较法和并购案例比较法。

上市公司比较法是指通过对投资市场上与被评估企业处于同一或类似行业的上市公司的经营和财务数据进行分析，计算恰当的价值比率或经济指标，在与被评估企业比较分析的基础上，得出评估对象价值的方法。

并购案例比较法是指通过分析与被评估企业处于同一或类似行业的公司的买卖、收购及合并案例，获取并分析这些交易案例的数据资料，计算恰当的价值比率或经济指标，在与被评估企业比较分析的基础上，得出评估对象价值的方法。

10.6.2　运用市场途径及其具体方法评估企业价值存在的两个障碍

一是企业的个体差异。每一个企业都存在不同的特性，除了所处行业规模大小等因素各不相同外，影响企业盈利能力的无形因素更为复杂。因此，几乎难以找到能够与被评估企业直接进行比较的类似企业。二是交易案例的差异。即使存在能与被评估企业进行直接比较的类似企业，要找到能与被评估企业的产权交易相近的交易案例也相当困难。首先，目前我国市场上不存在一个可以共享的企业交易案例资料库，因此，评估人员无法以较低的成本获得可以应用的交易案例；其次，即使有渠道获得一定的案例，但这些交易发生的时间、市场条件和宏观环境又各不相同，评估人员对这些影响因素的分析也会存在主观和客观条件上的障碍。因此运用市场途径及其具体方法对企业价值进行评估，不能基于直接比较的简单思路，而是要通过间接比较分析影响企业价值的相关因素对企业价值进行评估，其思路以公式表示如下：

$$\frac{V_1}{X_1} = \frac{V_2}{X_2}$$

即

$$V_1 = \frac{V_2}{X_2} \times X_1$$

式中，V_1为被评估企业价值，V_2为可比企业价值，X_1为被评估企业价值与企业价值相关的可比指标，X_2为可比企业价值与企业价值相关的可比指标。

$\frac{V}{X}$通常又称为可比价值倍数。式中X参数通常选用的财务变量：利息、折旧和税收前利润，无负债的净现金流量，销售收入，净利润，净现金流量，净资产等。

10.6.3　用相关因素间接比较的方法，评估企业价值的关键

用相关因素间接比较的方法评估企业价值的关键在于两点：

第一，对可比企业的选择。运用相关因素的间接比较法虽然不用在市场上寻找能直接进行比较的企业交易案例，但仍然需要为评估寻找可比企业。判断企业的可比性

存在两个标准。首先是行业标准，处于同一行业的企业，存在着某种可比性，但是同一行业内选择可比企业时应注意，目前的行业分类过于宽泛，处于同一行业的企业所生产的产品和所面临的市场可能完全不同，在选择时应加以注意。即使是处于同一市场、生产同一产品的企业，由于其在该企业中的竞争地位不同、规模不同，相互之间的可比性也不同。因此，在选择时应尽量选择与被评估企业地位相类似的企业。其次是财务标准。既然企业都可以视同是在生产同一种产品——现金流，那么存在相同盈利能力的企业，通常具有相类似的财务结构。可以从财务指标和财务结构入手，对企业的可比性进行判断。

第二，对可比指标的选择。对可比指标的选择要遵循以下原则：一是可比指标应与企业的价值直接相关。在企业价值的评估中，现金流量和利润是最基本的候选指标，因此企业的现金流量和利润直接反映了企业的盈利能力，企业的盈利能力与企业的价值直接相关。当然，企业的销售收入、净资产等也与企业价值有一定的关联性，也可以作为可比指标使用。二是可比指标的多样性。这一指标都不可避免地具有某种局限性或片面性，采用市场途径评估企业价值时，可比指标的选择应有一定宽度，即多样性。就是说应用市场途径评估企业价值，不仅需要参考企业或交易案例，企业需要有一定的数量（不少于 3 个），可比指标也需要一定的数量（不少于 3 个）。

基于成本和便利的原因，目前运用市场途径对企业价值进行评估主要在证券市场上寻找与被评估企业可比的，尤其是上市公司作为可比企业，通常选用市盈率、市净值和市销率作为价值比例。下面我们就用类似上市公司的市盈率指标评估目标企业价值，以此来说明上市公司比较法的应用。市盈率比较法（倍数法和乘数法）的思路是将上市公司的股票年收益和被评估企业利润作为可比指标，在此基础上评估企业价值的方法。具体思路是，首先，从证券市场搜寻与被评估企业相似的可比企业，按企业的不同收益口径，如息前净现金流、净利润，计算出与之相应的市盈率。其次，确定被评估企业不同口径的收益额。再次，以可比企业相应口径的市盈率，乘以被评估企业相对应口径的收益额，初步评定被评估企业的价值。最后，对于按不同样本计算的企业价值分别给出权重，加权平均计算出也是与市盈率为价值比率的初步价值。可以用同样的思路评估出按其他指标作为价值比率的企业初步价值，再将这些按不同价值比率估算出来的企业初步价值按权重或其他标准综合确定企业评估价值。在被评估企业为非上市公司，而应用了上市公司作为参考企业时，还需对评估结果进行调整，以充分考虑被评估企业与上市公司的差异。

由于企业的个体差异始终存在，把某一个相似企业的某个关键参数作为比较的唯一标准，往往会存在一定误差。为了降低单一样本单一参数所带来的误差和变异性，目前国际上比较通用的办法是采用多样本多参数的综合方法。例如，评估 W 公司的价值，我们从市场上找了 3 个（一般为 3 个以上的样本）相似的公司 A、B、C，然后分别计算各公司的市场价值（格）与销售额比率、与账面价值的比率以及与净现金流量的比率，这里的价值比率为可比价值倍数（V/X）。相似公式价值比率汇总表见表 10.1。

表 10.1　相似公式价值比率汇总表

	A 公司	B 公司	C 公司	平均
市价/销售额	1.2	1.0	0.8	1.0
市价/账面价值	1.3	1.2	2.0	1.5
市价/净现金流	20	15	25	20

把 3 个样本公司的各项可比价值倍数分别进行平均，就得到了应用于 W 公司评估的三个倍数。需要注意的是，计算出来的各个公式的比例或倍数在数值上相对接近是十分重要的，如果它们差别很大，就意味着平均数附近的离差是相对较大的，所选样本公司与目标公司在某项特征上就存在较大的差异性，此时的可比性就会受到影响，需要重新筛选样本公司。

如表 10.1 所示，得出的数字结果具有较强的可比性。此时，假设 W 公司的年销售额为 1 亿元，账面价值为 6 000 万元，净现金流量为 500 万元，然后我们使用表 10.1 得到的 3 个倍数，计算出 W 公司的指示价格，再将 3 个指示价值进行算术平均，如表 10.2 所示。

表 10.2　W 公司的评估价值

项目	W 公司实际数据/万元	可比公司平均比率	W 公司指示价值/万元
销售额	10 000	1.0	10 000
账目价值	6 000	1.5	9 000
净现金流量	500	20	10 000
W 公司的平均价值			9 700

从表 10.2 中得到的 3 个可比价值倍数分别是 1.0、1.5 和 20，然后分别以 W 公司的 3 个指标 10 000 万元、6 000 万元和 500 万元，分别乘以这 3 个可比价值倍数得到 W 公司的三个指示价格，为 10 000 万元、9 000 万元和 10 000 万元，再将 3 个指示价值进行平均得到 W 公司的评估价值，为 9 700 万元。

10.6.4　运用市场途径评估企业价值时需要注意的几个问题

（1）在运用上市公司比较法评估非上市企业价值时，在可能的情况下需要考虑上市公司与非上市公司之间流动性差异。

（2）在运用上市公司比较法评估股东部分权益价值时，在可能的情况下需要考虑控股权溢价与少数股权折价因素。

10.7　资产基础途径在企业价值评估中的应用

企业价值评估中的资产基础途径是指在合理评估企业各项资产价值和负债的基础上，确定企业价值的评估思路与实现该评估思路的各种评估具体技术方法的总称。《资产评估准则——企业价值》指出，企业价值评估中的资产基础法是指以被评估企业评估基准日的资产负债表为基础，合理评估企业表内以及表外各项资产、负债价值，确定评估对象价值的评估方法。

资产基础途径实际上是通过对企业表内资产和表外资产的评估加以得到的企业价值。其操作基础是"替代原则"，即任何一个精明的潜在投资者，在购置一项资产时所愿意支付的价格不会超过建造一项与所购资产具有相同用途的替代品所需的成本。这是基于评估思路的考虑，资产基础途径有时也被视为模拟成本途径与资产基础途径以及企业单项资产为具体评估对象和出发点，企业的表内和表外资产及资产的可辨识性是其应用的重要前提。也正是由于资产基础途径是对企业单项资产的评估值加和，有忽视企业的获利能力的可能性以及很难考虑那些未在财务报表上出现的项目，如企业的管理效率、自创商誉、销售网络等。因此，以持续经营为前提，对企业进行评估时，资产基础途径及其方法一般不应当作为唯一使用的评估途径和方法。

在具体运用资产基础途径评估企业价值时，主要有两种常用的方法，其一是资产加和法，其二是有形资产评估价值加整体无形资产评估价值法。

10.7.1　资产加和法在企业价值评估中的应用

资产加和法具体是指将构成企业的各种要素资产的评估值加总求得企业价值的方法。

10.7.1.1　运用资产加和法应注意的有关事项

在运用资产加和法评估之前，应对企业的盈利能力以及相匹配的单项资产进行认定，以便在委托方委托的评估一般范围基础上，进一步界定纳入企业盈利能力范围内的有效资产和闲置资产的界限，明确企业价值评估的具体范围以及具体评估对象和评估前提。作为一项原则，评估人员在对评估具体范围内构成企业的各单项资产进行评估时，应该首先明确各项资产的评估前提，即持续经营假设前提和非持续经营假设前提。在不同的假设前提下，运用资产加和法评估出的企业价值是有区别的。对于持续经营假设前提下的单项资产的评估，应按贡献原则评估其价值。而对于非持续经营假设前提下的单项资产的评估，则按变现原则进行。

在正常情况下，运用资产加和法评估持续经营的企业应同时运用收益途径及其方法进行验证。特别是在我国目前的条件下，企业的社会负担和非正常费用较多，企业的财务数据难以真实反映企业的盈利能力，影响了基于企业财务数据进行的企业预期收益预测的可靠性。因此，将资产加和法与收益途径及其具体方法配合使用，可以起到互补的作用。这样既便于评估人员对企业盈利能力的把握，又可使企业的预期收益预测建立在较为坚实的基础上。因此，在运用资产加和法评估持续经营企业，对构成企业的各单项资产进行评估时应参考以下步骤进行。

10.7.1.2 资产加和法在企业价值评估中的应用

在对企业各个单项资产实施评估并将评估值加和后，就可以此作为运用资产加和法评估的企业价值。

资产评估人员如果对同一企业采用多种评估方法评估其价值时，应当对运用各种评估方法形成的各种初步价值结论进行分析，在综合考虑运用不同评估方法及其初步价值结论的合理性及所使用数据的质量和数量的基础上，形成合理的评估结论。

10.7.2 有形资产评估值之和加整体无形资产价值法

有形资产评估值之和加整体无形资产价值法是将企业价值分为两个部分：企业所有有形资产的评估，可以采取单向资产评估值加总的方式，具体方法如前面所述的资产加和法。企业整体无形资产价值的评估则通过将被评估企业投资回报率与行业平均回报率的差乘以被评估企业资产额而得到被评估企业超额收益，再用行业平均投资回报率作为折现率或资本化率，将被评估企业超额收益资本化，从而得到被评估企业的整体无形资产价值。将被评估企业的所有有形资产价值加上被评估企业的整体无形资产价值，便得到被评估企业的整体价值。

资产评估人员在对同一企业采用多种评估方法评估其价值时，应当对运用各种评估方法形成的各种初步价值结论进行分析，在综合考虑运用不同评估方法及初步价值结论的合理性及所使用的数据的质量和数量的基础上，形成合理的评估结论。

实训　企业净资产价值评估实训

【实训项目】

绿园有限公司是中国、德国双方于 2005 年共同投资设立的合营企业，投资总额和注册资本均为 8 亿元人民币。其中，中方出资占公司注册资本的 37.36%，外方以现汇出资占公司注册资本的 62.64%，公司合营期限为 50 年，主要从事啤酒的生产和销售。金冠股份有限公司在国内啤酒市场中居于龙头地位，现拟收购绿园公司的部分外方股权，故需对绿园公司的整体资产价值进行评估。

评估绿园公司整体资产价值和中方所占资本部分的价值。

【实训要求】

（1）确定评估方法。

（2）确定前提条件和假设。

（3）确定评估程序。

（4）比较并分析评估结果。

企业价值评估实训采取项目小组方式进行，确定某项评估任务后，学生按每组6~8人组成项目小组具体实施评估，教师组织学生进行集中交流和总结。

（1）严格依照《企业价值评估指导意见》和资产评估相关准则的规定实施评估。

（2）准确把握实训意图，圆满完成实训任务。

（3）及时总结操作技巧，积极交流评估心得。

【成果检测】

（1）各项目小组分别撰写实训总结报告并进行交流。

（2）师生共同总结企业价值评估实训中存在的问题，并分析其原因，对今后的教学提出完善和改进措施。

（3）由各团队负责人组织小组成员进行自评打分。

（4）教师根据各团队的实训情况、总结报告及各位同学的表现予以评分。

课后练习

一、单项选择题

1. 评估企业价值时选择不同口径的收益额作为评估参数应当依据（　　）。

    A. 企业价值评估的方法　　　　　B. 企业价值评估的价值目标

    C. 企业价值评估的假设条件　　　D. 企业价值评估的价值标准

2. 在持续经营假设前提下，运用资产基础途径评估企业价值时，对各个单项资产评估应当采用的经济技术原则是（　　）。

    A. 变现原则　　　　　　　　　　B. 预期收益原则

    C. 替代原则　　　　　　　　　　D. 贡献原则

3. 某待评估企业未来三年的预期收益分别为100万元、120万元和130万元，根据企业实际情况推断，从第四年开始，企业的年预期收益额将在第三年的水平上以2%的增长率保持增长，假定折现率为8%，则该企业的评估值最接近于（　　）。

    A. 1 600万元　　　　　　　　　　B. 1 614万元

    C. 1 950万元　　　　　　　　　　D. 2 050万元

二、多项选择题

1. 下列各项中，不宜作为企业价值评估中折现率的经济参数包括（　　）。

    A. 社会平均投资报酬率　　　　　B. 行业基准收益率

    C. 行业平均投资报酬率　　　　　D. 银行贴现率

2. 就一般意义而言，可用于企业价值评估的收益额，通常包括（　　）。

A. 息前净现金流量   B. 无负债净利润

C. 净利润   D. 利润总额

三、判断题

1. 企业价值评估中的企业自由现金流量对应的折现率是股权资本成本。（　　）

2. 企业价值评估中的价值比率包括市盈率、市销率、市净率等。（　　）

3. 折现率在评估业务中有着不同的称谓：资本化率、还原利率等。但其本质都是相同的，都属于期望投资报酬率。（　　）

四、思考题

1. 为什么要保持折现率的口径与收益额的口径一致？

2. 资产基础途径与成本途径有什么区别？

3. 红利增长模型成立的假设前提是什么？

11 资产评估报告

案例导入

违反资产评估行业规范的行为

李某系 A 资产评估公司的注册资产评估师、部门经理和项目负责人，于 2018 年 5 月 8 日与甲企业商讨房地产评估事宜。由于李某曾于 2013 年 5 月至 2014 年 10 月在甲企业财务部门任经理，双方比较熟悉，故甲企业以该企业房地产平均每平方米的评估价值不低于 8 000 元为条件，决定是否委托 A 资产评估公司进行评估。李某为了评估公司的利益，口头承诺了甲企业的要求，并接受了甲企业的评估委托。

李某按照资产评估协议书的要求在 5 日内完成了对甲企业房地产的评估，评估结果为每平方米 7 300 元。因事前李某曾对甲企业有过口头承诺，即不动产评估值不低于每平方米 8 000 元，而李某认为 7 300 元/平方米与 8 000 元/平方米之差并未超过 10%，属于正常误差范围，而且资产评估本身就是一种估计，带有咨询性质，故以每平方米 8 000 元出具了评估报告。李某并打电话给本所已在外地开会一周的注册资产评估师周某，得到其允许后，加盖李某本人和周某的注册资产评估师印鉴并签字，又以项目负责人的名义签字，加盖公章，出具了资产评估报告书，交与甲企业；同时，将该资产评估报告书送给在乙企业当顾问的评估界专家赵某一份。

案例思考：以下做法是否可行？

（1）李某担任委托单位资产评估师。

（2）甲企业与李某约定评估价值不低于每平方米 8 000 元。

（3）李某以注册资产评估师周某的名义签字并加盖印章。

（4）以项目负责人的名义签字。

（5）将评估报告书送给在乙企业当顾问的赵某。

11.1 资产评估结果

11.1.1 资产评估结果的内涵与性质

资产评估结果是评估人员用表述性文字及数字完整地叙述资产评估机构对评估对

象价值发表的结论。就一般意义上讲，不论采用文字或数字表达的评估结论在性质上都是评估专业人员对评估对象在一定条件下特定价值（内涵及定义）的一种主观估计。

资产评估结果是评估人员的一种主观估计。首先，资产评估行为不是定价行为，而是一种专业咨询活动；其次，资产评估结果是评估人员对评估对象价值进行判断的专家意见或专业意见，不具有强制执行力；最后，资产评估结果是评估专业人员对评估对象在一定条件下特定价值的一种主观估计，资产评估结果成立的条件与评估过程中依据的条件相匹配，资产评估结果都有特定的价值定义，不同的价值定义有着相应的合理性指向和适用范围。

11.1.2　资产评估结果与评估目的

资产评估（特定）目的是资产评估结果的具体用途的另一种表达方式。资产评估（特定）目的虽然不能直接决定资产评估结果，但对资产评估结果的性质、内涵及其价值定义有着直接或间接的影响。保持资产评估结果与评估目的在性质、内涵上的逻辑联系和协调关系至关重要，评估目的是影响评估结果价值定义及其价值类型选择的重要因素之一。

11.1.3　资产评估结果与评估途径

资产评估途径包含了资产评估技术思路与实现评估技术思路的具体技术方法，是评估资产价值的工具和手段。资产评估结果都是通过一定的评估途径完成或实现的，资产评估结果与资产评估途径有着紧密的联系，但要注意资产评估结果与资产评估途径之间的联系仅仅是工具与结果之间的关系。从理论的层面上讲，评估途径对评估结果的性质、内涵及其价值定义等没有直接的影响。

11.1.4　资产评估结果定义与价值类型

资产评估中的价值定义指对资产评估价值内涵、属性及其合理性指向的概括和规范说明。资产评估的价值类型是对资产评估结果的价值属性及其合理性指向的归类。根据资产评估目的及相关条件恰当选择和定义评估结果至关重要。因为资产的价值具有多重属性，不同属性的资产价值存在着量的差异。资产评估作为专业人员向非专业客户提供专业估值意见的活动，恰当定义评估结果是保证客户正确理解和使用资产评估结果的重要前提条件。另外，从资产评估专业的角度看，任何一个评估结果都需要给出确切的定义，没有定义或定义不清的评估结果是没有使用价值的。

资产评估结果的价值定义及价值类型是要根据评估的特定目的及相关条件加以选择和确定的。在实际评估实践中，评估资产价值时要注意其依据的数据资料的来源，从大的方面来讲，评估中所使用的数据资料来源于公开市场，其评估结果就是市场价值；相反，如果评估中所使用的数据资料来源于非公开市场，其评估结果就是市场价值以外的价值中的某一种。

11.2 资产评估报告制度

11.2.1 资产评估报告的基本概念

资产评估报告是指注册资产评估师根据资产评估准则的要求，在履行了必要的评估程序后，对评估对象在评估基准日特定目的下的价值发表的、由其所在资产评估机构出具的书面专业意见。资产评估报告是按照一定格式和内容来反映评估目的、假设、程序、标准、依据、方法、结果及适用条件等基本情况的报告书。资产评估报告从其内涵及其外延的角度还可以划分为广义的资产评估报告和狭义的资产评估报告两类。

广义的资产评估报告其实是一种工作制度。作为一种工作制度，它规定资产评估机构及其注册资产评估师在完成评估工作之后必须按照一定程序的要求，用书面形式向委托方及相关主管部门报告评估过程和结果。

广义的资产评估报告主要是为了适应我国国有资产评估设置的，目的在于使国有资产管理部门能够较好地了解资产评估过程及其结果，便于其指导、监督和管理工作的进行。因此，服务于国有资产的资产评估报告就演变成了一种工作制度，引入了评估报告申报、备案和审核等工作环节。

狭义的资产评估报告即资产评估结果报告书。资产评估结果报告书既是资产评估机构与注册资产评估师完成对评估对象估价，就评估对象在特定条件下的价值所发表的专家意见，也是资产评估机构履行评估合同情况的总结以及资产评估机构与注册资产评估师为资产评估项目承担相应法律责任的证明文件。它是资产评估机构及其评估师的工作成果和产品，是评估师表达其专业意见的载体。不论是国有资产评估还是非国有资产评估，资产评估结果报告书都是必须出具的。

我国资产评估报告的编制与国际资产评估报告的编制存在较大的差别，主要是我国资产评估管理体制所致，即有相当一部分资产评估的对象是国有资产，相当一部分资产评估报告需要国有资产管理部门备案审核。因此，相当一部分资产评估报告是围绕着国有资产管理部门的要求来完成的。我国的资产评估报告相对复杂，既有针对国有资产评估的评估报告，也有针对非国有资产评估的评估报告。非国有资产评估的评估报告主要强调评估报告的构成要素，国有资产评估的评估报告除了强调评估报告的构成要素以外，还对评估报告的格式和内容进行了规范。

国际资产评估报告有许多做法值得我国资产评估行业借鉴。例如，《国际资产评估准则》（IVS）和美国《专业评估执业统一准则》（USPAP）对资产评估报告的规定都是从报告类型与报告要素两个方面进行规范的。随着中国加入WTO后国际评估业务的增加，对我国评估界也提出了按照国际通行标准进行操作的要求，而评估报告作为评估工作的最终体现也要求我国评估师熟悉国际资产评估报告的要求。2007年11月28日，由中国资产评估协会发布的《资产评估准则——评估报告》就是根据报告要素与内容对评估报告进行规范的重要评估准则。

11.2.2 资产评估报告的基本要求

根据《资产评估准则——评估报告》的规定，资产评估报告的基本要求主要有以下几个方面：

（1）注册资产评估师应清晰、准确地陈述评估报告内容，不得使用误导性的表述。

（2）注册资产评估师应在评估报告中提供必要的信息，使评估报告使用者能够合理理解评估结论。

（3）注册资产评估师执行资产评估业务，可以根据评估对象的复杂程度、委托方要求，合理确定评估报告的详略程度。

（4）注册资产评估师执行资产评估业务，评估程序受到限制且无法排除，经与委托方协商仍需出具评估报告的，应当在评估报告中说明评估程序受限情况及其对评估结论的影响，并明确评估报告的使用限制。

（5）评估报告应当由两名以上注册资产评估师签字盖章，并由评估机构盖章。有限责任公司制评估机构的法定代表人或者合伙制评估机构负责该评估业务的合伙人应当在评估报告上签字。

（6）评估报告应当使用中文撰写。需要同时出具外文评估报告的，以中文评估报告为准。评估报告一般以人民币为计量币种，使用其他币种计量的，应当注明该币种与人民币的汇率。

（7）评估报告应当明确评估报告的使用有效期。通常，只有当评估基准日与经济行为实现日相距不超过一年时，才可以使用评估报告。

11.2.3 资产评估报告的基本要素

不论是国有资产评估还是非国有资产评估，注册资产评估师在执行必要的资产评估程序后，应当根据《资产评估准则——评估报告》编制并由所在资产评估机构出具的资产评估报告。资产评估报告一般应包括以下基本要素：

11.2.3.1 委托方、产权持有方和委托方以外的其他评估报告使用者

委托方是指资产评估项目的委托主体。他可以是被评估资产的产权持有方，也可以不是被评估资产的产权持有方。

产权持有方是指被评估资产的产权持有者。他可以是资产评估项目的委托主体，也可以不是资产评估项目的委托主体。

其他评估报告使用者是指资产评估业务约定书中约定的其他评估报告使用者和国家法律、法规规定的评估报告使用者。

11.2.3.2 评估目的

评估目的是指评估结果的具体用途。评估报告中的评估目的应写明本次资产评估是为了满足委托方的何种需要及其所对应的经济行为类型。评估报告载明的评估目的应当唯一，表述应当明确、清晰，并与资产评估业务约定书中约定的评估目的保持统一。

11.2.3.3　评估对象和评估范围

评估对象是指评估标的物。评估范围是指评估对象涉及的资产及其他评估对象内容。评估报告应当载明评估对象和评估范围，表述应当明确、清晰，并与资产评估业务约定书中约定的评估对象及其范围保持统一。在评估报告中还应当具体描述评估对象的基本情况，通常包括法律权属状况、经济状况和物理状况。当评估对象与评估范围不一致的时候，评估报告还要对评估范围做出必要的说明，提示评估报告使用者注意评估对象与评估范围之间的差异。

11.2.3.4　价值类型及其定义

价值类型是指评估结论的价值属性及其合理性指向。价值定义则是用文字对评估价值内涵进行描述和界定。评估报告应当明确本次评估结果的价值类型及其定义，并说明选择价值类型的理由。如果评估结果是市场价值，在评估报告中直接定义市场价值即可。如果评估结果属于市场价值以外的价值，在评估报告中则需要明确本次评估结论是市场价值以外的价值中的哪种具体价值表现形式，而不能笼统地用市场价值以外的价值表示。

11.2.3.5　评估基准日

评估基准日是指评估的时间基准。评估报告应当载明评估基准日，并与资产评估业务约定书中约定的评估基准日保持一致。评估报告应当说明选取评估基准日时重点考虑的因素。评估基准日可以是现在时点，也可以是过去或者将来的时点。

11.2.3.6　评估依据

评估依据通常是指资产评估应当遵循的法律依据、准则依据、权属依据及取价依据。评估报告应当说明本次评估所遵循的法律依据、准则依据、权属依据及取价依据，对评估中采用的特殊依据应做相应的披露。

11.2.3.7　评估方法

评估方法是指完成评估工作的技术思路及其实现评估技术思路的具体技术手段。评估报告应当说明所选用的评估技术思路、具体评估方法和理由。

11.2.3.8　评估程序实施过程和情况

资产评估程序是指资产评估机构和评估人员执行资产评估业务、形成资产评估结论所履行的系统性工作步骤。评估报告应当说明评估程序实施过程中的主要环节和步骤，如现场调查、资料收集与分析、评定估算等。

11.2.3.9　评估假设

评估假设是指依据有限事实，通过一系列推理，对于所研究的事物做出合乎逻辑的假定说明。评估报告应当披露评估过程中使用的评估假设及其对评估结论的影响。

11.2.3.10　评估结论

评估结论是指评估结果。评估报告中应当以文字和数字形式清晰说明评估结论。

在一般情况下，评估结论采用一个确定的数值表示。经与委托方沟通，评估结论可以使用区间值表达。以确定数值表达评估结论是评估行业中的一般做法，区间值只是一种特殊的表达方式。

11.2.3.11　特别事项说明

特别事项通常是指在评估过程中已发现可能影响评估结论，但非评估人员执业水平和能力所能左右的有关事项。例如，评估对象、评估过程中存在的特殊情况、不确定性因素以及有限度偏离评估准则的一些具体做法等。需要在评估报告中说明的特别事项通常包括产权瑕疵、未决事项、法律纠纷、重大期后事项以及在没有违背资产评估准则基本要求的情况下，采用的不同于资产评估准则规定的程序和方法等。评估报告应当披露特别事项可能对评估结论产生的影响，并重点提示评估报告使用者予以关注。

11.2.3.12　评估报告使用限制说明

评估报告使用限制说明通常包括：评估报告只能用于评估报告载明的评估目的和用途；评估报告只能由评估报告载明的评估报告使用者使用；未征得出具评估报告的资产评估机构同意，评估报告的内容不得被摘抄、引用或披露于公开媒体，法律、法规规定以及相关当事方另有约定的除外；评估报告的使用有效期；因评估程序受限造成的评估报告的使用受限。

11.2.3.13　评估报告日

评估报告日通常是指注册资产评估师形成最终专业意见的日期。评估报告应当载明评估报告日。

11.2.3.14　注册资产评估师签字盖章、资产评估机构盖章和法定代表人或者合伙人签字

评估报告应当有资产评估机构和执行本评估项目的注册资产评估师的签章。在正常情况下，签章的注册资产评估师不得少于两人。

11.2.4　资产评估报告的主要作用

11.2.4.1　对委托评估的资产提供有价值的意见

资产评估报告是经具有资产评估资格的机构根据委托评估资产的特点和要求组织注册资产评估师及相应的专业人员组成的评估队伍，遵循评估准则和标准，履行必要的评估程序，运用科学的方法对被评估资产价值进行评定和估算后，通过报告书的形式提出价值意见。该价值意见不代表任何当事人一方的利益，是一种独立的专业人士的提供的价值意见，具有较强的公正性与客观性，因而成为被委托评估资产作价的重要参考。

11.2.4.2　反映和体现资产评估人员的工作情况，明确委托方、受托方及有关方面责任的依据

资产评估报告用文字的形式，对受托资产评估业务的目的、背景、范围、依据、

程序和方法等方面与评定的结果进行说明、总结,体现了资产评估机构的工作成果。同时,资产评估报告也反映和体现受托的资产评估机构与执业人员的权利、义务,并以此来明确委托方、受托方有关方面的法律责任。在资产评估现场工作完成后,注册资产评估师就要根据现场工作取得的有关资料和估算数据,撰写评估结果报告,向委托方报告。负责评估项目的注册资产评估师也同时在报告书上行使签字的权利,并提出报告使用的范围和评估结果实现的前提等具体条款。当然,资产评估报告也是资产评估机构履行评估协议和向委托方或有关方面收取评估费用的依据。

11.2.4.3 是管理部门完善资产评估管理的重要手段

资产评估报告是反映资产评估机构和注册资产评估师职业道德、执业能力水平以及评估质量高低和机构内部管理机制完善程度的重要依据。有关管理部门通过审核资产评估报告书,可以有效地对资产评估机构的业务开展情况进行监督和管理。

11.2.4.4 是建立评估档案、归集评估档案资料的重要信息来源

注册资产评估师在完成资产评估任务之后,都必须按照档案管理的有关规定,将评估过程中收集的资料、工作记录以及资产评估过程的有关工作底稿进行归档,以便进行评估档案的管理和使用。由于资产评估报告是对整个评估过程的工作总结,其内容包括了评估过程的各个具体环节和各有关资料的收集和记录。因此,不仅评估报告书的底稿是评估档案归集的主要内容,而且还包括撰写资产评估报告过程采用到的各种数据、各个依据、工作底稿和资产评估报告制度中形成有关的文字记录等都是资产评估档案的重要信息来源。

11.3 资产评估报告书的制作

11.3.1 资产评估报告的分类

根据资产评估的评估范围、评估对象和评估性质的不同,可以对资产评估报告做如下分类:

11.3.1.1 按评估范围分类

按资产评估的范围可将资产评估报告分为整体资产评估报告和单项资产评估报告。

整体资产评估报告是指对整体资产进行评估所出具的报告书,单项资产评估报告是仅对某一部分、某一项资产进行评估所出具的报告书。由于整体资产评估与单项资产的评估在具体业务上存在一些差别,因而两种资产评估报告的基本格式虽然是一样的,但二者在内容上会存在一些差别。一般情况下,整体资产评估报告的报告内容不仅包括资产,还包括负债和所有者权益;而单项资产评估报告除在建工程外,一般不考虑负债和以整体资产为依托的无形资产等。

11.3.1.2 按评估对象分类

按评估对象可将资产评估报告分为资产评估报告、房地产估价报告、土地估价

报告。

资产评估报告是以资产为评估对象所出具的评估报告。这里的资产可能包括负债和所有者权益，也可能包括房屋建筑物和土地。房地产估价报告则只是以房地产为评估对象所出具的评估价报告。土地估价报告是以土地为评估对象所出具的估价报告。鉴于以上评估标的物之间存在差别，再加上资产评估、不动产估价和土地估价的管理尚未统一，这三种报告不仅具体格式不同，而且在内容上也存在较大的差别。

11.3.1.3 按评估性质分类

按资产评估的性质可将资产评估报告分为一般评估报告和复核评估报告。

一般评估报告是指评估人员接受客户的委托，为客户提供的关于资产价值的估价意见的书面报告。而复核评估报告是指复核评估人员对一般评估报告的充分性和合理性发表意见的书面报告，是复核评估人员对一般评估报告进行评估和审核的报告。

除了上述评估报告的分类外，还有很多其他的分类方式，在此不再阐述。目前，国际上对资产评估报告的分类也是各种各样的，如美国专业评估执业统一准则将评估报告分为完整型评估报告、概述型评估报告和限制使用型评估报告。不同类型的评估报告适用于不同的预期使用目的，并要求评估报告的内容与预期用途相一致。评估报告的类型应该朝着多类型方向发展，这样才能使评估人员更恰当地表达评估的过程和评估的结果。而我国目前还没有完全采用多类型的评估报告，因此我国应当加强对评估报告分类体系的研究，以适应我国资产评估准则特别是评估报告准则建立与完善的要求。

11.3.2 资产评估报告的基本内容

根据《资产评估准则——评估报告》和《企业国有资产评估报告指南》的规定，资产评估报告的基本内容包括标题及文号、声明、摘要、正文、附件。

11.3.2.1 标题及文号

标题应含有"××项目资产评估报告"的字样。报告文号应符合公文的要求。

11.3.2.2 声明

评估报告的声明应当包括以下内容：注册资产评估师恪守独立、客观和公正的原则，遵循有关法律、法规和资产评估准则的规定，并承担相应的责任；提醒评估报告使用者关注评估报告特别事项说明和使用限制；其他需要声明的内容。

11.3.2.3 摘要

资产评估报告正文之前通常需要附有表达该报告书关键内容和结论的摘要，以便简明扼要地向报告书使用者提供评估报告的主要信息，包括委托方、评估目的、评估对象和评估范围、评估基准日、评估方法、评估结论等。摘要必须与评估报告揭示的结论一致，不得有误导性内容，并应通过文字提醒使用者，为了正确理解评估报告内容应阅读报告书全文。

11.3.2.4　正文

根据《资产评估准则——评估报告》和《企业国有资产评估报告指南》的规定，评估报告正文应当包括以下 14 项内容：

（1）委托方、产权持有者和委托方以外的其他评估报告使用者。

这要求对委托方与产权持有者的基本情况进行介绍，要写明委托方和产权持有者之间的隶属关系或经济关系，无隶属关系或经济关系的，应写明发生评估的原因；当产权持有者为多家企业时，还需逐一介绍；同时还要注明其他评估报告使用者以及国家法律、法规规定的评估报告使用者。

（2）评估目的。

评估目的应写明本次资产评估是为了满足委托方的何种需要及其所对应的经济行为，评估目的应当是唯一的。

（3）评估对象和评估范围。

应写明评估对象和纳入评估范围的资产及其类型（流动资产、长期投资、固定资产和无形资产等），描述评估对象的法律权属状况、经济状况和物理状况。在评估时，以评估对象确定评估范围。例如，企业价值评估的评估对象可以分别为企业整体价值、股东全部权益价值和股东部分权益价值，而评估范围则是评估对象涉及的资产及负债内容，包括房地产、机器设备、股权投资、无形资产、债权和债务等。

（4）价值类型及其定义。

评估报告应当明确所评估资产的价值类型及其定义，并说明选择价值类型的理由。价值类型包括市场价值和市场价值以外的价值（包括投资价值、在用价值、清算价值和残余价值等）。

（5）评估基准日。

应写明评估基准日的具体日期和确定评估基准日的理由或成立条件，也应揭示确定基准日对评估结论的影响程度。如采用非基准日的价格，还应对采用非基准日的价格标准做出说明。评估基准日根据经济行为的性质由委托方确定，可以是现在时点，也可以是过去或者将来的时点。

（6）评估依据。

评估依据包括行为依据、法规依据、产权依据和取价依据等。对评估中采用的特殊依据要做相应的披露。

（7）评估方法。

应说明评估中所选择和采用的评估方法以及选择和采用这些评估方法的依据或原因。对某项资产采用一种以上评估方法的，还应说明原因并说明该项资产价值的最后确定方法。对采用特殊评估方法的，应适当介绍其原理与适用范围。

（8）评估程序实施过程和情况。

应反映评估机构自接受评估项目委托起至提交评估报告的全过程，包括：接受委托阶段的情况了解，确定评估目的、对象与范围、基准日和拟订评估方案的过程；资产清查阶段的评估人员指导资产占有方清查资产、收集及准备资料、检查与验证的过程，评定估算阶段的现场核实、评估方法选择、市场调查与了解的过程，评估报告阶段的评估资料汇总、评估结论分析、撰写评估说明与评估报告、内部复核、提交评估报告的过程，等等。

（9）评估假设。

评估报告应当披露评估假设，并说明评估结论是在评估假设的前提下得出的以及评估假设对评估结论的影响。

（10）评估结论。

这部分是报告书正文的重要部分。应使用表述性文字完整地叙述评估机构对评估结果发表的结论，对资产、负债、净资产的账面价值、净资产的评估价值及其增减幅度进行准确表述。采用两种以上方法进行评估的，应当说明两种以上评估方法结果的差异及其原因和最终确定评估结论的理由。对于不纳入评估汇总表的评估事项及其结果还要单独列示。

（11）特别事项说明。

在这部分中应说明评估人员在评估过程中已发现可能影响评估结论，但非评估人员执业水平和能力所能评定估算的有关事项，也应提示评估报告使用者应注意特别事项对评估结论的影响，还应揭示评估人员认为需要说明的其他事项。特别事项说明通常包括下列主要内容：产权瑕疵；未决事项、法律纠纷等不确定因素；重大期后事项；在不违背资产评估准则基本要求的情况下，采用的不同于资产评估准则规定的程序和方法；等等。

（12）评估报告使用限制说明。

这主要包括下列内容：①评估报告只能用于评估报告载明的评估目的和用途；②评估报告只能由评估报告载明的评估报告使用者使用；③未征得出具评估报告的评估机构同意，评估报告的内容不得被摘抄、引用或披露于公开媒体，法律、法规规定以及相关当事方另有约定的除外；④评估报告的使用有效期；⑤因评估程序受限造成的评估报告的使用限制。

（13）评估报告日。

评估报告日是指评估机构对评估报告的签发日。

（14）签字盖章。

注册资产评估师签字盖章，评估机构或者经授权的分支机构加盖公章，法定代表人或者其授权代表签字，合伙人签字。有限责任公司制评估机构的法定代表人可以授权首席评估师或者其他持有注册资产评估师证书的副总经理以上管理人员在评估报告上签字。有限责任公司制评估机构可以授权分支机构以分支机构名义出具除证券期货相关评估业务外的评估报告，加盖分支机构公章。评估机构的法定代表人可以授权分支机构负责人在以分支机构名义出具的评估报告上签字。

5. 附件

资产评估报告的附件主要包括以下基本内容：有关经济行为文件，被评估单位的会计报表，委托方与被评估单位的企业法人营业执照复印件，委托方与被评估单位关于资产的真实性、合法性的承诺函，产权证明文件复印件，资产评估人员和评估机构的承诺函，评估机构资格证书复印件，评估机构企业法人营业执照复印件，签字注册评估师资格证书复印件，重要合同和其他文件。

11.3.3 资产评估报告的评估说明

评估说明是申请备案核准资产评估项目的必备材料，为方便企业国有资产监督管理机构和相关机构全面了解评估情况，结合国有资产评估项目备案核准的要求，为注册资产评估师、委托方和相关当事方编写评估说明提供指引。

第一部分 评估说明封面及目录

一、封面

评估说明封面应当载明下列内容：

1. 标题（一般采用"企业名称+经济行为关键词+评估对象+评估说明"的形式）。

2. 评估报告文号。

3. 评估机构名称。

4. 评估报告日。

二、目录

1. 目录应当在封面的下一页排印，包括每一部分的标题和相应页码。

2. 如果评估说明中收录有关文件或者资料的复印件，应当统一标注页码。

第二部分 关于评估说明使用范围的声明

声明应当写明评估说明供国有资产监督管理机构（含所出资企业）、相关监管机构和部门使用。除法律法规规定外，材料的全部或者部分内容不得提供给其他任何单位和个人，不得见诸公开媒体。

第三部分 企业关于进行资产评估有关事项的说明

注册资产评估师可以建议委托方和被评估单位（或者产权持有单位）按以下格式和内容编写《企业关于进行资产评估有关事项的说明》。

《企业关于进行资产评估有关事项的说明》应当由委托方单位负责人和被评估单位（或者产权持有单位）负责人签字，加盖委托方与被评估单位公章，并签署日期。

一、委托方与被评估单位概况

1. 委托方概况。

2. 被评估单位概况。

3. 委托方与被评估单位的关系。

二、关于经济行为的说明

1. 说明本次资产评估满足何种需要、所对应的经济行为类型及其经济行为获得批准的相关情况，或者其他经济行为依据。

2. 获得有关部门批准的，应当载明批件名称、批准日期及文号。

三、关于评估对象与评估范围的说明

1. 说明委托评估对象，评估范围内资产和负债的类型、账面金额以及审计情况。

2. 对于经营租入资产、特许使用的资产以及没有会计记录的无形资产应当特别说明是否纳入评估范围及其理由。

3. 如在评估目的实现前有不同的产权持有单位，应当列表载明各产权持有单位待评估资产的类型、账面金额等。

4. 账面资产是否根据以往资产评估结论进行了调账。

5. 本次评估前是否存在不良资产核销或者资产剥离行为等。

四、关于评估基准日的说明

1. 说明所确定的评估基准日，评估基准日表述为：××××年××月××日。

2. 说明确定评估基准日的理由。例如，评估基准日受特定经济行为文件的约束，应当载明该文件的名称、批准日期及文号。

五、可能影响评估工作的重大事项的说明

一般包括下列内容：

1. 曾经进行过清产核资或者资产评估的情况以及调账情况。

2. 影响生产经营活动和财务状况的重大合同、重大诉讼事项。

3. 抵（质）押及其或有负债或有资产的性质、金额及其对应资产负债情况。

4. 账面未记录的资产负债的类型及其估计金额。

六、资产负债清查情况、未来经营和收益状况预测的说明

1. 资产负债清查情况说明。

2. 未来经营和收益状况预测说明。

七、资料清单

第四部分　资产评估说明

一、评估对象与评估范围说明

1. 评估对象与评估范围内容。

2. 实物资产的分布情况及特点。

3. 企业申报的账面记录或者未记录的无形资产情况。

4. 企业申报的表外资产（如有申报）的类型、数量。

5. 引用其他机构出具的报告的结论所涉及的资产类型、数量和账面金额（或者评估值）。

二、资产核实情况总体说明

1. 资产核实人员组织、实施时间和过程。

2. 影响资产核实的事项及处理方法。

3. 核实结论。

三、评估技术说明

（一）成本法

采用成本法评估单项资产或者资产组合、采用资产基础法评估企业价值，应当根据评估项目的具体情况以及资产负债类型，编写评估技术说明。各资产负债评估技术

说明应当包含资产负债的内容和金额、核实方法、评估值确定的方法和结果等基本内容。

常见的资产负债类型，评估技术说明编写内容指引如下：

1. 货币资金。

2. 交易性金融资产。

3. 应收票据。

4. 应收账款、应收股利、应收利息、预付账款和其他应收款。

5. 存货。

6. 一年内到期的非流动资产。

7. 其他流动资产。

8. 可供出售金融资产。

9. 持有至到期投资。

10. 长期应收款。

11. 长期股权投资。

12. 投资性房地产。

13. 固定资产。

（1）机器设备类固定资产。

（2）房屋建筑物类固定资产。

14. 在建工程。

15. 工程物资。

16. 固定资产清理。

17. 生产性生物资产。

18. 油气资产。

19. 无形资产。

（1）土地使用权（含固定资产——土地）。

（2）矿业权。

（3）其他无形资产。

20. 开发支出。

21. 商誉。

22. 长期待摊费用。

23. 递延所得税资产。

24. 其他非流动资产。

25. 短期借款。

26. 交易性金融负债。

27. 应付票据。

28. 应付账款、预收账款和其他应付款。

29. 应付职工薪酬。

30. 应交税费。

31. 应付利息。

32. 应付股利（应付利润）。

33. 一年内到期的非流动负债。

34. 其他流动负债。

35. 长期借款。

36. 应付债券。

37. 长期应付款。

38. 专项应付款。

39. 预计负债。

40. 递延所得税负债。

41. 其他非流动负债。

（二）市场法

采用市场法进行企业价值评估，应当根据所采用的具体评估方法（参考企业比较法或者并购案例比较法）确定评估技术说明的编写内容。一般编写内容指引如下：

1. 说明评估对象，包括企业整体价值、股东全部权益价值、股东部分权益价值。

2. 市场法原理。

3. 选取具体评估方法的理由。

4. 基本步骤说明。

5. 被评估单位（或者产权持有单位）所在行业发展状况与前景的分析判断。

6. 参考企业或者并购案例的选择及与评估对象的可比性分析。

7. 确定可比因素的方法和过程（特别说明对可比因素分析时考虑的主要方面），价值比率的确定过程，分析、调整评估对象财务状况的内容。

8. 评估值确定的方法、过程和结果。

9. 评估结论及分析。

（三）收益法

采用收益法进行企业价值评估，应当根据行业特点、企业经营方式和所确定的预期收益口径以及评估的其他具体情况等，确定评估技术说明的编写内容。一般编写内容指引如下：

1. 说明评估对象，即企业整体价值、股东全部权益价值和股东部分权益价值。

2. 收益法的应用前提及选择的理由和依据。

3. 收益预测的假设条件。

4. 企业经营、资产、财务分析。

5. 评估计算及分析过程。

（1）收益模型的选取。

（2）收益年限的确定。

（3）未来收益的确定。

（4）折现率的确定。

6. 评估值测算过程与结果。

7. 其他资产和负债的评估（非收益性/经营性资产和负债）价值。

8. 评估结果。

9. 测算表格。

四、评估结论及分析

1. 评估结论。

2. 评估结论与账面价值变动情况比较及原因。

3. 股东部分权益价值的溢价（或者折价）的考虑等内容企业价值评估，在适当及切实可行的情况下需要考虑控股权和少数股权等因素产生的溢价或者折价以及流动性对评估对象价值的影响，包括但不限于：①说明是否考虑了溢价与折价；②说明溢价与折价测算的方法，对其合理性做出判断。

11.3.4 资产评估报告的制作步骤

资产评估报告的制作是评估机构完成评估工作的最后一道工序，也是资产评估工作中的一个重要环节。制作资产评估报告主要有5个步骤。

11.3.4.1 整理工作底稿和归集有关资料

资产评估现场工作结束后，有关评估人员必须着手对现场工作底稿进行整理，按资产的性质进行分类，同时对有关询证函、被评估资产背景资料、技术鉴定资料、价格取证等有关资料进行归集和登记。

11.3.4.2 评估数据和评估明细表的数字汇总

在完成现场工作底稿和有关资料的归集任务后，评估人员应着手评估明细表的数字汇总。明细表的数字汇总应根据明细表的不同级别先明细汇总，然后分类汇总，最后以资产负债表汇总。不具备采用电脑软件汇总的评估机构，在数字汇总过程中应反复核对各有关表格的数字的关联性和各表格栏目之间数字的钩稽关系，防止出错。

11.3.4.3 评估初步数据的分析和讨论

在完成评估明细表的数字汇总，得出初步的评估数据后，应召集参与评估工作过程的有关人员，对评估报告的初步数据的结论进行分析和讨论，比较各有关评估数据，复核记录估算结果的工作底稿，对存在作价不合理的部分评估数据进行调整。

11.3.4.4 编写评估报告

编写评估报告应该分步骤进行：首先，由各组负责人分别草拟出负责部分资产的评估说明，同时提交给全面负责、熟悉本项目的人员草拟资产评估报告；其次，各组分别草拟评估报告并提交给总负责人，总负责人全面草拟并与客户交换意见；最后，考虑是否修改，若需修改，修正后进行撰写。

11.3.4.5 资产评估报告的签发与送交

评估机构撰写出正式资产评估报告后，经审核无误，按以下程序进行签名盖章：先由负责该项目的注册评估师签章（两名或两名以上），再送复核人审核签章，最后送评估机构负责人审定签章并加盖机构公章。资产评估报告签名盖章后即可连同评估说明及评估明细表送交委托单位。

11.3.5 资产评估报告的编制要求

资产评估报告的编制要求是指在资产评估报告制作过程中的主要技能要求，具体包括文字表达、格式与内容方面的技能要求以及复核与反馈等方面的技能要求等。

11.3.5.1 文字表达方面的技能要求

资产评估报告既是一份对被评估资产价值有咨询性和公正性作用的文书，又是一份用来明确资产评估机构和注册资产评估师工作责任的文字依据，因此它的文字表达技能要求既要清楚、准确，又要提供充分的依据说明，还要全面地叙述整个评估的具体过程。其文字的表达必须准确，不得使用模棱两可的措辞。其陈述既要简明扼要，又要把有关问题阐述清楚，不得带有任何诱导、恭维和推荐性的陈述。当然，在文字表达上也不能出现夸大其词的语句，尤其是涉及承担责任条款的部分。

11.3.5.2 格式与内容方面的技能要求

对资产评估报告书格式与内容方面的技能要求，按照现行制度规定，应该遵循中国资产评估协会颁发的《资产评估准则——评估报告》以及相关部门制定评估报告规范。

11.3.5.3 资产评估报告的复核与反馈方面的技能要求

资产评估报告书的复核与反馈也是资产评估报告制作的具体技能要求。通过对工作底稿、评估说明、评估明细表和资产评估报告书正文的文字、格式及内容的复核和反馈，可以使有关错误、遗漏等问题在出具正式报告之前得到修正。对评估人员来说，资产评估工作是一项必须由多个评估人员同时作业的中介业务，每个评估人员都有可能因能力、水平、经验、阅历及理论方法的限制而产生工作盲点和工作疏忽，因此，对资产评估报告初稿进行复核就成为必要。就评估资产的情况熟悉程度来说，大多数资产委托方和占有方对委托评估资产的分布、结构、成新等具体情况总是会比资产评估机构和评估人员更熟悉，因此，在出具正式报告之前征求委托方意见，收集反馈意见也很有必要。

对资产评估报告必须建立起多级复核和交叉复核的制度，明确复核人的职责，防止流于形式的复核。对委托方或占有方意见的反馈信息应谨慎对待，应本着独立、客观、公正的态度去接受其反馈意见。

11.3.5.4 撰写报告应注意的事项

资产评估报告的制作技能除了需要掌握上述三个方面的技术要点外，还应注意以下几个事项：

（1）实事求是。资产评估报告必须建立在真实、客观的基础上，客观地反映评估对象的价值，不能有虚假成分。

（2）资产评估报告前后要保持一致。资产评估报告的文字内容、数值等要前后一致，报告摘要、报告正文、评估说明、评估明细表等内容与数据要保持一致。

（3）及时提交资产评估报告并注意保密。在正式完成资产评估工作后，应按业务约定书的约定时间及时将评估报告送交委托方。涉及外商投资项目的中方资产评估的评估报告，必须严格按照有关规定办理。此外，要做好客户保密工作，尤其是对于资产评估涉及的商业秘密和技术秘密，更要加强保密工作。

（4）资产评估报告应当明确资产评估报告使用者、报告使用方式，提示评估报告使用者合理使用评估报告。应注意防止报告书的恶意使用，避免报告书的误用，以合法规避执业风险。

（5）在资产评估报告中应当对资产评估对象法律权属及其证明资料的来源予以必要的说明。注册资产评估师不得对评估对象的法律权属提供保证。

（6）如果注册资产评估师执行资产评估业务受到限制，无法实施完整的资产评估程序时，应当在资产评估报告中明确披露受到的限制、无法履行的资产评估程序和采取的替代措施以及对资产评估报告使用者的限制。

11.3.6 资产评估报告的编制体例

以国有资产评估报告为例。

11.3.6.1 标题及文号

资产评估报告标题应当简明清晰，含有"企业名称+经济行为关键词+评估报告"字样。资产评估报告文号包括资产评估机构特征字、种类特征字、年份、文件序号。

11.3.6.2 评估报告声明

评估报告声明通常包括以下内容：

(1)"注册资产评估师声明"指引（供参考）。

一、我们在执行本资产评估业务中，遵循相关法律法规和资产评估准则，恪守独立、客观和公正的原则；根据我们在执业过程中收集的资料，评估报告陈述的内容是客观的，并对评估结论合理性承担相应的法律责任。

二、评估对象涉及的资产、负债清单由委托方、被评估单位（或者产权持有单位）申报并经其签章确认；所提供的资料具有真实性、合法性、完整性，恰当使用评估报告是委托方和相关当事方的责任。

三、我们与评估报告中的评估对象没有现存或者预期的利益关系；与相关当事方没有现存或者预期的利益关系，对相关当事方不存在偏见。

四、我们已（或者未）对评估报告中的评估对象及其所涉及资产进行现场调查，对评估对象及其所涉及资产的法律权属状况给予必要的关注，对评估对象及其所涉及资产的法律权属资料进行了查验，并对已经发现的问题进行了如实披露，且已提请委托方及相关当事方完善产权以满足出具评估报告的要求。

五、我们出具的评估报告中的分析、判断和结论受评估报告中假设和限定条件的限制，评估报告使用者应当充分考虑评估报告中载明的假设、限定条件、特别事项说明及其对评估结论的影响。

（2）"注册资产评估师承诺函"指引（供参考）。

×××公司（单位）：

受你公司（单位）的委托，我们对你公司（单位）拟实施×××行为（事宜）所涉及的×××（资产——单项资产或者资产组合，企业、股东全部权益，股东部分权益），以××××年××月××日为基准日进行了评估，形成了资产评估报告。在本报告中披露的假设条件成立的前提下，我们承诺如下：

一、具备相应的执业资格。

二、评估对象和评估范围与评估业务约定书的约定一致。

三、对评估对象及其所涉及的资产进行了必要的核实。

四、根据资产评估准则和相关评估规范选用了评估方法。

五、充分考虑了影响评估价值的因素。

六、评估结论合理。

七、评估工作未受到干预并独立进行。

注册资产评估师签章：

××××年××月××日

11.3.6.3　评估报告摘要

资产评估报告摘要（范例）

XYZ资产评估有限公司接受A公司的委托，根据国家关于国有资产评估的有关规定，本着独立、公正、科学、客观的原则，按照国际公允的资产评估方法，对A公司拟收购B公司之目的而委托评估的B公司资产和负债进行了实地查看与核对，并做了必要的市场调查与征询，履行了公认的其他必要评估程序。据此，我们对委托评估资产在评估基准日的市场价值分别采用成本法和收益法进行了分项及总体评估，为收购行为提供价值参考依据。目前，我们的资产评估工作业已结束，现谨将资产评估结果报告如下：

经评估，截止于评估基准日2017年12月31日，在持续经营前提下，B公司的委估资产和负债表现出来的市场价值反映如下：

金额单位：万元

资产名称	账面值	清查调整值	评估值	增减值	增减率/%

本报告仅为委托方为本报告所列明的评估目的以及报送有关主管机关审查而制作。评估报告使用权归委托方所有，未经委托方同意，不得向他人提供或公开。除依据法

律需公开的情形外，报告的全部或部分内容不得发表于任何公开的媒体上。

重要提示：

以下内容摘自资产评估报告，欲了解本评估项目的全面情况，应认真阅读资产评估报告全文。

评估对象：XYZ 资产评估有限公司。

评估基准日：2017 年 12 月 31 日。

资产评估机构法人代表：×××。

注册资产评估师：×××。

11.3.6.4　评估报告正文

评估报告正文应当包括：

（1）绪言。

（2）委托方、被评估单位和委托方以外的其他评估报告使用者。

（3）评估目的。

（4）评估对象和评估范围。

（5）价值类型及其定义。

（6）评估基准日。

（7）评估依据。

（8）评估方法。

（9）评估程序实施过程和情况。

（10）评估假设。

（11）评估结论。

（12）特别事项说明。

（13）评估报告使用限制说明。

（14）评估报告日。

（15）尾部。

B 公司资产评估报告（范例）

XYZ 评报字（2017）第 10 号

一、绪言

XYZ 资产评估有限公司接受 A 公司的委托，根据国家有关资产评估的规定，本着独立、公正、科学、客观的原则，按照国际公允的资产评估方法，为满足 A 公司收购 B 公司之需要，对 B 公司资产进行了评估工作。本公司评估人员按照必要的评估程序对委托评估的资产和负债实施了实地查勘、市场调查与询证，对委估资产和负债在 2016 年 12 月 31 日所表现的市场价值做出了公允反映。现将资产评估情况及评估结果报告如下：

二、委托方、被评估单位及其他评估报告使用者

委托方：A 公司

被评估单位：B 公司

评估报告使用者：A 公司及相关投资者

被评估企业基本情况及财务状况（略）

三、评估目的

本次评估的目的是为 A 公司收购 B 公司提供价值参考。

四、评估对象和评估范围

评估对象为 B 公司股东全部权益价值（净资产）。评估范围包括流动资产、长期投资、固定资产（房屋建筑物类、机器设备类）、在建工程、无形资产、其他资产及负债。

评估的范围以公司提供的各类资产评估申报表为基础，凡列入表内并经核实的资产均在本次评估范围之内。

五、价值类型和定义

根据评估目的及相关评估条件的约束，本次评估选择了市场价值作为评估结论的价值类型。

六、评估基准日

根据我公司与委托方的约定，本项目资产评估的基准日期确定为 2016 年 12 月 31 日。

由于资产评估是对某一时点的资产及负债状况提出的价值结论，选择会计期末作为评估基准日，能够全面反映评估对象资产及负债的整体情况；同时根据 A 公司的收购方案对时间的计划，评估基准日与评估目的的计划实现日较接近，故选择本时点作为评估基准日。

本次资产评估工作中，资产评估范围的界定、评估价值的确定、评估参数的选取等，均以该日的企业内部财务报表、外部经济环境以及市场情况确定。本报告书中一切取价标准均为评估基准日有效的价值标准。

七、评估依据

在本次资产评估工作中所遵循的国家、地方政府和有关部门的法律、法规以及参考的文件资料主要有：

（一）评估行为依据（略）。

（二）评估法规依据（略）。

（三）评估产权依据（略）。

（四）评估取价依据（略）。

八、评估方法

本次评估采用成本法和收益法两种方法。

九、评估实施程序和过程（略）

十、评估假设（略）

十一、评估结论

在实施了上述资产评估程序和方法后，委估的 B 公司资产于评估基准日 2016 年 12 月 31 日所表现的市场价值反映如下：

金额单位：万元

资产名称	账面值	清查调整值	评估值	增减值	增减率/%

评估结论详细情况请见资产评估明细表（另册）。

十二、特别事项说明（略）

十三、评估报告使用限制说明（略）

十四、评估报告日

本项目资产评估报告日期确定为 2017 年 1 月 31 日。

十五、尾部（略）

11.3.7 资产评估报告撰写的基本要求

11.3.7.1 客观性

资产评估的基本原则是独立、客观、公正，这就要求每个参加评估的人员在写评估报告时，必须站在独立、客观、公正的立场上，既不能站在资产所有者一方，也不能站在资产业务中其他任何一方，要按照公允的程序和计价标准，对具体的资产评估对象做出符合专业标准并反映客观实际情况的资产评估结论。评估结论应经得起推敲，所依据的各种资料数据应能证明其科学性，所选取的方法、参数应能反映其应用性和科学性，评估报告所使用的措辞和文字描述应反映第三者的公正立场。

11.3.7.2 完整性

资产评估报告是对资产评估工作的全面概括和总结，因此，资产评估报告正文应能完整、准确地描述资产评估的全过程，反映资产评估的目的、所依据的前提条件、评估计价标准、评估的基本程序及选取的方法和参数等，并充分揭示被评估资产的真实情况，做到完整无缺，无一遗漏。另外，附件资料起着完善、补充、说明和支持正文的作用，所以在考虑正文内容齐全的同时，还应考虑与资产评估结论有关的各种附件。资产评估所涉及的内容一般比较繁杂，因此要求评估报告的文字表达要做到逻辑严密，格式规范，概念清晰准确，内容全面真实，叙述简明扼要、突出重点，切忌模棱两可、含混不清。

11.3.7.3 及时性

资产评估工作具有很强的时效性。在一定条件下得出的资产评估结论往往是对某一时期或某一时点资产实际价值的计量。因此，这一评估结论往往在一定时期内为社会各方所认可，并具有法律效力。一旦时过境迁，由于货币具有时间价值，而且被评估资产本身也随时间、市场环境、政治、社会等因素的变化而发生很大变化，评估结论更难以反映其实际价值并失去应有的法律效力。因此，在编制资产评估报告时，必须要注明评估基准日，并且要求评估报告的编制应在委托评估合同约定时间内迅速、及时地完成。

11.3.8　资产评估报告制作的技术要求

11.3.8.1　文字表达方面

资产评估报告既是一份对被评估资产价值有咨询性和公证性作用的文书，也是一份用来明确资产评估机构和评估人员工作责任的文字依据，因此它的文字表达技能要求既要清楚准确，又能提供充分的依据说明，还要全面地叙述整个评估的具体过程。在叙述过程中既要简明扼要，又要把有关问题说清楚，不得带有任何诱导、恭维和推荐性的陈述。当然，在文字表达上也不能带有概念模糊的语句，尤其是涉及承担责任的条款部分。

11.3.8.2　格式和内容方面

对资产评估报告格式和内容方面的技能要求，必须严格遵循 2008 年 7 月 1 日实施的《资产评估准则——评估报告》。

11.3.8.3　复核与反馈方面

资产评估报告的复核与反馈也是资产评估报告编制的具体技能要求。通过对工作底稿、评估说明、评估明细表和报告正文的文字、格式及内容的复核和反馈，可以将有关错误、遗漏等问题在出具正式报告之前予以修正。

对评估人员来说，资产评估工作是一项必须由多个评估人员同时作业的中介业务，每个评估人员都有可能因能力、水平、经验、阅历及理论方法的限制而产生工作盲点和工作疏忽，因此，对资产评估报告初稿进行复核是很有必要的。但是，对资产评估报告进行复核，必须建立起多级复核和交叉复核的制度，明确复核人的职责，防止流于形式的复核。

另外，就对评估资产情况的熟悉程度来说，大多数资产委托方和占有方对委托评估资产的分布、结构、成新率等具体情况会比评估机构和评估人员更熟悉，因此，在出具正式报告之前应该征求委托方的反馈意见。收集反馈意见主要是通过委托方或占有方熟悉资产具体情况的人员来进行。而且，对委托方或占有方的反馈意见应谨慎对待，本着独立、客观、公正的态度去接受。

11.3.8.4　具体的注意事项

除了需要掌握上述三个方面的技术要点外，资产评估报告的编制还应注意以下几个事项：

（1）实事求是，切忌出具虚假报告。报告必须建立在真实、客观的基础上，不能脱离实际情况，更不能无中生有。报告拟定人应是参与该项目并较全面了解该项目情况的主要评估人员。

（2）坚持一致性做法，切忌出现表里不一。报告文字、内容前后要一致，摘要、正文、评估说明、评估明细表内容与格式口径、格式甚至数据要一致，不能出现表里不一的情况。

（3）提交报告要及时、齐全和保密。在正式完成资产评估工作后，应按业务约定书的约定时间及时将报告送交委托方。送交报告时，报告书及有关文件要齐全。此外，要做好客户资料保密工作，尤其是对评估涉及的商业秘密和技术秘密，更要加强保密工作。

11.3.9 资产评估明细表

评估明细表样表（范例）

（一）说明

本套样表参照《企业会计准则第 30 号——财务会计报表列报》应用指南的基本要求进行设计。

具体评估项目中，可以根据本指南对评估明细表的基本要求、企业会计核算所设置的会计科目，参考本套样表编制评估明细表。

（二）评估明细表样表

1. 表 1：资产评估结果汇总表

2. 表 2：资产评估结果分类汇总表

3. 表 3：流动资产评估汇总表

4. 表 3-1：货币资金评估汇总表

5. 表 3-1-1：货币资金——现金评估明细表

6. 表 3-1-2：货币资金——银行存款评估明细表

7. 表 3-1-3：货币资金——其他货币资金评估明细表

8. 表 3-2：交易性金融资产评估汇总表

9. 表 3-2-1：交易性金融资产——股票投资评估明细表

10. 表 3-2-2：交易性金融资产——债券投资评估明细表

11. 表 3-2-3：交易性金融资产——基金投资评估明细表

12. 表 3-3：应收票据评估明细表

13. 表 3-4：应收账款评估明细表

14. 表 3-5：预付账款评估明细表

15. 表 3-6：应收利息评估明细表

16. 表 3-7：应收股利（应收利润）评估明细表

17. 表 3-8：其他应收款评估明细表

18. 表 3-9：存货评估汇总表

19. 表 3-9-1：存货——材料采购（在途物资）评估明细表

20. 表 3-9-2：存货——原材料评估明细表

21. 表 3-9-3：存货——在库周转材料评估明细表

22. 表 3-9-4：存货——委托加工物资评估明细表

61. 表4-17：其他非流动资产评估明细表

62. 表5：流动负债评估汇总表

63. 表5-1：短期借款评估明细表

64. 表5-2：交易性金融负债评估明细表

65. 表5-3：应付票据评估明细表

66. 表5-4：应付账款评估明细表

67. 表5-5：预收账款评估明细表

68. 表5-6：应付职工薪酬评估明细表

69. 表5-7：应交税费评估明细表

70. 表5-8：应付利息评估明细表

71. 表5-9：应付股利（应付利润）评估明细表

72. 表5-10：其他应付款评估明细表

73. 表5-11：一年内到期的非流动负债评估明细表

74. 表5-12：其他流动负债评估明细表

75. 表6：非流动负债评估汇总表

76. 表6-1：长期借款评估明细表

77. 表6-2：应付债券评估明细表

78. 表6-3：长期应付款评估明细表

79. 表6-4：专项应付款评估明细表

80. 表6-5：预计负债评估明细表

81. 表6-6：递延所得税负债评估明细表

82. 表6-7：其他非流动负债评估明细表

11.4 资产评估报告的使用

11.4.1 资产评估报告使用者界定

资产评估报告使用指引的首要环节是界定评估报告使用者，即明确指出谁是评估报告的使用者或者说谁有权利用评估报告及其结论。资产评估机构出具的评估报告，其内容和相关资料只服务于评估报告使用者。非授权或指定评估报告使用者不能使用评估报告，非授权或指定评估报告使用者使用了评估报告有可能会造成对报告内容的误解及误用。界定评估报告使用者需要注意以下三个要点：其一，资产评估是受托进行的，资产评估报告首先应当满足受托的要求，委托方通常就是评估报告的使用者；其二，评估结论都是有价值定义及其归类，不同的价值定义及其类型的合理性指向是不同的，特定的价值定义及其类型限定了评估报告使用者的范围，对于某些特定的价值定义及其类型，评估师必须在评估报告中明确指出该评估报告的使用者；其三，有些评估项目可能会涉及公共利益，资产评估报告及其评估结论的使用者是否涵盖涉及利益的所有当事人，需要在资产评估报告中明确界定。

11.4.2　委托方对资产评估报告书的合理使用

委托方在收到受托评估机构送交的正式评估报告书及有关资料后，可以依据评估报告书所揭示的评估目的和评估结论，合理使用资产评估结果。从性质上说，资产评估结果和结论是注册资产评估师的一种专业判断和专业意见，并无强制执行力。在正常情况下，委托方完全可以在评估报告限定的条件下和范围内根据自身的需要合理使用评估报告及评估结论，并不一定完全按照评估结论一成不变地"遵照执行"。如果委托方直接使用了评估结论，那也是委托方的自主选择，并不是因为评估结论具有强制力。同时，评估报告及其结论虽无强制执行力，但评估结论也不得随意使用或滥用。委托方必须按照评估报告书中所揭示的评估目的、评估结果的价值类型、评估结果成立的限制条件和适用范围正确地使用评估结论。委托方在使用资产评估报告书及其结果时必须满足以下几个方面的要求：

（1）只能按评估报告书所揭示的评估目的使用评估报告及其结论。一份评估报告书只允许按一个用途使用。

（2）评估报告书只能由评估报告中限定的期望使用者使用，评估报告及其结论不适用于其他人。

（3）只能在评估报告书的有效期内使用报告。超过评估报告书的有效期，原资产评估结果无效。

（4）在评估报告书的有效期内，资产评估数量发生较大变化时，应由原评估机构或者资产占有单位按原评估方法对评估报告书做相应调整，然后才能使用。

（5）涉及国有资产产权变动的评估报告书及有关资料必须经国有资产管理部门或授权部门核准或备案后方可使用。

（6）作为企业会计记录和调整企业账项使用的资产评估报告书及有关资料，必须根据国家有关法规规定执行。

所有不按评估报告揭示的目的、期望使用者、价值类型、有效期等限制条件使用评估报告及其结论并造成损失的，应由使用者自负其责。

根据有关规定，委托方依据评估报告所揭示的评估目的及评估结论，可以作为以下几种具体的用途进行使用：

（1）整体或部分改建为有限责任公司或股份有限公司。

（2）以非货币资产对外投资。

（3）合并、分立、清算。

（4）除上市公司以外的原股东股权比例变动。

（5）除上市公司以外的整体或部分产权（股权）转让。

（6）资产转让、置换、拍卖。

（7）整体资产或者部分资产租赁给非国有单位。

（8）确定涉及诉讼资产价值。

（9）国有资产占有单位收购非国有资产。

（10）国有资产占有单位与非国有资产单位置换资产。

（11）国有资产占有单位接受非国有资产单位以实物资产偿还债务。

（12）法律、行政法规规定的其他需要进行评估的事项。

11.4.3 资产评估管理机构对资产评估报告书的核准、备案和检查

资产评估管理机构对资产评估报告书的核准、备案和检查也是对资产评估报告书的一种使用。资产评估管理机构主要是指对资产评估行政管理的主管机关和资产评估行业自律管理的行业协会。资产评估管理机构对资产评估报告书的核准、备案和检查是资产评估管理机构实现对评估机构的行政管理和行业自律管理的重要过程：

一方面，资产评估管理机构通过对评估机构出具的资产评估报告书的核准、备案和检查，能大体了解评估机构从事评估工作的业务能力和组织管理水平。由于资产评估报告是反映资产评估工作过程的工作报告，资产评估管理机构通过对资产评估报告书进行核准、备案和检查，能够对评估机构的评估质量做出客观的评价，从而能够有的放矢地对评估机构的人员、技术和职业道德进行管理。

另一方面，国有资产评估报告书能为国有资产管理者提供重要的数据资料。通过对国有资产评估报告书的核准、备案和检查以及统计与分析，可以及时了解国有资产占有、使用、转移状况以及增减值变动情况，进一步加强国有资产管理服务。

当然，资产评估管理机构对评估报告书的使用也应该是全面和客观的，资产评估管理机构应结合评估项目具体条件、评估机构的总体构思、评估机构设定的评估前提以及评估结果的价值类型和定义等，全面地评价评估报告和评估结论，避免就评估结论而论评估结论。

11.4.4 其他有关部门对资产评估报告书的使用

除了资产评估管理机构可以对资产评估报告书进行核准、备案和检查外，法院、政府、证券监督管理部门、保险监督管理部门、工商行政管理部门、税务机关、金融机构等有关部门也经常使用资产评估报告书。当然，这里也存在一个正确、合理使用评估报告和评估结果的问题。由于上述部门大都拥有或可以行使司法或行政权力，它们在使用资产评估报告及其结果时，往往伴随着司法和行政权力的使用，因此很容易把评估结论的咨询性与这些机关和部门的强制权力混为一谈，把资产评估结论的专业判断性与资产定价混为一谈。因而，具有司法行政权力的机关和部门正确和合理使用评估报告及其评估结论就显得尤为重要。

11.4.4.1 政府对资产评估报告书的使用

当政府作为国有资产所有者的代表进行国有企业改制时，对国有企业改制资产评估报告及其结论的使用应等同于普通的委托方使用资产评估报告书，应按照普通委托方使用评估报告书的要求去做。政府对改制企业交易价格的最终确定是政府作为资产所有者代表的自主选择。它既可以等同于评估机构出具的改制企业的评估结果，也可以不完全等同于评估机构的改制企业的评估结果。资产评估结果仅仅是政府确定最终

交易价格的参照和专业咨询意见。评估机构及其人员仅对评估结论的合理性负责，并不对改制企业的交易结果负责。

11.4.4.2　法院对资产评估报告书的使用

法院在通过司法程序解决财产纠纷和经济纠纷时，也大量使用资产评估报告及其结论来处理以资抵债等案件。法院是以仲裁者的身份使用评估结论的，评估结果一经法院裁决就必须依法执行。因此这里必须强调，资产评估不会因使用者的不同而改变其自身的性质，评估结论也不会因法院的使用而由专业咨询变成定价，评估结论无论如何都是对资产客观价值的估计值，而并不一定是这个客观值本身。包括法院在内的权力机关，无论是作为仲裁者还是作为执法者，都应合理使用评估结论，都应以资产评估报告及其结论为基础和参照，综合经济纠纷双方的申辩和理由来裁定经济纠纷涉及的资产价值或以资抵债的数额（价格）。

11.4.4.3　证券监督管理部门对资产评估报告书的使用

证券监督管理部门对资产评估报告书的使用主要是对申请上市的公司有关申报材料招股说明书中的有关资产评估数据的审核以及对上市公司的股东配售发行股票时申报材料配股说明书中的有关资产评估数据的审核。根据有关规定，公开发行股票公司的信息披露至少要列示以下各项资产评估情况：按资产负债表大类划分的公司各类资产评估前账面价值及固定资产净值，公司各类资产评估净值，各类资产增减值幅度，各类资产增减值的主要原因。公开发行股票的公司若采用非现金方式配股，其配股说明书的备查文件必须附上资产评估报告书。

证券监督管理部门对资产评估报告书和有关资料的使用主要是为了保护公众投资者的利益和资本市场的秩序以及加强对取得证券业务评估资格的评估机构及有关人员的业务管理。证券监督管理部门对资产评估报告书和有关资料的使用实际上是对资产评估机构及其人员的业务监管，相当于资产评估管理部门对资产评估报告的使用，因此应参照资产评估管理部门使用评估报告的要求，全面、客观地使用评估报告。

11.4.4.4　保险监督管理部门、工商行政管理部门以及税务、金融等其他部门对资产评估报告书的使用

保险监督管理部门、工商行政管理部门以及税务、金融等其他部门也在大量使用资产评估报告书。这些部门在使用资产评估报告书时，也必须清楚地认识到资产评估结论只是一种专业判断和专家意见，而这些专业判断又是建立在一系列假设和前提基础之上的。在许多情况下，这些使用资产评估报告的部门必须全面理解和认识评估结论，并在此基础上结合本部门的资产业务做出自主决策。这并不是说因资产评估结论是一种专业判断和专家意见就可以减轻或豁免评估机构及其评估师的责任，而是说评估师应对评估结论的合理性负责，而评估报告及其结论使用者应对他们使用评估报告是否得当负责。

课后练习

一、单项选择题

1. 广义的资产评估报告除指资产评估报告书外，还是（　　）。
    A. 一种工作制度
    B. 评估准则
    C. 结果确认
    D. 立项审批

2. 资产评估结果有效期通常为一年，从（　　）算起。
    A. 提供评估报告日
    B. 评估基准日
    C. 经济行为发生日
    D. 以上都不对

3. 资产评估报告必须由（　　）名以上注册资产评估师签字。
    A. 1
    B. 2
    C. 3
    D. 4

4. 下列说法中正确的是（　　）。
    A. 资产评估报告对委托评估的资产提供价值意见
    B. 资产评估报告对资产业务定价有决策的效力
    C. 在有效期内，一份评估报告可按多个用途使用
    D. 评估师在证明资料齐全时可对评估对象的法律权属提供保证

5. 评估机构三级复核制度中二级复核人指的是（　　）。
    A. 项目负责人
    B. 总评估师
    C. 评估机构负责人
    D. 国有资产管理部门

6. 关于资产评估报告摘要和正文二者关系表述正确的是（　　）。
    A. 资产评估报告摘要的法律效力高于资产评估报告正文
    B. 资产评估报告正文的法律效力高于资产评估报告摘要
    C. 二者具有同等法律效力
    D. 二者法律效力的高低由当事人协商确定

7. 按有关规定，资产评估说明中进行资产评估有关事项的说明是由（　　）提供的。
    A. 委托方
    B. 受托方
    C. 资产占有方
    D. 委托方与资产占有方

8. 资产评估报告基本制度规定资产评估机构完成国有资产评估工作后由相关国有资产管理部门对评估报告进行（　　）。
    A. 审核验证
    B. 核准备案
    C. 结果确认
    D. 立项审批

9. 资产评估报告应当（　　）。
    A. 按委托方的要求编写
    B. 按照资产占有方的要求编写

C. 按照资产接受方的要求编写　　　D. 按照评估行业有关规定编写

10. 资产评估报告书的有效期原则上为（　　　）。

　　A. 1 年　　　　　　　　　　　B. 2 年

　　C. 3 年　　　　　　　　　　　D. 4 年

11. 资产评估报告书附件中必须列示的内容有（　　　）。

　　A. 评估方案

　　B. 验资报告

　　C. 评估对象所涉及的主要权属证明文件

　　D. 评估结果有效期

12. 评估基准日应根据经济行为的性质确定，并尽可能与评估目的的实现日接近，评估基准日的确定主体是（　　　）。

　　A. 受托方　　　　　　　　　　B. 委托方

　　C. 资产占有方　　　　　　　　D. 以上均可

二、多项选择题

1. 按资产评估的范围划分，资产评估报告可分为（　　　）。

　　A. 整体资产评估报告　　　　　B. 房地产评估报告

　　C. 单项资产评估报告　　　　　D. 土地估价报

　　E. 机电设备评估报告

2. 资产评估报告的利用者一般有（　　　）。

　　A. 资产评估管理机构　　　　　B. 资产评估委托方

　　C. 资产评估受托方　　　　　　D. 有关部门

　　E. 资产占有方

3. 按现行规定，资产评估报告应包括（　　　）。

　　A. 资产评估报告正文　　　　　B. 资产评估说明

　　C. 资产评估明细表及相关附件　D. 资产评估结果确认书

　　E. 资产评估工作底稿

4. 下列有关资产评估报告中评估目的说法正确的是（　　　）。

　　A. 资产评估报告中应说明评估目的所对应的经济行为

　　B. 评估目的对应的经济行为一定要经过批准

　　C. 评估目的对应的经济行为不一定要经过批准

　　D. 无须说明评估目的所对应的经济行为

　　E. 评估目的是委托人对评估报告的使用用途

5. 下列文件中属于资产评估报告附件的是（　　　）。

　　A. 重要合同文件　　　　　　　B. 有关经济行为文件

　　C. 评估明细表　　　　　　　　D. 资产评估业务约定合同

　　E. 评估底稿

6. 下列关于资产评估报告的说法正确的有（　　　）。

A. 资产评估报告正文之前应有摘要

B. 评估基准日不应当由委托人确定

C. 资产评估报告中应适当阐明所遵循的特殊原则，不必写明遵循的公认原则

D. 资产评估报告中应列示行为依据、产权依据

E. 资产评估报告中应该列示评估方法的选择依据

7. 根据我国《资产评估报告基本内容与格式的暂行规定》，资产评估报告正文应当列示（　　　）。

A. 评估范围和对象　　　　　　　　B. 资产评估说明

C. 评估基准日　　　　　　　　　　D. 特别事项说明

E. 评估目的

8. 资产评估报告正文中，应阐述的评估依据包括（　　　）。

A. 行为依据　　　　　　　　　　　B. 法律、法规依据

C. 取价依据　　　　　　　　　　　D. 产权依据

E. 程序依据

9. 资产评估中，"关于进行资产评估有关事项的说明"具体包括（　　　）。

A. 资产及负债清查情况的说明　　　B. 实物资产分布情况说明

C. 在建工程评估说明　　　　　　　D. 关于评估基准日的说明

E. 资产利用情况说明

10. 在资产评估报告中必须说明的要素有（　　　）。

A. 评估目的　　　　　　　　　　　B. 评估原则

C. 评估方法　　　　　　　　　　　D. 评估要求

E. 评估程序

11. 下列各项中（　　　）在履行合法手续后可以查阅评估档案。

A. 评估机构内部　　　　　　　　　B. 其他评估机构

C. 法院　　　　　　　　　　　　　D. 行业主管部门

E. 委托人

12. 资产评估报告的制作步骤有（　　　）。

A. 整理工作底稿和归集有关资料　　B. 评估数据和评估明细表的数字汇总

C. 评估初步数据的分析和讨论　　　D. 编写评估报告

E. 资产评估报告的签发与送交

13. 资产评估报告应包括的主要内容有（　　　）。

A. 标题及文号　　　　　　　　　　B. 声明

C. 正文　　　　　　　　　　　　　D. 摘要

E. 附件

14. 评估报告的特别事项说明通常包括的内容有（　　　）。

A. 产权瑕疵　　　　　　　　　　　B. 未决事项、法律纠纷等不确定因素

C. 重大期后事项　　　　　　　　　D. 评估假设

E. 评估目的

15. 资产评估报告按性质划分可分为 （　　　）。

    A. 一般评估报告　　　　　　　　　　B. 机器设备评估报告

    C. 房屋评估报告　　　　　　　　　　D. 无形资产评估报告

    E. 复核评估报告

16. 资产评估报告书制作的技术要点有 （　　　）。

    A. 文字表达方面的技能要求

    B. 格式和内容方面的技能要求

    C. 评估报告书的复核及反馈方面的技能要求

    D. 评估报告书的验证与确认

三、判断题

1. 评估对象的特点是选择资产评估方法的唯一依据。　　　　　　　　　　（　　　）

2. 评估报告应当使用中文撰写。需要同时出具外文评估报告的，以中文评估报告为准。　　　　　　　　　　　　　　　　　　　　　　　　　　　　　　　（　　　）

3. 经使用双方同意，一份资产评估报告可有多个用途。　　　　　　　　（　　　）

4. 资产评估报告对资产业务定价具有强制执行的效力。评估者必须对结论本身合乎职业规范要求负责。　　　　　　　　　　　　　　　　　　　　　　　　　（　　　）

5. 资产评估报告应在评估结论中单独列示不纳入评估汇总表的评估结果。（　　　）

四、简答题

1. 编制资产评估报告应按照哪些工作步骤进行？

2. 资产评估报告对资产评估的委托者有什么用途？

3. 资产评估报告的作用主要体现在哪些方面？

4. 简要叙述我国现行法律、法规对资产评估报告的有关制度规定。

5. 简述资产评估报告应当具有的报告要素。

6. 简述限制型评估报告与完整型评估报告的区别。

7. 简述国有资产评估报告制度存在的意义。

8. 如何编制资产评估报告？

9. 资产评估报告有哪些使用要求？

10. 资产评估报告书正文及相关附件的基本内容包括哪些？

11. 资产评估报告的分类主要包括哪些？

12. 资产评估报告书的编制要求具体包括哪些？

13. 客户应如何利用资产评估报告？

14. 如何理解资产评估报告的概念？

12 资产评估主体与行业管理

12.1 资产评估主体及其分类

12.1.1 资产评估主体界定

资产评估主体是指资产评估业务的承担者，具体包括资产评估工作的从业人员及其由评估人员组成的评估机构。

资产评估机构是指组织专业人员依照有关规定和数据资料，按照特定目的，遵循适当的原则、方法和计价标准，对资产价格进行评定估算的专门机构。

因此，作为资产评估的具体操作机构及从业人员必须具备执业的技术业务素质和职业道德。评估机构是由评估从业人员构成的，评估人员必须具备多方面的专业知识、与资产评估相关的丰富的实践经验以及良好的职业道德。

12.1.2 资产评估主体分类

12.1.2.1 从执业范围划分

从评估主体的执业范围划分，资产评估机构包括专营性资产评估机构和综合性资产评估机构两种类型。

（1）专营性资产评估机构。专营性资产评估机构是指专门从事资产评估业务，而不从事其他中介业务的资产评估事务所或资产评估公司。一般情况下，专营性资产评估机构的评估业务范围比较广泛，评估人员比较固定，评估人员的素质相对较高。专门评估某一种或某一类资产的专项评估机构也属于专营性资产评估机构，如土地估价事务所、房地产估价事务所等。专项资产评估机构由于评估范围较窄，评估对象的性质、功能比较统一，专业性比较强。因此，专项资产评估机构的专业化程度和专业技术水平比较高，具有比较明显的专业优势。

（2）综合性资产评估机构。综合性资产评估机构是指那些开展多种中介服务活动的会计师事务所、审计师事务所、财务咨询公司等。这些中介机构把资产评估作为机构咨询执业的一项业务内容，同时开展财务审计、查账验资等多种业务活动。

12.1.2.2 从企业组织形式划分

从资产评估主体的企业组织形式划分，资产评估机构大致可划分为合伙制资产评估机构和有限责任制资产评估机构。

（1）合伙制的资产评估机构由发起人共同出资设立，共同经营，对合伙债务承担无限连带责任。

（2）有限责任制的资产评估机构由发起人共同出资设立，评估机构以其全部财产对其债务承担有限责任。

从目前来看，我国的资产评估机构主体基本上还不是合伙制的资产评估机构，而且还有一部分是具有挂靠单位或行政主管部门的企业法人资格的资产评估机构。

为了建立与市场经济相适应，与国际惯例相衔接的资产评估新体制，强化资产评估机构风险意识，激励资产评估机构提高服务质量，使资产评估机构真正成为独立、客观公正的社会中介组织，中国资产评估协会根据相关规定，已全面部署了资产评估机构改制的形式、程序以及管理工作，以促进我国的资产评估事业朝着健康有序的方向发展。

12.2　资产评估师职业资格制度和资产评估机构执业资格制度

12.2.1　资产评估师职业资格制度

2017 年 5 月，根据《中华人民共和国资产评估法》要求，为加强资产评估专业人员队伍建设，适应资产评估行业发展，在总结资产评估师职业资格制度实施情况的基础上，人力资源社会保障部、财政部发布关于修订印发《资产评估师职业资格制度暂行规定》和《资产评估师职业资格考试实施办法》的通知（人社部规〔2017〕7 号），通知中表明通过资产评估师职业资格考试并取得职业资格证书的人员，说明其已达到承办法定评估业务的要求和水平，可以从事资产评估工作。同时人力资源社会保障部、财政部对中国资产评估协会实施的考试工作进行监督和检查，指导中国资产评估协会确定资产评估师职业资格考试科目、考试大纲、考试试题和考试合格标准。

我国的资产评估师制度大致由资产评估师职业资格考试制度、资产评估师登记制度以及资产评估师后续教育制度组成。

12.2.1.1　资产评估师职业资格考试制度

从 2016 年起，考生应当通过中国资产评估协会（以下简称中评协）网站"资产评估师职业资格全国统一考试服务平台"（以下简称考试平台）进行报名，不再通过中国人事考试网报名。中国资产评估协会具体负责资产评估师职业资格考试的实施工作。资产评估师职业资格考试设《资产评估基础》《资产评估相关知识》《资产评估实务（一）》和《资产评估实务（二）》4 个科目，每个科目的考试时间为 3 个小时，资产评估师职业资格考试原则上每年举行一次。

资产评估师（含珠宝评估专业）职业资格考试成绩实行 4 年为一个周期的滚动管理办法。在连续 4 年内，考试者参加全部（4 个）科目的考试并合格，可取得相应资产评估师职业资格证书。

资产评估师职业资格考试报名条件：

（1）同时符合下列条件的中华人民共和国公民，可以报名参加资产评估师资格考试：①具有完全民事行为能力；②具有高等院校专科以上（含专科）学历。

（2）符合上述报名条件，暂未取得学历（学位）的大学生可报名参加考试。

12.2.1.2　资产评估师登记制度

考试人员资产评估师职业资格考试合格，由中国资产评估协会颁发《中华人民共和国资产评估师职业资格证书》，考试合格人员领取该证书后，应当办理资产评估师职业资格证书登记手续。

考试合格人员有下列情形之一的，不予登记：

（1）不具有完全民事行为能力；

（2）因在资产评估相关工作中受刑事处罚，刑罚执行期满未逾5年；

（3）因在资产评估相关工作中违反法律、法规、规章或者职业道德被取消登记未逾5年；

（4）因在资产评估、会计、审计、税务、法律等相关工作领域中受行政处罚，自受到行政处罚之日起不满2年；

（5）在申报登记过程中有弄虚作假行为未予登记或者被取消登记的，自不予登记或者取消登记之日起不满3年；

（6）中评协规定的其他不予登记的情形。

经登记的资产评估师应当加入行业协会，接受自律管理。中评协定期通过协会网站或者其他公共媒体向社会分类公布资产评估师登记情况。

12.2.1.3　资产评估师后续教育制度

为了规范中国资产评估协会执业会员继续教育工作，不断提升执业会员的专业素质、执业能力和职业道德水平，2017年3月20日中国资产评估协会根据《中国资产评估协会章程》及相关规定，制定《资产评估师继续教育管理办法》。《资产评估师继续教育管理办法》中相关规定如下：

中评协、地方协会、资产评估机构应当聘请实践经验丰富、理论水平高、职业道德和社会声誉良好的专家学者，承担执业会员继续教育任务，建设执业会员继续教育师资队伍。

执业会员继续教育的主要内容包括：执业会员为市场主体的各类资产价值及相关事项，提供测算、鉴证、评价、调查和管理咨询等各种服务应当掌握的理论、技术和方法等专业知识，以及相关的法律法规政策、职业规范等。

执业会员参加继续教育的主要形式包括：

（1）中评协或地方协会举办的培训班、研修班、专业论坛、学术会议、学术访问或专题讲座等；

（2）中评协或地方协会提供的远程教育；

（3）中评协或地方协会委托相关教育培训机构提供的网络在线培训；

（4）经所在地地方协会认可的资产评估机构内部培训；

（5）中评协或地方协会认可的其他形式。

执业会员每年接受继续教育的时间累计不得少于 60 个学时，其中，网络在线形式所确认的继续教育时间不超过 30 个学时。本年度的继续教育学时仅在当年有效。

12.2.2 资产评估机构执业资格制度

12.2.2.1 评估机构的设立

评估机构应当依法采用合伙或者公司形式，聘用评估专业人员开展评估业务。

（1）合伙形式的评估机构，应当有两名以上评估师；其合伙人三分之二以上应当是具有三年以上从业经历且最近三年内未受停止从业处罚的评估师。

（2）公司形式的评估机构，应当有八名以上评估师和两名以上股东，其中三分之二以上股东应当是具有三年以上从业经历且最近三年内未受停止从业处罚的评估师。

评估机构的合伙人或者股东为两名的，两名合伙人或者股东都应当是具有三年以上从业经历且最近三年内未受停止从业处罚的评估师。

设立评估机构，应当向工商行政管理部门申请办理登记。评估机构应当自领取营业执照之日起三十日内向有关评估行政管理部门备案。评估行政管理部门应当及时将评估机构备案情况向社会公告。

评估机构应当依法独立、客观、公正开展业务，建立健全质量控制制度，保证评估报告的客观、真实、合理。评估机构应当建立健全内部管理制度，对本机构的评估专业人员遵守法律、行政法规和评估准则的情况进行监督，并对其从业行为负责。评估机构应当依法接受监督检查，如实提供评估档案以及相关情况。

12.2.2.2 分级制度

资产评估机构的职业资格主要划分为 A 级和 B 级两个等级。A 级资产评估机构可以从事包括股票上市企业资产评估在内的所有资产评估项目，B 级资产评估机构可从事除企业股份化上市外的所有资产评估项目。

凡经资产评估行政管理部门审查合格、取得相应等级资产评估资格的机构均可以从事国有资产及非国有资产评估。其中非专项资产评估机构，可以从事与其职业资格等级相适应的土地、房地产、机器设备、流动资产、无形资产、其他长期资产及整体资产评估项目；从事土地、房地产或无形资产等专项资产评估业务的机构，其评估资格等级只限于 B 级以下，评估范围只限在各该专项资产相应的范围之内。各等级的资产评估机构开展资产评估业务，不受地区、部门的限制，可在全国范围内从事与各该资格等级相适应的资产评估项目。

12.2.2.3 申请从事证券业的评估机构需要具备的条件

（1）资产评估机构依法设立并取得资产评估资格 3 年以上，发生过吸收合并的，还应当自完成工商变更登记之日起满 1 年；

（2）质量控制制度和其他内部管理制度健全并有效执行，执业质量和职业道德良好；

（3）具有不少于 30 名资产评估师，其中最近 3 年持有资产评估师证书且连续执业的不少于 20 人；

（4）净资产不少于 200 万元；

（5）按规定购买职业责任保险或者提取职业风险基金；

（6）半数以上合伙人或者持有不少于 50% 股权的股东最近在本机构连续执业 3 年以上；

（7）最近 3 年评估业务收入合计不少于 2 000 万元，且每年不少于 500 万元。

12.2.3 资产评估机构的年检制度

12.2.3.1 年检内容

（1）评估机构内部机构设置及人员配备情况。综合性资产评估机构是否设有独立的评估部门，是否建立了正常的工作制度；评估人员的数量、年龄结构、专业结构、技术职务结构是否符合规定，评估人员内部培训及参加外部培训的情况。

（2）评估机构业务开展情况，评估的项目类型、数量、规模。

（3）评估工作质量情况。主要检查项目的评估依据、过程、方法、结果是否科学、合理，是否符合有关规定和内容。

（4）资产评估机构信誉情况。

（5）对法律法规的执行情况及遵守职业道德情况。

（6）评估机构的收费情况等。

12.2.3.2 年检方法

由评估机构按照以上检查内容准备资料，并将如下资料报国有资产管理部门审查：资产评估年检表、资产评估人员参加培训的情况以及有关证书证明的影印件、两个评估案例、国有资产管理部门认为有必要提供的其他资料。

负责组织年检的国有资产管理部门应对评估机构报来的资料逐户逐项进行审查。有选择地抽查一部分评估机构，必要时可跟踪评估项目，实际考察评估机构的评估水平。

12.2.3.3 确认年检结果

凡符合年检内容要求和基本符合要求的评估机构，可作为合格处理。对于合格的评估机构，在资产评估资格证书上加盖"评估机构年检专用章"，并在当地通告。对于年检不合格的评估机构，限期调整，提出处理意见，报国家国有资产管理局备案，在整顿期间不得开展评估业务。整顿期满后，由国家国有资产管理部门对其进行审查，并提出审查意见。审查合格的，作为年检合格处理，对于经过限期整顿仍不合格或者有严重错误的评估机构，要吊销其资产评估资格，收回资产评估资格证书。

12.3 资产评估行业规范体系

12.3.1 《中华人民共和国资产评估法》

2016 年 7 月 2 日，中华人民共和国第十二届全国人民代表大会常务委员会第二十一次会议通过《中华人民共和国资产评估法》，使资产评估行业进入有法可依新时代，《中华人民共和国资产评估法》规定，评估机构及其评估专业人员开展业务应当遵守评估准则；国务院有关行政管理部门组织制定评估基本准则，行业协会依据评估基本准则制定评估执业准则和职业道德准则；评估机构和评估专业人员违反评估准则需要承担相应的法律责任。同时《中华人民共和国资产评估法》也对评估方法、评估程序等具体内容进行规定。可见，资产评估准则务必与《中华人民共和国资产评估法》做好衔接工作。

12.3.2 资产评估准则体系

2016 年 8 月 16 日，中评协召开《资产评估基本准则》修订研讨会，会议强调准则在衔接法律法规的前提下，应维护社会公共利益，注重理论研究，进一步与国际评估准则相协调，加快准则修订进程。

2017 年 8 月 23 日，财政部制定发布了《资产评估基本准则》，自 2017 年 10 月 1 日施行。为了更好地规范和指导资产评估执业行为，财政部和中国资产评估协会建立了一系列评估准则体系，对行业市场范围、执业行为、职业道德及执业流程等方面进行了规范，以提升行业专业服务能力和公信力。

为推动资产评估行业规范健康发展，财政部联合中国资产评估协会于 2017 年开始对《资产评估基本准则》进行了全面修订。在新《资产评估基本准则》的指导下，评估协会制定了 25 项执业准则和职业道德准则，对评估人员和评估机构执业过程中的行为和职业道德进行了规范。这不仅有利于保证评估人员的独立客观性，也保护了相关当事人的权益。

此次修订是资产评估行业加强《中华人民共和国资产评估法》配套制度建设的又一重要举措。此次修订的主要内容包括 7 个方面：一是调整准则规范主体，将准则规范的主体修订为"资产评估机构"和"资产评估专业人员"，全面涵盖了对机构和人员的要求。二是明确准则的适用范围，接受财政部监管，以"资产评估报告"名义出具书面专业报告，应遵守资产评估准则。三是从增加核查和验证程序、明确资产评估档案的规定期限等方面完善资产评估程序。四是明确评估方法的选择范围包括衍生方法。五是以规范资产评估报告编制，引导正确使用资产评估报告和正确理解评估结论，避免内容误导为出发点调整资产评估报告出具要求。六是根据《资产评估法》和实践发展要求，整合和强化资产评估职业道德要求，形成了 1 项职业道德准则。七是加强了准则间的协调。

自此，修订后的资产评估准则体系包括 1 项基本准则、1 项职业道德准则和 25 项执业准则，执业准则包括具体准则、评估指南、指导意见等。

《资产评估基本准则》

第一章　总则

第一条　为规范资产评估行为，保证执业质量，明确执业责任，保护资产评估当事人合法权益和公共利益，根据《中华人民共和国资产评估法》《资产评估行业财政监督管理办法》等制定本准则。

第二条　资产评估机构及其资产评估专业人员开展资产评估业务应当遵守本准则。法律、行政法规和国务院规定由其他评估行政管理部门管理，应当执行其他准则的，从其规定。

第三条　本准则所称资产评估机构及其资产评估专业人员是指根据资产评估法和国务院规定，按照职责分工由财政部门监管的资产评估机构及其资产评估专业人员。

第二章　基本遵循

第四条　资产评估机构及其资产评估专业人员开展资产评估业务应当遵守法律、行政法规的规定，坚持独立、客观、公正的原则。

第五条　资产评估机构及其资产评估专业人员应当诚实守信，勤勉尽责，谨慎从业，遵守职业道德规范，自觉维护职业形象，不得从事损害职业形象的活动。

第六条　资产评估机构及其资产评估专业人员开展资产评估业务，应当独立进行分析和估算并形成专业意见，拒绝委托人或者其他相关当事人的干预，不得直接以预先设定的价值作为评估结论。

第七条　资产评估专业人员应当具备相应的资产评估专业知识和实践经验，能够胜任所执行的资产评估业务，保持和提高专业能力。

第三章　资产评估程序

第八条　资产评估机构及其资产评估专业人员开展资产评估业务，履行下列基本程序：明确业务基本事项、订立业务委托合同、编制资产评估计划、进行评估现场调查、收集整理评估资料、评定估算形成结论、编制出具评估报告、整理归集评估档案。

资产评估机构及其资产评估专业人员不得随意减少资产评估基本程序。

第九条　资产评估机构受理资产评估业务前，应当明确下列资产评估业务基本事项：

（一）委托人、产权持有人和委托人以外的其他资产评估报告使用人；

（二）评估目的；

（三）评估对象和评估范围；

（四）价值类型；

（五）评估基准日；

（六）资产评估报告使用范围；

（七）资产评估报告提交期限及方式；

（八）评估服务费及支付方式；

（九）委托人、其他相关当事人与资产评估机构及其资产评估专业人员工作配合和协助等需要明确的重要事项。

资产评估机构应当对专业能力、独立性和业务风险进行综合分析和评价。受理资产评估业务应当满足专业能力、独立性和业务风险控制要求，否则不得受理。

第十条　资产评估机构执行某项特定业务缺乏特定的专业知识和经验时，应当采取弥补措施，包括利用专家工作等。

第十一条　资产评估机构受理资产评估业务应当与委托人依法订立资产评估委托合同，约定资产评估机构和委托人权利、义务、违约责任和争议解决等内容。

第十二条　资产评估专业人员应当根据资产评估业务具体情况编制资产评估计划，包括资产评估业务实施的主要过程及时间进度、人员安排等。

第十三条　执行资产评估业务，应当对评估对象进行现场调查，获取资产评估业务需要的资料，了解评估对象现状，关注评估对象法律权属。

第十四条　资产评估专业人员应当根据资产评估业务具体情况收集资产评估业务需要的资料。包括：委托人或者其他相关当事人提供的涉及评估对象和评估范围等资料；从政府部门、各类专业机构以及市场等渠道获取的其他资料。

委托人和其他相关当事人依法提供并保证资料的真实性、完整性、合法性。

第十五条　资产评估专业人员应当依法对资产评估活动中使用的资料进行核查和验证。

第十六条　确定资产价值的评估方法包括市场法、收益法和成本法三种基本方法及其衍生方法。

资产评估专业人员应当根据评估目的、评估对象、价值类型、资料收集等情况，分析上述三种基本方法的适用性，依法选择评估方法。

第十七条　资产评估专业人员应当在评定、估算形成评估结论后，编制初步资产评估报告。

第十八条　资产评估机构应当对初步资产评估报告进行内部审核后出具资产评估报告。

第十九条　资产评估机构应当对工作底稿、资产评估报告及其他相关资料进行整理，形成资产评估档案。

第四章　资产评估报告

第二十条　资产评估机构及其资产评估专业人员出具的资产评估报告应当符合法律、行政法规等相关规定。

第二十一条　资产评估报告的内容包括：标题及文号、目录、声明、摘要、正文、附件。

第二十二条 资产评估报告正文应当包括下列内容：

（一）委托人及其他资产评估报告使用人；

（二）评估目的；

（三）评估对象和评估范围；

（四）价值类型；

（五）评估基准日；

（六）评估依据；

（七）评估方法；

（八）评估程序实施过程和情况；

（九）评估假设；

（十）评估结论；

（十一）特别事项说明；

（十二）资产评估报告使用限制说明；

（十三）资产评估报告日；

（十四）资产评估专业人员签名和资产评估机构印章。

第二十三条 资产评估报告载明的评估目的应当唯一。

第二十四条 资产评估报告应当说明选择价值类型的理由，并明确其定义。

第二十五条 资产评估报告载明的评估基准日应当与资产评估委托合同约定的评估基准日一致，可以是过去、现在或者未来的时点。

第二十六条 资产评估报告应当以文字和数字形式表述评估结论，并明确评估结论的使用有效期。

第二十七条 资产评估报告的特别事项说明包括：

（一）权属等主要资料不完整或者存在瑕疵的情形；

（二）未决事项、法律纠纷等不确定因素；

（三）重要的利用专家工作情况；

（四）重大期后事项。

第二十八条 资产评估报告使用限制说明应当载明：

（一）使用范围；

（二）委托人或者其他资产评估报告使用人未按照法律、行政法规规定和资产评估报告载明的使用范围使用资产评估报告的，资产评估机构及其资产评估专业人员不承担责任；

（三）除委托人、资产评估委托合同中约定的其他资产评估报告使用人和法律、行政法规规定的资产评估报告使用人之外，其他任何机构和个人不能成为资产评估报告的使用人；

（四）资产评估报告使用人应当正确理解评估结论。评估结论不等同于评估对象可实现价格，评估结论不应当被认为是对评估对象可实现价格的保证。

第二十九条 资产评估报告应当履行内部审核程序，由至少两名承办该项资产评估业务的资产评估专业人员签名并加盖资产评估机构印章。

法定评估业务资产评估报告应当履行内部审核程序，由至少两名承办该项资产评估业务的资产评估师签名并加盖资产评估机构印章。

第五章 资产评估档案

第三十条 资产评估档案包括工作底稿、资产评估报告以及其他相关资料。

资产评估档案应当由资产评估机构妥善管理。

第三十一条 工作底稿应当真实完整、重点突出、记录清晰，能够反映资产评估程序实施情况、支持评估结论。工作底稿分为管理类工作底稿和操作类工作底稿。

管理类工作底稿是指在执行资产评估业务过程中，为受理、计划、控制和管理资产评估业务所形成的工作记录及相关资料。

操作类工作底稿是指在履行现场调查、收集资产评估资料和评定估算程序时所形成的工作记录及相关资料。

第三十二条 资产评估档案保存期限不少于十五年。属于法定资产评估业务的，不少于三十年。

第三十三条 资产评估档案的管理应当严格执行保密制度。除下列情形外，资产评估档案不得对外提供：

（一）财政部门依法调阅的；

（二）资产评估协会依法依规调阅的；

（三）其他依法依规查阅的。

第六章 附则

第三十四条 中国资产评估协会根据本准则制定资产评估执业准则和职业道德准则。资产评估执业准则包括各项具体准则、指南和指导意见。

第三十五条 本准则自 2017 年 10 月 1 日起施行。2004 年 2 月 25 日财政部发布的《关于印发〈资产评估准则——基本准则〉和〈资产评估职业道德准则——基本准则〉的通知》（财企〔2004〕20 号）同时废止。

总体来说，修改后的资产评估准则体系发生了较大变化。其中基本准则的修订为理论研究和实务操作提供了更大的空间，如删除了一些不适合的条例、对一些条例的表述更为严谨，整合归纳了相关的一些条例以及补充完善了一些有利于实务操作的准则。修改后的基本准则更体现了原则性和指导性。

12.3.3 资产评估职业道德规范

资产评估师职业道德规范是指资产评估师在资产评估执业过程中应当具有的职业品格和应当遵守的职业标准要求。

12.3.3.1 资产评估师的职业品格

资产评估师的职业品格的基本内容主要反映在资产评估师的职业理想、职业态度和职业荣誉等方面。

（1）职业理想是资产评估师对资产评估工作的一种总体认识，即资产评估师是把资产评估工作作为一种事业看待，还是仅仅作为一种谋生的手段来看待。只有将资产评估作为一种事业来做，才能在资产评估工作中不断地追求，不断地提高，并自觉地遵守资产评估执业纪律和职业规范。

（2）职业态度就是资产评估师的工作态度。资产评估师的执业态度是否端正将直接影响资产评估工作的效果和质量。树立为客户、为社会服务的思想，树立提供高质量的专业服务的工作态度，是资产评估师应有的职业态度。

（3）职业荣誉是指资产评估师在执业过程中形成的职业形象，包括资产评估师个人的社会认同度以及资产评估机构的社会公信度。资产评估师在日常执业过程中不断地培养和塑造职业形象，保持职业荣誉，以取信于民，取信于社会。

12.3.3.2 资产评估师的职业标准和要求

资产评估师的职业标准和要求主要包括资产评估师遵纪守法的要求，坚持独立、客观、公正和专业性执业原则的要求，坚持胜任能力的要求以及承担责任的要求。

（1）资产评估师遵守职业纪律是指资产评估师应当遵守国家的有关法律法规和资产评估执业准则，保证资产评估在合法和合规的前提下进行。

（2）资产评估师在执业过程中应坚持独立、客观、公正和专业性的执业原则，应主要体现在资产评估机构和资产评估人员两个方面。

①独立性原则。其一，是评估机构本身应该是一个独立的、不依附于他人的社会公正性中介组织（法人），在利益及利害关系上与资产业务各当事人没有任何联系。其二，是评估机构在执业过程中应始终坚持独立的第三者地位，评估工作不受委托人及外界的意图及压力的影响，进行独立公正的评估。

②客观公正性原则。客观公正性原则是指资产评估人员在执业过程中应以客观的数据资料为依据，而不可以以自己的好恶或其他个人的情感进行评估。资产评估结果是评估人员认真调查研究，通过合乎逻辑的分析、推理得出的，具有客观公正性的评估结论。

③专业性原则。资产评估是一项技术性很强的工作，要保证资产评估工作客观公正以及为客户提供良好的咨询服务，资产评估从业人员必须是与资产评估相关的各个方面的专业人士或专家。

资产评估机构必须拥有一批专业人士或专家，这些专业人士应该有良好的教育背景、丰富的实践工作经验和良好的职业道德修养，以保证资产评估结论是一种客观公正的、具有专业水准的专家判断或专家意见。

（3）专业胜任能力要求是指资产评估机构与资产评估师在承揽资产评估项目时，要衡量自身的专业胜任能力，以判断评估机构和评估师是否有能力完成该评估项目。任何超过自身能力而承揽评估项目的行为都是违反资产评估职业道德的。

（4）资产评估师的职业责任是指资产评估师必须对自己的执业行为和评估结果承担经济责任和法律责任。资产评估师在行使对资产进行鉴证和估值的权利的过程中，也必须承担为客户保守秘密以及公证执业的责任。任何违背资产评估职业道德的行为都将承担相应的民事责任和刑事责任。

12.3.3.3 《资产评估职业道德准则》

为贯彻落实《资产评估法》，规范资产评估执业行为，保证资产评估执业质量，保护资产评估当事人合法权益和公共利益，在财政部指导下，中国资产评估协会根据《资产评估基本准则》，制定了《资产评估职业道德准则》，现予印发，自 2017 年 10 月 1 日起施行。

第一章 总则

第一条 为规范资产评估机构及其资产评估专业人员职业道德行为，提高职业素质，维护职业形象，根据《资产评估基本准则》制定本准则。

第二条 本准则所称职业道德是指资产评估机构及其资产评估专业人员开展资产评估业务应当具备的道德品质和体现的道德行为。

第三条 资产评估机构及其资产评估专业人员开展资产评估业务，应当遵守本准则。

第二章 基本遵循

第四条 资产评估机构及其资产评估专业人员应当诚实守信，勤勉尽责，谨慎从业，坚持独立、客观、公正的原则，不得出具或者签署虚假资产评估报告或者有重大遗漏的资产评估报告。

第五条 资产评估机构及其资产评估专业人员开展资产评估业务，应当遵守法律、行政法规和资产评估准则，履行资产评估委托合同规定的义务。资产评估机构应当对本机构的资产评估专业人员遵守法律、行政法规和资产评估准则的情况进行监督。

第六条 资产评估机构及其资产评估专业人员应当自觉维护职业形象，不得从事损害职业形象的活动。

第三章 专业能力

第七条 资产评估专业人员应当具备相应的评估专业知识和实践经验，能够胜任所执行的资产评估业务。

第八条 资产评估专业人员应当完成规定的继续教育，保持和提高专业能力。

第九条 资产评估机构及其资产评估专业人员应当如实声明其具有的专业能力和执业经验，不得对其专业能力和执业经验进行夸张、虚假和误导性宣传。

第十条 资产评估机构执行某项特定业务缺乏特定的专业知识和经验时，应当采取弥补措施，包括利用专家工作及相关报告等。

第四章 独立性

第十一条 资产评估机构及其资产评估专业人员开展资产评估业务，应当采取恰当措施保持独立性。资产评估机构不得受理与自身有利害关系的资产评估业务。资产评估专业人员与委托人、其他相关当事人和评估对象有利害关系的，应当回避。

第十二条　资产评估机构及其资产评估专业人员开展资产评估业务，应当识别可能影响独立性的情形，合理判断其对独立性的影响。可能影响独立性的情形通常包括资产评估机构及其资产评估专业人员或者其亲属与委托人或者其他相关当事人之间存在经济利益关联、人员关联或者业务关联。

（一）亲属是指配偶、父母、子女及其配偶。

（二）经济利益关联是指资产评估机构及其资产评估专业人员或者其亲属拥有委托人或者其他相关当事人的股权、债权、有价证券、债务，或者存在担保等可能影响独立性的经济利益关系。

（三）人员关联是指资产评估专业人员或者其亲属在委托人或者其他相关当事人担任董事、监事、高级管理人员或者其他可能对评估结论施加重大影响的特定职务。

（四）业务关联是指资产评估机构从事的不同业务之间可能存在利益输送或者利益冲突关系。

第十三条　资产评估机构不得分别接受利益冲突双方的委托，对同一评估对象进行评估。

第五章　与委托人和其他相关当事人的关系

第十四条　资产评估机构及其资产评估专业人员不得以恶性压价、支付回扣、虚假宣传，或者采用欺骗、利诱、胁迫等不正当手段招揽业务。资产评估专业人员不得私自接受委托从事资产评估业务并收取费用。

第十五条　资产评估机构及其资产评估专业人员不得利用开展业务之便，为自己或者他人谋取不正当利益，不得向委托人或者其他相关当事人索要、收受或者变相索要、收受资产评估委托合同约定以外的酬金、财物等。

第十六条　资产评估机构及其资产评估专业人员执行资产评估业务，应当保持公正的态度，以客观事实为依据，实事求是地进行分析和判断，拒绝委托人或者其他相关当事人的非法干预，不得直接以预先设定的价值作为评估结论。

第十七条　资产评估机构及其资产评估专业人员执行资产评估业务，应当与委托人进行必要沟通，提醒资产评估报告使用人正确理解评估结论。

第十八条　资产评估机构及其资产评估专业人员应当遵守保密原则，对评估活动中知悉的国家秘密、商业秘密和个人隐私予以保密，不得在保密期限内向委托人以外的第三方提供保密信息，除非得到委托人的同意或者属于法律、行政法规允许的范围。

第六章　与其他资产评估机构及资产评估专业人员的关系

第十九条　资产评估机构不得允许其他资产评估机构以本机构名义开展资产评估业务，或者冒用其他资产评估机构名义开展资产评估业务。资产评估专业人员不得签署本人未承办业务的资产评估报告，也不得允许他人以本人名义从事资产评估业务，或者冒用他人名义从事资产评估业务。

第二十条　资产评估机构及其资产评估专业人员在开展资产评估业务过程中，应当与其他资产评估专业人员保持良好的工作关系。

第二十一条　资产评估机构及其资产评估专业人员不得贬损或者诋毁其他资产评估机构及资产评估专业人员。

第七章　附则

第二十二条　资产评估机构及其资产评估专业人员在执行资产评估业务过程中，应当指导专家和相关业务助理人员遵守本准则相关条款。

第二十三条　本准则自 2017 年 10 月 1 日起施行。中国资产评估协会于 2012 年 12 月 28 日发布的《关于印发〈资产评估职业道德准则——独立性〉的通知》（中评协〔2012〕248 号）同时废止。

12.4　我国资产评估的政府管理与行业自律管理

12.4.1　资产评估的政府管理

我国资产评估管理工作实行"统一政策、分级管理"的原则，在 2005 年财政部第 22 号令《资产评估机构审批管理办法》颁布之前，国有资产评估工作按照国有资产管理权限，由国有资产管理行政主管部门负责管理和监督。

根据 2005 年财政部第 22 号令《资产评估机构审批管理办法》的规定，财政部为全国资产评估主管部门，依法负责审批管理、监督全国资产评估机构，统一制定资产评估机构管理制度。各省、自治区、直辖市财政厅（局）（简称省级财政部门）负责对本地区资产评估机构进行审批管理和监督。

资产评估协会负责对资产评估行业进行自律性管理，协助资产评估主管部门对资产评估机构进行管理与监督检查。

我国政府监管资产评估行业的主要内容包括：对资产评估机构的管理、对资产评估业务的管理、对资产评估收费的管理以及对资产评估的法制管理等。

对资产评估机构的管理，主要是严格审查资产评估机构的资格并颁发资产评估资格证书。对暂不具备条件的资产评估机构，缓发资格证书，并帮助它们积极创造条件。

对资产评估业务的管理，主要是做好对资产评估立项工作的管理、对资产评估工作的监督管理、对资产评估确认工作的管理等。

对资产评估收费的管理，主要是监督和审查各资产评估机构是否严格按照《资产评估收费管理暂行办法》执行收费，对违反规定、进行削价竞争或超标准收费的，应进行严肃处理。

对资产评估的法制管理，主要是通过颁布一系列的法规和规章制度：明确资产评估的评估范围，明确资产评估组织管理体系及其责权关系，明确资产评估资格的法定条件，明确资产评估机构的权利和义务，明确资产评估的管理机构、委托人与资产评估机构之间的法律关系，明确资产评估估价的标准和原则方法，明确对资产评估结果的使用和账务处理方法以及明确处理评估机构与委托人及其他当事人之间的相互关系等。

12.4.2 资产评估的行业自律管理

2001 年 12 月 31 日，国务院办公厅转发了财政部《关于改革国有资产评估行政管理方式加强资产评估监督管理工作意见的通知》（国办发〔2001〕102 号），对国有资产评估管理方式进行重大改革，取消财政部门对国有资产评估项目的立项确认审批制度，实行财政部门的核准制或财政部门、集团公司及有关部门的备案制。之后财政部相继制定了《国有资产评估管理若干问题的规定》《国有资产评估违法行为处罚办法》等配套改革文件。

通过这些改革措施，评估项目的立项确认制度改为备案、核准制度，加大了资产评估机构和注册资产评估师在资产评估行为中的责任。与此相适应，财政部将资产评估机构管理、资产评估准则制定等原先划归政府部门的行业管理职能移交给行业协会。这次重大改革不仅是国有资产评估管理的重大变化，同时也标志着我国资产评估行业的发展进入到一个强化行业自律管理的新阶段。

2004 年 2 月，财政部决定中国资产评估协会继续单独设立，并以财政部名义发布了《资产评估准则——基本准则》《资产评估职业道德准则——基本准则》。根据 101 号文件的要求，财政部组织在全国范围内对资产评估行业进行全面检查，进一步推动了我国资产评估行业的健康发展。

2005 年 8 月 25 日，国务院原国有资产监督管理委员会发布了《企业国有资产评估管理暂行办法》，对企业国有资产评估行为进行了进一步的规范。

我国的资产评估由政府管理逐渐转向在政府指导下的行业自律管理，是形势所迫。这既是社会主义市场经济发展的需要，也是与国际惯例接轨的需要。要充分发挥协会的行业管理作用，必须有一个健全的协会组织体系。

1993 年 12 月 10 日，我国成立了中国资产评估协会，它是一个自我教育、自我约束、自我管理的全国性资产评估行业组织。评估协会作为独立的社团组织，具有跨地区、跨部门、跨行业、跨所有制的特点，使资产评估管理工作覆盖整个行业和全社会。它既可把培训评估人员、研究评估理论方法、制定评估技术标准和执业标准、进行国内外业务交流合作等作为己任，又可接受政府授权和委托，办理属于政府职能的工作。

评估协会的建立，标志着我国资产评估行业建设进入了一个新的历史发展阶段。

12.4.2.1 协会的宗旨

建立资产评估协会的宗旨是为了适应社会主义市场经济发展的需要，加强资产评估工作的行业管理和监督，引导资产评估机构及其执业人员强化自律管理，独立、客观、公正地开展资产评估业务，维护产权所有者各方面的合法权益，研究资产评估的理论，交流资产评估的经验，沟通业务信息，提高资产评估机构和评估执业人员的素质和评估水平，指导评估机构和评估执业人员正确执行国家法律、法规，遵守职业道德，维护评估机构和评估人员的合法权益，促进评估工作健康发展。

12.4.2.2　协会的基本职责

（1）负责协会会员及组织联络工作。

（2）开展资产评估理论、方法、政策的研究，制定资产评估准则和标准。

（3）办理协会日常文秘工作，管理协会财务收支，定期向理事会提供财务及工作报告。

（4）受理资产评估纠纷的调解和仲裁。

（5）反映会员的意见和要求，维护会员的合法权益。

（6）出版协会刊物，组织编写、出版有关评估书籍、资料，开展评估宣传工作。

（7）开展国际交流。

（8）收集评估信息和数据，逐步建立以电子信息技术为基础的信息网络，为资产评估提供信息服务。

（9）对资产评估人员进行业务培训，提高执业技能。

（10）其他应由协会办理的事项。

课后习题

一、单选题

1. 一般认为，资产评估业管理较为理想的模式是（　　）

    A. 政府监管下行业自律管理　　　　B. 政府管理

    C. 财政部门管理　　　　D. 行业自律管理

2. 我国第一部对全国的资产评估行业进行政府管理的最高法规是 1991 年 11 月国务院发布的（　　）。

    A.《专业评估执业统一准则》　　　　B.《资产评估操作规范意见》

    C.《国有资产评估管理办法》　　　　D.《资产评估机构审批管理方法》

3. 我国最早对资产评估报告制度进行规范的文件是（　　）。

    A.《国有资产评估管理办法》

    B.《关于资产评估报告书的规范意见》

    C.《资产评估报告基本内容与格式的暂行规定》

    D.《资产评估操作规范意见（试行）》

二、多选题

1. 我国资产评估机构设立时，采取的组织形式可以是（　　）。

    A. 有限责任公司制　　　　B. 无限责任公司制

    C. 独资制　　　　D. 合伙制

    E. 职业公司制

2. 资产评估业的管理模式主要有以下几种（　　）。

   A. 行业自律管理   B. 财政部门管理

   C. 政府管理   D. 地方政府管理

   E. 政府监管下行业自律管理

三、简答题

1. 试述制定我国的资产评估准则的必要性。

2. 简述中国资产评估准则的框架体系。